Cronicques des faiz de feurent Monseigneur Girart de Rossillon · a son uiuant duc de Bourgoingne · et de dame Berthe · sa femme fille du conte de Sans · que Martin Besancon fist escpre · en l'an m cccc l xix

PUBLIÉES POUR LA PREMIÈRE FOIS

D'après le manuscrit de l'Hôtel-Dieu de Beaune, augmentées des variantes des autres versions

ENRICHIES DE FAC-SIMILE ET PRÉCÉDÉES D'UNE INTRODUCTION

Par L. De MONTILLE

Secrétaire adjoint de la Société d'Archéologie, d'Histoire et de Littérature de Beaune, Membre de la Société française d'Archéologie et de plusieurs autres Sociétés Savantes.

Publication de la Société d'Archéologie, d'Histoire & de Littérature de Beaune

PARIS

H. CHAMPION, Libraire, 15, quai Malaquais

M DCCCLXXX

LE ROMAN EN PROSE

DE

GÉRARD DE ROUSSILLON

Cronicques des faiz de feurent Monseignr Girart de Rossillon · a son uiuant duc de Bourgoingne · et de dame Berthe · sa femme fille du conte de Sans · que Martin Besancon fist escpre · en l'an m cccc l xix

PUBLIÉES POUR LA PREMIÈRE FOIS

D'après le manuscrit de l'Hôtel-Dieu de Beaune, augmentées des variantes des autres versions

ENRICHIES DE FAC-SIMILE ET PRÉCÉDÉES D'UNE INTRODUCTION

Par L. De MONTILLE

Secrétaire adjoint de la Société d'Archéologie, d'Histoire et de Littérature de Beaune, Membre de la Société française d'Archéologie et de plusieurs autres Sociétés Savantes.

Publication de la Société d'Archéologie, d'Histoire & de Littérature de Beaune

PARIS

H. CHAMPION, Libraire, 15, quai Malaquais

MDCCCLXXX

A MESSIEURS LES MEMBRES
DE LA COMMISSION ADMINISTRATIVE
DES HOSPICES DE BEAUNE (1)

Messieurs,

Daignez agréer la dédicace d'un livre sorti du trésor de vos archives; cet hommage est bien dû aux hommes qui viennent d'attacher leurs noms à la restauration de deux merveilles — l'honneur de notre Cité: — La grande salle de l'Hôtel-Dieu, et le magnifique retable de Jean Van Eyck (2).

Recevez, Messieurs, l'expression de mes sentiments les plus respectueux.

L. De MONTILLE.

---

(1) Messieurs : Le docteur PESTE, maire de BEAUNE, président de la Commission administrative; LOUIS CYROT, juge de paix, vice-président; VICOMTE DE VERGNETTE-LAMOTTE, correspondant de l'Institut; LEBEUF, archiprêtre, curé de BEAUNE; ALDONCE LARCHER, juge d'instruction; ANTOIN BOUCHARD, négociant en vins; JOSEPH PERRET.

(2) L'auteur du retable de l'Hôtel-Dieu de BEAUNE est encore inconnu aujourd'hui. Les uns attribuent ce chef-d'œuvre à JEAN VAN EYCK, les autres à ROGER VAN DER WEYDEN.

INTRODUCTION

ÉRARD DE ROUSSILLON ou GIRARD DE ROSSILLON, car notre manuscrit lui donne indifféremment l'un ou l'autre de ces noms, nous apparait aujourd'hui, après neuf siècles, comme une des plus nobles figures des vieux âges de notre histoire. Son nom est cependant celui d'un proscrit ; mais les malheurs de ce vaincu laissent après eux un parfum d'honnêteté chrétienne, de justice et de droit qui sera son éternel honneur et la honte de son rival. S'il fut vaincu, ce fut plutôt par l'astuce et la mauvaise foi du cauteleux Charles le Chauve, que par la force des armes de ce royal adversaire.

Pendant cette lutte homérique, Gérard étonna les hommes par l'éclat de sa puissance et par la grandeur de ses infortunes. Celui qui comptait sept rois dans ses alliances, que les chroniques du temps appellent indifféremment le comte, le duc et quelquefois même le roi (1) de Bourgogne, qui gagna douze batailles rangées et fonda douze monastères, fut valet de char-

---

(1) Chronique de Grimmont publiée en 1535.

bonnier ; sa femme, Berthe, le modèle des épouses chrétiennes, vrai type de douceur, de bon sens et de résignation courageuse, fut réduite au métier de couturière.

Après sept ans d'épreuves, Gérard reparut dans l'arène et la lutte recommença plus ardente que jamais entre le vassal et le suzerain ; il fallut même l'intervention divine pour arrêter l'effusion du sang et cimenter une paix durable entre les deux rivaux. Rentré en possession de ses vastes domaines, le comte de Roussillon consacra son temps et ses richesses à l'accomplissement d'œuvres pies et ses derniers jours s'écoulèrent dans la pratique consolante de la religion chrétienne. Lorsque la mort vint le surprendre à Avignon, le roi Charles le Chauve, son implacable ennemi, l'avait encore dépouillé de toutes ses richesses et de ses dignités, pour les donner à Bozon, qui prit le titre de roi et ne tarda pas à récompenser son royal beau-frère de sa générosité, en levant l'étendard de la révolte. Sept ans après, et suivant son désir, le preux des preux Bourguignons alla dormir son dernier sommeil à l'ombre de l'abbaye de Pothières, entre ses deux enfants et Berthe, la compagne assidue de sa grandeur et de ses revers. Tous les trois l'avaient précédé dans la tombe et les miracles accomplis sur la pierre qui couvrait leurs restes mortels, vinrent encore ajouter à leur gloire l'auréole de la sainteté.

Telle est, en quelques mots, la tradition sur ce personnage légendaire dont le nom ne périra point et dominera d'une incontestable supériorité les noms de beaucoup de rois et d'empereurs.

Voyons ce qu'en dit l'histoire : Quatre personnages historiques importants ont porté, au IX^mo siècle, le nom de Girard ou Gérard : Girard comte de Bourges, Girard comte et gouverneur de Provence, Girard comte de Paris ; enfin, Girard fondateur de Pothières et de Vézelay. (1) Tout le monde est d'accord pour reconnaître dans Girard gouverneur de Provence le prototype de Girard de Roussillon.

Faut-il admettre, avec M. de Terrebasse, (2) que les quatre Gérard s'identifient les uns avec les autres, pour ne former qu'un seul et unique personnage? Faut-il, au contraire, dire avec M. Paul Meyer (3) que ce Girard en quatre personnes serait de pure fantaisie, qu'il n'y a d'assuré que l'identification du Girard fondateur de Pothières et de Vézelay avec le Girard épique ?

Il nous semble que le dernier mot sur cette importante question a été dit par M. Auguste Longnon, dans la Revue historique. (4) Voici les conclusions de ce savant travail :

« L'identité de Girard de Roussillon avec le comte
« et duc Girard, régent du royaume de Provence, ne
« semble pas pouvoir être contestée. Le régent de
« Provence ne doit pas être confondu avec Girard,

---

(1) Voir, à la fin du volume (pièces à l'appui), la Charte de fondation de l'Abbaye de Vézelay.

(2) Gérard de Roussillon par M. de Terrebasse. Lyon, Perrin, 1854. — Réimpression de l'édition Arnoullet; introduction, page 23.

(3) La Légende de Girart de Rossillon par M. Paul Meyer, (Romania n° 26, avril 1878).

(4) Girard de Roussillon dans l'histoire, par M. A. Longnon. — Revue historique, tome VIII; novembre et décembre 1878.

« comte de Bourges ; mais il n'est pas impossible qu'il
« faille le reconnaître dans l'ancien comte de Paris de
« même nom.

« En dépit des malheurs immérités que l'ambition
« de Charles le Chauve fit éclater sur la tête du comte
« Girard, ou peut-être même en raison de ces mal-
« heurs, le régent de Provence fut le sujet de canti-
« lènes dans les régions du bassin du Rhône où,
« selon les diverses latitudes, ces cantilènes donnèrent
« naissance à trois personnages épiques. — Girard
« de Roussillon en Bourgogne ; Gérard de Vienne en
« Dauphiné ; Gérard de Fraite en Provence, — dont
« l'histoire était déjà dénaturée au XIIme siècle, date à
« laquelle le récit de leurs aventures prit place dans
« les poëmes français. Ces derniers maintinrent entre
« les trois personnages épiques la distinction établie
« par les traditions locales. »

Quant à notre Gérard de Roussillon, comte et duc
de Bourgogne, le Gérard de la chronique latine et du
roman de Jehan Wauquelin, le fondateur de Pothières
et de Vézelay, nous n'hésitons pas à le reconnaître
dans le régent de Provence, son prototype ; mais il
nous faut dire, avec M. Fauriel, que l'histoire a été
bien négligente à son sujet. Les annales contempo-
raines en font à peine mention. Les historiens qui sui-
virent lui donnent une très petite place dans leurs
récits ; quelques-uns même le passent complètement
sous silence. Pontus Henterus Delfius (1) n'en dit
qu'un mot qui se trouve être en complète contradic-

---

(1) De rebus Burgundiis, livre I, page 5.

tion avec la chronique latine, puisqu'il le fait combattre contre Charles Martel. André du Chêne Tourangeau (1), dans son histoire des rois, ducs et comtes de Bourgogne et d'Arles, traite de fables et de contes vains ce que les anciens auteurs ont écrit sur « ce gouverneur de la Provence du Lyonnois et du Viennois, avec le titre de comte seulement. »

Nous lisons dans Paradin (2) : « De ce temps (3) « estoit duc en Bourgogne un nommé Girard, (Sige- « bert le nomme *Giraud*), qui, ayant construit à Vé- « zelay un monastère, y fit apporter le corps de « Sainte Marie Magdeleine, lequel reposoit à Saint « Maximin au diocèse d'Aix en Provence.

« Le vulgue surnomme ce Girard, *de Rossillon*, « fils d'un certain *Drobin*, fils lui-même d'un prince « Bourguignon nommé *Gondeval* ; mais parce qu'il « ne s'en trouve rien par les histoires d'authorité et « dignes de foy, je n'y conseille à adjouter foy. Tant « y a que le testament du dit Girard est encore au- « jourd'hui à l'abbaye de Vézelay. Néanmoins, pour « ne l'avoir point veu (4), je ne veux rien assurer, « étant certain que le roman qui est écrit de luy con- « tient plus de choses fabuleuses que de vérités. » Dom Plancher, dans son Histoire de Bourgogne, n'est guère plus affirmatif que Paradin dans ses Annales et ne

---

(1) Tome II, pages 230, 231 et suivantes.
(2) Annales de Bourgogne, livre I, page 94.
(3) Sous le règne de Pépin le bref.
(4) Plus heureux que Paradin, nous avons vu et lu ce fameux testament de Gérard de Roussillon, plus connu sous le titre de Charte de fondation de l'Abbaye de Vézelay. Nous le publions *in extenso* à la fin de ce volume (pièces à l'appui) ; nous publions aussi la lettre de Gérard de Roussillon au pape Nicolas I.

semble connaître notre héros que comme fondateur des célèbres abbayes de Pothières et de Vézelay.

Nicolas Vignier, dans son *Chronicon rerum Burgundionum,* (1) le fait descendre de l'ancienne race des rois de Bourgogne, mais ne semble pas ajouter grande foi à sa légende.

En dépit de tous ces historiens qui n'hésitent pas à rejeter dans le domaine de la fable les hauts faits de notre paladin Bourguignon, en dépit de Charles le Chauve et d'Hincmar (2), son nom a cependant traversé les âges. Les chansons de geste s'en sont emparées, pour le venger de l'oubli de l'histoire.

Héros poëtique, Gérard de Roussillon appartient à l'époque légendaire de l'épopée carlovingienne ; époque héroïque, mystérieuse et se prêtant merveilleusement aux récits pompeux que les Rhapsodes des siècles suivants accumulaient dans leurs chansons de geste et leurs poëmes. Les troubadours et les trouvères ont chanté ses exploits. Les moines, dans les couvents qu'il avait fondés, ont écrit en latin le récit de sa vie. Plus tard, au XVme siècle, le nom de Gérard devint si populaire à la Cour de ces grands ducs d'Oc-

---

(1) Annales vero Gallici ejus motus auctorem faciunt *Gerardum* quendam *à Russillone,* magnis opibus in Burgundiâ virum : qui (ut scribit D. Begatius, in suis commentariis Burg.) quod se ex vetusta Burgundionum regum stirpe assereret, amplissimam rei bene gerendæ occasionem in tantis Galliæ motibus nactum esse arbitrabatur ; sepultum vero scribit *Pulteriis* cenobio ad Sequanam ab illo condito ; extare etiam illic ejus sepulchrum memoriamque in martyrologio.

Avalone autem opus illius esse *D. Lazari* templum, ubi testamentum ejus asservari dicitur, in quo *Carolum* dominum suum vocat. Cætera quæ de ipso scripta, fabulosa esse constat.—Nicolas Vignier.—Chronicon rerum Burgundionum, page 45.

(2) Hincmar, archevêque de Reims, rédigea les annales de St-Bertin de 857 à 882. Ce prélat était entièrement dévoué au roi Charles le Chauve. C'est, sans doute, pour complaire à son maître, qu'il a réservé à Gérard une si petite place dans ses annales.

cident, dont les immenses possessions n'étaient cependant pas plus vastes que les siennes, que Philippe, le bon duc, fit traduire du latin en français cette chronique célèbre. La traduction, (translation, pour parler le langage du temps) de Jehan Wauquelin et non pas Tuauquelin, comme nous l'expliquerons plus tard, eut bientôt un grand succès à la Cour de Bourgogne. La vanité de Philippe le Bon ne manqua pas d'être flattée, en lisant les exploits d'un de ses prédécesseurs qui avait souvent infligé au roi de France de cruelles défaites. On en fit de nombreuses copies, on les enrichit de miniatures et, de même que la chronique latine avait réjoui les moines de Pothières et de Vézelay pendant leurs repas, de même le roman de Jehan Wauquelin servit de *récréation et agréable passe temps* (1) aux sœurs hospitalières de l'Hôtel-Dieu de Beaune.

C'est cette copie donnée à l'Hôtel-Dieu de Beaune par Martin Besançon châtelain (2) de Beaune et si gracieusement mise à notre disposition par MM. les membres de la Commission administrative, que nous présentons aujourd'hui au public.

Cette édition, que ne désavoueraient pas les maîtres de la typographie, présente un intérêt qui n'est pas limité à la Bourgogne ; cet intérêt s'étend à la France

---

(1) Voir le manuscrit de l'Hôtel-Dieu de Beaune. — Donation de Martin Besançon, 7ᵉ feuillet.

(2) Chatelain : receveur pour le duc. Martin Besançon prenait aussi le titre de notaire. L'inventaire général des archives de l'Hôtel-Dieu de Beaune mentionne un acte passé par lui vers 1450 et relatif à l'Hôtel-Dieu. On lit, dans un manuscrit de M. l'abbé Bredeault : « du côté de l'évangile, en haut du collatéral, était l'autel de la confrérie du Sᵗ-Sacrement fondée par un citoyen nommé Besançon, dont la tombe, avec une inscription gothique, était au bas de la rampe. »

entière au IX⁰ siècle ; soigneusement collationnée par deux paléographes consciencieux (1) sur le texte original, elle le reproduit avec une fidélité scrupuleuse. Nous n'avons pris d'autre liberté que celle d'ajouter au texte des apostrophes, des points et des virgules et de remplacer par des mots pleins et complets les abréviations si communes dans les manuscrits du XVme siècle ; travail difficile et délicat : Souvent, en effet, la ponctuation touche de près à l'interprétation du texte et, comme nous n'avons pas la prétention d'être infaillible, le lecteur pourra la rectifier à son gré, en faisant abstraction des signes orthographiques et des majuscules qui, la plupart du temps, n'existent pas dans le texte. Le mode de ponctuation que nous avons suivi ne pouvait être conforme aux règles habituellement observées ; il a été plus ou moins heureusement adapté à des formes de langage inusitées de nos jours. Nous avons coupé des phrases qui paraissaient trop longues, nous en avons allongé d'autres qui paraissaient trop courtes, mais notre continuelle préoccupation de ponctuateur a toujours été de rendre claire et intelligible la pensée probable de l'auteur, même aux dépens des règles ordinaires ; on ne devra donc point s'étonner de voir des virgules, quelquefois même des points, avant ou après la conjonction ; on remarquera encore que l'auteur intervient quelquefois dans le récit et le coupe par un monologue distinct précédé de ces mots : l'acteur ; c'est du

---

(1) M. l'abbé Boudrot, aumônier de l'Hôtel-Dieu de Beaune et M. Louis Cyrot, juge de paix, vice-président de la Commission administrative des Hospices.

moins l'interprétation que nous avons cru devoir donner à cette forme particulière du style ; parfois, l'auteur se met directement en scène, à la troisième personne.

Malgré ces difficultés et ces écueils, nous n'avons pas cru devoir suivre le système de M. Fauriel qui consiste à reproduire un manuscrit tel qu'il est, sans y ajouter ou retrancher un seul iota. Nous pensons, avec M. Francisque Michel, qu'il ne vaudrait alors pas la peine de le publier ; (1) car, lorsque le texte n'est pas accompagné d'une traduction, où serait la preuve qu'on l'a toujours compris ?

Grâce aux progrès de la science moderne, la paniconographie nous a permis de donner plusieurs spécimens de l'écriture de notre manuscrit, et pour rendre notre travail plus complet et plus intelligible, nous y avons joint un glossaire de tous les mots qui n'ont pas de dictionnaire, ou dont le sens ne peut pas être immédiatement saisi.

Avant de donner la description du manuscrit de l'Hôtel-Dieu de Beaune, manuscrit dont notre travail est la reproduction fidèle, intégrale et littérale, il nous semble nécessaire de jeter un rapide coup d'œil sur tous les textes connus qui ont pour sujet Gérard de Roussillon.

CHRONIQUE LATINE. — On est d'accord aujourd'hui pour reconnaître qu'un ancien manuscrit latin a servi de texte aux chansons de geste et aux poèmes con-

---

(1) Gérard de Rossillon. Chanson de geste ancienne, par M. Francisque Michel. Paris 1856. — Édition Jannet. — Introduction, page 18.

cernant Gérard de Roussillon, soit en langue provençale, soit en langue d'oïl, ainsi qu'aux versions en prose française.

M. Paul Meyer ne partage pas cette opinion (1). Selon lui, la vie latine écrite dans le but unique de donner à Gérard le renom de sainteté et d'attirer à Pothières, qui se glorifiait de posséder son tombeau, un grand concours de pèlerins, est postérieure à une très ancienne chanson de geste, espèce de poème bourguignon rimé en vers assonants, vers le milieu du XIme siècle. C'est de cette chanson inconnue, mais dont l'existence nous est assurée par la geste du XIIme siècle, (cette dernière supposant nécessairement une forme antérieure) que s'est inspiré le moine de Pothières, auteur de la vie latine. C'est là qu'il a pris le corps de son récit. Il n'entre pas dans notre cadre de discuter longuement l'opinion de M. Paul Meyer, nous nous contenterons de faire la remarque suivante : Que l'on considère comme la source de tous les manuscrits de Gérard de Roussillon soit le texte latin, soit, au contraire, cette chanson de geste du XIme siècle que personne n'a vue et dont l'existence est cependant certaine, on peut néanmoins affirmer, sans crainte d'être contredit, que la vie latine est, à ce jour, le monument écrit le plus ancien de la légende de Gérard de Roussillon.

Il faut admettre aussi que cette œuvre latine a été composée vers la fin du XIme siècle. Après la lecture du manuscrit de Beaune, il n'est plus permis d'en

---

(1) *Romania*, avril 1878, pages 166 et suivantes.

douter. Le manuscrit 13496 de la Bibliothèque Nationale de Paris (vie des saints — ancien supplément français, n° 632⁵) viendrait encore donner plus de force à cette opinion, s'il pouvait y avoir la moindre hésitation. Faut-il en conclure que ce monument latin est l'œuvre du savant humaniste Humbert abbé de Pothières de 1061 à 1070 ? La chose est possible, on pourrait même dire probable ; mais il y a loin de cette probabilité à une certitude.

Qu'est devenu le manuscrit original de la vie latine ? C'est le secret de la Révolution qui a balayé les monastères et les églises. Une opinion voudrait qu'il ait été détruit dans l'incendie du couvent de Pothières allumé en 1609, par Renars (1) évêque de Langres. Nous ne saurions l'admettre. Ce sont les documents qui avaient servi à composer le manuscrit, et non le manuscrit lui-même, qui périrent dans cet incendie. On sait, en effet, qu'en 1614, cinq ans plus tard, un avocat d'Avallon, nommé Pirot, copia à Pothières le manuscrit original qu'on y conservait précieusement ; c'est ce qui résulte de la correspondance de l'abbé Lebeuf, en 1745, avec un autre avocat d'Avallon, nommé Leters. Cette copie de l'avocat Pirot a disparu, sans qu'on en puisse suivre la trace.

La Bibliothèque Nationale de Paris possède une précieuse copie de cette vie latine de Gérard de Rous-

---

(1) L'évêque *Renars* de la lignée des comtes de Bar-sur-Seine étant entré par surprise dans l'abbaye de Pothières, *la fift ardoir par cruel flamme*. A la suite de cet acte de fureur sauvage, il fut excommunié par le Pape Alexandre II. L'anathème ne fut levé que lorsque l'évêque *Renars* donna *plusors dons, pour le rapareillement de l'eglise*.

sillon. Manuscrit latin, n° 13090 (ancien fonds St-Germain, résidu latin, n° 980).

Le manuscrit latin, n° 13090, est un recueil factice de diverses mains et de divers formats du X^{mo} au XIII^{mo} siècle. Il se compose de 185 feuillets et comprend divers fragments ayant pour titre : *Anecdota vetera*. Du folio 94 au folio 109, c'est la vie de Ste-Magdeleine et quelques traits de la vie du comte Gérard : *Vita sanctæ Magdalenæ acta in provinciâ Maffilienfi & tranflatio corporis ejus in Burgundiam & gefta Girardi comitis & fundatio monafteriorum Burgundionum aliquot*. Du folio 2 au folio 7, c'est la vie de Gérard de Roussillon : *Vita Gerardi de Roffillon*.

Ce cahier, arraché d'un livre de vies de saints et contenant la vie de Gérard de Roussillon, se compose de six feuillets ayant 276 millimètres sur 210.

L'écriture est des premières années du XIII^{mo} siècle. A la fin, on lit ces mots écrits au XVI^{mo} siècle : *Ex ciftercienfi monafterio*.

M. Paul Meyer a publié dans Romania (1) le texte complet de cette vie latine, d'après le manuscrit de Paris. Il a placé en regard du texte latin une traduction en prose française (Bibliothèque Nationale, n° 13496 — ancien supplément français de la vie des saints, n° 632⁵) exécutée, en Bourgogne, vers la fin du XIIIme siècle. Cette traduction d'un style lourd et

---

(1) Romania — avril 1878 — n° 96 — pages 160 et suivantes: — voir, à la fin du volume, aux pièces à l'appui, un chapitre de cette vie latine, relevé sur le manuscrit de Paris, par M Bonnardot, paléographe archiviste, ancien élève de l'École des Chartes.

pénible et non exempte de contre sens, quoi qu'extrêmement littérale, ne manque pas d'intérêt, dit M. Paul Meyer, pour l'étude du dialecte bourguignon.

Trois textes importants sont issus de cette vieille chronique latine :

1° UN POÈME PROVENÇAL ;

2° UN POÈME EN LANGUE D'OIL ;

3° UN ROMAN EN PROSE FRANÇAISE (JEHAN WAUQUELIN).

Je ne parle pas de la version *Arnoullet* (1) rééditée par M. de *Terrebasse* — (Lyon, Perrin — 1856) et qui n'est au fond qu'un abrégé de la version Wauquelin.

Ces trois textes, dont les manuscrits originaux ont probablement subi le même sort que la chronique latine, ont fourni plusieurs copies dont quelques-unes existent encore aujourd'hui.

POÈME DES TROUBADOURS. — Qu'est devenu le manuscrit original du poème de Gérard de Roussillon en langue provençale ? On l'ignore aujourd'hui.

---

(1) Voir Bulletin Archéologique, publié par le Comité historique des Arts et Monuments — vol. IV, page 330. — L'édition de Lyon est fort rare ; elle se compose de 36 feuillets à longues lignes, caractères gothiques, sans pagination, signatures : A. J. Le titre est orné d'une gravure sur bois reproduite dans l'édition nouvelle et au-dessous de laquelle on lit :

On les vend a Lyon au pres de nostre dame de confort chenle Olivier Arnoullet.

Le volume se termine par cette souscription :

Cy finist lhystoire de monseigneur Gerard de roussillon iadis duc et conte de bourgongne et darquitaine. Imprimé nouvellement a Lyon par Olivier Arnoullet.

On ne connaît qu'un exemplaire de cette édition — il appartient aujourd'hui à la bibliothèque de Grenoble.

Le moine Jacques de Guise, dans ses annales du Hainault, dit, en parlant de l'inventaire (1635) de Jean de Saffres, décédé chanoine de Langres : *Item Romancium Giraldi de Roffillon in provinciali linguâ, taxatum pretio unius groffi (1)*. La modicité du prix, lors même qu'il serait question d'une monnaie d'or, semble indiquer qu'il ne peut être question ici du manuscrit princeps, mais bien d'une copie.

Il existe à la Bibliothèque Nationale de Paris, sous le numéro 2180 (ancien fonds St-Germain, n° 7991²), un manuscrit provençal de Gérard de Roussillon, écriture de la fin du XIVme siècle ou du commencement du XVme siècle. C'est une copie de cette fameuse geste provençale, dont nous avons déjà parlé à propos de la vie latine (2) et qui fût composée vers la seconde moitié du XIIme siècle.

On trouve à la Bibliothèque de l'Arsenal, n° 183, une copie moderne du manuscrit n° 2180, annotée par Lacurne de Ste-Palaye.

Le manuscrit provençal a donné lieu à deux versions modernes. La première : *Chanson de geste de Gérard de Rossillon en langue provençale, éditée en 1856 par M. Francisque Michel, correspondant de l'Institut. — Edition Jannet, à Paris.* — La seconde : *Poème provençal de Girard de Rossillon, édité à Berlin, en 1858,*

---

(1) Bulletin archéologique publié par le Comité historique des Arts et Monuments. — vol. IV, page 330.

(2) M. Paul Meyer refuse à ce poème le nom de geste provençale. Selon lui, elle aurait été écrite d'après un vieux poème Bourguignon de la fin du XIe siècle par un rimeur originaire de la basse Bourgogne, fourvoyé dans un pays de la langue d'Oc : le Périgord. Romania, Avril 1878 — n° 96 — page 161.

par M. le docteur Hofmann, de l'Université de Munich.

Signalons, pour terminer, ce qui a trait au poème provençal, un roman en vers, ayant pour titre : *Girard de Viane*, et dont il existe trois manuscrits en Angleterre et deux à Paris. L'auteur est un certain clerc du nom de Bertrand, prêtre à Bar-sur-Aube. Nous connaissons deux versions modernes du Girard de Viane provençal : La première, publiée à *Paris, par M. Tarbé* ; la seconde, publiée *à Berlin, par M. Beckker*. C'est une contrefaçon du Gérard de Roussillon provençal. Dans l'un comme dans l'autre de ces deux poèmes, l'auteur s'est très peu préoccupé de l'histoire ; aussi, bien que tous les deux procèdent de la chronique latine, elle y est souvent défigurée par la fantaisie du poète, et l'on y relève à chaque instant de nombreux anachronismes.

POÈMES DES TROUVÈRES. — *Manuscrit en langue d'oïl*. — Le plus ancien monument que nous possédions de Gérard de Roussillon en langue d'oïl est certainement le fameux manuscrit du Musée Britannique, connu sous le nom de version Harléienne, parce qu'il a appartenu à la Bibliothèque Harléienne. Il a beaucoup souffert des injures du temps et a été publié (in extenso), par M. Francisque Michel, à la suite de la chanson de geste provençale de Gérard de Roussillon. — Edition Jannet — Paris, 1856.

Après la version Harléienne, le manuscrit le plus recommandable par son ancienneté est sans contredit celui de Sens. Ce manuscrit, qui semble avoir appartenu à l'abbaye de Vézelay et qui a figuré quelque temps dans les archives de la cathédrale de Sens (1), se trouve, depuis 1804, à la bibliothèque de l'Ecole de médecine de Montpellier. C'est un in-4° du XIVme siècle, sur vélin, contenant 103 feuillets. Une note du savant Laire, inscrite sur un des feuillets de garde du volume, indique que les lacunes qui existaient dans cet ancien manuscrit, ont été comblées par Lacurne de Ste-Palaye, d'après le manuscrit 15103 de la Bibliothèque Nationale de Paris.

Viennent ensuite :

1° La copie d'Eude Savesterot (2). — Bibliothèque Nationale, n° 15103. — Ce manuscrit a été publié par M. Mignard de l'Académie de Dijon. — Paris— Techner — 1858 ;

2° La copie D. 13, provenant du fonds Bouhier et conservée à la Bibliothèque de Montpellier (H. 244) (3). A la suite du Roman en vers de Gérard de Roussillon, on y trouve quelques explications en prose et des vers en l'honneur des femmes Gauloises ;

3° La copie D. 14 attribuée à Jean Bouhier, grand-père du président Bouhier, fut exécutée sur un manuscrit du XIVme siècle dédié par son auteur à Jeanne de Bourgogne, femme du roi Philippe le Long (1316); elle appartient à la Bibliothèque de Troyes. —

---

(1) C'est, pour ce motif, sans doute, que M. Mignard lui donne le nom de manuscrit de Sens et qu'après lui, nous avons adopté cette dénomination.

(2) Eude Savesterot, clerc de Chatillon-sur-Seine, fut le copiste et non pas l'auteur de ce poème, comme ont pu le croire quelques savants, entr'autres Roquefort, trompés par l'explicit.

(3) Voir le catalogue des manuscrits des bibliothèques des départements dressé par ordre du ministre de l'Instruction Publique. — Paris. — Imprimerie Nationale — 1849.

In-folio sur papier, de 150 feuillets et portant le numéro 742 du catalogue imprimé, sous les auspices du ministère, en 1849. Le prologue est incomplet et ne contient que 60 vers. La leçon est presque la même que celle du manuscrit n° 15103 de la Bibliothèque Nationale, que nous avons désigné sous le nom de copie de Eude Savesterot. — Eude Savesterot, au XVme siècle, a très vraisemblablement exécuté sa copie sur le manuscrit de 1316, ou sur une des copies de ce manuscrit. Peut-être le manuscrit original de 1316 se laisserait-il retrouver à la Bibliothèque de la Faculté de médecine de Montpellier, sous le numéro 349 du catalogue, et ne serait autre que le manuscrit dont nous avons déjà parlé plus haut et que nous avons désigné sous le nom de manuscrit de Sens. En effet, l'identité de sa leçon avec celle de la copie de Troyes qui nous occupe, porte à croire que Montpellier est l'original, non-seulement de la copie Bouhier, mais aussi de celle d'Eude Savesterot. Ainsi, l'original et la copie, tous les deux réunis dans la Bibliothèque du président Bouhier, puis vendus à l'abbaye de Clairvaux, en 1781, entrèrent l'un et l'autre, à l'époque de la Révolution, dans la Bibliothèque centrale de l'Aube. En 1804, par ordre du gouvernement, un certain nombre des manuscrits de Troyes furent mis à part, pour aller enrichir le dépôt de la Bibliothèque Impériale ; mais, de ce nombre, une bonne partie fut détournée de sa route et prit le chemin de Montpellier.

C'est ainsi que l'original de la copie conservée à Troyes est aujourd'hui à la Bibliothèque de l'Ecole de médecine de Montpellier.

4° La copie Barbazan (1) — Bibliothèque de l'Arsenal, n° 184 — porte des notes marginales de Lacurne de Ste-Palaye. (2)

5° La copie de la Bibliothèque Royale de Bruxelles — in-4° sur papier, composé de 113 feuillets — Ecriture du milieu du XVme siècle — même leçon que le manuscrit 15103 de la Bibliothèque Nationale de Paris. Quelques vers manquent au manuscrit de Bruxelles.

Il faut, pour terminer cette longue énumération, signaler des fragments d'un autre manuscrit de Gérard de Roussillon, servant de feuillet de garde à un bréviaire du XVme siècle, à l'usage de l'abbaye de Citeaux et conservé à la Bibliothèque de Troyes, n° 2507 — in-12, sur papier — ancien fonds Clairvaux — 396 feuillets. — Ecriture cursive du XVme siècle, à longues lignes, avec rubriques et initiales. — Sur les gardes qui sont en parchemin, fragments d'un roman en vers de Gérard de Roussillon.

Voici les quelques vers inscrits au catalogue publié sous les auspices du ministre de l'Instruction Publique (3) :

---

(1) Barbazan, savant philologue de la fin du XVIIe siècle — auteur de la copie n° 184 de l'Arsenal, suivant M. Mignard — voir : Le Roman en vers de très excellent, puissant & noble homme Girard de Rossillon... par M. Mignard. — Paris, Techner, 1858. Introduction, page VIII.

(2) Lacurne de Ste-Palaye y déclare que cette copie a été faite sur le manuscrit D, 14, du président Bouhier.

(3) Extrait du catalogue général des manuscrits des bibliothèques publiques des départements, publié sous les auspices du ministre de l'Instruction Publique. — Paris, Imprimerie Impériale — 1855 — tome II.

« G'irai for eus por lor terres faifir ;
« (Ne) lez garra treftot or que Dex fift,
« Que je nes face de male mort morir ;
« Dift Gérars, sire, il lor fera ben dit :
« Nel loiffervie por tot l'or que Dex fift. »

Versions en prose Française. — Le manuscrit original de Jehan Wauquelin a disparu, emporté, selon les uns par le vent de la tourmente révolutionnaire ; selon les autres il se cache dans quelque réduit inconnu, relégué sans doute parmi les papiers inutiles (1), en attendant qu'une main amie vienne secouer la poussière qui le couvre, pour le mettre au jour. Quoiqu'il en soit, cette traduction célèbre, exécutée au commandement de monseigneur le duc de Bourgogne, *par fon clerq & ferviteur*, fut souvent copiée. Il n'y a pas lieu de s'en étonner, si l'on songe au prestige que devait exercer à la Cour de Philippe le Bon le récit des exploits légendaires d'un duc de Bourgogne et d'un duc toujours en guerre avec son suzerain le roi de France.

Manuscrit de Jehan de Lozières. — Une des plus anciennes copies de ce manuscrit est celle de Jehan de Lozières, copie sur parchemin, aujourd'hui disparue et dont l'existence nous est révélée par le compte suivant (2) : 1454 — 1455. *Dijonnois* — compte d' *Oudot le Bédiet* : Cent sous dix deniers tournois

---

(1) Les mémoires du cardinal de Granvelle ont été retrouvés dans la boutique d'un épicier Bizontin, au milieu de papiers destinés à envelopper les denrées coloniales.

(2) Inventaires sommaires des archives de la Côte-d'Or — tome II, page 127 — B. 4504 — cahier in-folio, 105 feuillets parchemin.

« donnés à *Jacotin le Wautier*, clerc des offices de
« l'hôtel, à un *eſcripvain* nommé *Jehan de Lozières*,
« pour achat de parchemin et *l'eſcripture* d'un livre
« appelé *l'iſtoire de Girard de Roſſillon*, appartenant
« à monseigneur; et aussi pour l'écriture en *lettres baſ-*
« *tardes* d'un livre appelé *modus & ratio*. »

En dehors de cette copie de Jehan de Lozières, nous pouvons signaler l'existence de quatre manuscrits de l'œuvre de Jehan Wauquelin. Ce sont:

1° Le manuscrit de la bibliothèque palatine, impériale et royale de Vienne en Autriche, n° 2549;

2° Le manuscrit de Paris. — Bibliothèque Nationale de Paris, n° 852;

3° Un autre manuscrit de la Bibliothèque Nationale de Paris, n° 12568;

4° Le manuscrit de l'Hôtel-Dieu de Beaune.

MANUSCRIT DE VIENNE. (1) — ms. XVme (1447 — n° 2549 — novus 457 — 194 f^{os} c. init. fig. & ornam. marg. col. : « *Roman de Girard de Roſſillon*
« *en proſe tranſlaté par Jehan Wauquelin* — poſt
« indicem capitum & prologum, incipit textus :
« *Comment les fais de monſeigneur Girard de Rouſ-*
« *ſillon ſont en pluſieurs lieux eſcrips & épars. Et à*
« *celle fin que on cuide*..... & expl. : « C'eſt la be-
« noite gloire où il vit & regne cum deo patre & ſpi-
« ritu ſanĉto unus deus per infinita ſecula. Amen. « Se-
« quitur narratio de fundatione eccleſiæ in Leuſe,
« incip. : « *Cy après s'enſuit une proſe de St-Badilon*

---

(1) Extrait de : Tabulæ codicum manuscriptorum preter Grecos et Orientales in bibliothecâ palatinâ Vindobonensi, asservatorum. — volumen II, cod. 2001, 3500, page 387. — Vindobonæ, venumdat Caroldi Geroldi filius, MDCCCLXVIII.

« *par laquelle appert clèrement que monseigneur Gi-*
« *rard de Rouſſillon fonda l'égliſe de Leuſe, là où*
« *git le corps St-Badilon* : « *Precor te ſanƈte ſpiri-*
« *tus.....* » & expl. : « *in celeſti curia. Amen. Amen.* »
« Sequitur carmen auƈtoris in opus ſuum, incip. : »
« *Balade faite par l'aƈteur : L'an quatorze cens ac-*
« *compli & quarante ſept juſtement.....* & expl. :
« *Quen tous biens ait accroiſſement Phelippe de Bour-*
« *goingne ſeigneur.* »

Ce manuscrit (1) in-folio, écrit sur vélin en minuscules gothiques du XVme siècle, à deux colonnes, orné de nombreuses miniatures, vignettes et lettres initiales, se compose de cent quatre-vingt-quatorze feuillets. En tête du seizième feuillet se trouve une admirable miniature, aux couleurs les plus vives, représentant le puissant duc Philippe le Bon, assis sur un grand siège d'honneur ; il y accepte l'hommage du livre, des mains de l'auteur à genoux devant lui. Le jeune comte de Charolais, son fils unique, est auprès de lui. Le duc est entouré de plusieurs chevaliers de son ordre (2), du légat du Pape & de quelques conseillers. Au dessous de cette miniature commence le prologue. Au folio 183, l'auteur dévoile son nom : Jehan Wauquelin, en indiquant qu'il se compose des quinze premières lettres des quinze premiers chapitres. — Au Trésor Impérial (schatzkammer), d'où il a été transporté en 1783 dans la Bibliothèque palatine, ce

---

(1) Voir, aux pièces à l'appui à la fin du volume, la lettre de M. Birk, préfet de la bibliothèque impériale et royale de Vienne.

(2) Le fameux ordre de la Toison d'or, fondé par Philippe le Bon, en 1449.

manuscrit célèbre portait le numéro 131 ; il porte aujourd'hui le numéro 2549 du nouveau catalogue. Quant au numéro 457, c'est celui qui lui fût attribué dans une série d'accroissements de la collection de Vienne, avant la confection du nouveau catalogue.

Quoique ce précieux manuscrit ait perdu sa reliure originale, reliure favorite de Philippe le Bon, il n'en est pas moins le plus remarquable des quatre manuscrits connus de l'œuvre de Jehan Wauquelin, au double point de vue de la calligraphie et de la forme à double colonne, forme qui ne se rencontre dans aucun des trois autres. Seul, aussi, il est orné de miniatures. La miniature du VIme feuillet, dont nous avons donné la description, indique d'une manière évidente qu'il appartenait au duc Philippe le Bon. Le manuscrit de Jean de Lozières, ainsi que cela résulte du compte d'Oudot le Bédiet cité plus haut, appartenait aussi à Philippe le Bon. Comme celui-là, il était écrit sur parchemin et probablement aussi orné de miniatures. Nous sommes amené, par la force des choses, à faire ce rapprochement qui ne surprendra personne ; aussi, sommes-nous tenté de croire, que le manuscrit signalé dans le compte d'Oudot le Bédiet se laisserait facilement retrouver dans le manuscrit de la bibliothèque palatine. N'est-il pas naturel, en effet, de supposer que la copie de Jean de Lozières, propriété de Philippe le Bon, comme nous l'avons fait remarquer, ait été transportée dans la maison d'Autriche, par sa petite fille Marie de Bourgogne, femme de Maximilien et unique héritière de la maison de Bourgogne. Cette supposition n'a rien d'invraisemblable.

A propos des miniatures du manuscrit de Vienne, nous pourrions faire remarquer que les miniaturistes Dijonnais jouissaient, au XVme siècle, d'une grande réputation ; aussi, les ducs de Bourgogne firent-ils exécuter, à plusieurs reprises, des peintures et enluminures, par des artistes bourguignons, dans leurs manuscrits les plus célèbres, notamment dans les *Chroniques abrégées des anciens rois & ducs de Bourgogne*. (1) Nous trouvons dans le compte d'Oudot le Bédiet déjà plusieurs fois cité : « *achat d'un demi cent de feuilles d'or renforcé quatre fois, livrées à Adam Dumont, peintre à Dijon.* » N'est-ce pas une preuve de plus, en faveur de notre supposition ?

MANUSCRITS DE PARIS. — Manuscrits français, n° 852 de la Bibliothèque Nationale de Paris. — Colbertinus : 1904 — olim regius : 7224^{33} — grand in-4°, sur papier, de 186 chapitres et 210 feuillets. — L'écriture en minuscules gothiques du XVme siècle en est très soignée. Les lettres capitales initiales sont d'ordinaire petites, simples et sans ornementation. Les guillemets (en forme de C barré) qui précèdent les titres des chapitres sont alternativement rouges ou bleus. Il n'y a point, à proprement parler, de ponctuation dans le manuscrit ; toutefois, on trouve la plupart du temps un point à la fin des phrases principales. La phrase commence aussi fort souvent par une petite capitale légèrement teintée en jaune.

---

(1) In-4° de 15 feuillets et onze miniatures couvrant toute la page et réservant invariablement trois lignes au texte, au milieu d'une riche bordure. — Voir le catalogue de la librairie Morgand et Fatout, passage des Panoramas, n° 55, à Paris ; — tome I, n^os de 1 à 4562 — (1876-78).

Le manuscrit n° 852, porte le titre suivant : *Hiſtoire de Girard de Roſſillon tranſlatée en françois, par ordre de Philippe duc de Bourgogne*. Magnifique reliure moderne en maroquin plein, rouge, avec tranches et filets dorés. — Sur les plats, armoiries des Colbert. La couleuvre de ces armoiries est plusieurs fois répétée sur la couverture. Le volume commence par la table des chapitres ; cette table comprend huit feuillets. Au milieu du neuvième feuillet (recto) commence le prologue ou premier chapitre. L'histoire finit au 210me feuillet par la rubrique suivante : *Cy fine la cronique de monſeigneur Gérard de Rouſſillon*. Immédiatement à la suite, on lit la prose de St-Badilon et, sur le verso de ce 210me et dernier feuillet, est écrite la ballade de l'auteur, ballade incomplète et finissant, au bas de la page, par le vers : « *Sa valeur plus rade que vent.* »

Les chapitres, au nombre de 186, sont numérotés en chiffres romains jusqu'au 143me inclusivement, et c'est au 178me que l'auteur dévoile son nom : *Jehan Wauquelin*, comme il le fait au manuscrit de Vienne, comme il le fait aussi au manuscrit de Beaune.

Que le manuscrit de Paris soit une copie de celui de Jean de Lozières, ce qui est probable ; qu'il soit même une copie du manuscrit original de l'auteur, ce qui n'est pas impossible, peu nous importe. Ce qui est certain, c'est qu'il présente avec le manuscrit de Beaune une différence d'âge qui peut varier entre dix et quinze ans, et que ni l'un ni l'autre n'a jamais été publié non plus que le manuscrit de Vienne. Nous donnons à la fin de ce volume les principales variantes du manuscrit de Paris, n° 852. (1)

Quant au second manuscrit que possède la Bibliothèque Nationale — n° 12568 — ancien supplément français 632¹⁴, — c'est exactement la même leçon que le manuscrit n° 852. Nous nous contentons de signaler son existence, et nous ne donnerons que les variantes qui offriront un véritable intérêt.

MANUSCRIT DE L'HÔTEL-DIEU DE BEAUNE. — Le manuscrit de l'Hôtel-Dieu de Beaune est écrit sur papier — écriture cursive de la dernière moitié du XVme siècle — volume in-4°, avec une très belle reliure du temps, en bois recouvert de peau gaufrée. — Hauteur : 0^m32. — Largeur : 0^m22. — Epaisseur : 0^m07. — Cinq gros boutons de cuivre (2) sont placés sur les plats de la reliure, un au milieu et un à chaque coin. Au-dessus du bouton du milieu, on lit le titre suivant : « *Croniques des faiz de feurent « monseigneur Girart de Rossillon, à son vivant duc « de Bourgoingne & de Dame Berte sa femme, fille « du conte de Sans, que Martin Besançon fit escripre « en lan 1469,* » écrit sur parchemin recouvert d'une lame de corne transparente, encadrée par une baguette de cuivre plat d'un centimètre de largeur et fixée au bois de la couverture par seize épingles de cuivre, à tête ronde.

---

(1) Ces variantes ont été relevées sur le manuscrit de Paris, par M. Bonnardot, paléographe-archiviste, ancien élève de l'École des Chartes.

(2) Ces gros boutons de cuivre avaient pour but de protéger la reliure. Lorsque le volume était ouvert, les gaufrures délicates de la reliure ne pouvaient, grâce à ces boutons, porter sur le bois de la table, sur laquelle le livre avait été placé.

Le volume est fermé au moyen de deux fermoirs. Ces fermoirs se composent, chacun : d'une tresse de soie verte à la ligne brune tissée au milieu, portant à son extrémité une petite mosselotte de forme rectangulaire et échancrée, sur laquelle on voit d'un côté une M majuscule gothique et de l'autre un trou rond qui la traverse de part en part et qui, pour fermer le livre, correspond à un petit clou de cuivre placé sur le plat de la couverture et près du bord de celle-ci. — Tranche de couleur, avec deux mots gothiques illisibles, dans une banderolle en forme d'S.— Les gardes en parchemin. — Le volume comprend 250 feuillets ou 500 pages. On trouve d'abord 5 feuillets blancs, à l'exception toutefois du deuxième feuillet qui porte la mention suivante : « *Anne Faultrey a ly* « *tout ce livre & vous promet que bien elle le retien-* « *drez. Dieu la pourvoye.* » Sur le sixième feuillet « est écrit : « *Cy s'enfuit la table des chappitres.....* » en dix feuillets ; on lit sur la page suivante, à la suite de la table des chapitres : « *Martin Befançon de Beaune & Jaquette Guigeon fa femme ont donné à Dieu, à la glorieufe virge Marie fa doulce mère & à monfeigneur fainct Jehan Baptifte, patron du grand hofpital nagaires fondé audit Beaune par feu bonne mémoire meffire Nicolas Rolin, à fon vivant chevalier, feigneur d'Authume & d'Aymeries, & chancelier de Bourgoingne, & dame Guigoyne de Salins dame d'Authume & d'Oigny, sa compaigne, ce livre, à l'intention que jamais il ne foit dédié que à l'ufaige & paffetemps des feurs & membres, fans le mettre hors du dict hofpital. Tefmoing le faing dudit Martin cy*

mis le premier jour de may M IIII^c L & dix. Plaiſe aux
liſans prier Dieu pour eulx. Beſançon. » Sur la page
suivante : le prologue. Viennent ensuite les autres
chapitres au nombre de 186, y compris le prologue.
Les lettres initiales, pour l'entête et le titre de chaque
chapitre, sont ornées et coloriées. Celle du prologue,
d'une élégance peu commune, ne mesure pas moins
de huit centimètres de haut, sur six de large. La prose
de St-Badilon et la ballade de l'acteur sont à la suite de
l'histoire et le manuscrit se termine par huit feuillets
blancs. Sur le dernier feuillet de garde, nous trouvons
la mention suivante : *En février 1839, ce manuscrit a
été analysé par le soussigné, archiviste : Garnier.* (1)

Le manque complet de ponctuation et les abréviations qu'on y rencontre à chaque ligne, rendent la lecture de notre manuscrit difficile. L'absence de certains mots laissés en blancs (et ils sont nombreux) vient encore augmenter cette difficulté. (2) Nous croyons inutile de donner une analyse détaillée du manuscrit, cette analyse ayant été déjà donnée par M. Mignard dans l'introduction de son Gérard de Roussillon. Du reste, la table des chapitres présentera au lecteur l'analyse la plus exacte et la plus complète qu'il puisse désirer, avant de commencer la lecture de l'ouvrage.

A la suite de cette description rapide et sommaire,

---

(1) Nous ignorons si l'analyse de M. Garnier a jamais été publiée.

(2) Chaque fois que nous avons rencontré une lacune dans notre manuscrit, nous l'avons comblée à l'aide du manuscrit de Paris ; nous avons, pour éviter toute espèce de confusion, écrit en lettres italiques tous les mots empruntés à ce dernier manuscrit. Nous n'avons laissé subsister de lacunes que celles qui existaient à la fois à Beaune et à Paris ; aussi, le lecteur en rencontrera-t-il fort peu.

nous avons pensé qu'on ne lirait pas sans intérêt l'extrait suivant des procès-verbaux des séances du Comité historique des manuscrits écrits. (1) : « M. Mail-
« lard de Chambure, correspondant, adresse un rap-
« port sur un manuscrit du roman de Gérard de
« Roussillon. Il donne une description détaillée de
« ce manuscrit conservé et longtemps oublié à l'Hô-
« tel-Dieu de Beaune, puis il en fait connaître le con-
« tenu. L'ouvrage consiste en une traduction du
« latin en prose française faite au commandement de
« Philippe le Bon, en 1447. Le héros, Gérard sei-
« gneur de Roussillon, château situé dans les envi-
« rons d'Autun (2), est sans cesse en guerre avec
« Charles le Chauve, roi de France et son beau-frère.
« Après bien des aventures, il fonde, de concert avec
« Berthe sa femme, fille de Hue, comte de Sens,
« douze abbayes en l'honneur de douze victoires
« remportées sur les Français, entr'autres Pothières
« et Vézelay, sur lesquelles l'auteur fait des digres-
« sions assez étendues. M. de Chambure regarde ce
« roman comme plus complet que le roman Wal-
« lon (3) et plus intéressant que le roman provençal,
« tous les deux portant le même titre et figurant tous

---

(1) Nous devons cette importante communication à l'obligeance de M. Bonnardot.

(2) Le château de Roussillon était situé, dans le Châtillonnais, au sommet du mont Lassois; cela résulte de l'étude du manuscrit. Comment M. de Chambure a-t-il pu le placer dans les environs d'Autun ? Le mont Lassois est situé entre Pothières et Châtillon. (Voir carte de l'état-major).

(3) Est-ce à la version Harléienne que le rapporteur donne le nom de Roman Wallon? Nous serions tenté de le croire si le manuscrit Harléien n'appartenait pas au musée britannique de Londres. Est-ce au manuscrit de Paris ? Les manuscrits de Beaune et de Vienne auraient alors les mêmes droits à ce titre que le manuscrit de Paris.

« les deux parmi les manuscrits de la Bibliothèque
« Royale. Du reste, il en diffère par la chronologie et
« s'en éloigne encore plus par le récit des évène-
« ments. Sous le rapport historique, ajoute M. de
« Chambure, il présente un grand nombre de faits
« précieux pour l'histoire de l'établissement de la
« féodalité rivale du pouvoir royal ; sous le point de
« vue littéraire, il présente des extraits considérables
« de romans perdus et des épisodes d'une variété at-
« tachante et d'une admirable couleur. »

Le rapport de M. de Chambure a été communiqué au Comité, dans sa séance du 22 juillet 1839. Ce n'est donc pas d'aujourd'hui que l'attention du public a été attirée sur le manuscrit de l'Hôtel-Dieu de Beaune. Malgré la décision de ce Comité qui ne voulut pas y reconnaître le caractère d'originalité qui doit distinguer les monuments dignes d'être recueillis et publiés par le gouvernement, nous persistons à croire, avec le savant archiviste de la Côte-d'Or, qu'une publication de ce genre ne peut manquer d'intéresser la France entière, au double point de vue de l'histoire et de la langue.

Si ce texte, traduit du latin à une époque relativement peu ancienne, a vu par cela même disparaître ses chances d'entrer dans la collection des documents inédits de l'histoire de France, il mérite cependant d'être recueilli et mis en lumière, à titre de témoin d'histoire locale, témoin plus authentique et plus vrai que les versions en vers, versions peut-être un peu plus anciennes, mais aussi plus éloignées du texte original, source commune de toutes les translations en français.

Encore quelques mots sur le traducteur de notre manuscrit et nous terminons cette trop longue préface.

Nous lisons au 178ᵐᵉ chapitre : « *Ceſte préſente biſtoire laquelle eſt ainſi tiſſue, comme vous aveʒ oy, a eſté priſe au commandement de mon très redoubté ſeigneur & prince devant nommé, en pluſeurs livres & volumes, par moy non digne de en eſtre aĕteur, du quel s'il vous plaiſt ſavoir le nom & le ſeurnom, vous prendreʒ les XV premières lettres des XV premiers chapitres de ceſtui préſent volume, qui vous enſeigneront miſe enſemble la parole.* »

Les quinze premières lettres des quinze premiers chapitres mises à la suite l'une de l'autre, donnent :

JEHAN TVAVQVELIN

En prenant les choses au pied de la lettre, c'est Jehan Tuauquelin qu'il faut lire ; c'est aussi cette lecture qui a été adoptée par M. Mignard. (1)

Nous pensons néanmoins que le nom de *l'acteur* n'est pas Jehan Tuauquelin, mais bien Jehan Wauquelin. Il faut convenir que la première lettre du VIᵐᵉ chapitre est un T et non pas un V. La lettre T est très bien formée, il ne saurait y avoir l'ombre d'un doute. D'autre part, il ne faut pas oublier que notre manuscrit n'est pas le manuscrit original de

---

(1) Voir : Le Roman en vers de très puissant et noble homme Girard de Rossillon, jadis duc de Bourgogne..... etc..... par M. Mignard de l'Académie de Dijon. — in-8°, Paris. Techner — 1852.— Introduction, page XV.

l'auteur, mais une copie, peut-être même une copie de copie ; nous avons déjà dit, en effet, que l'on peut très bien admettre que Martin Besançon ait fait copier le manuscrit de Jehan de Lozières. Quoiqu'il en soit, le copiste ne peut-il pas s'être trompé et avoir écrit un T pour un V ? Nous le pensons et nous avons plusieurs raisons pour le croire.

En admettant le T, la première phrase du VIme chapitre n'est pas complètement dénuée de sens, on peut à la rigueur la comprendre ; mais encore, faut-il s'y arrêter et réfléchir quelques instants. En admettant le V au contraire, la phrase se lit couramment ; il ne peut y avoir un instant d'hésitation, et le lecteur reconnaît là une locution habituelle et familière de l'auteur. Sans nous arrêter à cette première raison qui a bien sa valeur, nous renvoyons le lecteur aux deux manuscrits de Paris et à celui de Vienne. Dans chacun d'eux, l'auteur y dévoile son nom de Jehan Wauquelin.

Jehan Wauquelin, clerc et secrétaire particulier de Philippe le Bon paraît avoir été attaché fort jeune au service de la maison de Bourgogne, comme copiste. Biographe d'une très haute capacité, il était à la fois calligraphe, traducteur, historien et littérateur, ainsi qu'il semble résulter des publications de MM. Barrois, Paulin Pâris, le comte de La Borde et Florian Frocheur. Voici quelques-unes de ses traductions les plus connues.

Jehan Wauquelin a traduit du latin en français les Annales de Brabant de Edmond Dynter (Dynterus). Il était contemporain de ce dernier et a travaillé sous

sous ses yeux à cette traduction. On y lit, chapitre 60ᵐᵉ, livre VIᵐᵉ : « *Les quelz font & ont efté par notre Ac-* « *teur mis en latin, & par moy Jehan Wauquelin clerc,* « *mis de latin en françois.* »

En 1448, il a mis de vers en prose le roman de la belle Hélène de Constantinople ; en voici le prologue : « *Je, Jehan Wauquelin foible de fens & de très petite* *capacité, pour efmouvoir & inciter les cuers des endor-* *mis à aucune bonne incitation & promovement, me fuis* *déterminé de meftre en profe une hyftoire nommée l'Yf-* *toire de Helayne.* »

La bibliothèque royale de Bruxelles renferme un manuscrit de notre traducteur. Ce manuscrit, n° 9043, a pour titre : « *Le livre du gouvernement des princes,* « *jadis compofé par frère Gille de Romme de l'ordre* « *des frères hermites de sainct Auguftin, tranflaté du* « *latin en françoys au commandement de mon très* « *redoubté feigneur Philippe..... par Jehan Wauque-* « *lin fon clerq & ferviteur.* »

Un autre de ses ouvrages est une histoire fabuleuse d'Alexandre le Grand. Il y a plusieurs manuscrits de cet ouvrage. Voici le prologue du manuscrit de Gotha (bibliothèque ducale de Gotha, n° 117) : « *Je, de ce* « *non digne & pouvre non faichant, à la requefte &* « *au commandement de très haut, noble & puiffant* « *feigneur, monfeigneur Jehan de Bourgoigne, comte* « *d'Eftampes & feigneur de Dourdans, ay mis & formé* « *mon propos de meftre par efcript, expofer en lan-* « *gaige maternel les nobles faiz d'armes, conqueftes &* « *empreinfes du noble roy Alexandre, roy de Macé-* « *donie, felon ce que j'ay trouvé en ung livre rimé.....* »

« Le manuscrit se termine ainsi : « *& ce mon nom
« leur plaift fcavoir, cy prendent la première lettre de
« la feconde partie du livre, la quelle eft J, en defcen-
« dant les lettres cappitalles jufqu'à la XVIIIme qui eft
« N, & ainfi le pourront-ils fcavoir.* » L'auteur dévoile,
par ces dix-huit lettres initiales et capitales, (suivant
une coutume assez généralement suivie par les calligraphes des XIVme et XVme siècles) son nom latinisé de Joanes Wauqualinus, comme il avait donné en français, son nom de Jehan Wauquelin, dans le Gérard de Roussillon.

Dans le manuscrit du n° 7518 de la Bibliothèque Nationale à Paris qui contient une histoire d'Alexandre le Grand divisée en deux parties, traduite de rime en prose, et qui pourrait bien être une copie du manuscrit de Gotha, M. Legrand d'Aussy nous apprend qu'il n'a pu découvrir le nom de l'auteur qui ne s'y nomme point, mais qui s'y dit Picard. (1) Jehan Wauquelin, sans parler du Gérard de Roussillon, est l'auteur de plusieurs autres ouvrages aujourd'hui disparus. M. Barrois, dans son livre, sur les librairies de Bourgogne, cite le titre suivant d'un de ces ouvrages :
« *Le livre de Brutus & de la grand Bretaigne, écrit en
« langaige Breton, puis mis en latin par Gaufroy,
« tranflaté en françois par Jehan Wauquelin.* »

Il semble résulter du manuscrit de l'histoire d'Alexandre le Grand, cité par M. Legrand d'Aussy et des quatre manuscrits en prose de Gérard de Roussillon que

---

(1) Dans le manuscrit de Gérard de Roussillon de l'Hôtel-Dieu de Beaune, l'auteur se dit aussi Picard.

Wauquelin était Picard ; lui-même le déclare (1) ; du reste il y dévoile, à chaque instant son origine, par certains mots qui appartiennent au dialecte Picard, tel qu'il existe encore de nos jours. Les deux comptes suivants pourraient cependant faire supposer qu'il était Montois.

Dans un compte du grand baillage de Hainaut (1453) conservé aux archives de Lille, nous lisons que, par ordre de Philippe le Bon, il fut donné une certaine somme à : « *Joffe le Vernier demourant à* « *Mons, pour, le Vme jour d'octobre, porter à mon-* « *feigneur le ducq à Lille la tierce partie des cro-* « *niques des Belges & le quarte partie des croniques* « *de Frouiffart, que monfeigneur avait fait écrire à* « *Mons par feu maiftre Jehan Wauquelin. Se avoit* « *mandé que les dicts livres on l'y menoift & les quelz* « *contenoient IIII^{xx} XI quayers qui pefoient fort.* »

Un compte de 1445 nous apprend que par ordre du duc : « *Une somme de XII livres a efté payée à* « *Jehan Wacquelin* (évidemment Jehan Wauquelin) « *demourant à Mons en Haynault, pour don à luy* « *fait, quant yl eft venu devers monfeigneur à Lille,* « *pour aucunes affaires touchant la tranflacion de* « *plufeurs hyftoires des pays de mon dit feigneur,* « *pour lui aidier à deffrayer de la dicte ville de* « *Lille.* »

Si Wauquelin n'était pas Montois, (ce qui est probable, puisqu'il se dit Picard dans plusieurs passages

---

(1) Voir chapitre XV, l'auteur dit dans ce chapitre : à la cause des palus brenchies ou boes *que nous disons en Picardie* bourbes...

de ses ouvrages) il est certain cependant qu'il demeurait à Mons en 1445 et qu'il y mourut en 1453. Ce dernier compte a, du reste, un intérêt tout particulier pour nous. En rapprochant les dates, on peut supposer en effet que *ces aucunes affaires touchant la tranflacion de plufeurs hyftoires des pays de mon dit feigneur,* dont Wauquelin venait en 1445 entretenir Philippe le Bon, à son passage à Lille, pouvait bien comprendre le projet de la traduction de Gérard de Roussillon, projet qui fut exécuté deux ans plus tard en 1447.

Que penser maintenant de la version Tuauquelin ?

Si le copiste du manuscrit de Beaune a mis un T à la place d'un V, ce n'est pas une raison suffisante pour le croire sur parole et dénaturer ainsi le nom de l'auteur.

M. de Ram, recteur de l'Université Catholique de Louvain, auquel nous avons emprunté une partie des détails qui précèdent, apprécie comme il suit le célèbre traducteur : « Le traducteur appartient à l'école
« de Froissart dont il a étudié et transcrit les œuvres.
« Son style même rappelle quelquefois la gracieuse
« simplicité de l'immortel chroniqueur. Wauquelin
« mérite, à ce titre, une place distinguée, parmi les
« écrivains qui florissaient au XVme siècle à la Cour
« des ducs de Bourgogne..... Si le traducteur a un
« incontestable talent comme prosateur français, sa
« traduction n'est pas toujours d'une exactitude par-
« faite, quelquefois il abrège et écourte le texte ori-
« ginal. On remarque dans sa traduction (annales de
« Dynter) l'absence d'une orthographe uniforme et

« régulière; beaucoup de mots y sont mis de deux
« et trois manières différentes..... Dans les noms pro-
« pres, les noms de lieux surtout, il commet quelque-
« fois de singulières méprises. »

La plupart de ces observations et de ces critiques s'appliquent à merveille au traducteur de notre manuscrit. L'absence d'une orthographe uniforme y présente une bigarrure désagréable. On trouve, à la même page, quelquefois à la même ligne, le même mot écrit de deux et trois manières différentes. Nous nous sommes bien gardé de corriger ce que l'on serait tenté de prendre pour des fautes et nous avons reproduit fidèlement ces variétés, restes précieux de la langue.

Beaune, le 15 décembre 1878.

L. DE MONTILLE.

NOTA. — Cette introduction était sous presse, lorsque M. Bonnardot, qui a bien voulu prêter à cette publication son savant et précieux concours, nous a signalé l'existence d'une très-ancienne édition de l'histoire de Gérard de Roussillon ; on peut en voir un exemplaire parmi les objets exposés dans les vitrines de la galerie Mazarine à la Bibliothèque Nationale. (Acquisitions : n° 2806. — Réserve : 8° y2.)

In-folio de 32 feuillets non paginés. — Le titre et le premier feuillet manquent. La table des chapitres finit au verso du deuxième feuillet. L'histoire commençant au recto du troisième feuillet et finissant au verso du trente-deuxième se termine ainsi : « *Cy finist lhystoire de Monseigneur Gérard de roussillon jadis duc & conte dacquitaine imprimé nouvellement a paris par Michel Le noir libraire jure de luniversite de paris demourant en la grant rue sainct Jacques a lenseigne de la Roze couronnee.*

Lan mil cinq cens & xx. le xxiij. jour de decembre.

Impression gothique qui n'est pas toujours correcte. Riche reliure moderne avec plats dorés.

y après s'enfuit (1) la table des Chappitres du livre & histoire de monfeigneur Gérard de Rouffillon translatée de latin en françoys, au commandement de mon très-redoubté et puiffant seigneur monfeigneur Phelippe par la grace de Dieu duc de Bourgoingne, de Lothier (2), de Brabant et de Lembourg; conte de Flandres, d'Artois, &c....

& premièrement:

Le prologue fait sur la vye du très noble conte Gérard de Rouffillon, comme dit l'acteur.   I

Comment les fais de Gérard de Rouffillon sont en pluseurs lieux escripts & expreffés (1).   IJ

De la faceon & manière de Gérard de Rouffillon.   IIJ

Comment & à qui fut le noble conte Gérard de Rouffillon mariez.   IIIJ

De la fondacion & situacion de l'églife de Poultières.   V

La cause pourquoy on dit le mont de Laçcois (1), où fut jadiz situé le chastel de Rouffillon.   VJ

De la faceon du monlt (1) de Rouffillon & comment il fut affigié par les Wandelles.   VIJ

Comment le chastel de Laçcois (1) fut affailly par les Wandelles.   VIIJ

Comment le siège du chastel de Rouffillon fut juré par les Wandelles.   VIIIJ

Comment ceulx du chastel prinrent conseil de lever le siège. x

Quel fut le conseil dont ceulx (1) mesmes furent déceuz. xj

Comment les Vandelles s'eslongèrent (1). De la prinse de la forteresse. xij

Comment la forteresse fut prinse & destruicte par male aventure. xiij

Comment finèrent de malvaise mort ces mauvais (1) tirans & comme la forteresse fut réedifié. xiiij

Pluseurs opinions pourquoy on dit Roussillon & Poultières. xv

De Loys le débonnaire & de ses iij fils qui eurent bataille les ungs aux autres. xvj

Comment les iij enffants de France requirent monseigneur Gérard de ayde, & du conseil qu'il leur donna. xvij

Comment Loys & Charle le chauve se partirent de Gérard, mal contens. xviij

Comment les iij frères eurent batailles l'ung à l'autre & puis s'accordèrent. xviiij

Le commencement du mouvement dont monseigneur Gérard fut deshérité. xx

Du discort meu entre le roy Charle le chauve & Gérard. xxj

Des paroles qui furent dictes des ij (1), dit l'istoire. xxij

Comment le roy se party de Gérard de Roussillon mal content. xxiij

Comment, par aucuns séduiseurs anemis de Gérard, le roy fut de plus en plus incité & esmeu en ire contre le dit Gérard. xxiiij

La réponse du roy Charle à ses ij nepveuz de Gérard

de Rouſſillon, & commant il manda tout son conſeil.
XXV

De la réponse qui fut faicte au roy, que fit Thierry d'Ardenne. XXVJ

Comment le roy parla merveilleusement à son conſeil, du quel il se partit sans congié. XXVIJ

Comment encore le dit Thierry d'Ardenne reprit la parole du roy, comme preudhomme qu'il estait. XXVIIJ

Comment Charle le chauve s'ordonna par son conſeil de vitupérer monſeigneur Gérard de Roſſillon. XXVIIIJ

Comment Guy de Montmorency s'en ala devers (1) les marches d'Auvergne, de Gascongne & de Provence, céduire le peuple. XXX

Comment monſeigneur Gérard s'en ala à Sens, là où il mit ses nouveaulx officiers, & en débouta les officiers du roy. XXXJ

Comment Berte la bonne dame repréhendoit (1) son mari. XXXIJ

Comment Charle le chauve s'ordonna à déchaſſer le noble conte Gérard, sans deffiance nulle. XXXIIJ

Comment le chastel de Rouſſillon fut prins du roy Charle le chauve. XXXIIIJ

Comment Gérard sceust les déplaiſirs que le roy Charle le chauve lui faiſoit. XXXV

Comment la bonne dame Berte montra par exemple, que les femmes sont à croire, aucunes fois. XXXVJ

Comment monſeigneur Gérard de Rouſſillon aſſembla son conſeil. XXXVIJ

Comment Fouchier en ala vers le roy, pour lui remonstrer les paroles deſſus dictes. XXXVIIJ

Les paroles que le vaillant chevalier Fouques mareschal de Bourgoingne racorda au roy, pour le bien de son maitre. XXXVIIIJ

Comment le roy Charle le chauve respondit au bon Fouques, sur ce qu'il avait proféré. xl

Comment Fouques voult férir le roy, de son coutel qui lui pendoit à son cousté. xlj

Comment le dit Fouques creva ung euil à l'ung des fils Thierry d'Ardenne & lui rompit ung bras (1). xlij

Comment le roy Charles le chauve prifa et loua (1) devant toute sa baronnie le bon Fouques mareschal de Bourgoingne. xliij

Comment monfeigneur Gérard manda par toutes terres loings & près son ayde, pour combattre le roy Charle. xliiij

Comment le chastel de Poligny fut fondé, dit l'istoire (1) xlv

Comment le chastel Charlon fut fondé, dit l'istoire. xlvj

Comment le bon conte Gérard fut desconfit du roy Charle. xlvij

Comment Gerbet nepveu monseigneur Gérard fut occis, en courant le vieilz Haymond (1) & le conte Hue. xlviij

Comment Fouques fut prins & retenu et mené prisonnier. xlviiij

Comment le roy Charles le chauve print Dijon & la bonne dame Berte s'en fuyt, de nuyt, à Besançon après son mary. l

Comment le noble conte Gérard se partit de Besançon & s'en fuyt à Jougne (1). lj

Comment Charles le chauve print Besançon sans cop férir & finablement tout le pays de Bourgoingne & toutes les terres de monfeigneur Gérard. lij

Comment monseigneur Gérard mit (1) à la mort un baron de Lorraine qui revenait du (2) service du roy. liij

Comment monseigneur Gérard perdit tous ses hommes.
Iiiij

Comment monseigneur Gérard perdit ses chevaulx, & son escuyer morut.
Iv

Comment monseigneur Gérard partit de l'ermitaige, là où il laissa la damoiselle qui estoit avec eulx, pour la rendre à ses parens.
Ivj

Comment ce sainct preudhomme réconforta monseigneur Gérard.
Ivij

Du conseil que donna le sainct hermite à monseigneur Gérard de Roussillon (*)
Iviij

Comment madame Berte s'aprocha du sainct preudhomme, pour ayder son mary à réconforter.
Iviiij

Comment monseigneur Gérard de Roussillon, par le moyen de l'ermite, pardonna au roy de France, son mal talent.
Ix

Comment monseigneur Gérard de Roussillon oyt & sceut par marchans, que le roy le faisoit quérir, par tous pays.
Ixj

Comment la renommée couroit (1) par toute France, que monseigneur Gérard de Roussillon estoit trespassé, dont le roy fut moult joyeux.
Ixij

Comment la bonne royenne de France menoit grant dueil de la mort de monseigneur Gérard de Roussillon et de sa sueur.
Ixiij

Comment monseigneur Gérard de Roussillon se mit déans (1) les désers, pour faire sa pénitence.
Ixiiij

Comment monseigneur Gérard de Roussillon se mit au service de Dieu, par bonne dévocion, & comment il se mit à estre varlet d'ung charbonnier.
Ixv

(*) Ce chapitre est omis dans la table, nous avons néanmoins cru devoir le rétablir à sa place.

Comment monseigneur Gérart se venga d'ung grant ribault qui le mocquoit de son meschief. lxvj

De Berte femme de monseigneur Gérard de Rouſ-ſillon qui tailloit & cousoit blancs draps (1). lxvij

Comment monseigneur Gérard de Rouſſillon, après le terme de vij *ans, que sa pénitence fut faicte, il & madame Berte s'en vinrent devers la royenne à Paris.* lxviij

Comment monseigneur Gérard fut recogneu de la royenne de France. lxviiij

Comment la royenne de France festia monseigneur Gérard & Berte sa sueur. lxx

Comment la royenne raconta au roy ung songe. lxxj

La responce que fit le roy Charles le chauve à la royenne, de monseigneur Gérard de Rouſſillon. lxxij

Comment la royenne fit revestir & parer monseigneur Gérard et sa femme, pour venir en la présence du roy. lxxiij

Comment le roy Charle le chauve festia & honnora monseigneur Gérard de Rouſſillon & sa femme & leur rendit toutes leurs terres & honneurs (1). lxxiiij

Comment monseigneur Gérard se partit de la cour du roy, pour s'en raler an Bourgoingne, recevoir la seignorie de ses terres. lxxv

Comment monseigneur Gérard se maintint, en gouvernant sa terre et ses gens. lxxvj

Comment madame Berte se mintint depuis son retour en sa terre. lxxvij

Des bonnes examples que monseigneur Gérard de Rouſ-ſillon recordoit souvent en son cueur. lxxviij

D'ung roy qui fit tromper devant la porte de son frère (1) de la trompe de mort. lxxviiij

Comment monseigneur Gérard déchassoit (1) de lui

les flateurs & lobeurs & toutes (2) telles manières de gens. lxxx

Du preudhomme qui se plaignoit de ce qu'on lui avoit osté les vieilles mousches. lxxxj

D'ung juge qui se fit crever ung eueil & à son filz l'autre, pour accomplir justice. lxxxij

De la cité là où on faisoit tous les ans nouvel roy. lxxxiij

Comment monseigneur Gérard de Rouffillon se maintint en la court du roy de France, & madame Berte sa femme aussy. lxxxiv

Comment monseigneur Gérard de Rouffillon se partyt du roy & s'en rala en ses terres. lxxxv

Comment le roy fit son amas de gens d'armes, pour aler courir sur le bon duc Gérard de Rouffillon. lxxxvj

Comment monseigneur Gérard de Rouffillon assembla ses gens d'armes, pour obvier au roy Charle le chauve. lxxxvij

Comment monseigneur Gérard de Rouffillon fut assigié du roy, au derrenier (1) chastel de sa poffeffion. lxxxviij

Comment monseigneur Gérard de Rouffillon se confeilla à ses amis. lxxxvix

De la response que fit Fouques nepveu de monseigneur Gérard. xc

Du conseil que donna ung ancien chevalier à monseigneur Gérard. xcj

Comment le meffaiger de monseigneur Gérard parla au roy Charle. xcij

Comment le roy respondit au meffage monseigneur Gérard de Rouffillon. xciij

Du messaiger qui retourna et comment monseigneur Gérard fut contrainct de y renvoyer. xcivj

Du conseil du saige pour renvoyer devers le roy, la seconde fois. xcv

Comment monseigneur Fouques deffia le roy, en lui assignant journée de bataille. xcvj

Comment monseigneur Gérard combatyt le roy Charle le chauve. xcvij

Comment le roy s'en fuyt honteusement de la bataille & de la retraicte que monseigneur Gérard fit sonner. xcviij

Comment le roy Charle le chauve rassembla gens d'armes, pour encoire combatre monseigneur Gérard de Roussillon. xcix

Comment monseigneur Gérard de Roussillon se disposa de combatre, la seconde (1) fois, le roy Charle le chauve. c

Comment le roy et les Françoys s'en fuyrent de la bataille. cj

Comment Charles le roy rassembla gens d'armes, pour combatre de rechief monseigneur Gérard de Roussillon cij

Comment le roy assembla grans (1) gens d'armes & monseigneur Gérard pareillement. ciij

Comment monseigneur Gérard & Droon son père ordonnèrent leur cris, pour estre recogneuz dens les batailles. ciiij

Du conseil et du cry que donna monseigneur Droon. cv

Comment les batailles des Françoys & des Bourgoignons vinrent l'ung contre l'autre. cvj

Comment le roy Charle le chauve fut rué par terre de Droon de Bourgongne. cvij

Comment Thierry d'Ardenne occist Droon de Bourgongne le père monseigneur Gérard de Roussillon & si navra à mort le conte Eude de Provence. CVIIJ

Comment monseigneur Gérard se combatoit & ses iij nepveux Fouques, Boos & Seguin. CIX

Comment Dieu fit départir (1) les batailles par miracle. CX

Comment le roy Charle envoya par devers Gérard de Roussillon. CXJ

Comment monseigneur Fouques parla à monseigneur Gérard, en lui remonstrant que nullement il ne devoit courir sur le roy. CXIJ

Comment monseigneur Gérard fut à la mort du bon conte Eude de Provence. CXIIJ

Comment le conte de Provence trespassa en la présence de monseigneur Gérard. CXIV

Comment Charle le chauve départy de Bourgoingne & s'en revint en France, à tout ce qu'il ot de gens. CXV

Comment monseigneur Gérard manda à sa femme Berte, que le roy Charles le chauve s'en raloit en France tout desconfiz. (1) CXVJ

Comment monseigneur Fouques & ses ij frères vinrent consoler ma dame Berte & la portèrent en leurs tentes. CXVIJ

Les viij causes pourquoy on doit prier pour les trespassez. CXVIIJ

Comment chacun s'en rala à sa chascune & de l'ensevelissement des morts. CXIX

Comment monseigneur Gérard se maintint, après ceste bataille. CXX

Comment monseigneur Gérard envoya en Provence, en la cité de Acqs (1), quérir le corps de la benoiste Magdalène (2). CXXJ

Comment le bon confeſſeur Badilon trouva le tombeaul de la benoiste Magdaleine. CXXIJ

Comment Badilon rompyt (1) le tombeau de la Magdalaine & comment il en prit & en tira hors son benoist corps qui là gisoit. CXXIIJ

Comment le (1) bon moine Badilon brisa le benoist (2) corps sainct de la benoiste Magdalène. CXXIV

Comment monſeigneur Gérard porta à ses propres espaules le benoist corps de la Magdalène, dedens l'église de Verzelay. CXXV

D'ung miracle qui fut fait en l'église de Verzelay, depuis ce temps devant dit. CXXVJ

Comment monſeigneur Gérard perdit, par traïson, son chastel de Rouſſillon. CXXVIJ

Comment monſeigneur Gérard eschappa du chastel de Rouſſillon, en tranchant de l'espée, malgré tous les Françoys. CXXVIIJ

Comment monſeigneur Gérard assembla xx mille combatans & revint chalengier Rouſſillon. CXXVIX

Comment monſeigneur Gérard fit son embusche (1) & comment il fit saillir ceulx du chastel. CXXX

Comment Boos le frère Fouques couppa les bras de de Thierry d'Ardenne, dont il morut. CXXXJ

Comment le roy Charle le chauve s'en fuyt de la bataille honteuſement & comment le chastel de Rouſſillon fut ars. CXXXIJ

Comment le roy Charle le chauve se plaindit de sa perte. CXXXIIJ

Comment le roy se lamentoit de la mort monſeigneur Thierry d'Ardenne. CXXXIV

Comment le visconte de Chaalons reconforta le roy & lui deist le nombre des occis d'une part et d'autre. CXXXV

Comment le roy se plaindit de ce que le chastel de Rouffillon estoit destruict, & comment il raffembla gens d'armes, pour recommencer la guerre. CXXXVJ

Comment monfeigneur Gérard de Rouffillon assembla sa gent (1) & vint de rechief combatre le roy. CXXXVIJ

Comment les batailles se entreférirent & comment Guy de Montmorency fut occis de la propre main monfeigneur Gérard. CXXXVIIJ

Comment monfeigneur Gérard de Rouffillon fut rué par terre, du roy Charle. CXXXIX

De la mort monfeigneur Boos frère monfeigneur Fouques nepveux monfeigneur Gérard. CXL

Comment le roy Charles s'en fuyt de la bataille en ung chastel que on appelle Montargis. (1) CXLJ

Comment monfeigneur Gérard se confeilla à ses hommes de soy en aler à Sens à l'encontre du roy Charle le chauve. CXLIJ

Comment le roy Charle le chauve se partyt de Montargis, pour venir devers Sens, combatre monfeigneur Gérard de Rouffillon. CXLIIJ

Comment monfeigneur Gérard de Rouffillon envoya devers le roy ung messaigier, pour traictier de la paix. CXLIV

Comment monfeigneur Gérard de Rouffillon fut prins des Françoys, par son grant hardement. CXLV

Comment le roy Charles le chauve fut prins des nepveux monfeigneur Gérard & depuis rescoux. CXLVJ

Comment monfeigneur Fouques fut en aventure d'être prins & de monfeigneur Gérard qui fut rescoux, à grant perte de chevaliers. CXLVIJ

Comment les batailles des Françoys tournèrent à desconfiture & le roy s'en fuyt. CXLVIIJ

Comment Monfeigneur Gérard de Rouffillon se dis-

posa de poursuyr (1) le roy, pour le assiger (2) en sa cité (3) de Paris. cxlix

Comment monseigneur Gérard de Roussillon assiga le roy Charle, en sa cité de Paris. cl

Comment l'ange de nostre Seigneur s'apparut au roy Charle, en lui commandant que il feist paix et que plus ne guerriast monseigneur Gérard. clj

Comment le roy fit convenir monseigneur Gérard, pour faire la paix, du commandement de nostre Seigneur, par le conseil de ses barons. clij

Des monastères que monseigneur Gérard fit fonder, après ces guerres & en ses guerres faisant. clIIJ

Le nom d'aucunes églises que monseigneur Gérard & madame Berte sa femme fondèrent. cliv

D'ung miracle que nostre Seigneur monstra, en faisant l'église de Verzelay. clv

Comment monseigneur Gérard pria à sa femme mercy, pour la pensée sénestre qu'il avoit eue sur elle. clvj

D'ung miracle fait en faisant l'église de Poultières. clvij

D'ung autre miracle qui advint à monseigneur Gérard, pour ce qu'il avoit couchié ou dormy avec une des chamberières de sa court. clviij

De ce mesme & comment le saing ange (1) de nostre Seigneur s'apparut à madame Berte. clix

La parole de l'ange (1) & comment dame Berte reconforta son mary monseigneur Gérard de Roussillon & le mit en l'église. clx

La raison apologétique c'est à dire excusable, pour monseigneur Gérard de Roussillon. clxj

Examples à l'approbation (1) de monseigneur Gérard. clxij

Item, encores autres examples à ce pourpous. clxiij

*Item encoir autres exemples à ce pourpos, dit l'istoire,
& de leurs œvres.* |clxiv

*Du trespas de madame Berte qui fut ensevelie à Poul-
tières.* clxv

*Comment elle fut plaincte & (1) plourée, & de sa sé-
pulture.* clxvj

*De la mort monseigneur Gérard de Roussillon & com-
ment il se maintint (1) après la mort de sa femme.* clxvij

*Comment monseigneur Gérard de Roussillon requit à
ses barons d'estre mené après son trespas à l'église de
Poultières emprèz (1) madame Berte sa femme.* clxviij

*Comment ilz lui respondirent & comment il print de
tous le serment de soy faire mener en l'église de Poultières.* clxix

*Comment monseigneur Gérard trespassa de cestui
siècle, où il fut moult plainct & plouré.* clxx

*De la controverse (1) qui meut (2) pour son enterre-
ment & comment il fut premier (3) enterré.* clxxj

*Comment par le terme de vij ans ne pleut en la contrée,
& de la grande famine qui y fut, pour la cause devant
dite.* clxxij

*Comment ilz se mirent (1) en orison, pour prier Dieu
qu'il les voulsit secourir.* clxxiij

*Comment le corps monseigneur Gérard fut levé de
terre, pour reporter à Poultières, par le commandement
du (1) renclus.* clxxiv

*Comment le corps de monseigneur Gérard fut remené
en très grant honneur, en l'église de Poultières.* clxxv

*Comment le corps de Monseigneur Gérard fut receu
honorablement en l'église de Poultières.* clxxvj

*Comment il fut rensevelis & la faceon de sa sépulture
& comment les livres de ses faiz & les escriptures furent
perdues, & le terme de sa mort.* clxxvij

Des miracles de monseigneur Gérard & premièrement d'ung paralétique qui fut fané (1) & gariz, à sa prière. cIxxviij

Comment pluseurs autres furent regariz de aultres maladies & de telles, à la cause de cestui précédent. cIxxix

De ij larrons qui furent tourmentez du dyable, pour avoir offensé à l'église de Poultières. cIxxx

Comment l'évesque de Langres fit ardoir l'abaye de Poultières, dont il perdit sa dignité. cIxxxj

Comment l'évesque Regnart de Langres perdit sa dignité & puis la recovra. cIxxxij

D'ung démonique qui fut iij jours hors du sens & depuis revint en bonne senté par les mérites monseigneur sainct (1) Gérard de Roussillon. cIxxxiij

D'ung miracle de madame saincte (1) Berte à une femme impotente. cIxxxiv

D'ung autre miracle de madame saincte (1) Berte, dit l'acteur. cIxxxv

Encore ung autre miracle que met encore l'acteur. cIxxxvj

MANUSCRITS DE PARIS

Variantes de la table des chapitres (1).

Chapitre j *Prologue* (1) ſenſieut. — (2) Loterie.
      ij (1) épars.
      vj (1) Lacrois.
      vij (1) mont.
      viij (1) Lacrois.
      xj (1) eulx.
      xij (1) ſe deſlogièrent & *de la prinſe &c...*
      xij (1) faulz.
      xxij (1) de eulx deux.

---

(1) La Bibliothèque Nationale de Paris possède deux copies manuscrites de l'œuvre de Jean Wauquelin. Nous en avons donné la description dans l'introduction. Le manuscrit de Beaune & le manuscrit de Paris n° 852 sont à peu près du même âge, comme nous avons déjà eu l'occasion de le remarquer. Ils sont presque identiques ; toutefois, il existe entre eux de légères variantes. Quoique ces variantes ne présentent pas un très-grand intérêt & ne constituent pas à proprement parler des différences, la version restant la même, nous avons cru cependant devoir les mettre sous les yeux du lecteur. Il pourra, en les étudiant avec attention, se convaincre que les deux manuscrits sont deux copies du même texte original. Les deux copistes n'ont pas toujours lu de la même manière & lorsqu'ils l'ont fait, leur façon d'orthographier le même mot n'a pas toujours été identique, de là les variantes ; elles ont été soigneusement relevées sur le manuscrit de Paris par M. Bonnardot, paléographe, archiviste au département de la Seine. Quant au second manuscrit de Paris, n° 12568, il n'a pour nous qu'une importance très-secondaire, aussi n'en donnerons-nous les variantes, que lorsque l'utilité en sera démontrée.

xxx (1) en es.
xxxij (1) reprenoit.
xlij (1) brach, *dialecte picard. Wauquelin était très-probablement picard.*
xliij. (1) *le mot* loua *manque au manuscrit de Paris.*
xlv. (1) dit l'iſtoire *manque au manuscrit de Paris.*
xlviij. (1) Haiemont.
lj. (1) Jongny,
liij. (1) miſt *à mort.* — (2) de ſervir le roy.
lxij. (1) courut.
lxiv. (1) ens.
lxvij. (1) Comment madame Berte, ſeur germaine de la reyne de France, femme de monſeigneur Gérard de Rouſſillon, tailloit & couſoit blancs draps.
lxxiv. (1) tous ſes honneurs.
lxxix. (1) père.
lxxx. (1) enchaſſoit en ſus. — (2) *le mot* toutes *manque au manuscrit de Paris.*
lxxxviij. (1) darrain.
c. (1) dueſſiſme.
ciij. (1) *le mot* grans *manque au manuscrit de Paris.*
cx. (1) partir.
cxvj. (1) tous vaincus & deſconfiz.
cxx. (1) Ais. — (2) Marie Magdeleine.
cxxiij. (1) trouva.
cxxiv. (1) le *manque au manuscrit de Paris.* — (2) benoiſt *manque au manucsrit de Paris.*

cxxx. (1) ambaffade.
cxxxj. (1) brach, *dialecte picard*.
cxxxv. (1) Chalons.
cxxxvij. (1) grans gens.
cxlj. (1) chaftel nommé Montargis en Gaftinois.
cxlix. (1) pourfuivir. — (2) Affégier. — (3) La.
clj. (1) l'angèle.
clvj. (1) séneftre, *manque au manuscrit de Paris*.
clx. (1) l'angèle.
clxij. (1) à la probation.
clxvj. (1) *entre* et *& de il y a* : auffi. *Ce dernier mot manque au manuscrit de Beaune.*
clxvij. (1) maintient.
clxviii. (1) de lèz.
clxxj. (1) controverfie. — (2) Vint. — (3) premièrement.
clxxiij. (1) se miftrent *en*....
clxxv. (1) d'un.
clxxviij. (1) sané, *manque au manuscrit de Paris*.
clxxxiij. (1) sainct *manque au manuscrit de Paris*.
clxxxiv. (1) saincte *manque au manuscrit de Paris*.
clxxxv. (1) saincte *manque au manuscrit de Paris*.

Martin Befançon de Beaune (1) & Jaquette Guigeon (2) fa femme, ont donné à Dieu, à la glorieufe virge Marie fa doulce mère, à monfeigneur Saint Jehan-Baptifte patron du grant hofpital naguères fondé au dit Beaune par feu bonne mémoire meffire Nicolas Rolin, à fon vivant chevalier, feigneur d'Authume & d'Aymeries & chancelier de Bourgoingne, & dame Guigoyne de Salins, dame d'Authume & d'Oigny, fa compaigne, ce livre, à l'intention que jamais il ne foit dédié que à l'ufaige & paffetemps des feurs & membres, fans le mettre hors du dit hofpital ; tefmoing le faing du dit Martin cy mis le premier jour de may M cccc L & dix.

Plaife aux lifans prier Dieu pour eulx.

Befançon.

---

(1) Martin Besançon, chatelain (receveur pour le duc) de Beaune, Pommard & Volnay, prenait aussi le titre de notaire. L'inventaire général des archives de l'Hôtel-Dieu de Beaune mentionne un acte passé par lui vers 1450 & relatif audit Hôtel-Dieu. M. l'abbé Bredeault nous apprend que sa tombe, avec une inscription gothique, était placée au bas de la rampe de l'autel de la confrérie du Saint-Sacrement fondée par lui, dans l'église Saint-Pierre de Beaune.

(2) Une certaine incertitude règne sur ce nom, du reste on peut aussi lire : *Gingeon*.

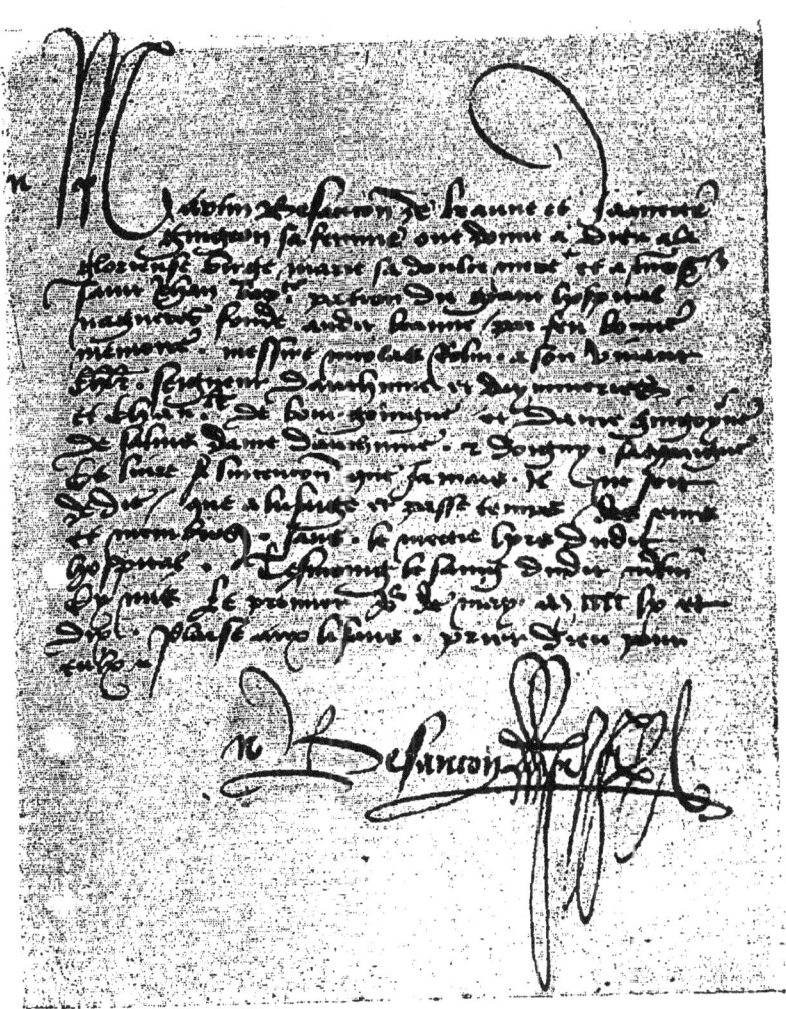

Anne Faultrey a ly tout ce livre & vous proumet que bien elle le retiendrez. Dieu la pourvoye.

Prologue fait sur la vie du Jouvencel (?)
ouurage primier de Rousillon (?)

Voicy vng notable discours
qu'emprès dire et enseigne en sa
substance à ung jenne gentilhom-
me ne dit moins sa bouche
a peult lestendre p l'honneur et nostre
depuis la mort... ...
... morant trestot ses bons tor-
tour des deffunts en ceste vie
et trouder les beaultez a les
bienfais des ... ...
eloses ... ... p... ...
... bonnez ... ...
pour les bons en remembran-
mielheure, et les prendre en exemple ... ...
de bien en mieulx. Si furent les anciens
espmiders de toute bonne valeur, et messires les ...
preigneus homme en si bueme ce enconte à
pronnecieur ... ...
des honestez desiers p viure pour esturyer en dire
et mettre en beaul langaige pour uenir de
renommer les fais des ... et les ...
des nobles homes des royaulmes des ducies et
des ... et en faisans furent liner des ...
appelloient ... ...
... les appellons aussi ... ...
fesoit p uulliors ou quelque dieu en ung liure
fui hic par le moyen des nobles ...
et des ... ... p ... ...
les ... ...
... ...
... ...
... ...

Prologue fait sur la vye du très noble Conte Gérard de Rouſſillon.

L'acteur.

Iſidoire, ung notable docteur de peuple, dit et enſeigne en ſes auctorités que du mal d'autruy l'on ne doit ouvrir ſa bouche, mais louher et honnorer et meſmement après la mort, car il eſt eſcript : *poſt mortem lauda*, et pour ce, comme dit le ſaige, oïr, dire, lire et recorder les beaulx dis et les bienfais des preudhommes, c'eſt la choſe au monde qui plus fait toutes bonnes gens reſjouyr; car les bons en deviennent meilleurs et les mauvais en amendent, et moult de biens en viennent. Si firent les enciens gouverneurs de toute bonne pollice, et meſmement les Grégeois, comme on le treuve es enciennes croniques, ordonner et eſtablir hommes ſaiges et honnêtes, diſcrès et clercs pour eſcripre, memorier et mectre en beaul langaige, par manière de croniques, les fais, les advenues et les proueſſes des nobles hommes des royaumes, des cités et des pays,

et en faisoient faire livres que ils appelloient annales ; et la cause pourquoy on les appelloit ainsi estoit pour ce que on les lisoit et publioit en publique d'an en an, à celle fin que par le racort des nobles emprises d'armes et des conquestes achevées et menées à fin par les vaillans, prudens hommes et saiges les cueurs des jeunes hommes, sommeillans et endormis en aucunes oisivetés, s'en esveillassent et eslevassent en acquisition de prouesse comme souventes fois faisoient, quant telz fais ooient recorder et dire ; à laquelle instance, moy de ce non digne, povre de sens, moindre d'entendement et de petit temps, au commandement de très hault et très puissant et très excellant prince, mon très redoubté seigneur Monsg^r Phelippe, par la grâce de Dieu, duc de Bourgoigne, de Lothier, de Brabant et de Lembourg, conte de Flandres, d'Artois et de Bourgoigne, Palatin de Hainnault, de Hollande, Zellande et de Namur, marquis du Sainct Empire, seigneur de Frise, de Salins et de Malines, qui toutes les choses premises bien considérées et veues, me suis déterminé, ordonné et disposé de mectre, composer et ordonner par escript, en notre langaige maternel que nous disons wallet ou françoys, la noble procréation, les nobles fais, les nobles emprises d'armes, les calamités, misères et adventures que fit et acheva, porta et souffrit en son temps le noble vaillant conquérant, fort et très puissant prince, Monsg^r Gérard de Roussillon, ainsi que je l'ay trouvé et entendu en ung traictié fait et composé en son nom et intitulé : *Gesta nobilissimi comitis Gerardi de Roussillon*, duquel livret et traictié je ne mès point le nom de l'acteur à présent ; duquel Gérard, comme témoigne l'istoire, l'âme reluit en lieu de repos avec les esleuz de Jésus Christ, et lequel à son vivant fut seigneur de toute la seignorie de Bourgoigne, et non mie seulement de toute Bourgoigne, mais de Auvergne, de Gascoigne, d'Avignon, de Lymosin, d'Ausserre, de Tournerre, de Nevers & de la plus grant partie de toute la province d'Espaigne & d'Almaigne ; car sa seignorie duroit depuis la rivière du Rhin jusques à la cité de Bayonne qui siet en Espaigne, sans les autres duchiés et contés comme Flandres & autres dont nous parlerons cy après, desquelles duchiés & seignories est à présent d'aucune partie seigneur, par la grâce de Dieu & par droit de paternité mon dessus dit très redoubté seigneur qui est de l'an de l'Incarnation Notre Seigneur Jésus Christ mille iiij^e xlvij. Si supplie bénignement & favorablement à tous ceulx qui ceste présente histoire liront ou ourront lire que se aucune chose y est trouvée estre mise mains que souffisamment soit en la conséquence d'icelle déclaration ou autrement, que premièrement mon ignorance leur plaise excuser, & la deffaulte corriger, & le bien à Dieu atribuer, non point pour l'amour de moy, mais par charité, à la louange du Créateur de toutes créatures, lequel donne sapience aux petits à son plaisir, lequel à ce commancement, je requier & prie que par sa piteuse & débonnaire clémence me doint sens & entendement de faire chose. qui premièrement soit à lui aggréable, à mon dessusdit prince acceptable et délictable, & à tous oans plaisant & profitable.

Comment les faiz Girard de Rouſſillon ſont en pluſeurs lieux eſcriptz. II.

Et à celle fin que on ne cuide que j'en ſoye le premier romancier, il eſt vray que par pluſeurs volumes et livres, tant en romant comme en latin et autre langaige, les faiz, les œuvres, les traces du dit Monſgʳ Girard de Rouſſillon ſont eſcriptes, expreſſes & miſes, ſi cue elles reluiſent preſque par tout le monde, tant par eſcriptures comme par paintures, figures & choſes faintes tant de ſes aventures comme de ſes conqueſtes, empriſes, povretés & proſperitez : je dis povretés, pour ce que comme il apperra en la déduction de l'iſtoire, ja ſoit ce que il fut noble, puiſſant & très redoubté en ſon temps, ſi fut il par force de guerre contrainct & meſmement par le voloir de Dieu, pour luy monſtrer quelle eſt la vertu d'humilité, de eſtre le terme de vij ans en très grant miſère & povreté & tant que il fut vallet du charbonnier, lui qui avoit eſpouſée la propre ſueur aynée de la femme du noble Roy de France Charles le Chaulve ; car Berte, femme dudit Girard & Eloyſe, femme dudit Charles le Chauve furent ſueurs germaines, toutes deux filles du conte de Sens nommé Hus : je dis après prospéritez, pour ce que Dieu par sa débonnaireté le remist en sa seignorie primerainne ; ainsi le nous dit & raconte la cronique faicte en latin. Et combien que j'aye leu ung roman qui dit que Charles Marchiaul fut cellui qui le chassa hors de ses terres & pays & qu'il le deshonora, saulve la grâce de l'acteur, il me semble que ainsi faire ne se povoit car onques Charles Marciaul ne fut Roy de France, mais seulement régent, & est vray selon les vrayes croniques de France que le dit Charles Marciaul engendra Pépin qui fut esleu à Roy des Françoys ; Pépin engenra Challemaine ; Charlemaine Loys qui fut surnommé le débonnaire (*sive pius*) ; Loys Charles le Chauves ; & Charles le Chauves Loys ; soubz lesquelx quatre derreniers Rois vesquut le dit Girard, car l'istoire dit ainsi : *Claruit autem idem preclarissimus vir sicut utique historica annalium cronicorum series liquido depallat ;* c'est à dire que le très cler homme, c'est assavoir Gérard de Roussillon régna, ainsi que partout l'ordonnance historique des annales chroniques clèrement le démonstre, sous quatre roys de France, c'est assavoir soubz le très excellent Roy Charles le grant, soubz Loys son filz, soubz Charles le Chaulve filz d'icellui Loys, et soubz Loys filz d'icellui Charles le Chaulve, par laquelle raison appert que cellui qui mist ces choses estre advenues soubz Charles Marciaul l'entendit mains que souffisamment, ou par aventure il entendoit d'un autre Girart de Roussillon. Encoires dit le dit roman moult d'autres choses que il baille & met pour notoires & vrayes, lesquelles selon le latin je ne treuve point estre certaines, & pour ce au latin je me vueil du tout adhérer ; car ainsi que je cuide en pluseurs religions & ordres & par espécial à Pouthières et à Vezelay, qui aler y vouldra, on trouvera pour certain ainſi que on fait la vye des enciens pères, on le liſt & racorde de jour en jour, & de Gérard & de Berte ſa femme : & pour ce quoy que le dit roman face ou die du dit Charles Marciaul et de Gérard, je m'en rapporte à la diſcrétion des liſans & veulx deſcendre à la matière que j'ay empriſe.

De la faceon & manière Gérard de Rouffillon.
III.

omme de tout bon fens & de toutes bonnes vertus plain fut Girard de Rouffillon, lequel comme fçavoir l'on doit, premièrement fut filz au noble duc Droon, jadiz filz Gondebaud Roy de Bourgoigne, lequel Droon, comme tefmoignent les hiftoires, moult puiffamment tint frontières en Efpaigne ennemis de la foy catholique avec le noble Roy Charles le grant, & depuis la mort dudit Charles conquift il & mift à l'obéiffance de la foy Noftre Seigneur Jéfus Chrift la plus grant partie des Efpaignes, & là lui eftant & conquérant, eftoit le noble conte Girard fon filz ès parties de Bourgoigne, tenant & gouvernant les pays deffus diz, lequel en fon vivant de force et de beaulté paffoit tous hommes de mère nez de courtoifie, de doulceur et de meurs ; fur tous autres eftoit le plus grant & gros de corps fut tantoft que il fut venuz à l'eaige de perfection & d'homme ; & tellement eftoit & fi bien fait & à mefure que nul n'y fçavoit à dire ; VIII piez avoit de hault & quant il eftendoit fes bras par manière de toife il avoit x piez et demy de long ; & dit la cronique que il eftoit fi fort & fi puif-

fant que par fa pure force il eſtendoit et ouvroit à
fes mains quatre fers de cheval, & que plus eſt encore
dit que, quant il eſtoit armé en bataille contre aucuns
de fes anemis, il confundoit & abatoit d'un coup par
terre cheval & chevalier ; ne n'eſtoit homme nul fi
fort à fon temps comme il eſtoit ; toufjours fe tenoit en
robes & en atours moult noblement ; une arbelefte à
tour à fes mains tendoit le   & la lance tant
bien gectoit que qui à plain en eſtoit atainct jamais ne
mangoit; il mangeoit grandement, mais bien peu beu-
voit ; en juſtice eſtoit très droicturier, & toujours
pour droicture & raifon fouſtenir fe combatoit & mectoit fon corps en aventure ; de larrons & de murtriers
eſtoit grant deſtruifeur, car toufjours les chaſſoit &
deſtruifoit où que il les fceuſt ; des povres membres
de Dieu eſtoit vray vifiteur et leur faifoit moult de
biens ; très ententiz eſtoit ou fervice de Dieu tellement
que, fe il reluifoit es biens de nature & du monde,
encoires eſtoit il plus reluifant ou fervice de Noſtre
Seigneur, & de fes biens grandement aux églifes
donnoit & les fondoit & édifioit. En la cour réale
nul meilleur confeillier n'avoit de prudence & de fub-
tilité ; de patrimoigne & de grans héritaiges eſtoit &
le plus puiſſant de toute France ; de richeſſes & d'a-
voir le oultrepaſſe eſtoit, car il poſſédoit par droit d'é-
ritaige de la plus grant partie de toute Gaulle, laquelle par merveilleufe juſtice il régentoit & gouvernoit & par ce il profitoit en toutes chofes profpères.
Et cuide à mon eſſient que en roman ne en latin
ne en nulle efcripture on ne trouveroit nul plus vaillant ou plus puiſſant de lui, que il ne fut aſſy ne de
fens, ne de regne nul plus riche, ne qui autant d'é-
glifes fondaſt, ne qui tant de victoires euſt pour vi-

gueur, ne pour chevance, car il vainquit par douze
fois champalle le Roy de France, comme le tefmoigne
fon épytaphe mife autour de fa fépulture à Pouthières
là où il gift, laquelle efcripture m'a efté donnée &
préfentée de par mon dit très redoubté feigneur en
ung livret rymé parlant de la vye & des faiz dudit
Girard de Rouffillon qui contient ce qui f'en fuit :

Je qui tien fur mon poing ce noble efmérillon,
Nommé en mon vivant Girard de Rouffillon,
A celle fin qu'en foit à tous jour mais mémoire,
Contre le Roy Francoys euz xij fois victoire ;
Depuis & ce mouftier fonday & cefte Eglife
Où on fait pour les morts & pour moy (le) fervife ;
Par lui fuz charbonnier vij ans treftout par conte ;
Douze fois le vainquis (dont il) ot plus grant honte.

*Comment & à qui fut le noble conte Girard de
Rouffillon marié.* IV.

A fon vivant, comme dit eft, reluifoit en toutes
proeffes de valeur le noble & vaillant conte
Monfg' Girard de Rouffillon, pour laquelle
valeur & bonne renommée, lui fut donné octroyé &
baillié en mariage à femme et à efpoufe, par le confeil
& traictié des amis d'une part & d'autre, une noble
dame, pleine de toutes bonnes mœurs et de toute
bonne renommée, nommée Berte, fille au noble (Hue)
conte de Sens ; & de cefte Berte ot la fueur efpoufée
Charles le Chaulve Roy de France, laquelle fut nommée Eloyfe, moult noble et vaillant dame comme
bien le monftra en tous fes faiz; mais Berte eftoit l'ainfnée, pour la fucceffion defquelles deux feurs advint
puis ou réaulme de France moult de maulx, maintes
mors de chevaliers et de preudhommes, maintes tours,
mains chafteaulx & maintes cités en furent deftruic-
tes & abatues, & fi en furent faiz mains povres orphenins & maintes povres vesves, comme il apperra en
la déduction de l iftoire au plaifir de Dieu en temps
& en lieu. Mais pour ce que nous avons dit que le
corps du noble conte gift à Pouthières, auffi fait le

corps de la noble Berte fa femme & de fes deux enffants que il ot de la dite Berte, c'eft affavoir ung filz & une fille; & ot la fille nom Eve & le fils Théodoris, de tous lefquelx les benoiftes ames reluifent en lieu de repos, comme ce peut apparoir de jour en jour ou dit lieu de Pouthières, par miracles faictes & achevées par les prières d'iceulx, & par les mérites de leurs bienfaiz fur ceulx qui dévotement, humblement & dignement les requièrent & prient ; nous fault remonftrer & dire où eft fituée la dite noble églife de Pouthières, laquelle eft décorée & anoblie de ces très nobles corps fains, & non mie feulement de ces très nobles reliques, mais de nobles dons & privilèges papals qeu le dit noble conte Gérard de Rouffillon acquift & impétra par fon débonnaire fens & favoir.

De la Fondation & Situacion de l'églife de Pouthières.
v.

uls à peine pourroit penfer la grant auctorité de celle églife de Pouthières fe veu ne l'avoit; premièrement, l'églife devant dite eft fituée fur le fleuve & rivière de la Sainne, affez près d'une haulte montaigne que on dit Laçcois, fur laquelle montaigne en la plus grande haulteffe, comme on dit & comme la cronique l'afferme, ot jadiz ung très fort chaftel moult noble, fort & puiffant, nommé le chafteau de Rouffillon, duquel nous dirons cy après, & reviendrons à notre propous, c'eft à parler de l'églife de Pouthières. Or donc en cefte Eglife de Pouthières y a moinnes, mais de quelle ordre ils font point ne m'eft encoire apparu ce fcèvent ceulx qui là ont efté, lefquelx tous les jours très dévotement & bénignement font & exercent le fervice et office de Noftre Seigneur, en priant pour les ames des fufdiz Girard, Berte & leurs enffans & auffi pour tous les trefpaffez; laquelle Eglife, là où elle fiet & telle comme elle eft aujourdhuy encoire, fondèrent le dit Gérard et Berte fa femme, & y donnèrent privilèges telz que eulx & tous leurs ferviteurs, fans nul quel-

conque moyen, font fubjects à l'églife de Rome, &
non à aultre, ne à quelconque Evefque ou Arcevef-
que, pour ordinaire, n'ont à reffortir ou refpondre fe
non à l'abbé d'icelle Eglife;ne nulz n'y peut excommu-
nier, prandre ne lever quelconque vifitation, fans le
commandement & licence dudit abbé, & leur a donné
le pape une telle auctorité que fe aucun homme
vivant prent ou engaige ès manoirs & demourances
de l'abbaye, homme   ou gaige fans la
licence de l'abbé, il eft excommunié de la bouche
du pape ; & toutes ces chofes leur impétra le dit noble conte Girard qui les fonda, & encoires moult
d'autres privilèges dont nous nous taifons à préfent,
& voulons dire et remonftrer la caufe pourquoy ce
noble feigneur & prince, dont eft maintenant la parole,
fut nommé Gérard de Roffillon.

*La cauſe pourquoy on dit le mot de Laçҫois, où fut jadiz
ſitué le chaſteaul de Rouſſillon.* VI.

Vous avez bien nagaires oy comment deſſus
la haulteſſe du mont de Laçois fuᵗ jadiz
ſituez le noble & fort chaſtel de Rouſſillon,
ſur laquelle montaigne & ou plus hault ſouloit avoir
un moult noble puys duquel puis, comme teſmoigne
l'iſtoire, yſſent ſept grans fontainnes qui ſont au pied
du moult belles, clères et ſainnes, qui toute la terre
d'environ arrouſent; & Laçois ou Laſçois eſt dit d'un
verbe qui s'appelle *lateo lates* qui ſignifie muſſer,
& la cauſe dont ce vient ſi eſt pour ce que les ſimples
gens du pays, qui lois ne décrès ne ſcèvent, teſmoignent & dient que en ce mont a moult de choſes
ſecrètes & muſſées, & que moult de merveilles & de
fantommes y adviennent de jour en jour, & tiennent
pour choſe toute notoire & prouvée que il y a de
moult grans tréſours muſſéz & abſconds, & que on en
y treuve de jour en jour : ne ſçay ſe leur parole eſt
menſongeuſe ou vraye, ſi m'en rapporte à ce qu'il en
eſt, car autre choſe je n'en veulx dire fors autant que
mon livre m'en met en preuve ; & y a aſſés prez de
celle montaigne ung moult beaul bois, très plaiſant,

délitable & gracieux, duquel dient les gens du pays moult de chofes que nous laiffons pour certaines caufes; ains voulons parler comment ceftui chafteaul de Rouffillon fut deftruict premièrement wandeles & anemis de la foy chrétienne, & depuis reffait par les habitans du pays, et nommé Rouffillon pour la raifon que cy après nous dirons, dont le dit Gérard sortit sa dénomination.

De la faceon du mont de Rouffillon & comment il fut affigé par les Wandelles. VII.

Veoir clèrement peut on, selon l'apparence & existence de la place & montaigne devant dite qui moult eft plaifant & grande, que jadiz y euft grande habitacion de peuple, car la recoellie eft moult patente & fi pèrent encoire les traces, les parois & les maifières des murs & de la fortification du lieu, qui de prime face le regarde & advife; car la dite montaigne à l'environ femble eftre ronde & pardeffus quarré, & femble que de l'un fens elle foit taillée au cifel & faicte par œuvre de mains, & d'autre fens il femble que ce foit de la nature de la roche ou montaigne, & siet en ung moult fort lieu entre pallus & marez d'une part, & d'autre part à une moult ronde montaigne qui f'appelle le mont de Laççois comme dit nous avons, car le droit mont de Rouffillon & le mont de Laççois ne fouloient enciennement que une forterefle, & mefmement au temps des Wandelles dont nous avons intencion de parler, pourquoy on peut dire felon l'apparence du lieu que moult grande eftoit l'abitacion, & que moult de peuple fi povoient recoellir. Selon donc la commune fame

courant par tout le réaulme de France & par espé[ci]a[l]
ou pays de Bourgoingne, sur la haultesse de ce[lle]
montaigne fut la forteresse de Roussillon, fondé[e]
assigée & destruicte par les Wandelles & dient a[insi]
les enciens & la commune fame, du temps que la cr[u]
delité & fureur de l'ost de Wandelles estoit en la r[é]
gion franceoise, estoit en grant vigueur & grant app[a]
rence de force & de deffence le fort chastel de Laç[ois]
ou Lasçois, ouquel chastel & forteresse tous les hab[i]
tans du pays d'environ s'estoient retraiz & avoient m[is]
& portez tous leurs biens, pour là estre gardez & de[s]
fenduz de la crudelité & tirannie d'iceulx crue[ulx]
Wandeles & destruiseurs de peuples & de pays, l[a]
quelle chose fut tellement sceue & publiée par tou[t]
que ce vint à la cognoissance du roy de ces tr[ès]
mauvais forsenés & infidèles, & lui fut dit que ou d[it]
chastel de Laçois depuis Roussillon nommé avoit u[ne]
innumérable chevance & avoir tant d'or, d'arge[nt]
comme de joyaulx & autres richesses ; car tout le pa[ys]
d'environ s'y estoit amassé & boutez & tous leu[rs]
avoirs & richesses y avoient mises & transportée[s].
Prestement que le dit roy des tirans sceut & oyt cest[e]
nouvelle, il fit traire ses gens d'armes celle part, les
quelx tant cheminèrent & vindrent que, à très gra[nt]
force & puissance en très grant nombre de combatant[s],
assirent et assigèrent le dit chastel & l'environnèr[ent]
moult puissamment, en fichant & dressant tentes, très
pavillons & aucubes à tout grant foison de perrien[s]
& de mangonniaulx & autres abillements de guer[re]
que ilz avoient pour prandre & assaillir villes & forteresses, & là en telle manière se loigèrent & amassèrent.

*Comment le Chaftel de Laççois, que maintenant on dit
Rouffillon, fut affailly des Wandelles.* VIII.

Amaffez & logiez donc, ainfi que dit eft, ces
incrédules devant la devant dite forterefſe,
ilz commancèrent preftement à monftrer leur
crudélité & incrédulité, car, comme loups famis
affaillent un parc à plain champt là où feroient encloux
berbis & moutons, ils commencèrent affaillir la dite
forterefſe très cruelment & là gectoient pierres d'arcs,
lances, tranchants & affilées, commancèrent à rompre
les murs & les tours de leurs engins & perriens, &
faire tant d'armes que merveilles feroit du recorder
& du dire, car c'eftoient toutes gens faiz de tellez
œvres; & fans nulle doubte, fe ilz affailloient roidement, puiffamment & félonneufement, ceulx de dedens
qui point n'eftoient moutons, mais toutes gens de
façon & pleins de grant hardement n'en faifoient
mie mains; car au tranchant des efpées, au fer des
glaves & de groffes haiches d'armes & pefans, ilz les
reboutoient & pouffoient fouvent & menu, & les faſoient du hault des murs trabucher & renverser l'un
sur l'autre, dont à croire ne fait du contraire, que il
n'en y convenift pluſeurs perdre la vye & d'un cofté

& d'autre : là eftoient bras & gembes rompues & desvoées charnelles & corailles respandues & renverfées, car d'un cofté & d'autre ilz ne f'espargnoient en rien comme gens qui contendoient, & d'une partie & d'autre, à mectre fon adverfe partie au deffoubz, & doit on fcavoir que moult de telz affaulz auffi cruelz ou plus que ceftui y furent faiz & exercés. Plufeurs faillies & rencontres, là où furent faictes moult de belles apertifes d'armes, firent auffi ceulx de la fortereffe fur leurs anemis, comme ceulx qui tondis les contendoient à mectre au deffoubz. Mais c'eftoit en vain car ces Wandelles eftoient fi très grant nombre, & fi croifceoient & multiplioient de jour en jour que à peine eft homme ne efcripture nulle qui de leur poiffance fceut onques le nombre ; de tous lefquelx affauls, envayes, deffenfes, faillies, rencontres, aventemens, mors d'hommes d'armes tant nobles que non nobles fe taift notre hiftoire ; & en dit feulement en brief ce que dit eft, fors feulement qu'elle dit que la dicte peftilence & feige dura le terme de fept ans, ouquel terme vous povez bien croire ceulx du chafteaul avoient moult à fouffrir, car ils eftoient tellement environnez que en tout ce terme ilz n'eurent confort ne ayde de quelque perfonne, fors de Dieu ouquel ilz créoient & de eulx tant feulement. Et dit noftre hiftoire que, par moult de fois ce terme durant, ceulx de la fortereffe, par force d'armes & par leurs vaillances & hardyeffes, ilz se ravitaillèrent des provifions mefmes de ces incrédules, efquels faiz d'armes ilz laffoient entre les tentes & les tretz de leurs anemis mors par cens & par milliers, dont leurs anemis eftoient fouvent fi efbahis que ilz n'en fcavoient que faire, & tant que bien fouvent ilz chéoient en défefpoir & en intencion de eulx defloger, car ceulx de la forteresse & au matin & au foir les refveilloient & batoient fouvent & menu.

Comment le siège du chasteaul de Roussillon fut juré par les Wandelles. IX.

Venu donc & accomply le terme de sept ans, le roy de ces Wandelles & destruiseurs de peuple, véans que jà par moult long terme il & ses compaignons avoient esté devant le dit chastel de Laççois ou Lasçois, là où moult peu avoient profité & gaigné, fut moult troublé en cueur ; & pour ce prestement & sans délay il assembla tous les barons, ducs & contes de son ost, & leur dit en telle manière ou semblable : vous, my très cher amy & compaignon d'adversité & de prospérité, vous savés que par moult longtemps nous avons perdu nostre saison, nostre temps & noz gaignaiges devant ceste très cruelle forteresse, & que moult y avons despendu & perdu du nostre, & jà deussions en autant de terme avoir conquis & destruict toute la terre de Gaulle sans nul quelconque empeschement. Et pour ce, mes très chiers amis & compaignons, que très bien sommes advertis que en ceste tant forte place sont la plus grant partie des biens de ses régions amassés & avues, & que se fortune seulement nous donnoit tel heur que avoir la peussions en notre baillie, tous les

damages que nous y avons receuz nous feroient renduz
et reftituez ; pour laquelle caufe, tous enfemble je
vous prie, tant comme je puis & fay, que avec moy
fur vos foiz veuillez jurer de non jamais laiffer ceftui
fiège que l'un de nous à toute fa bataille n'y demeure,
tant & fi longuement que fortune là nous aura déli-
vrée & baillée, car il n'eft point poffible que eulx
tant longuement là enclous puiffent longuement vivre
ne durer, & à celle fin que mieulx puiffons vivre,
nous partirons noz gens en deux batailles, dont l'une
s'en ira conquerre chafteaulx, villes & forterefles à
l'environ de ces marces, & l'autre partie demourra
icy tous jours affaillans & guerroians cefte fortereffe;
& affin que ilz, c'eft à dire ceulx dedens, ne les
puiffent fous prandre, nous ferons faire tranchis,
foffez & bolvers au devant d'eulx & les enclorrons tellement que, par leurs faillies, damager ne nous pour-
ront. Pour ce, fi vous prie que de ce me vueillés
refpondre ce que en avez conceu en voftre penfée ;
tous lefquelx, fans faire longue réplique à fa parole,
par un commun accord, le jurèrent & promirent à
tenir foy & léaulté, & de non jamais partir pour
vivre ou pour morir jufques à fa volenté, ou jufque la
place feroit prinse, deftructe & mise à finable volenté.
Et preftement que ces ferments furent faiz & pris
de tous les barons de l'oft, ilz commancèrent à faire
les défenfes contre la dicte fortereffe, ainfi que pro-
pofé l'avoient, & quant ilz eurent ce fait, ilz partirent
leur oft, dont l'une des parties fe commança à efpen-
dre fur les pays, là où ilz firent tant de maulx, de
damages & deftructions & de calamités ou peuple
que langue d'homme ne le fauroit ne dire ne main
efcripre ; & l'autre partie demeura devant la dicte

fortereffe de Laççois en combatant & affaillant de jour & de nuit, fans nulle quelconque pitié ou miféricorde, car leur intencion eftoit jurée & fermée, comme dit est, d'icelle mectre à totale ruyne.

*Comment ceulx du chaftel prinrent conseil de lever le
 siège dont ilz furent déceuz.*   x.

Quant ceulx du chaftel virent que nullement
ces tirans & cruelz deftruiseurs de peuple
ne fe deslogeroient autrement, ains que plus
eft s'amaffoient & fermoient de plus fort en plus fort,
ilz se commencèrent moult fort à ennuyer & eſbahir,
car leurs vivres & *pasteures* leur commanceoient
moult fort à faillir & amenrir; & non mie de merveille, car defjà leur eftoient leurs vivres deffailliz que
les plufeurs en eftoient à très grant mefchief de fain,
& ce fouffrirent ilz par moult d'ivers & d'eftéz; ne il
n'eft homme qui peuft dire ne recorder les grans misères, povretés & calamités que ces bonnes gens &
preudhommes fouffrirent pour l'amour de nostre feigneur, tant en deffendant leur fortereffe par armes,
comme pour les grandes oppreffions de famine que
ilz portèrent & fouffrirent. Car l'iftoire dit que, qui
voudroit avoir vray example des grans batailles &
dures rencontres qui fe firent devant la dicte fortereffe, il le porroit ymaginer par le fiège de la grant
cité de Troyes que les Arginiens & Grégois affigè-
rent & deftruisirent; & encoire fe ce n'euft efté la
grant famine qui les contraignit à penfer comment

ilz pourroient trouver leur délivrance & defpeschement de ces anemis de noftre foy, encoires ilz peuffent ilz eftre jusques aujourdhuy, car la fortereffe eftoit imprenable, comme on peut encoires préfentement ymaginer par l'apparence du lieu là où elle feoit; mais, comme on dit communément, il n'eft fi dure ne fi tranchant efpée que de fain, lequel fain eftoit fi très grant en la fortereffe que il n'eft homme au monde de fi dur cueur, fe il le vouloit confidérer, ainfi que l'iftoire le tefmoigne, que plorer & lamier ne l'en convint. Et pour ce, il advint ung jour que ilz fe mirent tous enfemble pour advifer & traicter comment ilz fe porroient ordonner & conduire ou remanent de leur vye qui tant eftoit miférable ; & ainfi qu'ilz fe confeilloient & à ce penfoient & advifoient, dont les uns difoient que bon feroit que on traictaft envers leurs anemis de rendre la fortereffe, faulves leurs vyes tant feulement ; & les autres difoient que mieulx amoient morir que ainfi perdre leurs lieux ne leurs biens, pour telles ribaudaille & chiennaille qui n'avoient en eulx foy ne loy, & que fe on rendoit à eulx, preftement que ilz auroient la fortereffe en leur main, ilz ne leur tiendroient jà convent, mais les occiroient & deftruiroient miférablement. Et ainfi eftoient ces bons preudhommes en très grant controverfe, car les uns difoient de l'un & les autres de l'autre, ne par nulle quelconque manière ne se povoient à ce accorder qu'on leur rendit la fortereffe ; & ainfi, comme ilz eftoient en ces altercations & très divers en leur confeil, l'un d'eulx, qui très renommé eftoit de toute fcience litérale & morale, prudent & bien amodéré, fe leva en la moyenne d'eulx & leur deift en telle manière ou femblable.

Quel le conseil fut de décevoir les Wandelles dont eulx
mêmes furent déceuz.   XI.

Vous, mes très chiers amis & concitoyens de ceste très noble & très puissant forteresse, en laquelle par moult longtemps & espace avons souffert de calamités & povretés tant que à peine le sauroit langue dire ne recorder, vueillés par vostre débonnaireté & humilité escouter ce que présentement j'ay conceu en ma pensée, & je cuide à mon entendement que nous y aurons prouffit & honneur. Vous savés, mes très chiers amis & coadjucteurs, que le plus grant bien que preudhomme puisse avoir à l'encontre de son anemy est de lui monstrer tousjours estre constant & ferme & en largesse & habundance de tous biens ; car quant son anemy voit que par nulle voye séneftre ne le peut mectre en tribulacion ou abaissement de son estat, a donc il le fuit, se elloigne & n'a plus la puissance de soy mectre en son regart. Cecy dis-je pour tant que vecy noz anemis devant nous, qui comme chiens rabis & foursenés nous ont cy encloux, là où nous fumes en telle misère que vous savez, ausquelx il n'est loisible savoir notre indigence ; si nous voulons conquerre nostre salut &

délivrance, & à celle fin que à ce nous puiſſons parvenir à l'aide de noſtre Seigneur, & que nous meſmes leur puiſſons donner eſbahiſſement par noſtre proſpérité & largeſſe. Il eſt vray que nous avons tout notre beſtial, c'eſt aſſavoir chevaulx, aſnes, jumens, moutons, berbis, vaiches & veaulx tous mangiez & engloutis en nos ventres par force de fain, & n'avons mais que ung seul thourel, ne de tous autres vivres n'avons point pour nous vivre ſeulement huit jours de terme ; & pour ce, nous prandrons ce thourel & le mectrons en une eſtable en priſon là où il ſera trois jours entiers ſans boire & ſans mangier, & le iij^e jour à la nuyt nous lui donrons à mangier du meilleur froment que nous ayons tant qu'il en pourra engloutir en ſa pance ; & le iiij^e jour nous le mectrons hors des barrières du bourg ainſi que ſ'il vouloit courir à l'eaue pour boire ; ſi le chaſſerons comme ſ'il nous feuſt eſchappé, & vous verrés que preſtement ces tirans ſauldront fus pour le nous tollir ; ſi leur lairons et retournerons en noz barrières, & preſtement que ilz l'auront à leur habandon ilz le occiront & le deſpièceront par pièces ; ſi verront ce froment qui lui ſauldra du corps, par lequel je cuide à mon eſcient que ilz cherront en déſeſpooir & ſe deſlogeront preſtement & ſ'en iront.

Commant les Wandelles (s'esiongèrent) & de la prinse de la fortereſſe. XII.

Entre tous les preudhommes eſtans à ce conſeil n'en euſt ung ſeul qui contredeiſt le conſeil devant dit, mais décrétèrent & ordonnèrent que ainſi en feuſt fait, car très bon leur ſembloit à faire. Si le firent preſtement, & quant le dit thorel eut jeuné trois jours, ilz lui donnèrent tant de froment à manger que il onques peuſt, & puis le menèrent hors des barrières de leur fortereſſe, en eſcourant & faiſant ſemblant que il leur eſtoit eſchappé. Si ſaillirent preſtement ces Wandeles à tout leurs lances dardes & gondandars, en rechaſſant ceulx de la fortereſſe qui tous & haſtivement ſe remirent en leur fort en enclouant leur thorel au dehors ; lequel preſtement fut pris & eſboulé de ces Wandeles, par lequel eſboulement lui faillit de la pance le froment qui moult pur & net eſtoit, dont ilz furent ſi très merveilleux que ilz ne ſavoient que penſer, mais commancèrent à dire entre eulx : comment dea ! nous perdons ycy honteuſement noſtre temps & noſtre ſaiſon, & nous peut on bien tenir pour folz & faire la moe quant nous avons tant ycy demouré en perdant noftre peine, & fi véons que cefte fortereffe eft imprenable, & que par nul engin de *de bricoles, de cas, de moutons ni de pierres* ne peut eftre deftruicte ne abatue; & au furplus, nous véons plainnement que ilz habondent de tous vivres, quant leurs beftes mefmes ilz faoulent & paifcent de pur froment. Maudit foit il qui jamais plus y eftera! Adonc comme tous confus & efbahis, ilz firent fonner leurs trompètes pour defloger, & commencèrent à deffaire tentes, trets & povillons & à deffaire leur siége en boutant le feu en leurs logis, ainfi comme ancoires on a d'ufaige en tel cas ; & puis se mirent au chemin, moult ordonnément rengiez & habillés comme ceulx qui crémoient les Rouffillonnois : car par plufeurs fois ilz avoient fentu leur humanité, valeur & hardieffe, fe n'eft point à efmerveiller fe ainfi fagement & malicieufement ilz se retrayoient.

Comment la forterefse fut prinfe & deftruicte par male aventure. XIII.

Les Rouffillonnois & manans de la dicte forterefse, véans comment leurs adverfaires fe deflogeoient, furent moult joyeulx & commencèrent adonc à louer & prifer le bon preudhomme qui tel confeil leur avoit donné, par lequel ils fe veoient quictes & délivrés de leurs anemis à net ; ce preudhomme cuidans multiplier fon bon loux, non confidérans comment fortune tourne & retourne fa roue en peu d'eure, leur commença à dire : ha ! mefseigneurs & amis, gardés vous de vous trop refjouyr ne de révéler ce malice, car fe vos anemis le fcavoient de ligier, fi vous pourroit retourner à anuy & deftourbier ; n'en parlés nullement tant que ilz le puiffent fcavoir, mais pour accroiftre vos honneurs, prenés voz armes & les fuivés cauteleufement & faigement rengés & ordonnés, & par aventure vous les povrez tous furprandre. A ces mos, ils faillirent tous és armes qui *ou mieulx que ilz peurent* & yffirent de la ville fans tenir ordonnance ne manière, ne fans advifer aux mos & enfeignemens que le preudhomme leur avoit dit ; mais cy deux, cy trois, cy quatre, manche

devant manche derrier, fi férirent en leurs anemis ;
lesquelx anemis, percevant ces folles gens venant fur
eulx fans manière & fans ordre, retournèrent à ung fais
fur eulx en occiant, en abatant & en afolant iceux qui
commencèrent à retourner, car le faiz ne povoit fouffrir, comme gens qui tous eftoient travaillez & defconfiz par la méfaife qu'ilz avoient longtemps fouffert,
& tant qu'ilz entrèrent en leurs barrières fi haftivement que onques n'eurent loifir de clorre icelles
barrières, ne de lever leur pont ne portes ; mais les
fuivoient leurs anemis en rechaffant de fi prèz que ilz
entrèrent en pellemelle, & là commencèrent-ilz à
occir ou tuer de leurs efpées, lances & fauffars, hommes, femmes & enffans fans nulle quelconque pitié ne
miféricorde ; & tant hideufement & crueufement ref-
pandirent là le fang humain que une feule créature de
la dicte forterefse n'en refchappa que tous ne feuffent
mis à mort ; & preftement qu'ilz eurent tous mis à
l'espée, ilz le pillèrent & robèrent & prindrent tous
les avoirs, & puis y boutèrent le feu par lequel ne
demoura gaires que tout l'édifice de la forterefse, c'eft
affavoir tours de bois, maifons, garites & barbecanes
ne feuffent reduictes & ramenées en cendre & en
flame ; & puis fi abatirent portes, tours & muraille
jufques en terre, & en ce point le laiffèrent & de là
fe départirent. O *male* fortune, qui ainfi as tourné
& deftourné ta très doubteufe roue, maintenant les
avoyr ellevé au plus hault de ta félicité & preftement
tu les as rué en la boe & miférable conduit de doleur
& de tristefse. O doloreufe & piteufe aventure, vray
Dieu, comment avés fouffert ces tant vaillans preudhommes recevoir telle doleur ? Véritablement je
crois que ce a efté voftre très humble & très débonnaire

pitié, & que tel a esté vostre plaisir que ces tant vaillans champions de la foy Jésus-Christ, qui par si longue espace si puissamment & si vaillamment s'estoient combatus pour vostre saincte loy soustenir, avez voulsu donner le loyer de leur labeur & les avés coronnéz de coronnes de victoire & fait venir par martire en vostre très saincte gloire. Des jugemens de nostre Seigneur qui sont abscons à humainne nature à son benoist plaisir lairons le parler, en revenant au propos de nostre matière, par laquelle nous voulons remonstrer la fin de ces mauvais tirans Wandelle & anemis de la foy chretienne.

*Comment finèrent de mauvaise mort ces saulx tirans &
comment la forteresse fut redressée & réédiffiée.* XIV.

Incontinant que ces incrédules eurent destruict et dissipé la forteresse de Laçcois ou Lasçois, comme vous aves oy, comme hauls lies et joyeulx de leur aventure et victoire, se mirent au chemin, plus fiers et plus cruelz que lyons, que pour en venir vers leurs compaignons qui s'estoient retraictz en Gaulle vers Lyon sur le Rosne, et aportoient tant d'avoir avec eulx que c'estoit une infinité. Prestement que ilz furent retournéz en leur ost, ceulx de l'ost voulsirent avoir leur part de leur gaignaige, car ainsi avoit esté ordonné de leur roy et des barons de leur ost; ceulx ci voulrent contredire en disant que les autres avoient en ce terme pendent conquis maintes villes et maintes forteresses riches et puissantes d'avoir, là où ilz n'avoient rien partagé; et pour ce c'estoient ceulx qui à leurs compaignons, ne a roy, ne à duc ne donroient quelque porcion de leur conqueste. Si montèrent tellement ces estimes et controverses que soudainement ilz coururent l'un sur l'autre et s'entreoccirent tous, et mesmes leur roy et la plus grant partie de leurs ducs demourèrent mors en la place. Ainsi se venga Dieu de ses anemis par ses

anemis ; & pour ce peut on dire que ès jugemens de
Dieu n'a fons ne rive, mais eft ung droit abifme, & à
ce propos dit l'escripture : *Judicia tua habiſſus multa*
etc. Or laiſſons ces propos, & revenons à noſtre matière. Après cefte miférable aventure dont les patiens
bonnes gens du pays de Bourgoingne, par fucceſſion
de temps, fe raſſemblèrent, crurent & multiplièrent
en très grant nombre de peuple, de force & de puiffance, dont il advint que eulx, véans la défolation du
devant dit lieu de Laçois & de la forterefſe, furent
meuz d'icelle reffaire & refortiffier. Et preſtement
aſſemblèrent toutes manières d'ouvriers, tant de maceons comme de charpentiers & d'autres, que tous
ilz mirent à la réédification d'icelle ; lefquels fi vaillamment fi employèrent en pourfuivant leur euvre
que, en brief temps, ilz eurent la dicte forterefſe relevée & réédiffiée moult poiſſamment de tours, de
portes, de murs & de très belles deffenfes ; & lui mirent à nom Rouffilion, duquel nom cy après nous
vous dirons la éthimologifation, felon ce que nous
trouvons en l'iſtoire teſtimoniale. Et de cefte fortereſſe ycy après, par fucceſſion de temps, par droit de
paternité, fut feigneur Girard de Rouffillon ; & de là
lui vint la donation de fon furnom, car à fon vivant il
en amoura tellement la dicte place, que il la eſleut
pour fa demeurance, pour laquelle demourance que
il faifoit là fi continuelle, il fut furnommé Gérard de
Rouffillon ; combien que le latin qui parle de l'iſtoire
tesmoigne que en Bourgoigne avoit & euſt plufeurs
chasteaulx de tel nom, toutes fois ce fut ceſtui dont
le dit Gérard porta fa dominacion. Mais chafcung doit
fçavoir que ceſtui chafteaul, ainfi que dit est reffaict
& réédiffié, ne fut point reffait fi fort ne fi puiſſant

comme il avoit efté par avant, felon ce que tefmoigne l'efcripture. Or maintenant ne refte fors à remonftrer pourquoy il fut ainfi nommé.

*Cy pluſeurs opinions pourquoy on dit Rouſſillon & de
Pouthières auſſi.* xv.

Nous trouvons en notre hiſtoire pluſeurs opinions de ceſte éthymologie, c'eſt aſſavoir de Rouſſillon, dont la première eſt telle : Rouſſillon, comme dient aucuns, eſt un nom compoſé de ro & de ſillon, laquelle ſyllabe ro vault autant à dire comme maiſtre en langaige romain, & ſillon vient de Scilla ou Sillons, jadiz un tres grant conſeiller des Roumains, & comme leur ſeigneur & leur maiſtre, avant que nulz emperors fuſſent conſtituez ſur les Romains, ne que nul homme euſt d'eulx la ſeignorie ou monarchie : duquel homme aucuns tiennent fut ceſte forterefſe de Rouſſillon fondée ou la première fois ou la ſeconde. La ſeconde opinion qui eſt aſſés diverſe eſt telle : aſſés près de la place où fut jadiz ſituée ceſte très noble & tant renommée forterefſe, a ung moult plaiſant & délitable bois, duquel cy defſus avons parlé, ou quel bois accoſtumément, à l'entrée du printems que la terre ſe commance à reveſtir & parer des nouvelles herbes fleurans & de fleurs, & que les bois gectent foeilles & fleurs pour la doulceur du temps, ſi que toutes gens ſ'en reſjouyſſent, font oys doulx chans & mélodieux de roffignos, qui là fe treuvent par grant compaignyes, en refjouiffant ceulx qui là vont pour efbatre & jouer, & mefmement les cueurs eflevéz en la pourfuite de vraye & parfaicte amour ; & pour la grant quantité de ces oyfeaulx qui en ce dit bois repairent, vuellent aucuns dire que la dite forterefse fut nommée Rouffillon, & il appert que roffignot & Roffillon fe confonnent affés enfemble & font affés correfpondent l'un à l'autre. Item une autre opinion de cefte dénominacion tiennent li aucuns difans ainfi ; Roffillon peut eftre dit pour la grant & doulce rofée, dont la montaigne ou la dicte forterefse fouloit eftre eft continuelment arroufée, par laquelle rofée qui defcent de la dicte montaigne, & la montaigne & la valée, & toute la terre d'environ eft très grandement arroufée & nourrie, & tellement que la terre eft à l'environ d'icelle plus fertile & plus plentureufe de tous biens que en nulle autre marche du pays. Si fouffife à tant de ces éthimologies, car de quelque interprétacion que ce foit, toufjours eft elle nommée Rouffillon, dalles laquelle montaigne ou chaftel eft fituée la très noble églife de Pouthiers, moult bien aournée de portes, de tours et de murailles et de tous autres édifices convenables à ceulx qui en la dite églife demeurent & habitent ; & eft appellée ou dite Pouthières à la caufe des palus, brenchies ou boes que nous difons en Picardie bourbes qui couftuméement font à l'environ de la dicte place & mefmes en temps d'efté ; on y treuve affés fouvent comme tefmoignent ceulx qui en la dite place ont repairé ; mais je cuide à mon efcient que ce n'eft que pour la doulceur du lieu & la greffe de la terre, qui en nul temps ne le fouffre du tout fécher ; car le lieu eft tant doulx, tant gras & tant délitable & de tous biens fi très habundant tant d'eaues, de praeries, de bois, de fontainnes, de champs & de vignobles que le pareil fauldroit on déligier à treuver; là font les grants signourages, grans gaignaiges, grandes chafferies, grans foifons de toutes bestailles comme de porceaulx, de berbis, de moutons & de toutes autres telles chofes que pour caufe de briefveté nous laiffons. Ainfi donc eft dit Poulcieres du mot ycy *pulvis pulveris* qui fignifie en notre langage pouldre & du verbe yci *tero teris terui terere* qui fignifie tauler, comme pouldre taulée ; toutes lefquelles étymologies nous laiffons en la difcrétion des lifans, & volons retourner à noftre propos de la matière emprife, c'eft à parler & remonftrer le règne & gouvernement du noble & conquérant Girard de Roffillon.

*De Loys le débonnaire & de ſes trois filz qui eurent
bataille l'un à l'autre.* XVI.

Vous aves oy par cy deſſus en la matière, comment le noble & vaillant conquérant Gérard de Roſſillon vesquit & régna souz le règne de quatre roys, c'eſt aſſavoir : de Charles le grant, de Loys ſon filz ſurnommez le débonnaire, de Charles de Chaulf & de Loys ſon filz ; pourquoy on doit ſçavoir que le dit Loys le débonnaire qui fut filz Charlemainne, le très noble & très puiſſant roy des Francoys, duquel parlent & racontent les hiſtoires de France moult de nobles faiz d'armes & empriſes & achevées tant en Eſpaigne comme ailleurs, tint à ſon vivant, après la mort de ſon bon père Charles devant nommé, trois royaulmes, & en fut ſouverain ſeigneur clamé. Premièrement il fut empereur, c'eſt à entendre roy de Italie ou Lombardie qui alors eſtoit ung royaulme, secondement de France & tiercement de Germanie que nous diſons Alemaigne, & eſtoit ſon tiltre tel : Loys le débonnaire par la grâce de Dieu roy & empereur de Romains, de France, de Lombardie & d'Alemaigne ; & dient les hiſtoires de France que ceſtui Loys euſt de ſa femme légitifme trois filz, dont le premier fut nommé Lotaires, le second Loys & le tier Charles le Chauve. Quant, il, Loys le débonnaire fut alé de vye à trefpas, fes trois filz devant nommez efmeurent entre eulx une très grant controverfe à caufe de leur héritaige, & combien que le père euft avant fa mort à chafcun ordonné fa part, néantmoins fi ne furent ilz point d'accors, ne de l'ordonnance leur père ne voulfirent riens tenir, & la caufe fut telle : Lotaires qui eftoit l'aifné voult à caufe fon haifneté ou encienneté tenir toute la monarchie fans divifion quelconque, ainfi que fon père l'avoit tenue ; mais bien vouloit que fes ij frères feuffent anoblis & enrichis de duchés ou de contés, fi fouffifamment que ilz peuffent tenir grandement leur eftat, toufjours eftans en l'obédience & fubjection de lui le dit Lotaire, ou qu'ils euffent certaines fommes de deniers fur les devant dictes feignories & poffeffions. Quant fes deux frères Loys & Charles veirent & fceurent que leur frère Lotaire ne leur vouloit faire autre porcion, ilz en furent fi très impatiens que preftement & fans plus attendre, ils commencèrent à faire un très grant amas de gens d'armes de toutes nations telz que avoir les povoient, & mandèrent à leur frère Lotaire que fe il ne fe défiftoit d'aucune partie que il avoit prins fur les terres que ilz entendoient à eulx appartenir, que briefvement ilz lui courroient fus à fi grant puiffance que tart il en viendroit au repentir. Lotaires oans ces nouvelles, comme homme tout conforté, commança preftement à faire fon amas de gens d'armes grandement & puiffamment, à celle fin que contre ces frères fe peuft plus feurement tenir, garder & deffendre. A ce temps, comme dient les hiftoires, estoit Gérard de Rossillon encore moult josnes & commançoit à poursuivre les armes en joustes, en tournois & en toutes telles besoingnes ; & commançoient aussi ses vertus & valeurs à luire & à estre moult recommandées de science & de proesse par tous pays, mais l'istoire ne met point se adonc il estoit marié ou non.

*Comment les trois enffants de France deſſus dicts requi-
rent Gérard de Rouſſitlon d'aide, & du conſeil que il
leur donna.* XVII.

Lotaires donc filz de Loys le débonnaire bien
informé & advertis de la puiſſance & valeur
monſgʳ Gérard de Rouſſillon, faichant que
c'eſtoit le plus puiſſant de tous les barons de France,
car il en tenoit & par ſon père la plus grant partie,
envoya preſtement ſes meſſaigés par devers lui en lui
priant très affectueuſement, non mie en lui commandant, que à ce très grant beſoing & ou non de gentil-
leſſe il le voulſiſt ſecourir, & ayder de tout ſon pooir
à l'encontre de ſes deux frères, c'eſt aſſavoir Loys &
Charles qui deshériter le vouloient, & qui jà avoient
de fait aſſemblé grant nombre de gens d'armes pour
le grever de tout leur povoir. Ses ij frères devant
dicts paroillement n'envoièrent pas audit Girard,
mais y alèrent en propres perſonnes, & droit en ſa
forsereſſe de Roſſillon où communément il ſe tenoit,
le trouvèrent, & là très humblement & favorablement
le requirent d'aide ; & à celle heure que ils y vinrent,
y eſtoient encoires les meſſaigés de leur frère Lotaire.
Quant le noble & gentil baron Girard de Rouſſillon

vit & entendit comment ces trois tant nobles & tant puiffans feigneurs, qui eftoient frères germains de père & de mère, fe difcordoient, f'il fut troublé en couraige ce ne fut point de merveille, car il y véoit apparent une dure & pefant aventure tant en deftructions de peuples comme de villes, de fortereffes & de chafteaulx, & que plus eftoit la deftruction du peuple creftien qui tropt grandement lui touchoit au cueur ; & pour ce, comme homme trifte & anuyeux & remply de toute prudence, leur refpondit en telle manière : O mes très chers & très puiffans feigneurs, mes amis & mes fouverains, veuillés par voftre debonnaireté regarder le mal & le péril ouquel vous vous voulés bouter; regardés fe vous prenés la guerre à voftre frère, quel proffit & quel preu vous y recevrés ; certes fe vous vous combatés enfemble, l'yffue de voftre bataille ne peut eftre que très mauvaise, ne voftre honneur ne vos hommes ne porriez par nul autre tour amenrir que par ceftui ! Las mes très chers feigneurs, qui eft homme ou monde qui vous pourra nuyre, fe comme frères vous entretenés en amour, en concorde & en pais; certes il n'en eft nul & pour ce, mes très chers feigneurs, fe fur l'ordonnance de aucuns de vos bons amis & parens voliés ceft affaire & ce discord ycy mectre, vous feriez une très noble & prudente befoingne ; & je cuide à mon efcient, fe de ce vous voulés furféir ils départiroient vos hommes & vos terres fi bien & fi deument que preu, honneurs & valeur y recevrés. las ! mes très chers feigneurs, fe cefte hainne croift & multiplie ainfi entre vous, quans maulx, quantes doleurs, quantes pestilences en fourdront. Tout premièrement nul bien n'en viendra, toufjours ferés en doubte & l'un

& l'autre, & ne faurez en qui avoir fience, & l'homme qui fe doubte n'est il point en très grant danger fans faillir, fi est, & que plus est, tel vous fera damage & villonnie qui ne l'oferoit feulement penfer & fonger fe vous eftiés d'accors. Je cuyde fçavoir de vray, fe vous estes d'accors & en pais comme frères, vous vous pourrés feurement clamer de tout le monde seigneurs, & fe autrement le faictes, dictes hardiement que vous estes chetis & perdus, car vos fubjetz mefmes vous tiendront en leur fubjection & plus ne ferés feigneurs clamés ; mais povres & mendis en tel danger vous mectra la guerre, fe vous y perceverés ; fi veuillés, mes très chers feigneurs, fur ce penfer & véritablement en ce cas je vous vouldray tous trois aider confeiller & conforter de tout mon povoir avec ceulx de voftre prudente difcrécion, & le los de voftre meilleur conseil y ordonnera.

Comment Loys & Charles le chauve ſe partirent de Gérard mal contans. XVIII.

Quant Loys & Charles le Chauve oyrent & entendirent ce que leur mectoit au devant ce tant preudhomme Gérard de Rouſſillon, ils furent comme tous confus & ainſi comme tous troublés; ſi lui dirent en telle manière: Gérard vous parlés & dictes moult ſagement, mais vous avez bien entendu à noſtre requeſte, que nous ne demandons point voſtre enſeignement ; nous voulons ſeulement ſcavoir ſi ce sera voſtre plaiſir de demourer avec nous & de noſtre party contre noſtre frère Lotoire lequel de l'eritaige noſtre père ne nous veult en riens partir, mais du tout en tout, comme feuſſions baſtars, le nous veult eſtordre & tollir ; & vous ſcavez que, comme dit le philoſophe, tout homme doit pour ſon honneur & pour ſa terre hardiement eſmouvoir ou entrer en guerre ; & puiſque ainſi il nous veult deſhériter, raiſon enſeigne que nous y mectons remède, & pour ce nous ſumes icy venus par devers voſtre honnorée & puiſſant perſonne, vous prier de demourer de noſtre party, puiſque vous vées que juſtice & raiſon le requiert. A ces mots reſpondit Gérard en telle manière: mes très chers feigneurs, on dit communément que cellui eft fol qui boute fon doy entre le bois & l'efcorche ; vous fcavez que vous eftes tous iij frères germains & meffeigneurs & que autant d'obédience doy je à l'un que à l'autre, & pour ce, en finale conclufion, je vous refponds, que pour vous, ne pour lui qui en telle manière comme vous m'a requis, au plaifir de Dieu, ja ne m'en melleray. En ce cas, ne vous ne lui n'aideray, par voye quelconque ; mais comme ja je vous ay dit, au faire la pays, du tout en tout felon ma puiffance & le fens que Dieu m'a prefté, je m'employeray & travailleray tant que l'un & li autre dira : il fouffit ; & à celle fin que mieulx fe puiffe faire pour le entretenement du bien publique, fe du mien y convient mectre aucune chose, je ly employrai de très bon cueur, & telle eft la refponce que faire vous en vueil à vous & à lui. Si ayés fur ce confeil et advis. Quant les deux frères entendirent Gérard ainfi parler et que ils virent que autre chofe n'en auroient, preftement comme tous courrouciés & irés fe départirent de Rouffillon ; mais Charles le chauve qui eftoit le maindre, f'en corrouffa fans comparaifon trop plus que ne fit Loys ; car l'hiftoire dit que, au département de Roffillon, il jura que foy que il devoit fainct Denis, que une bonne fois fe fortune lui veult ou peuft apporter, il lui en fouviendra & que repentir en fera le dit Gérard de Roffillon ; & à ce ne lui faillit il point, ainfi que vous orrés en la déduction de l'iftoire, au plaifir de Dieu.

*Comment les iij frères eurent batailles l'un à l'autre
& puis s'accordèrent.* XIX.

Aprés ces choses devant dictes, les deux frères, c'est assavoir Loys & Charles, véans que
audit Gérard selon leur intencion ilz avoient
failly, mais ce les reconfortoit que non plus ne re-
conforteroit il leur frère Lotaire que eulx en la dicte
guerre ; faisans au plustoft qu'ilz peurent à tout ce
qu'ilz peurent avoir de gens, & commencèrent à infes-
ter & travailler leur frère, & Lotaires pareillement
les commenca aussi merveilleusement à rebouter ; &
firent plusieurs coursses & envayes l'un sur l'autre,
dont plusieurs villes, chasteaulx, cités & forteresses
furent destruictes, prises & abatues ; pluseurs hommes mors & destruits & moult de meschiefz en ad-
vinrent, comme on le treuve ès histoires de France,
par lesquelles histoires appert la doleur qui en vint
en France & en pluseurs lieux, & dient les dictes histoires que ilz en eurent ensemble pluseurs batailles
champales, entre lesquelles elles parlent d'une qui
fut assés prés de Fontenay, qui fut tant crueuse & si
grandement combatue, que l'une partie ne l'autre ne
s'en sceut louer ; car il y eust telle & si mortelle oc-

cifion que tous les trois frères fe retrayèrent de la bataille, & que tellement ils fi eftoient combatus que tous trois furent navrez moult durement ; mais toutes fois la partie des deux demoura victorieuse contre le feul, nonmie tout outréement; car, il, le dit Lotaires fe recueillit & affembla gens et revint encore fur fes frères; fi les combatit là où pareillement fut faicte une très dure defconfiture et où moult du sang humain fut refpandu ; finablement après moult de doloreufes journées, les amis d'une part et d'autres, véans la grant défolation du réaulme, fe mirent enfemble & firent tant que journée de paix fut prise à Verdun, & la convinrent les trois freres l'un avec l'autre tellement par l'ordonnance des feigneurs qui là eftoient, que la paix fe fit par condicion que, Lotaire qui eftoit l'ainfné feroit empereur de Rome & roy de toute Italie & de Lombardie; & Loys qui eftoit le fecond feroit empereur & roy d'Alemaigne, que on fouloit appeler Germanie, & Charles le Chaulve qui eftoit le mainfné des trois feroit roy de France, & à tant fe fit la pais des III frères. Lequel Charles le Chaulve, felon les hiftoires de France, fut roy de France le terme de XXXII ans; après ce terme, il fut deux ans empereur et puis morut; ainfi régna le dit Charles le Chaulve que roy que empereur XXXIV ans; et dient les hiftoires que il fe bouta en l'empire de Rome, ce que faire ne devoit, car combien que fon frère Lotaire eftoit mort & ung filz auffi que il avoit nommé Loys, fi avoit le dit Charles encore ung frère qui eftoit hainfné de lui, qui eftoit roy d'Alemaigne, comme vous aves oy, nommé Loys, qui de cette ufurpacion fut fi dolent que il en enfuivit fi mortelle haynne contre fon dit frère Charles le Chauve, que onques ne s'en apaifèrent tant qu'ilz vefcurent. Or laiffons tous ces propos, car ès croniques des roys de France, qui lire les vouldra, il y trouvera affés fouffifamment la déclaration des chofes devant dictes, & véons à pourfujr noftre matière emprife, c'est affavoir de Girard de Rouffillon.

*Le commancement du mouvement dont monseigneur
   Gérard fut déshérité.*   xx.

Vous avés bien oy commant Charles le Chauve se partit ung jour passé très mal content de Gérard de Roussillon, & ce lui demoura ou cueur moult longtemps, ne onques depuis n'eust le dit Gérard, quelque semblant qu'il lui monstrast, en quelque certaine affection ; mais couvertement le hayoit et souvent lui faisoit moult de despis en secret, lesquelx despis le dit Gérard portoit assés patiemment & la cause estoit pour ce que le roy estoit son beaulfrère, car tous deux, comme vous avés oy, avoient espousez deux sueurs dont l'ainnée estoit nommé Berte, & ceste estoit la femme Gérard; & l'autre estoit nommé Eloyse & estoit femme dudit roy Charles le Chauve; des mariaiges desquelx deux seigneurs c'est assavoir en quel temps ilz se marièrent, ou ensemble, ou l'un après l'autre, je ne l'ay point trouvé par notre latin, mais j'ay trouvé en l'istoire qui est atribuée au temps Charles Martel que ilz se marièrent tous deux en ung jour, et que Charles voult avoir Eloyfe, pour ce qu'elle estoit la plus jeune & la plus belle de regard, & de ce me rapporté-je à la discrécion des lisans;

néantmoings comment que ce feuft, euft le dit Gérard l'ainfnée des deux fueurs qui toutes deux eftoient filles à Hue le bon conte de Sens; & à ce temps ycy eftoit Girard de Rouffillon en la court du roy en grant eftat & honneur, qui nouveal chevalier avoit efté fait en une guerre que fon père Drogon, qui pour lors eftoit en Efpaigne, avoit eue contre Thierry le duc d'Ardenne & fes enffans, lesquelx enffans hayoient auffi couvertement de toute leur puiffance le dit monfg^r Gérard de Roffillon, quelque paix, accord ou traictié que le dit Charles en euft fait. Et nous dient les hiftoires que le dit Droon eftoit en très grand règne en Efpaigne, là où il combatoit à force & à puiffance les anemis de la foy catholique, & pour ce que il fentoit fon fils Gérard de toutes bonnes meurs bien advéré, il lui avoit mis en gouvernement toutes les terres de Bourgoigne, d'Efpaigne, d'Auffoire, de Tonnoirre, de Nevers & d'Alemaigne, & fe ly avoit mis auffi en fa main Le mont Béliart, la cité de Bafèle, de Genève, de Savoye, de Lymofin & du Dauphiné, pour laquelle caufe le dit Gérard fe povoit bien clamer le plus puiffant de la maifon royale ; & véritablement auffi eftoit il tant de force de corps comme de poffeffions, d'éritaiges, d'avoir & de gens. Si eft une chofe moult à émerveillé, comment ung fi noble, fi puiffant, fi crému, fi redoubté, fi vaillant, fi faige & fi advifé fut fi perverfement dégetté de fon règne et auffi de tous autres biens mondains; que fon père vivant, il fut, par force de povreté & de difecte, contrainct à eftre valet à ung charbonnier, & qui plus eft, de porter fur fon propre col ou à fes propres efpaules le charbon vendre pour gaigner fa vye, comme vous orrés en la fubféquence de la matière, au plaifir de noftre feigneur.

*Du discort meu entre le roy Charle le Chauve & Girard
de Rossillon.* XXI.

C omme dit est donc, estoit en la maison de
France Gérard de Rossillon le plus honnoré,
tant pour son sens comme pour le bon gouvernement dont il estoit, & aussi le plus redoubté tant
pour sa richesse que pour son très puissant lignaige; &
dient les histoires que de son aliance il avoit VII rois,
c'est assavoir le roy de Hongrie, le roy d'Espaigne, le
roy de Cécile, le roy d'Arragon, le roy de Navarre, le
roy de Galice et le roy de Sébille; & si estoit son cou-
sin germain, ung très puissant seigneur qui s'appelloit
Hermand, duc de Frize, lequel Hermand avoit ung
filz moult crému & redoubté par sa propre prouesse
& vaillance qui s'apelloit Fouchier : item, il avoit encore avec lui & de son gouvernement IV très vaillans
& très puissans seigneurs qui de tous faiz d'armes
scavoient les tours, ses nepveux, enffans tous quatre
au conte de Provence, & estoit l'un appellé Foufques;
lequel pour sa grant vaillance estoit mareschal de
Bourgoingne, l'autre Gerbet, le tiers Seguin & le
quart Bos. Ainsi estoit le dit Gérard aourné de toute
bonne chevalerie, dont il se tenoit aucunes fois plus

eflevé à l'encontre de fon propre peuple en aucunes maltôtes & fubfides que il leur impofait fouvent, pour son eftat maintenir, pour laquelle caufe, noftre feigneur, comme on peut imaginer, lui envoya cefte pugnicion deffus dicte. Et pour venir à la déclaration de noftre matière, il eft vray que comme ce vint ung jour que le dit Girard feuft à la court du roy en très grant pompe & appareil de chevalliers & efcuiers, nouvelles vinrent que le père et la mère Charles & Girard eftoient alés de vye à trefpas; preftement que le dit Girard le fceut, au plus toft que il peut, il envoya fes gens à Sens en Bourgoingne prandre & faifir la conté, comme cellui qui droit avoit en héritaige, de par fa femme qui l'ainfnée eftoit des deux, comme vous avez oy. Lefquelles chofes ainfi faictes, ne demoura gaires que par la relacion d'aucuns qui point n'amoient le dit Gérard, le roy Charles le Chauve en fut advertis, qui très mal content en fut, & pour laquelle caufe, comme tout enflé pour fa royale richeffe ou feignorie, manda preftement le dit Gérard par devers lui, lequel y vint auffi hardiement & libéralement comme ne doubtant en rien le roy ne fa malviolence.

*Des paroles qui furent dictes des deux ou ſemblables,
dit l'iſtoire.* XXII.

Preſtement que le dit Girard fut venu en la préſence du roy et que il l'euſt ſalué & demandé la cauſe pourquoy convenir l'avoit fait ſi en haſte devant lui, le dit roy oans le dit Gérard dire ſa raiſon, le regarda ainſi comme de travers & fut aſſés longuement que il ne deiſt mot; & tant que le dit Gérard réplica ſa parole devant dicte, en diſant : Mon chier ſeigneur, dictes moy par voſtre bon plaiſir la cauſe pourquoy mandé m'avés ſi ſoudainnement : à ces mos reſpondit le roy et dyſt : vous, Gérard de Roſſillon, qui fut ſi hardis de vous donner ce conſeil que de vous mectre & bouter en la poſſeſſion de la conté de Sens ? vous qui eſtes noſtre subget & qui nul droit ne action n'y avés ſans noſtre licence & congié auſquel de droit, à cauſe de la ſeignorie royale de laquelle nous poſſédons & que auſſi bien avons eſpouſé la fille au bon conte Hue de Sens, que Dieu abſoille, que vous avés; ſaichés que ce nous deſplait trop que ainſi en avés fait & pour ce, nous vous faiſons commandement que ce tort fait nous ſoit amendé, ou ſenon nous vous monſtrerons ce que en trouverons en noſtre conſeil.

Gérard oyant le roy, comme tout efmeu d'ire & de mal talent pour ce que ainfi le roy le menaffoit, crofla la tefte & deift en telle manière: mon très puiffant feigneur, je cognois affés que je fuis voftre fubget à caufe d'aucunes feignories & terres que je tien de vous & de votre coronne de France, mais non point de toutes les feignories que par la permiffion de Dieu je poffède, & pour ce, je vous refpond que felon ce que raifon m'enfeigne & monftre, je ne cuide en riens avoir offenfé votre royale magefté, pour moy eftre mis en poffeffion de la conté de Sens. Car vous devés fcavoir que en toutes feignories féodales, les hainfnés précèdent les mainfnés, & ce veux-je tenir & propofer, foit par fentence, déclaracion de droit, ou autrement, & vous refpons pour conclufion finale que de tout mon pooir je le deffendray, tant que Dieu me tiendra la vye ou corps. Laquelle parole dicte, preftement le roy lui refpondit par très grant defdaing: Par fainct Denis de France, Maiftre Gérard, ce ne demourra pas ainfi, car avant que la conté de Sens vous demeure quicte & liege, je vous donrai tant à tiftre que trop tart en viendrés au repentir; & fi vous penfe à mener fi bonne guerre & fi afpre, que de mon royaulme vous conviendra partir comme povre truant. Laquelle chofe oant, le dit Gérard deift comme tout corroucé & plus fort que devant: Par l'âme de mon père, le bon Droon, fire roy, je ne fçay fi hardy deffoubz le firmament roy, duc, conte, prince ne empereur qui fe il me débatoit de la conté de Sens, que jamais lui deuffe faillir de guerre & que ainçois que d'icelle me conveniſt perdre plain pied, conviendroit morir mille hommes, & fe de mot je vous mens, je prie à Dieu que jamais depuis bien ne m'avieigne; & fi ne doubtés point que pour voſtre menace je m'en doye déſiſter, mais que plus eſt, ce je le vouloys ſouffrir, j'en devroye recevoir honte & blaſme, comme homme non digne de jamais tenir héritaige ne ſeignorie; car qui par ſa laſcheté perd la ſeignorie de ſa terre, il a deſſervy de morir honteux. De telles paroles y euſt entre le roy Charles le Chauve & Gérard aſſés & grant foiſon qui moult longues ſeroient à recorder ; mais on doit préſuppoſer que entre telz deux nobles ſeigneurs, comme ilz eſtoient eſmeuz en ire l'un contre l'autre, ilz deirent moult de crueuſes paroles, & ſans nulle doubte auſſi firent-ilz, car noſtre hiſtoire teſmoigne que ilz jurèrent grans & cruelz ſermens l'un contre l'autre, en menaſſant & réprouvant l'un à l'autre les choſes paſſées, & tant qu'en finable concluſion, avant qu'ilz ſe départiſſent l'un de l'autre, par le moyen d'aucuns leur bienvueillans, aucunement le dit Gérard s'amodéra & deiſt: ſire, peu parler & bien beſoingner; vous me dictes de la honte & vilonnie tant qu'il vous plait, & ſi me menaſſés de pendre, qui eſt une laide choſe à roy dicte de un ſien prince; & pour ce, je vous dis que s'en voſtre court a ſi hardis, II, III ou IV quelz qu'ilz ſoient, qui contre moy, pour voſtre capiteuſe volenté accomplir, en vueillent emprendre le baſton, dès maintenant j'en préſente mon gaige & les deffie à oultrance, & s'il ne vous plait ce, ſi faictes la cauſe diſputer en droict & je me offre en entretenir ce que le droit en apportera.

*Comment le roy Charles le Chauve se départit de Gérard
de Rossillon, mal content.* XXIII.

Charles le Chauve, roy de France, oant comment Monsg^r Gérard de Rossillon rendoit *estat* à sa parole & comment il monstroit par signes & par paroles que bien peu il doubtoit & crémoit le roy & ses menasses, il, le dit roy, sans dire ung seul mot, comme tout enflé de mal talent en gectant grant sangloux d'air, entra en sa chambre mectant bien dans son cueur et enfrummant ce qu'il avoit oy dire au bon conte Gérard; si jura là, à celle heure, en son cueur, & afferma que, se tous ses subgez lui vouloient aider sans contredire, que jamais au dit Gérard ne fauldra de guerre tant qu'il vivra: & dèslors il commança à penser comment il le porroit surprendre comme il fit. Quant Gérard de Roussillon vit que le roy estoit ainsi esmeu de ire contre lui, il se partit de la court à tout ses gens & se retrahit en ses marches de Bourgoingne. Mais il, comme tout asseuré, cuidant que le roy ne l'osast envaïr ou assaillir, ne fit nulle diligence de soy munir ou pourveoir sur les choses devant dictes; mais cuidoit que la chose se deust ainsi passer & que le roy, pour sa grant puissance, ne le deust jà envahir ou aſſaillir, dont il fut déceu meſchamment ainſi que vous orrés en la matière aſſés prochaine, & pour ce, tous princes quelz qu'ilz ſoient doivent touſjours penſer qu'il n'eſt nulz petis anemis, et que aucune fois Dieu permet que le petit abaiſſe le grant pour le réduire en humilité, comme il fit à ceſtui. Auſſi ſe doivent touſjours garder de leurs anciens anemis, quelque ſamblant que ilz leur facent ou dient, car, par les enciens anemis de Gérard, fut le roy incité de plus en plus de grever ledit Gérard, ainſi que l'hiſtoire le monſtre & teſmoigne.

Comment, par aucuns céduiseurs anemis de Gérard, le roy fut de plus en plus incité & esmeu en ire contre ledit Gérard. XXIV.

Quant monsg^r Gérard de Rossillon se fut départy du roy & retourné sur ses terre & pays de Bourgoingne, la court royale en fut moult amenrie de puissance & de noblesse; car lui tout seul tenoit plus d'estat et d'onneur que tout le demeurant de la maison de France; et ne demoura en la court du roy, senon les anemis du dit Gérard qui estoient ceulx que nous vous dirons assés tost. On treuve, selon l'istoire des Françoys, que Droon père audit Gérard, filz de Gondibaud, roy de Bourgoingne, une espace de temps devant cestui dont nous parlons, avoit eu guerre à l'encontre du duc Thierry d'Ardenne, laquelle Ardenne à ce temps contenoit toute la Lorrainne & une grant partie d'Alemaigne; & cestui Thierry avoit à ce temps de sa guerre contre le dit Droon, espofée la sueur du dit Charles le Chauve, de laquelle il avoit deux moult beaulx filz, non point bien vrais ne certains, mais pleins de toute déception, par laquelle guerre devant dicte, fut malgré soy & les siens le dit Thierry débouté par la force & puissance

dudit Droon de toute fa terre de Ardenne & des
appendences; & convient que le roy le gouvernaft fur
fes propres terres, lui, fa femme & fes enffans, par le
terme de VII ans que ilz en furent privés; & quant ce
vint au bouth des VII ans, Charles le Chauve mefme
fit tant envers le dit Droon que il rendit au dit Thierry toute fa terre par bonne pais, accort & amour que
ilz recuillèrent l'un à l'autre; & dès lors fe retrahit le
dit Droon envers Espaigne, avec plufeurs grans barons creftiens, pour les anemis de noftre foy combatre
& deftruire, là où il fit tant de belles befoignes que
merveilles feroit au recorder: car les hiftoires maintiennent que il fe maintenoit tellement en fes batailles, que nul ne l'oifoit actendre à plain champ. Et a-
donc, il avoit laiffé en la court du roy fon très chier
filz Gérard, ainfi que vous avez jà oy par ci devant,
en la quelle court eftoit Thierry d'Ardenne & fes
deux filz, nepveux du roy, qui moult privés eftoient
du roy comme cellui qui eftoit leur oncle; lefquelx
deux, tout preffement que ilz fceurent que le dit
Gérard f'eftoit party du roy ainfi mal content, comme
très joyeulx en cueur de ce, s'en vinrent devers leur
oncle, le roy, feignans que ilz feuffent tant dolans que
plus ne peuffent,& tantôft que ilz vinrent devant lui,ilz
fe gectèrent à genoulz en très grant humilité, en le
faluant moult honorablement & en lui difant en telles
manières : Très puiffant & très redoubté Sire, nous
avons entendu que noftre encien anemy Gérard, le
conte de Bourgoingne, vous a nagaires merveilleusement, orgeilleufement & oultrageufement troublé,
courrouffié & pou prifié, quant en voftre hoftel tous
ceulx qui l'ont voulu et peu oyr, vous a par fa fole &
capiteufe hardieffe & oultrageux orgueil refpondu,

que jà de guerre ne vous fauldra, tant & fi longuement que la conté de Sens qui par droit de héritaige vous doit efcheoir, lui vouldriés eftordre ou tollir. Très redoubté fire, il a peu tenu conte de voftre noble royale magefté & puiffance, & vous & nous tous, qui sommes de voftre fang yffus, pou crèmu & doubté; mauvaifement, folement & capiteufement, a regardé que la conté de Sens vous doit mieulx appartenir que à lui par voftre royale feignorie. Et quant ainfi feroit que vous n'auriez point la fille du bon conte de Sens, fi ne fe deuft il jà ainfi avancir fans voftre licence & congié, de foy mectre par ly feul en la poffeffion d'icelle, mais fans faulte telle en leur manière. Souvviengne vous comment fon père nous, noftre père & noftre mère votre fueur efchaffa & fit moult de durtés, ce ne vous eft befoing de réciter; car autant & plus en fçavés que nous faifons, fi nous en taifons à tant: mais favoir vous faifons que fe vous ne lui faictes fi mortelle guerre que à toufjours du monde en foit parlé, à celle fin que les autres y praignent example, que mauvaifement monftrerés la noble généracion conquérant & puiffant, c'eft affavoir du très puiffant Charles mainne, voftre tronc dont vous eftes yffu, & vous difons fe ainfi le laiffés que point ne ferez tenu dignes de la coronne dont vous poffédés, pour laquelle caufe nous, fe ainfi le faifiés que jà n'avieigne, renuncerons preftement à vous & jamais pour noftre oncle ne vous tiendrons: fi vous advifés fur ce point. Et ces paroles devant dictes ou femblables difoient ces deux ditz comme en plorans, pour laquelle caufe le roy devant eftoit fi troublé qu'à peine fçavoit il que dire, mais les print par les mains tous deux & les fit lever & puis leur deift en telle manière ou femblable.

*La reſponſe du roy Charles à ſes deux nepveux. De
Gérard de Roſſillon & comment il manda tout ſon
conſeil.* xxv.

Mes très chiers nepveux, ne mectés plus en vos
cueurs nulle doleur de pleurs ne de gémiſſemens, mais confortés vous avec moy ſans
monſtrer quelque doubte de voſtre adverſaire; Ains
maintenés vous comme barons de ma court & comme
de mon plus privé conſeil, car par la foy que je doy
au bon Sainct Denis de France & à la coronne d'icelle, je penſe à faire telle choſe que jà Gérard de Rouſſillon, le fier orgueilleux & le deſpiteux n'aura contre
moy durée, & ce verrés vous advenir aſſés prouchaine-
ment; & m'en laiſſés hardiement convenir, car j'en
cuide faire ſi à point que vous, ny autre de mon
lignaige n'aura cauſe de ſoy départir de moy, de ma
maiſon ne de mon alience. A ces mos ſe gectèrent les
deux devant diz ſes nepveus à genoulz & firent ſemblant de li baiſſer la gembe, ce que le roy ne le voult
ſouffrir, mais les fit lever en culx commandant que ilz
fuiſſent à leur pays & ne penſaſſent que du bien faire,
quand temps en feroit. Après toutes ces choſes ainſi
faictes, le roy Charles, voulant ſçavoir que il trouveroit en ſon conſeil, fit aſſembler pluſeurs de ſes barons
de France, entre leſquelx fut premier le duc Thierry

d'Ardenne devant dit, qui moult encien eſtoit & très bon preudhomme; le ſecond fut le duc de Normendie; le tierch fut le conte de Blois; le quart fut le conte de ſainct Paoul qui ſ'appelloit Gaulthier de ſainct Paoul & le quint fut Guis, le conte de Montfort; le VIe fut Hue le conte de Troies; le VIIe fut Hermans le conte de Chartres & pluſeurs autres grans barons que le roy manda & aſſembla qui tous eſtoient bons preudhommes & de bon conſeil; & combien que le roy les euſt aſſemblé pour oyr leur conſeil, ſi ne penſoit il fors à uſer de ſa propre volenté, car il ſçavoit bien, s'il en uſoit par le conſeil de ces preudhommes, que jà mal ne feroit audit Gérard, car ilz le ſentoient preudomme & vaillant; & auſſi ilz ſçavoient bien que moult de doleurs, de mors d'ommes & de femmes s'en enſuivroient, & que moult de villes, de forterefſes, de chaſteaulx & de citéz en ſeroient abatues & deſtruictes. Néantmoings quant ilz furent tous aſſemblez devant le roy, le dit roy ſe plaindit en leur préſence de Gérard de Roſſillon, en recordant toutes les paroles qui avoient eſté de l'une des parties & de l'autre ſans y rien mectre ne plus ne moins, mais au plus juſtement qu'il peuſt, & en la concluſion d'icelles paroles, leur requiſt que ſur ce le voulſiſſent conſeiller quelle choſe lui eſtoit bonne à faire, pour ſon honneur du Royaulme & de eulx tous, & à celle fin que mieulx en reſpondiſſent, ilz ſceuſſent que il en eſtoit très troublé en cueur & en coraige; & vous ſcavez, diſoit il, que qui offenſe la royale mageſté, il encourt ſentence de correction, ſi vous requerés, mes très chiers amis & compaignons, que de ce me faſés vray jugement au los de voſtre bon conſeil & bonne diſcrétion.

*De la responſe qui fut faicte au roy laquelle fit Thierry
d'Ardenne.* XXVI.

Quant le roy euſt mis à fin ſa parole & que ilz
eurent ung peu ſur ce penſé, commandement fut fait au duc Thierry d'Ardenne que
ſur ce il en deiſt ſon advis, comme cellui qui de eulx
tous eſtoit le plus hainſné; adonc moult révéremment,
modérément & apenſerment, le dit Thierry ſe leva en
la préſence de tous & deiſt en telle manière ou ſemblable: Vous, mon très puiſſant ſeigneur & vous tous,
mes très chiers & eſpéciaulx amis & compaignons, à
ce que j'entend de monſg' le roy cy préſent, très
griefves & dures paroles ont eſté entre lui d'une part
& monſg' Gérard de Roſſillon d'autre part, comme
bien l'avés tous entendu; & me ſemble de ma part que
le roy a parlé très folement & Gérard a reſpondu très
oultrecuidement, mais, ſaulve voſtre bonne & diſcrete
correction, il me ſemble que point n'eſt décent à roy
de parler par telle manière, ne ſi deſguiſée; mais
doit très peu parler & entendre tous jours à juſtice
faire & raiſon, auſſi bien au grant que au petit; &
touteſfois que il eſt requis de quelque cas là où
miſéricorde ſe doie meſler en juſtice, uſer en doit:

9

& n'eſt point le roy digne de coronne tenir, ne quelque prince que ce ſoit de tenir terre, s'il n'entend tous jours à tenir en ſon domainne ces quatre nobles vertus, c'eſt aſſavoir miſéricorde, vérité, pais & juſtice: Je dis cecy, portant que, comme vous ſavés & que meſme monſgʳ le roy teſmoigne, par lui le dit roy a eſté monſgʳ Gérard de Roſſillon menaſſié d'eſtre pendu; & Girard n'eſt point homme que ainſi il conviengne menaſſer, car c'eſt l'un des plus nobles & plus puiſſant de toute la maiſon de France de généracion, de lignye & de toute puiſſance; ne je ne cuide point qu'il ſeuſt ou ſoit en la puiſſance du roy, ne de nous tous, de le povoir chaſſer de ſa terre ung ſeul pied, ou cas qu'il ſoit ſommé ou adverty de la guerre, comme eſtre le doit, s'enſy on le vouloit faire par la droicte ordonnance de guerre légitiſme. Or eſt ainſi que, en la fin des paroles rigoreuſes & injurieuſes, le dit Gérard s'eſt offert à monſgʳ le roy, en ſoy recognoiſſent ſon ſubget, à convenir en ſa court de droit & là entretenir tout ce que les nobles pers du royaulme de France en ordonneront & jugeront ſans nul quelconque contredit. Si me ſemble que à ce il doit eſtre reçeu & que ce on ne lui peut reffuſer par nulle quelconque raiſon, & n'entende nul que je die ce pour choſe que j'aimme ou doubte en nulle riens le dit Gérard, combien que grandement le devroye doubter pour pluſeurs raiſons: la première ſi eſt pour ce que ſon père vit encore & eſt en Eſpaigne en très grant proſpérité & vigueur de proeſſe, & le dit Gérard eſt très fort & très puiſſant de corps, d'avoir & de gens, comme autreffois ay bien ſceu. Mais je le dis, pour ce que je ſuis moult encien & que je n'ay autre choſe mais que à dire vérité, &auſſi en doivent faire tous vaillans preudommes quelz qu'ilz foient, & pour ce, très bon roy, il foit remandé à voftre court par voftre grâce & plaifir & lui foit fait droit & juftice au los de voftre bon confeil; & des paroles injurieufes de l'une des parties & de l'autre en fera ordonné par la meilleure difpofition que faire fe pourra à l'onneur de l'une des partie & de l'autre. Et veilà ce que j'en dis & délibère pour ma partie.

*Comment le roy parla merveilleusement à son conseil
duquel il se partit sans congié.* XXVII.

Quant Thierry d'Ardenne euſt finée ſa parole, par laquelle il monſtra que il eſtoit très bon preudomme & que du tout il avoit mis en obly les enciennes anemités, tous les barons qui là eſtoient l'enſuevèrent ſans nul quelconque contredit; mais très grandement le louoient & priſoient, dont le duc de Normendie meſmement deiſt au roy que le dit Thierry avoit très bien dit & que ſans faulte nul meilleur conſeil on ne pourroit dire ne trouver; car, diſoit il, très grant & puiſſant ſire, nous ſçavons bien tous que Gérard de Roſſillon eſt très grant & très puiſſant, & auſſi eſtes vous & par ainſi, ſe la choſe aloit avant par voye de fait, il ſ'en porroit enſuir la deſtruction de voſtre réaulme & de tout voſtre peuple auſſi bien que du ſien, & pour ce, veu & conſidéré que il ſe recognoiſt voſtre ſubgect, vous le devés recevoir & oyr, car je croy que de nul meilleur que il eſt voſtre court ne pourroit eſtre aournée, ne pour ſouhaider en conſeil ne en armes ne pourriés avoir meilleur, & pour ce, mon très chier ſeigneur, ſ'aucunement oultrageuſement il a parlé à voſtre noble puiſſant &

redoubtée perfonne, ce a efté par le mouvement de
vous mefme; & vous fçavez que il n'eft fi faige que on
ne mecte fouvent hors de raifon, par lui trop faire ou
trop dire de chofe à fon defplaifir, & fe pour ung pou
d'avariffe, vous eflongez de voftre amour & fubgection ung fi noble baron comme il eft, ce vous porra
bien tourner à folie & vous en tiendrons tous voz
fubgez pour nice & pour fol. Vous fçavés, fire roy,
que vous avés deux fueurs efpoufées par lefquelles
vous eftes à tous II la conté de Sens qui eft en Bourgongne efcheute, il la veult toute avoir & auffi faictes
vous, & pour ce il conviendra que par l'efgard de
voz barons & de fes amis, la terre foit partie; &
combien que les lois maintiennent que en partaige
de femme n'a nulle hainfneté, néantmoings duchès
ou contés ne fe peuvent divifer ne partir; & pour ce,
j'efpère que par bon & difcret confeil, vous aurés en
porcion la ville de Sens & Gérard demourra conte à
caufe de ce que il la l'ainfnée, fille du conte trefpaffé.
Quant le roy entendit que tous s'accordoient à ce
confeil, comme tout efmeu d'ire & de mal talent, dift:
Comment, feigneurs & barons, entendez vous que
Girard de Rcffillon, qui fi oultrageufement m'a
laidangié & maldit, doie avoir part avec moy en la
conté de Sens & que je ly doye tenir pour mon compaignon, vous que je tenoye & ay tenuz jufques cy
pour les plus faiges de tout mon réaulme ? Par fainct
Denis de France, je me dois à peu autant plaindre
de vous que de lui, qui ainfi en ma préfence en avés
parlé, & fi vous dis que fe en ce il avoit droit, fi l'a
il perdu par fon fol & hardy parlé. Et ce difoit il en
eftrangnant les dens, en croflant la tefte & en roullant
les yeulx par merveilleux air, dont ilz furent tous fi

etbahis qu'ilz ne fcavoient que faire. Et fut le roy Charles devant eulx affés longuement fans ung feul mot dire ne lui ne les autres, & lors quant il euft affés foufflé & que bon lui fembla, il entra fans nul mot dire en une chambre en laquelle entra preftement après lui le devant dit Thierry d'Ardenne, & tantoft que le roy le vit, fi lui deift: ha! fire conte d'Ardenne comment avés vous ofé profférer telles & fi énormes paroles contre ma volenté; certes vous avés petite confiderée ma grant force & puiffance & le noble fang dont je fuis defcendu: Je vous promez, foy que je doy à ma coronne, que il ira tout autrement que vous ne penfés.

*Comment ledit Thierry d'Ardenne repriſt la parole du
roy comme preudhomme qu'il eſtoit.* XXVIII.

Ha! mon très ſouverain ſires, lui reſpondit le
devant nommé Thierry d'Ardenne, pour
l'amour de noſtre ſeigneur, regardés premièrement l'entrée de voſtre guerre qui moult large
ſera, mais ſans nulle doubte, ſe vous prenés bien
garde aux extrémités & à la fin qui ſera moult eſ-
troicte, je cuide que vous ne vous aiderés de rien de
vous ſi fort haſter. Pour Dieu, regardés la grandeur
& la nobleſſe de Gérard de Roſſillon, ſon gentil affaire;
comment en ſouſtenant ſon droit, il ſera de très grant
entreprinſe avant que de tel fait vous l'aſſaillés; ſans
nulle doubte, je ne cuide point que il ait crémeur
ne doubte d'empereur ne de roy qui ſoit ſoubz le
firmament; je ne cuide point qu'il ſoit homme en ceſtui monde vivant qui par force le peuſt gecter de ſa
terre; ne d'eſtcur ne de bataille n'eſt qui le peuſt en
riens maiſtriſer : ha! mon très ſouverain ſire, plaiſe
vous ſouvenir comment en ſa jeuneſſe quand il fut fait
nouveaul chevalier, il ſe eſſeya terriblement ſur moy
& ſur tous mes aidans deſquelx vous eſtiez le principal à toute voſtre puiſſance, avec toute la puiſſance des
roys de Libie, de Lide & d'Alemaigne & meſme des

Angles, des Efcoffois & des Puillois qui tous me aidoient en fouftenant ma querelle ; & touteffois quelque effort que nous euffions, fi me bouta fon père hors de ma terre par l'aide force & futilité de fon vaffelaige, & me tint VII ans tous plains, malgré moy & les miens, en ce dangié que onques remède n'y fceux ne peuz trouver tant que fa volenté en fut du tout accomplie, ne vous mefme qui en feiftes tout voftre povoir; & fi fçavez bien, mon très chier fire, que encore vit fon père le conquérant qui de valeur, de fens & de proueffe paffe tous hommes felon fon eage; & fi cuide de vray fcavoir que le père & le filz fe mectent enfemble comme bien povés penfer que ainfi en adviendra, nous & vous en ferons rompus, mors & deftruicts, fi que mon très redoubté fire, vueillés voftre courage atempérer & amodérer par voye de difcrécion ; par laquelle y fera porveu au los de voftre confeil, tellement que vous n'y recevrés jà blafme; car je penfe fcavoir de vray tant que à la partie de Gérard ou cas qu'il fera traictié par voye raifonnable & de juftice, que vous en ferés partie de voftre plaifir. O quel confeil ! O comment ceftui a monftré la preudommie en parlant qui doit eftre un confeiller de prince ! Regardés comment il a loué le père & le filz qui par fi longtemps ont eftez fes anemis mortelz, bien a monftré fon fens, fa nobleffe & fa preudommie; regardés, regardés comment fa raifon n'a bleffié l'une des partie ne l'autre, & comment il a oblié en parlant les injures paffées. Pleuft à Dieu que tous confeillers de prince feuffent telz, je cuide que la chofe en vauldroit mieulx grandement & eulx mefmes n'en recevroient point les griefves doleurs que ilz & leurs maiftres en reçoivent.

*Comment Charles le Chauve s'ordonna par son conseil
de vitupérer Girard de Rossillon.* XXIX.

Quand le roy Charles le Chauve eust oy & escouté le bon duc devant dit, ainsi que en gectant un souspir il lui respondit en telle manière: mon très chier frère & amy, vous dictes ce que il vous plaist & cognois assés à vostre parole que on vous doit tenir pour homme très recommandé de sens & d'entendement; mais une chose dont je vous prie, c'est que vous vous en appaisez & taisez tout cois: Car en verité de Dieu, je ne demande en ce fait à user d'autre conseil que du mien & pour ce, je vous deffend de ce jour en avant, si chier que vous aviés à perdre l'amour de moy, que plus ne m'en parlés & vous fais serment que qui plus m'en parlera, je le courrousseray. A ces mos, en prenant congié, le dit Thierry d'Ardenne yssit de la chambre du roy & s'en vint en la sale où estoient encoires tous les nobles conseillers du roy actendant d'avoir response sur les choses proposées, auxquelx il deist de par le roy, que de la chose porparlée touchant le fait Gérard de Rossillon, nul feust jamais si hardis en dire ung seul mot, mais en laississsent du tout le roy convenir à fa feule & fingulière volenté; A tant chafcun s'en ala à fa chafcune & le roy demoura avec fa maifgnye en penfant à perfournir fon intencion ; fi s'advifa de faire par cefte manière. Preftement que fon confeil fe fut départy, il envoya quérir ung fien fecrétaire lequel s'appelloit monfg' Guy de Montmorancy, ainfi que les hiftoires dient, lequel Guy eftoit ung très noble homme foubtil & de très grant affaire; Et quant le dit Guy fut venu en fa préfence & que il euft le roy falué, le dit roy le print par la main, & le tira à part & puis lui deift en telle manière : Guy de Montmorency, je vous ay ycy mandé pour la caufe de ce que je vous fens léal & preudomme, faige, foutil & bien advifé & par efpécial en tous faiz de guerre ; Et pour ce que j'ay en volenté de efmouvoir une guerre à l'encontre d'un très puiffant, crému & redoubté prince, il m'eft befoing d'avoir ung foutil & fecret confeil; mais avant que je vous déclare ma volenté, vous me promectrés de bonne foy & fur voftre chevalerie que vous me ferés léal & preudomme, comme tenuz vous y eftes, et ce cas icy ferés & uferés par mon confeil, ainfi que je vous diray ou mieulx fe vous le favés faire. Ha ! très redoubté fires, deift le dit Guy, me veés cy preft & arpareillé de faire & obéir à voftre bon plaifir & ne vous doubtés en rien de moy, car par la foy que je dois à Dieu, quelconque chofe qu'il vous plaira moy commander, je le feray de tout mon povoir quoy que advenir en doye; ne je ne fcay fi grant pour qui je m'en déportaffe, ou caz que commandé le m'aurez. C'eft bien dit, deift le roy, or ça maintenant eft raifon que je vous déclare mon fait & ma volenté : il eft vray que pour certainnes caufes, j'ay emprins la guerre à Gérard de Roffillon ; fi m'eft befoing de ufer en ma beſoingne pourſuivant par une oblique manière, et vecy comment je vueilz que vous en faictes ; vous prendrés tant de mon tréſor que vous en aurez aſſés, & ſi vous trairés en ſes marches, non point en Bourgoingne, & là au plus que vous pourrez par dons & par promeſſes, vous atrairés à noſtre amour & ſervices tous les barons d'icelles terres ; mais gardés vous bien que nul de ſon lignaige ne le ſaiche, & chevauchés en villes & en cités en leur remonſtrant que nous les amons de noſtre cueur & que nous ſummes très anyeux du deſplaiſir que par maintes fois Gérard de Roſſillon leur a fait en cueillant & prenant leurs biens & leurs avoirs par tailles & maletôtes ; & ſe ce n'euſt eſté pour l'amour d'eulx, nous euſſions deſpiéçà aſſailly de guerres pour ceſte cauſe & pour autre, le dit Gérard ; mais nous avons pitié & compaſſion d'eulx & de leurs biens, car trop *envis* verrions leur abaiſſement en nulle manière ; Et ſi leur remonſtrés & faictes entendre comment le ſubgect doit ſommer ſon ſeigneur par le terme d'un an devant ce qu'il puiſſe eſmouvoir guerre contre lui, par droicte voye de raiſon & comment il ne tient que à nous que nous n'avons eu ung très dur débat contre lui, par ſa fole & capiteuſe opinion ; mais au plaiſir de Dieu, nous y mectrons ſi bon & ſi deu conſeil que très grandement y ſera pourveu à leur honneur & proffit. Halas ! quelles paroles & comment elles firent deſpuis mains hommes dolans, maintes femmes veſves, mains orphenins & mains autres grans & déteſtables meſchiefz ! ha ! très nobles hommes, mectés du tout voſtre peine & eſgart de vous garder des ſéduiſeurs. Regardés comment par telles paroles vénimeuſes couvertes de doulces faulſetés, ſont mains vaillans princes deſtruictz & déboutez! halas! quelz damages eft ce que on les cognoift? certes je cuide que Dieu a ce permis pour fes vrays amis & champions efprouver & fçavoir lefquelx légitimement fe combatront; & à ceporpos il eft écrit : *non coronabitur nifi qui legitime certaverit*, qui vault à dire en françoys, nul ne fera coronné fors feul cellui qui légitimement fe combatra, c'eft à dire pour le nom de Dieu, de juftice & de droit. Et ainfi en advint de monfg^r Gérard de Roffillon du quel, comme on treuve en fon hiftoire, l'ame eft maintenant coronnée comme vaillant champion de noftre feigneur Jhu Crift.

Comment Guy de Montmorency s'en ala ès marches d'Auvergne, de Gascongne & de Provence séduire le peuple. xxx.

Le roy Charles le Chauve ayant du tout à son plaisir informé son chevalier Guy de Montmorency, prestement le dit Guy, à tous grans sommes de deniers, se départit du roy et commança à chevaucher en très grant appareil de nobles chevaliers envers les marches d'Auvergne, de Gascongne et de Provence et en autres basses marches et pays, là où il sçavoit que le devant nommé Gérard de Roussillon avoit puissance; mais en Bourgoingne ne mit il point le pied, car ilz sçavoient de certain que les Bourguignons n'estoient point gens à décliner de l'amour de leur seg^r. Quant le dit Guy de Montmorency vint és parties devant dictes, comme homme soutil et malicieux, se commança à accompaigner de bourgeois, de marchans et de autres gens de commerce et aussi aucunes fois d'aucuns seigneurs subgetz, et en couvrant son malice, les accompagnoit, buvoit et mangoit avec eulx en moult grandement paiant ses despens, et souvent des dons nobles et puissans donnoit à ceulx auxquelx il sentoit le mieulx proffiter à son affaire.

Et ainſi en donnant ſes dons, il diſoit que c'eſtoit de par le roy, lequel il priſoit merveilleuſement devant eulx de proueſſe, de ſens & de valeur, & n'eſtoit homme, ne femme qui veniſt vers lui pour avoir grâce du roy ou quelque don, que preſtement ne lui feuſt delivré ; & vous ſcavez que on n'a point l'amour du peuple par tollir, mais par donner & eſtre débonnaire & beaul parlier ; & tel eſtoit ceſtui Guy de Montmorenſi, car il ſeduiſit & atrahit à l'amour du roy Charles de France les Provenceaulx, Gaſcons & Auvergnas, tellement que les pluſeurs lui jurèrent la foy & ferment contre leur propre ſeigneur, comme l'iſtoire le monſtre en ſon contenu ; & pour ce, de compoſer & recorder par quantes & par quelles manières le dit Guy les ſéduiſy, ce ſembleroit frivolement ; mains je vous faiz ſavoir que par le contenu d'icelle, la choſe par où il les tourna partout à l'amour du roy fut pour ce que en louant le roy & blaſmant le dit Gérard, il, le dit Gérard avoit accoſtumé de les tailler & apartir & non point les Bourgoignons, dont ilz eſtoient très eſmeuz en ire contre le dit Gérard leur propre ſeigneur, & dit de rechief l'iſtoire que meſmes les menuz peuples crioient à haults cris après le dit Guy de Montmorenſi : ha ! ſire ! ſire ! recommandés nous en la débonnaire mémoire de noſtre bon roy Charles, que Dieu gard de tout deshonneur. L'eure nous tarde trop que il ne nous ſecoure & fait quicte de noz doleurs ; ſans faulte, bien lui povés dire de par nous que il nous trouvera tous fidèles & léaulx ; & quant le dit Guy de Montmorenſi les euſt du tout mis à ſa corde, & que meſme ileuſt receu de pluſeurs les ſermens de demourez emprez le roy Charles, quant temps & lieu en ſeroit, il ſe dé-

partit des marches deſſus dictes. Si fit tant par ſon
bon exploit que il revint devers ſon ſeigneur le roy
Charles le Chauve, qui moult joyeulx fut de ſa revenue, & meſme quant il ſceut la manière de ſon exploit,
ſi lui pria le roy très affectueuſement, en lui promectant grans dons & grandes ſeignories, que il le célaſt
tellement, que homme nul du monde s'en peuſt
appercevoir; & auſſi fit il, dont moult de grans barons
qui eſtoient en la court du roy eſtoient moult eſbahis
pourquoi le roy faiſoit telle feſte & ne povoient ſçavoir
le fait du dit Guy de Montmorenſi ; lequel Guy, par
moult de foy aians ung très privé conſeil au roy,
cheut en l'indignacion de pluſeurs grans amis du
roy & barons de la court, laquelle choſe demeure par
coſtume encoire entre les gouverneurs de princes aujourduy.

*Comment Gérard de Roſſillon ſ'en ala à Sens où il
miſt ſes nouveaulx officiers & en débouta les officiers
du roy.* XXXI.

érart de Roſſillon, département de la court du
roy, ainſi que vous avés deſſus oy, il ſe trahy
devers les marches de la conté de Sens, ἐt
en la ville meſme ἐt par tout le pays mit ſes officiers
du plus petit juſques au plus grant, en deſmectant ἐt
boutant hors ceulx qui y eſtoient de par le roy, non
penſant à la ſoutilité ἐt cavillacion que avoit machiné
contre lui le roy Charles le Chauve, lequel Charles
eſtoit ung homme très cruel, ſoutil ἐt bien adviſé ἐt
auſſi bien ſaichant de loing quérir ἐt choiſir ſa proye;
mais à ce ne penſoit point le dit Gérard, car ſe le roy
avoit volenté de lui courir ſus, que il lui feroit avant
à ſçavoir, ainſi qu'il eſtoit de uſaige és parties de
France, c'eſtoit que il le deffiroit ſouffiſamment par
le terme d'un demi an, que rien il commenceaſt à
prandre ſur lui. Et pour ce ne ſe doubtoit il de rien,
mais lui ſembloit que pour ce qu'il avoit offert au roy
de en demourer à ce que par les ſaiges hommes de
la court en ſeroit ordonné, le roy le lairoit à tant, dont
moult de meſchief lui en advint, ainſi que vous orrés

affés prochainement. Après ces chofes, il fe départit de Sens et des marches de France; fi s'en vint en Bourgoingne là où il ne fit point pleute longue demeure; car tout preftement il s'en partit & s'en ala en Provence là où auffi il ne demoura pas longuement, mais s'en partit affés toft & fe trahit vers la Gascogne là où il demoura affés longuement, car il y avoit plus affaire que en nulle autre marche; car en icelle il avoit fait une nouvelle requefte d'aide, fi vouloit qu'elle lui feuft accordée & payée, et avec lui emmenoit touljours la bonne & belle Berte fon efpoufe, la quelle de débonnaireté, de fcience & de prudence paffoit à fon temps toutes autres dames. Si ne fait point à oblier, comment fouvent admoneftoit fon mary par moult belles & doulces paroles que il fe voulfift déporter de ainfi troubler fon peuple; & que pour la faincte amour de Dieu, il s'en voulfift retourner par devers le roy & faire tant que bonne paix & accord ilz peuffent avoir enfemble; car, difoit elle, mon très chier feigneur, le cueur me fait fi très mal de voftre difcordance que nullement je ne le vous pourroye dire ne compter, & me femble de jour en jour que j'en oye aucunes très malvaifes nouvelles, & vous dis que pour certain, jà par II fois m'eft venu en vifion par fonge que je veoye ung lyon qui nous chaffoit & nous vouloit dévorer & occir, & que fi en eftions contrains que fuir nous en convenoit, ne autre remède mectre n'y favions; pourquoy, mon très chier feigneur, faichés que fouvent j'en ay au cueur telle & fi grande doleur que je ne m'en puis confirer ne appaifer, fi que pour Dieu & pour faincte charité, je vous prie que à ce vueillés panfer. Par ma fois, dame, refpondoit le dit Gérard, vous avés mal eftudié le poëte qui dit: *fompnia ne cures, nam mens humana quod optat dùm vigilat, fperat* etc. qui vault à dire en françois, que on ne doit riens compter à fes fonges, car ce ne font que chofes de nulle valeur. Et la raifon fi eft, pour ce que de nuit vient la vifion de ce que le cueur penfe de jour. Si vous dit, ma très chière efpoufe, que à ce ne vueillés plus penfer ne nullement vous en troubler, car on vous en tiendroit pour fole & pour nice : Et vous fçavez que on dit communément: ne t'arrefte pas à tes fonges, ce ne font riens fors que menfonges. Pourquoy, ma très chière dame, mectés vous à la pais de voftre cueur & ne vous troublés jamais pour telles frivoles, & je vous en prie.

*Comment Berte la bonne dame reprenoit fon mary,
dit l'iftoire.* XXXII.

Ha! mon très fouverain feigneur, refpondit la bonne dame Berte à fon mary, vous fcavés que on dit communément que faiges eft cellui qui riens ne mefprent, & folz eft cellui qui riens ne doubte de ce que il prent ou tolt par extorfe ou maletôtes : vous fcavez, mon très chier & redoubté feigneur, que par moult de fois avés voz fubgez malmenez & reprins moult durement, par la quelle chofe fouvent advient que les feigneurs & les plus puiffans en font fouvent entreprins & menés en ruyneufe deftruction; car on dit communément, que fires n'eft de fes pays qui de fes hommes eft hais : fachés en vérité, (1) ne chault fe de fon mauvais feigneur a à fouffrir, ne fe autre lui fait honte, laid ou damaige ou quelque autre mefchance greigneur; & s'il advient que tel fubget foit en armes pour fon feigneur qui mal deuement l'aura traicté, jà ne s'efforcera de le deffendre ou garder, mais fera content de fa mefchan-

---

(1) Pour rendre cette phrase plus compréhenfible il faudrait, à la fuite du mot vérité, placer les quatre mots fuivants : *que un bon subgect*. Ces quatre mots oubliés dans notre manufcrit, se trouvent au manufcrit de Paris.

ce: car pour vérité, s'il le pert, ce lui femble que Dieu lui a envoyé ce que par moult longtemps il a fouhaidé & défiré. Ha! dame, refpondoit Gérard, je vous prie que de ce vous vueillés taifer & appaifer; vous favés maifement que c'eft gouvernement de peuple, & ce vous monftrerai je par vray fimilitude, ne véés vous fouvent que les labouriers des champs font leurs brebis tondre pour en avoir la laine ; certainement ainfi eft-il des princes & des feigneurs, car fe fouvent ne tondent & retondent leurs fubgez, jà n'en feront amez ne tenuz chier, ne ne le priferont en nulle quelconque manière, mais diront que ce n'eft que ung mefchant. Il convient à tous princes prandre des biens du monde tant que ilz y font, & auffi qui ne tondroit aucune fois à le berbis fa lainne, par la trop grant fuifon elle fe pourroit périr & perdre deligier entre les buiffons; & quant la bonne dame oyt ainfi fon mary parler, elle s'efcrioit à hault cris & difoit: ha! mon très chier feigneur & ducteur, voftre grace foit fauve! vous fçavez bien mieulx que vous ne dictes; je prie à noftre doulz fauveur Jhu Crift que jà jour du monde ne lui plaife que voftre cueur demeure en cefte fole penfée, car je vueil bien que vous faichés que onques homme qui longuement fe gouvernaft par cefte manière n'ot longue durée ne habundance de biens. Ainfi & par moult de telles voyes doulces & amiables, ammoneftoit la bonne & vaillant dame Berte fon mary, mais à ces amoneftemens il ne s'arreftoit que ung peu dont il en vint trop tard au repentir, ainfi que nous dirons affés prochainnement.

*Comment Charles le Chauve s'ordonna à déchasser le
noble conte Gérard de Rossillon, sans deffiance nulle.*
                                         XXXIII.

Charles le Chauve très joyeulx des nouvelles
que le devant nommé Guy de Montmorensi
lui avoit rapportées, comme vous avez oy
nagares, prestement fit tant que il eust pluseurs espies
à sa poste, lesquelx par dons & par promesses il envoya
espier tous les pays dudit Gérard, son maintien & son
ordonnance. Les quelx espies pour accomplir le
mauvais desirier de leur seigneur le roy, au plus tost
qu'ilz peurent, rapportèrent au roy tout l'estat de
monseigneur Gérard de Rossillon, qui nullement de
la faulse emprise ne se doubtoit; & recordèrent les
devant dictes espies, que le dit Gérard s'estoit puis
nagaires de temps départy de son pays de Bourgoingne, & qu'il s'estoit tiré en la Gascogne, & pevoit
avoir environ an & demi que jà il s'estoit tenu avec
madame Berte en sa bonne cité de Tholouse, apres ce
qu'il eust visitées toutes ses cités & forteresses; desquelles nouvelles fut le roy moult resjouy. En après,
lui & son secrétaire Guy devant dit se conseillèrent
aux devant dictes espies, par quel pays il leur sembloit

que le mieulx ilz pourroient furprandre le dit Gérard:
fi lui deirent que le meilleux eftoit que premièrement
ilz en iroient à Sens, & de là en avant ilz auroient bon
confeil. Adonc le roy leur commanda que ilz feuffent
preftz de monftrer & enfeigner les chemins quant ilz
en feroient requis, & que fur la tefte à coupper ilz fe
gardaffent de révéler chofe que le roy leur euft dit
ou commandé ; & quant le roy euft toutes ces chofes
bien préparées, ilz fit fon mandement aux feigneurs,
aufquelx il fçavoit que le mieulx il recouvreroit, que
à toute leur puiffance de gens d'armes tant à cheval
comme à pied ilz veniffent preftement devers lui. Et
en ces mandemens & affemblemens de gens d'armes
donnoit à entendre que c'eftoit pour aler autre part
que là où eftoit fa penfée. Si affambla une très groffe
brigade de gens d'armes, mais le nombre des combatans ne met point l'iftoire, fors feulement qu'elle
dit que à peine demoura il en France duc, conte ne
prince que il n'enmenaft avec lui, par laquelle raifon
on peut dire & croire que il eftoit accompaigné de
très grant quantité de gens d'armes. Quant toutes
manières de gens furent affemblez, le roy, bannière
defployée, fe départit de Paris & commança à chevaucher à l'enfeignement de fes efpies par devers la
cité de Sens, & tant que en brief terme il vint devant
icelle fi foudainnement que ceulx de la cité ne s'en
donnèrent garde jufques à ce qu'ilz furent tous environnez. Preftement le roy envoya en icelle, mandant
que on lui feift ouverture fans nul délay, car s'eftoit
fon plaifir d'en icelle logier & foy repofer, ou fe non
ilz fceuffent que tout preftement il leur abatroit &
feroit trébuchier toutes leurs portes, tours & murailles & leurs foffez ramplir, & au furplus que de leurs

vies ne feroit riens. Quant ceulx de la Cité, lefquelx onques n'avoient oy parler de quelque maltalent avoir eu au roy, oirent ces nouvelles, s'ilz furent troublez & ebahis ce ne fut point à efmerveiller. Si ne favoient autre confeil fors feulement que de eulx mectre fans arreft en l'obéiffance du roy, car ilz ne favoient nouvelles de leur feigneur, & fi n'eftoient de rien porveuz de garnifons ne de nulle quelconque deffenfe; mais eftoient encloux & environnés ou giron de leurs anemis, & pour ce par ung brief confeil, comme gens fourpris, ilz ouvrirent leurs portes & laiffèrent le roy & toute fa puiffance à fon plaifir entrer en la cité & lui priant & requérant que de fa grâce eulx & leurs biens il voulfit prandre en fa fauvegarde, & preftement le roy, comme tout joyeux, leur accorda & entra en la cité moult joyeulx, en la quelle cité il ne fit autre mal fors feulement qu'il defmift & ofta les officiers que Gérard de Rouffillon y avoit mis de par luy & y en mift des autres à fon plaifir. Ainfi ne poffèda pas longuement le bon conte Gérard fa Conté de Sens; & le roy fit preftement prandre & faifir tous les chafteaulx d'environ, ès quelx onques contredit ne trouva, car ilz eftoient fi furprins que mefme ilz n'avoient point loifir de clorre leurs portes.

Comment le Chaſtel de Roſſillon fut prins du roy Charle le Chauve. XXXIV.

Près ce que le roy Charles euſt toute faiſie la terre de Sens, & que il euſt mis par toutes les fortes places fes garniſons & gens d'armes fans pleute arreſter ou tarder, commança à eſmouvoir fes oſtz qui chevauchaient par tout à leur plaiſir & volenté, car nul n'y mectoit obſtacle ne réſiſtance, & fit tant que foudainnement il ſ'en vint devant la noble forterefſe de Roſſillon, comme s'il veniſt chaſſer ès bois d'environ, eſquelx a & converſent moult de cerf, de biſches & de porcs & y font moult de belles chaſſeries, & ainſi venans fes gens, fans eſtruier ne dire mot, entrèrent dens la forterefſe de Roſſillon; car ceulx de la forterefſe, auſſi très volentiers & débonnairemant, les laiſſèrent ens fans nul contredit, comme ceulx qui cuidoient bien faire l'onneur & le plaiſir monſg^r Gérard de Roſſillon, leur bon maiſtre & feigneur, & comme non faichans que le roy Charles le Chauve lui voulſit porter aucun contraire; mais les tenoient comme amis, frères & compaignons, faichans de certain que leurs deux femmes eſtoient germainnes. Mais tantoſt que le roy fut entré ens, à tout ce qu'il voult de gens d'armes, il commanda que la garniſon de Gérard feuſt miſe dehors, & que de par

lui y feuffent mis & logiez autres fors & puiffans gens
d'armes, bien duis de toutes guerres & affauls porter
& deffendre, pour icelle garder en fon nom & de par
lui. Et lors il fit ruer & abatre toutes les enfeignes
& pannunceaulx du dit Girard, qui povoient eftre ou
qui eftoient fur portes, fur tours & fur tous autres
édifices, & y fit mectre & atacher fes propres armes
de France, comme à fa propre chofe conquife de force
& de puiffance, & ne regarda en riens s'il avoit conquife deument ou indeuement. Ainfi fut prins & conquefté le fort chaftel de Roffillon du roy Charles le
Chauve fans nulle quelconque deffiance, par la quelle
caufe on peut dire, fe faulfeté eft titre d'onneur & de
loenge, Charles le Chauve en ce cas eft digne de
loenge & de recommandacion ; tantôft que le dit
chaftel fut prins, le roy fit courir toute la marche
d'environ & fit prandre toutes villes, fortereffes, chafteaulx & citéz, ne ne demouroit quelconque lieu que
il ne prift fans nul quelconque contredit pour les
caufes devant dictes; fi faifoit il atacher fes penun-
ceaulx & fes armes & mefmement par les églifes,
abbayes ou monaftères mectoit & envoyoit fes gens
& fes armes; ne en toute la terre de Roffillon ne demoura ung feul anglet là où le roy Charles le Chauve
ne monftraft fa crudélité, férocité & mauvaifetié ; &
tel eftoit il au mains à l'encontre de ce très noble & puiffant feigneur de Roffillon, & ce faifoit il fi cruelment
pour ce qu'il favoit de certain que ce Gérard en euft été
adverty, ainfi que les drois d'armes requièrent, il
n'en feuft jamais venuz à fa perverfe intention ; pourquoy on peut dire pour certain que en guerre ne en
œuvre de fait n'a nul quelconque amour , foy ne
léaulté.

*Comment Gérard sceut les desplaisirs que le roy Char-
les le Chauve lui faisoit sans deffiance.* xxxv.

érard de Roussillon estant en sa cité de
Thoulouse, lui vinrent nouvelles des injures
& maléfactions que le roy lui portoit, &
comment desjà il avoit toute conquise & prise sa cité
de Sens, & que plus estoit sa forteresse de Rossillon &
tout le pays d'environ, lesquelles nouvelles lui furent
moult déplaisans & dures ; & nullement ne povoit
croire que telle perversité lui deust faire le roy son
seigneur sans nulle deffience, veu & considéré que du
débat de la conté de Sens dont par cy devant est parlé,
le dit Gérard lui avoit offert de en demourer & entretenir ce que en droit en seroit ordonné & déterminé,
& pour ce nullement ne vouloit croire que le roy
venist ainsi à main armée sur lui & sur ses terres, jusques à ce que le roy fut si avant en ses pays que à
peine y avoit il point de recouvre ; & lors quant il
perceut ceste male aventure, si fut corroucé & dolent
vous n'en devés avoir merveilles, mais tant esbahis en
estoit que il ne s'en sçavoit contenir. Si envoya prestement ses certains maissaigiez pour en estre plus certain, lesquelx lui rapportèrent que le roy lui avoit tout

pris & faifis fes terres, excepté aucun pou de Bourgoingne où le roy par aventure n'oifoit bonnement entrer. Adonc la bonne & vaillant dame madame Berte s'en vint devers fon mary, monfg' Gérard de Roffillon, & fe gecta à genoulz en lui priant, pour la faincte amour de Dieu, il vouloit prandre en lui ung bon confeil & lui difoit: ha ! mon feigneur & mon maiftre, vous viés bien comment vers Charles le roy de France nous ne porrons longuement durer. Pour la faincte amour de Dieu, vueillés vers lui envoyer meffagés auctentiques, faiges & difcrés qui lui faichent dire & remonftrer par doulces voyes voftre fait & lui requièrent de pais & de concorde, à celle fin que il vous puiffe laiffer en pais vous & voftre terre : & f'ainfi eft que vous lui ayés fait nul quelconque tort ou aucune defraifon, que vous le irés amender en fa court, au los de fon plus difcret confeil & de fon plus fouffifant baronage : et que fauf alant & venant, vous puiffiés devant lui comparoir à celle fin, mon très chier feigneur, que voftre dommaiges puift ceffer ; & je ne faiz nulle doubte, fe à cefte conclufion vous povez venir, que vous ne doyés avoir à lui ung très bon moyen, car vous avés en la court du roy des amis grant foifon & de tous les meilleurs &] qui jamais à nul jour ne fouffriroient que vous feuffiés foulé à tort. Ha ! mon très fouverain feigneur, que je dois biens maldire l'eure que onque fuz née, quant à la caufe de moy & non point par voftre coulpe, avés tant de durtés & d'anuyz : certes je dois bien maldire le jour de ma nativité quand par moy recevés aujourdhuy fi mortel encombrie, fi que vous eftes efcheu en l'indignacion de fi mortel & cruel anemy, fi fort, fi puiffant & qui tant de contrarietéz vous fait, lequel vous devroit garder & defendre contre tous & envers tous. Il a moult petite cognoiſſance de l'amour qui deuſt eſtre entre vous deux à cauſe de ſa femme & de moy qui ſummes ſueurs germainnes. Pleuſt à Dieu le vray roy céleſte que jamais ne deuſſe manger de chair ne de poiſſon, ne boire de vin par condicion telle que tous deux enſemble euſſiés bonne pais & bon accord, tel & ſi bon qu'il duraſt à touſjours du monde. Ha! monſeigneur, vueilles uſer de bon conſeil & ne vous corrouſſez point à moy, ſe je me ſuis avancée de vous vouloir conſeiller, portant que je le faiz en bonne intencion. Nous ſummes icy ſeul à ſeul, ne homme ne femme ne peut ſcavoir noſtre parole fors que vous ſeul, & je cuide que ſe ainſi ne le faictes vous en viendrés en la fin, à une très dure concluſion.

*Comment la bonne dame Berte monſtra par vrais
examples que les femmes font à croire aucune fois.*
XXXVI.

Monſeigneur Gérard de Roſſillon, tandis que
ſa femme parloit à lui ainſi que oy vous avés,
eſtoit tant dolent & tant anuyeux que à
peine entendoit il aux paroles ſa femme, mais eſtraignoit les dens, hochoit la teſte & moult merveilleuſement par ſemblans ſe crucifioit en ſon couraige: adonc
la bonne dame repriſt ſa parole, & lui deiſt en telle
manière comme celle qui cuidoit que il ne tenist
compte de ce que elle avoit dit: Ha? mon très chier
ſeigneur & maiſtre, je voys bien que vous ne faictes
compte de ma parole & de mon conſeil. Mauvaiſement
avés eſtudié & retenu l'enſaignement de Cathon lequel en enſaignant ſon filz lui diſoit: ſouffre la parole
de ta femme, puiſque tu vois qu'elle parle de ton preu
ou proffit; mon très chier ſeigneur, les femmes ont
maintes fois donné de bons conſeils & ce vous puis-je
prouver par la bonne dame Judith, qui donna le
conſeil de ſaulver la cité de Jébus, quand par ſon ſeul
ſentement elle trancha la teſte Holofernes qui eſtoit
maitre de toute la chevalerie du roy Nabugodonoſor,

roy de Babilone; item, mon chier feigneur, que lit on de Hefter qui fauva tout le peuple des Juifz le quel peuple eftoit en captivoifon ou règne de Affuérus, quant Aman qui vouloit faire deftruire Mardoceus fut li-mefme mis à mort au propre gibet qu'il avoit fait faire pour Mardoceus fon anemy. Certes, fires, il me femble que mon povre confeil ne vous eft que bon ; fi le vueillés recevoir en gré : Vous véés que fortune nous a bouté, jus de fa roe moult félonneufement, & pour ce je vous dis, fe faigement ne vous contenés & que toft & haftivement ne prenés le confeil de voz bons barons & amis, trop grant perte y pourrez recevoir: & ce vous loue-je bien à celle fin que on ne die point que feulement vous avés ufé par confeil de femme & que en ce ne recevrez nul blafme; car par maintes fois ont efté plufeurs hommes blafmés fans caufe & fans raifon de croire leurs femmes; ce dient les gouliars & ceulx qui font plains de tout mauvais parler : Si vous vueillés fur ce point confeiller toft & haftivement, car il en eft befoing fans vous trop longuement abufer ne arrefter à voftre mefchief.

*Comment monſgr Gérard de Roſſillon aſſembla ſon
conſeil pour ſavoir quelle choſe lui eſtoit bonne à
faire.* XXXVII.

Quant le noble Conte Gérard de Roſſillon euſt
oy & eſcouté la parole de ſa femme, ſaichés
pour certain qu'elle ne lui déſagréa pas, mais
la prit & receut en tres bon gré et plaiſir, car il perce-
voit clèrement qu'elle lui diſoit vérité et que s'autrement le faiſoit qu'elle lui avoit dit, il eſtoit en aventure
d'eſtre du tout deshérité & chaſſer hors de ſes terres
et pays; & pour ce, tout preſtement il fit ſon conſeil
devant lui venir, & là leur remonſtra comment ſon
eſtat aloit, & comment le roy Charles de France ſi,
comme jà vous avés oy dire, le déſhéritoit & le
vouloit bannir & expulſer de ſon pays, & comment jà
en pluſeurs lieux, avoit mis ſes garniſons & gens
d'armes dont moult lui deſplaiſoit, ſi que, mes tres
chiers amis, vueillés moy à ce conſeiller le quel me
fera le plus honneſte & le plus profitable, ou que
preſtement je mande mes hommes à tous lez & à
tous les coſtez & que je le voiſe à force combatre en
bataille champable, ou que je lui mande que il me
vueille tenir en droit & en raiſon & mener ſelon le

contenu de droit, par telle condicion que en tant qu'il sera trouvé que je lui auray meffait par ordonnance des barons de la court, je lui puiffe amender; dictes moi, je vous prie tous enfemble ce que il vous en femble le meilleur à faire. A ces mos, fe leva ung moult vaillant preudomme, moult bien famé et renommé de fens et de favoir, moult hardy et corageux aux armes et très vaillant chevalier et très puiffant feigneur ; et deift en telle manière : mon très chier très puiffant feigneur, faulf toufjours meilleur confeil, je dis ainfi que comme vous favés, et ainfi faifons nous tous, vous eftes homes et fubgect au noble roy Charles de France, fi vous loue et confeille pour le meilleur que ainfi en foit fait comme vous avés dit, à la fin que nul jour du monde, n'en puiffés n'en fecret, n'en à part eftre blafmé; c'eft que vous envoirés par devers lui toft et hactivement, à celle fin que pis ne vous en viengne, et fi y envoyés homme faige, difcret et hardy, qui hardiement face à face lui saiche dire tout voftre fait et lui offrir toute voftre volenté, et s'enfi eft que il vueille prandre en gré ce que vous lui offrerés, adonc vous pourrez vous bien fouffrir de efmouvoir la guerre ou la tenfon contre lui; et s'il eft qui mieulx faiche dire, fi le dye, car je de moy ainfi le feroye. Mais s'il n'y voloit entendre, je vous confeilleroye que vous mandiffiez tout voftre povoir toft et hactivement pour lui deffendre les paffaiges felon noftre puiffance, car les François font de telle nature que s'on ne va au devant d'eulx toft et haftivement, ilz cuident tout avoir gaigné. Tantoft que ce preudomme euft mife fin à fa parole, tous les autres barons qui là eftoient, d'un feul accord et affentement deirent au bon conte Gérard : très puiffant feigneur, faictes ainfi que il vous a confeillié, car nous tous le vous loons de foy & de cueur ; & fi faichés fe le roy Charles le Chauve, qui fe dit roy de France, eft fi félon & fi cruel que à ce ne vueille entendre, faictes tôft & hactivement mander par tout vos gens; & nous ne faifons nulle doubte que fe ilz vous vueillent aider, que à la loange & honneur de vous vous ne le doyés vaincre; & que en ce le droit que vous avés le confondra & abatra de fon orgueil: & s'il vous plait fçavoir le nom de ceftui chevalier qui ces paroles icy remonftra, ce fut ung nommé Fouques, & comme nous avons jà dit, il eftoit marefchal de Bourgoingne conftitué de par mon dit feigneur Gérard de Roffillon.

*Comment le dit Fouques en ala vers le roy Charles pour
lui remonſtrer & dire les paroles deſſus dictes.*

XXXVIII.

Au conſeil de ceſtui vaillant & noble chevalier
s'accordèrent premièrement Gérard de Roſſillon & tous ceulx qui là eſtoient preſens: ſi
fut regardé entr'eulx que pour le meilleur le dit Fouques fourniroit & feroit ce meſſaige,, car il ſavoit
mieulx parler de la matière que nul d'eulx, & auſſi il
ſcavoit mieulx l'eſtat du roy Charles que nul des autres ; la cauſe eſtoit pour ce que ou ſervice de Gérard
de Roſſillon faiſant, il avoit par pluſeurs fois hentée
la court du roy : ſi l'en requiſt premièrement monſgʳ
Gérard & toute la compaignye, laquelle requeſte il
reffuſa une fois & deux, pour ce qu'il ſentoit le roy
aſſés contrarieulx en parlant à ſes ſubgetz, quant il
eſtoit à eulx courroucié, & il ſe ſentoit lui meſme aſſés
ſoudain. Si avoit paour que la choſe ne lui tournaſt
à péril de ſon corps quant il viendroit en la préſence
du roy, ainſi que il en advint & que vous orrez prochainement. Au derrenier, la bonne & vaillant dame
madame Berte véant que ce bon vaillant meſſaigé
ſaichant que c'eſtoit pour la doubte deſſus dicte, ſe

trahit devers lui & par moult de paroles & de doulces lui requift & pria premièrement pour l'amour de Dieu, pour efchever & éviter plus grant inconvénient & pour le falut du povre peuple, que il lui pleuft faire le meffaige, en lui remonftrant par plufeurs doulces & amyables raifons que mieulx appartenoit à lui que à nul autre; & quant ceftui vaillant chevalier perceut cefte bonne dame qui fi débonnairement l'en prioit ainfi que en larmoiant, il refpondit : ma très puiffant dame, mectés paix en voftre cueur, car foy que je dois mon créateur, pour l'amour de vous, je feray le meffaige à mon léal pooir. Grant mercy, dift la dame, & Dieu me doint tant vivre que je le vous puiffe rémunérer. Et adonc le bon & vaillant chevalier au pluftoft qu'il peuft fit fon appareil au plus aornéement qu'il onques peuft & felon ce que à fon bon feigneur & à lui appartenoit, lui qui eftoit de très grant lignaige ainfi que jà vous avés oy; & quant il fut preft, il monta lui & fes hommes à cheval & fe mirent au chemin. Si ne ceffèrent de chevaulcher tant que ilz vinrent en ung chafteaul que on appeloit à ce temps le chaftel Charlon ouquel le roy s'eftoit retraict pour lui refrefchir; & après ce qu'ilz eurent mis leurs chofes appoint & qu'ilz fe furent préparez & qu'ilz fceurent en quel point le roy eftoit, le dit chevalier s'en vint devers le palais, comme vaillant chevalier & éloquent par devers le roy, monta les degrez & fit tant qu'il venift en la préfence du roy, devant lequel preftement il fe gecta à ung genoul, en difant en telle manière ou femblable :

*Les paroles que le vaillant chevalier Fouques mareschal
de Bourgoingne recorda au roy pour le bien de son
maistre.* XXXIX.

Sires roy très puissant & très redoubté, Dieu
par sa bonté vous vueille tousjours tenir en
sa grâce, & vous accroisce vostre bon loux &
vostre bonne renommée en tout bien & en tout honneur; & vueille garder de tout mal & de tout péril
monsgʳ Gérard de Rossillon, le vaillant comte de Bourgoingne & duc très puissant, lequel pour le bien de
justice & de paix m'a icy envoyé par devers vostre
très redoubtée magesté, pour savoir la cause qui vous
a esmeu de ainsi sans nulle deffiance lui tollir sa terre
& son héritaige; & ces choses icy disoit le dit Fouques
si hault & si parfaictement que tous ceulx qui estoient
environ le roy l'entendoient de mot à mot, car en
nulle manière il n'estoit esbahy; ainsi estoit très beaul
parolier & bien admodéré en produisant sa raison &
puis disoit : sires très puissans, vous savés que le
noble duc Gérard de Bourgoingne est homme de très
grant prudence & valeur, & que du tout en tout, à cause
de certaines seignories, il se tient & clame vostre homme
lige sans quelconque contredit; & si est vérité que en

tout voſtre réaulme vous n'avés nul plus puiſſant ſeigneur de lui, & qui plus preſt ſoit ou oit eſte de vous ſervir & aider; ne en lui ne ſavés, ne onques ne ſceutes, ne jà ne ſcaurez, ſe Dieu plaiſt, nulle quelconque laſcheté ; mais l'avés trouvé preux, hardy & vaillant, ſaige & à meſure en toutes choſes & touſjours preſt à voſtre affaire; ne onques ne vous défaillit par nulle voye ou manière, ne je ne cuide point que en tout voſtre royaulme vous ayez homme qui de gens d'avoir & de puiſſance, de conſeil & de confort vous peuſt ſi puiſſamment aider, comme il feroit. Or eſt ainſi, mon très puiſſant ſeigneur, que comme vous ſavés, vous avés, vous & lui, eſpouſées les deux ſueurs germainnes, dont il s'en ſuit que les enffans, que au plaiſir de Dieu vous aurez l'un & l'autre, feront couſins germains. Pourquoy on doit pour vray dire & juger que nul moyen ne doit avoir entre vous deux, mais toute amour & confraternité, pour laquelle cauſe, mon très ſouverain ſire, mondit ſeigr Gérard de Rouſſillon, duc & conte de Bourgoingne, m'envoye par devers vous & vous prie par moy qu'il vous plaiſe lui & ſes terres laiſſer en pais & vous retraire en voſtre terre & pays, ſans ainſi par mauvaiſe & faulſe ſéduction ou en hort lui ſon mal pourchaſſier, & vous offrant, mon très ſouverain ſire, comme le voſtre parfait allié, tout ſervice & obéiſſance; & moyennant voſtre bon & ſeur ſauconduit, venir en voſtre court de droit, là où au los des preudhommes de France, ſera voſtre queſtion & la ſienne diſcutée & déterminée; en laquelle diſcucion & déterminacion ſe traivé eſt que aucune choſe ait fourfait contre voſtre royale dignité, il le veult amender par le los & appointement des barons de France, auſquelx & eſquelx du tout il s'en veult rapporter; & l'aultrement, très fouverain fire, vous plait à faire dictes le moy, à celle fin que voftre honneur ne foit ainfi bleffé comme jà le avés commancé à bleffer ; & que mon dit chier feigneur le conte y puiffe porvéoir, au loux de fon meilleur confeil ; & à tant fe teuft le bon & vaillant chevalier, lequel, comme bien vous le povés croire, fut bien regardé & advifé de toutes manières de gens tant pour fon beaul port comme pour fa belle lie & affeurée chière, comme auffi pour fa belle & plaifant parole, laquelle fur toutes rien plaifoit à tous les affiftans du roy.

*Comment le roy Charles le Chauve respondit au bon
Fouques sur ce que il avoit proféré.* XL.

e roy Charles le Chauve, oans les paroles du
vaillant chevalier devant dit, commança à
crosler la teste & ainsi que à gecter un risclet,
non point passant la gorge, mais comme homme furi-
bondé & hors de raison, & assés fit de merveilleuses
contenances avant que il respondist nul mot : & là
estoient tous aussi cois que il sembloit que ilz juassent
à l'esbahy, & quant il eust assés soufflé & rescufflé, il
commança à parler & deist en telle manière : sire
chevalier, je me donne très grant merveille qui vous
conseilla d'estre messaiger à mon anemy mortel;
sans nulle doubte, je vueil bien que vous saichés, se si
bien ne feussiez cogneu en la maison de France, vous
en feussiez venu trop tart au repentir; car je vous eusse
fait mectre en tel point que celui qui vous y envoya
jamais ne vous eust veu; car tout prestement je vous
eusse fait voler la teste jus des espaules, ou despit de
vostre maistre le plus orguilleux & le plus despiteux
qui onques fut ou hentust en ma court, mais je vous
délaisse la vye pour ce que je vueil que il saiche par
vous, & ce vous commandé-je que vous lui dictes,

que jà jour tant que je vive & que l'âme me foit ou corps, je n'arrefteray fi l'auray je mis jufque il n'aura vaillant ung feul pied de terre, ou je y morray en la peine: & feulement pour ce que par fa félonnie, faulfeté & orgueil, il veult eftre à moy pareil & perçonnier, & fe il cuide que à fes accors je me doye affentir ne à fes requeftes, il fe abufe; car je vueil bien qu'il faiche, fe à mains je le puis tenir ou prandre, je le feray fi hault ellever par fa gorge à ung gibet que chafcun le porra veoir, & foit à tort ou foit à droit, jamais ne fineray fi en auray fait & accomply du tout ma volenté, qui qui le vueille veoir. Or ait fur ce advis & confeil & ne lui foit honte de fuir s'il voit le befoing, car fe je lui en fault de mot, fi m'en adviengne ainfi que je lui penfe à faire.

Comment Fouques voult férir le roy de son coutel qui lui pendoit au costé. XLI.

Quant le bon & vaillant chevalier Fouques, mareschal de Bourgoingne, oyt le roy ainsi parler si félonneusement & si oultrageusement de son bon seigneur, le quel il sentoit & vray estoit le plus preudomme du monde, si fut troublé en cueur & en conscience & se la couleur lui vint & monta au visaige, vous n'en devés point avoir merveille ; & véritablement il ne povoit respondre d'ire & de courroux, mais pensoit en son cueur, comme il a esté sceu par sa relacion, que il vivoit trop longuement & que bien devoit mauldire l'eure que onques il avoit esté créé chevalier pour porter armes ne escus, quant, en sa propre présence, on lui disoit telle & si grande vilonnie de son bon maistre & seigneur, & disoit au cueur : ha ! mauvais cueur lanier & failly chetis, mauvais corps, comment se peut il faire que tu ous telles paroles du meilleur du monde que tu ne feus & pars en II pièces. Ha ! mauvais roy, qu'avés vous dit, qui en ma présence, avés réprouvé mon bon maistre faulx & desloyal, & que plus est vous avés dit que vous le mectrés à mort si honteuse que pendre le feriez. Par cellui Dieu qui ne fault ne qui ne ment, ſe vous ne feuſſies roy, tantoſt ɑ̃ ſans arreſt j'en prinſe tel ɑ̃ ſi cruel vendegement à mes propres mains que à toufjours du monde en ſeroit parlé. Ha! ha! mauvais roy félon ɑ̃ deſpiteux, qui me tient que je ne vous fait paſſer mon coutel tout parmi le corps. Certes je ne say, qui en ma préſence avés mon tant débonnaire feigneur, qui toute raiſon vous ouffre à faire, menaſſé de pendre. A ces penſées ɑ̃ en eſroulant les yeulx ɑ̃ en levant le manton hault ainſi comme en eſtraindant les lèvres par très grant ire ɑ̃ courrous, deiſt: mauvais & faulx roy, tel que vous eſtes, onques mon bon feigneur ne penſa envers vous ne vers autre nulle quelconque faulſeté; mais ce faictes vous contre lui ɑ̃ à tort ɑ̃ faulſement le voulés deſhériter, ɑ̃ pour ce tout preſtement comme faulx ɑ̃ défléal que vous eſtes, je le vous feray comparer. Lors miſt le vaillant Fouques la main à la dague, la tira ɑ̃ en vint contre le roy comme tout fourſené, le cuidant férir en la poitrine, ɑ̃ ſe le roy ne feuſt bientoſt reculé, ou que les barons ne feuſſent ſaillis entre deux, il euſt féru le roy très cruellement ɑ̃ par aventure, tellement qu'il l'euſt gecté mort en la place devant toute ſa baronnie; ɑ̃ quant le bon Fouques vit qu'il avoit failly, il ſe tira au pluſtôt arrière qu'il peuſt; ſi vint à ſon cheval qu'il avoit fait appareiller en la court, ſi faillit fus, ſon eſpée nue en ſa main ɑ̃ le férit de l'eſperon; ſi s'en ala fuyant roidement tant que lui quatrieſme il ſe miſt à ſaulveté.

*Comment le dit Fouques creva ung œil à l'un des filz
Thierry d'Ardenne & si lui rompit ung bras.*

XLII.

Quant le roy Charles vit & perceut la hardieffe
de ce vaillant chevalier devant dit, qui fi
hardiement préfens tous fes barons lui voult
courir fus, il ne l'en prifa point pour ce mains, mais
en riant deift : par moy foy, maiftre Fouques, vous
avés trop courte patience & fi efchauffez trop toft voftre fervelle ; & pour ce je vueil qu'il foit prins & mis
en prifon. Or toft, feigneurs barons, il foit fans arrêft
cy amené à celle fin que je lui puiffe faire favoir &
cognoiftre fa grant oultre cuidance; mais faichés qu'il
ne l'avoit garde d'avoir, car le dit Fouques s'eftoit
retiré en la preffe, & avoit jà tant fait qu'il s'en aloit
plus toft que le pas avec aucuns pou de fes gens qui
le fuivoient advint que ainfi que on crioit, après,
après, prenés le, l'ung des filz Thierry d'Ardenne
eftoit en la court qui oyt ces cris, fi demanda que
c'eftoit; fi fut qui lui deift : par ma foy, fire, c'eft
monfg^r Fouques, le marefchal de Bourgoingne, qui
maintenant a voulu férir le roy, là deffus il s'en fuit
ycy devant; preftement que il euft entendu la parole,

*Comment le dit Fouques creva ung œil à l'un des filz
Thierry d'Ardenne & fi lui rompit ung bras.*
                                          XLII.

Quant le roy Charles vit & perceut la hardieffe
de ce vaillant chevalier devant dit, qui fi
hardiement préfens tous fes barons lui voult
courir fus, il ne l'en prifa point pour ce mains, mais
en riant deift : par moy foy, maiftre Fouques, vous
avés trop courte patience & fi efchauffez trop toft voftre fervelle ; & pour ce je vueil qu'il foit prins & mis
en prifon. Or toft, feigneurs barons, il foit fans arreft
cy amené à celle fin que je lui puiffe faire favoir &
cognoiftre fa grant oultre cuidance; mais faichés qu'il
ne l'avoit garde d'avoir, car le dit Fouques s'eftoit
retiré en la preffe, & avoit jà tant fait qu'il s'en aloit
plus toft que le pas avec aucuns pou de fes gens qui
le fuivoient : advint que ainfi que on crioit, après,
après, prenés le, l'ung des filz Thierry d'Ardenne
eftoit en la court qui oyt ces cris, fi demanda que
c'eftoit; fi fut qui lui deift : par ma foy, fire, c'eft
monfg^r Fouques. le marefchal de Bourgoingne, qui
maintenant a voulu férir le roy, là deffus il s'en fuit
ycy devant; preftement que il euft entendu la parole,

il regarda autour de lui & vit ung compaignon qui amenoit chevaulx de la rivière; fi vint à lui & lui prift ung de fes chevaulx, monta fus fans felle & fans fangle, fors feulement que il avoit la bride, & commenca à férir des talons en courant après le devant dit marefchal qui s'en aloit de tire ; & le cheval, qui frès & nouvel eftoit & tout nu, en aloit le eslais & faulx fi roidement que en bien pou d'efpace il euft ratainct le dit marefchal, & tantoft qu'il peuft parler à lui, il lui commenca : Arrier, retournés, mauvais gloux, par fainct Georges, je vous rameneray devers le roy & lors fe férit envers le marefchal, le cuidant férir d'une dague qu'il tenoit en fa main. Et le marefchal qui très bien le advifoit & regardoit, à coup retourna fur lui & fe plongea en lui de fi prez que de fon poing, qui gros & quarré eftoit, il le férit fi doulcement au plus près de l'ueil vers l'oreille, qu'il lui fit voler cet œil hors de la tefte, & le bouta fi roidement jus de fon cheval que au cheoir il brifa ung bras, ne autre mal ne lui fit ; & touteffois s'il voulfit, il avoit affés efpace de le du tout délivrer, mais il s'en paffa oultre fans lui faire autre chofe. Si ne ceffa tant qu'il vint devers fon feigneur, monfg^r Gérard de Roffillon, qui encoires eftoit à Touloufe avec fon confeil & madame fa femme, actendans la refponfe dudit Fouques.

Comment le roy Charles le Chauve prifa & loa devant toute fa baronnie le bon Fouques, marefchal de Bourgoingne. XLIII.

Nous ne devons point mectre en obly comment le roy Charles le Chauve prifa & recommanda le dit Fouques, marefchal de Bourgoingne, quand il lui ot dit & rapporté fon eftat & le département de fa court, & comment il avoit bien fervi & payé fon beaul nepveu le filz Thierry d'Ardenne, car noftre hiftoire dit qu'il le prifa tant & tellement, que les plufeurs en furent très mal contens fur le roy; & difoit le roy: certainnement, mes feigneurs, moult me poife de mon nepveu qui fi eft bléfié & qui fitoft s'eft avencé de fentir & effayer comment les poings du bon Fouques poifent & comment il les affiet durement & rudement, quant il eft courroufié quelque part; & fans faulte, je cuide bien fe ce il euft premièrement fceu, jamais en ce point ne s'en feuft avancié & fi fe feuft bien gardé de le fuivre fi en hafte: car je ne fais nulle doubte que en tout le réaulme de France, on ne deuft déligier faillir à en trouver ung auffi vaillant comme il eft, de tout honneur, favoir de bien remonftrer la befoingne de fon maiftre, quant ce vient au besoing, & d'estre preu & hardy en lieu & en temps ; & de ce ne lui scay point malgré, car je cuide bien qu'il ne print point bien en gré quand il me oyt mesdire de son oncle; ainsi doivent faire tous bons preudommes qui à bonne renommée vueillent parvenir, & si cuide bien à mon escient que à tousjours mais en fera mémoire. Pleust à Dieu que j'en eusse grant foison de telz; par mon chief, je ne feroye nulle doubte de homme si long que le ciel tournié. A ce mot, en y eust pluseurs pour certain qui en eurent très grant dueil & despit ; si en commencèrent li pluseurs à murmurer en bas en disant: ne véés vous comment le roy nous desprise, quand pour ung seul il nous despite. Or laissons ces propous & venons à parler comment le bon chevalier Fouques s'en revint de vers Gérard de Roussillon, & comment le bon Gérard fit assembler ses gens pour combatre le roy, s'il en eust la puissance.

Comment Gérard de Roſſillon manda par toutes terres, loing & prèz, ſon ayde pour combatre le roy Charle.
XLIV.

Monſeigneur Gérard de Roſſillon véant & ſachant par ſon bon mareſchal comment le roy Charles le Chauve nullement ne le voloit recevoir en nulle quelconque ordonnance de droit & de juſtice, mais que plus eſtoit chevauchoit de jour en jour ſur lui & ſur les ſiens en prenant ſes villes, ſes forțereſſes & ſes citéz, fit preſtement eſcripre ſes lectres & ſes brièves par tout là où il le pluſtôſt cuidoit avoir ſecours & ayde : mais je vous dis que le roy Charles le Chauve avoit jà tellement ſéduis & tournés ſes plus grans barons de pluſeurs marches & terres appartenans audit Gérard, & meſmement les peuples & citéz & bonnes villes, que le dit Gérard ne ſceut où trouver gens d'armes pour combatre le quart, non pas la moitié du quart des gens d'armes du roy Charles; mais ceulx auſquelx le dit Gérard eſcripvoit reboutoient ſes meſſaiges & les reffuſoient, & diſoient que par telle manière de mandement n'eſtoient en riens tenuz audit Gérard, mais au noble roy de France auquel ilz vouloient du tout obéir comme à leur ſouverain feigneur : Et auffi ilz cremoient tellement le roy qu'ilz ne s'ofoient *crampir,* ne eftandre contre lui; car ilz fçavoient tout de certain qu'il avoit tant de peuple avec lui que ce feroit trop fort à le mectre au deffoubz, & certain auffi avoit il; car noftre hiftoire dit & tefmoigne qu'il avoit ung peuple innumérable. Lefquelles chofes véant & confidérans, ce noble & vaillant preudomme, monfg[r] Gérard fe commança moult fort à efbahir & à doubter. Si fe partit de Touloufe & commença à chevaucher devers Galardon, à tout ce qu'il peut avoir de gens, pour là actendre ceulx qu'il cuidoit avoir à fon ayde, mais on le povoit bien appeler fol ybée, car moult pou s'aventiffoient de venir à fon mandement. Quant il fut venuz oudit chaftel li & fa femme, il perceut que la place n'eftoit point bien fouffifant pour foy en icelle recepvoir & garder & auffi que pour recevoir pleute gens s'aucuns venoient en fon ayde. Si fe partit preftement de illec & commança à aler puis cà, puis là, ne à peine fe fcavoit il tenir ne bouter ; car il ne trouvoit ville ne forterefle là où le roy Charles n'euft *mis fes gens* & bouté fes garnifons & gens d'armes, feuft ou par force ou par amours.

Comment le Chaſtel de Poligny fut fondé, dit noſtre hiſtoire. XLV.

Or donc comme Gérard ſe fut party de Gallardon & qu'il ſe feut mis ſur les champs pour veoir & aviſer quelx gens d'armes il povoit avoir en ſa compagnie, il perceut que ſa puiſſance n'eſtoit mie ſouffiſant pour combatre, ne attendre la force & puiſſance du roy Charlon. Si ſe commença moult fort à lamenter & à demener en li meſmes & comme tout confus & esbahy, véant qu'il n'avoit avec lui fors ſeulement ceulx de ſon lignaige & aucun pou de ſes barons de Bourgoingne, il adviſa une moult belle montaigne, en très bel appareil de force à bien pou *d'achoiſon;* & pour ce, preſtement il ſe trahit celle part à tout ce qu'il avoit de gens, & tantoſt qu'il y fut venu, il adviſa qu'il y feroit faire aucunes deffenſes pour lui & pour ſes gens, comme il fit; car tout preſtement ilz commencèrent à faire palis & foſſez, ſans faire tours de pierre ne autres telles choſes, car adonc ilz n'avoient point la puiſſance, & ce fit il pour ce que le lieu lui ſembloit bel & ample; & comme il fut oudit lieu de la montaigne & que il meiſt toute ſa peine à la fortifier, aucuns de ſes capitainnes & gens d'armes dont il n'avoit point foiſon s'en commenchèrent à esmerveiller & tant que en murmurant difoient : que veult ce eftre que monfg^r le conte fuit ainfi le roy : que nous mainne il toft & hactivement fur lui, fi le combatrons contre lui à force & à puiffance; lefquelles paroles vinrent jufques aux oreilles de monfg^r Gérard; fi s'en vint vers eulx & leur commença à remonftrer la caufe pourquoy il n'aloit point fi haftivement contre le roy : fi deift par aventure que en fon langaige bourguignon que encores avoit il pouloigné le roy Charle, pour lequel mot ainfi dit & proféré, fes gens mirent nom à la dicte place Pouligny, qui encoires dure & adure jufques aujourdhuy : Et y a comme on dit ung bon fort chaftel que on appelle Poligny. Ainfi en cefte place s'arrefta Monfg^r Gérard de Roffillon actendant que aucun bon fecours lui venift; mais, comme dit eft, c'eftoit fan raifon ; car Guy de Montmorenci, comme devant eft dit, avoit fi les gens tournés à l'amour & fervice du roy & que plus eft il chevauchoit en armes avec le roy. Si aloit es lieux où par avant il avoit efté, là où on lui faifoit fi grant honneur & fi grant réception que plus on ne povoit, & de fait il en enmenoit avec lui tous les hommes d'armes du pays ou fervice du roy. Touteffois en vint il en l'ayde de monfg^r Gérard, grant foifon & de Bourgoingne & de Gafcoigne; &, fans nulle doubte, fe tous ceulx qui tenus y eftoient y feuffent venus, le roy Charles ne feuft jà entré fi avant fur les terres de Gérard, ne jà les Françoys n'y euffent mis le pied. Et pour ce est vraye la parole que l'on dit communèment : *où chat n'a, foris ravelle;* ainfi eftoit il des Françoys, car ilz menoient tellement leurs ramaulx ès pays & terres du bon conte Gérard, car il fembloit que il n'en y euft que pour eulx, auffi n'avoit il.

Comment Chaſtel Charlon fut fondé, dit l'iſtoire.
XLVI.

Le roy Charle le Chauve ſceut par ſes eſpies le gouvernement & maintient de Gérard, & comment il s'eſtoit traict envers la montaigne devant dicte, depuis nommée Poligny; ſi fit preſtement *arrouter* toutes manières de gens d'armes pour aler celle part, & jura de rechief que jamais ne ceſſeroit tant que il ne lui demouroit plain pied de terre. Hélas! la doleur que menoit & en faiſoit la noble royene, dame Eloyſe ſa femme. Certes elle en eſtoit à telle doleur & deſtreſſe de cueur que nullement appaiſer ne s'en povoit ou ſavoit, & la choſe qui plus la grevoit en cueur & en conſcience eſtoit ce que ung ſeul mot au roy n'en oſoit dire; & vous devés ſavoir que, ſe la royene en avoit grant deſtreſſe, encoires en avoit madame Berte plus grant; ne je ne cuide point qu'il ſoit homme qui vous ſceuſt mectre par eſcript les piteuſes complaintes qu'elles en faiſoit ſouvent de nuit & de jour. Or donc le roy Charle, à tout ſon oſt, en approuchant le conte Gérard, fit tant qu'il vint en ung hault lieu aſſés près de là où Gérard eſtoit, & que aſſés bien povoient choisir les osts l'un de l'autre : & sur ce hault lieu que on disoit une montaigne fit le roy adonc faire & lever une très grosse tour, laquelle tour ou nom du roy Charle le Chauve qui la fonda fut dicte & appelée la tour & encore est aujourdhui Chasteau Charlon; & là, en celle dicte place, s'arresta le roy pour ressreschir & reposer ses hommes d'armes qui mestier en avoient, en ordonnant ses batailles & eschelles par très bonne ordonnance, comme homme soutil & advisé de guerre & de batailles que il estoit; car, se ce n'eust esté la faulseté de lui, il eust esté renommé homme de très grant vaillance, car il estoit très hardy de son corps, saige & entreprenant. Quant il eust ordonné toutes ses batailles & *eschelles*, il commença à dévaler de la montaigne, moult bien rengé & ordonné que pour en venir assaillir & envahir le bon conte Gérard, comme ceulx qui bien savoient qu'il n'avoit point grant poissance, & s'en vinrent si avant vers la place là où il estoit que Gérard & sa bataille les povoient très bien veoir & adviser ; néantmoings comme homme très asseuré commença les siens à enhorter de bien faire, & mesmement ses quatre nepveux, c'est assavoir Fouques, Gerbet, Boos & Seguin, en eulx recommendant sa besoigne du tout en tout & ordonna comment ilz se pourroient maintenir pour le mieulx : si fut leur ordonnance que ilz se combatroient tous ensemble sans faire nulle eschelle, car ilz avoient trop pou de gens ; & quant ilz eurent très bien & le mieulx qu'ilz peurent préparées leurs besoingnes, ilz se mirent hors de leurs palis & fossez, leurs lances & leurs glaves en leurs poings, comme vaillans & puissans champions, & le vaillant preudomme Gérard, qui de prouesse tous autres passoit, aloit de renc en renc en eulx confortant

moult liement & leur difoit : avant, mes amis, j'efpère
que aujourdhuy noftre feigneur Dieu fe combatra pour
nous & nous lui ayderons de toutes noz forces : il lui
plaife que ainfi foit par fa doulce & humble débonnaireté. Hélas ! non fut, & pour ce dit-on que ce que
fol penfe fouvent demeure ; non point que je vueille
dire que Gérard le noble conte feuft fol, mais on le
povoit bien tenir pour mal advifé que pluftoft n'avoit
porveu à fa befoingne, & que tant il avoit creu le roy
Charles le Chauve : car ce plus à temps il fe feuft de
ce pourveu, la chofe par aventure ne feuft point ainfi
alée qu'elle ala depuis, comme vous ourrés en la matière.

*Comment le bon conte Gérard fut desconfy du roy
Charles le Chauve.* XLVII.

Quant toutes ces batailles qui moult eſtoient mal parties, car l'une eſtoit plus puiſſant que l'autre, furent ainſi ordonnées que vous avéz oy, ces bucſines & trompètes commencèrent à deſcliquer & à bondir tellement qu'il ſembloit que le ſiècle deuſt finer; & vecy preſtement & ſoudainnement monſgʳ Gérard de Roſſillon armé, habillé & bien monté, lances avalées & accompaigné de ſes amis, non mie grant foiſon, qui comme lyons famés, déſirans actendre leur proye, ſe plongèrent en leurs anemis de telle force & roideur, que avant qu'ilz ceſſaſſent de ce poindre, ilz en abatirent & pouſſèrent tant par terre qu'il n'eſt homme qui ne s'en deuſt merveiller, ſe la verité on en diſoit: Et quant ilz eurent leurs lances rompues & fait voler par pièces & par eſclas, ilz tirèrent belles eſpées, roides & fortes, agües & tranchans, dont ilz eſbouloient, abatoient & fondoient ces François terriblement & cruelment; & là ſembloit qui véoient Gérard de Roſſillon que ce qu'il faiſoit feuſt une choſe faée; tellement ſe maintenoit contre ſes anemis, & auſſi n'en faiſoient mie mains

les fiens, car ilz s'y attachoient tous tellement que s'ilz
euffent efté en jeu party, jamais François n'en feuft
retourné en France, tant faifoient d'armes et de
prouesses. Mais les François eftoient fi grant nombre
qu'à peine montoient les Bourguignons riens à eulx;
néantmoings le roy Charles véant comment ce tant
pou de gens fe maintenoient, comme tout confus et
honteux, commença les fiens à amonefter de bien
faire, et lui, comme tout furibond et plain de fureur,
fe férit ens les batailles de Gérard, là où il fit ung
merveilleux efchac, et refpend des gens Gérard, qui
onques depuis ne peurrent tenir ferré et fe commencèrent tous à defconfir et à fuyr l'un çà, l'autre là.
Monfgʳ Gérard ce véant fut fi dolent qu'il ne fcavoit
que faire, car il véoit fes gens tous defbauchez, occis
et abatus par terre, par monceaulx et par compaignies:
Si fe trahit envers le remenant et leur commença à
dire : ha! mes très chers amis et compaignons, combatons nous hardiement contre ceulx qui à fi grant
tort nous vueillent defhériter. A donc fes quatre
nepveux, comme lyons embrafés d'ire et de mal talent,
à tout ce qu'ilz pooient avoir encoire de gens, fe reffe-
rirent ens ou tas des François par merveilleux air, et
monfgʳ Gérard qui les amoneftoit de bien faire eftoit
toufjours au plus efpès, qui frappoit et mailloit à
dextre et à feneftre, en abatant et gectant jus tout ce
qu'il attaindoit à coup; ne n'eftoit nul fi fort que quant
il fcuft actaint à plain coup de lui, que il ne le con-
vinft cheoir, et là vous faifoit les rens efclaircir autour
de lui; mais celui vaulfit moult pou, car François les
lardoient de lances et d'efpiex efmolus et tranchans
dont ilz lui faifoient le fang yffir du corps, et fes nepveux Fouques, Gerbet, Seguin et Boos, qui veirent

clèrement que toute leur puissance eſtoit ainſi que alée à fin mortelle, le enhertirent & le tirèrent à force hors de la preſſe, en le deffendant mortellement au tranchant des eſpées ſur les François ; & quant ilz le tinrent au dehors, ſi lui deirent : ha ! monſg^r, il eſt heure de nous mectre à garent ſans faulte ; ſe nous plus ci demourons, nous y morrons, ou au bien venir nous ferons pris & retenus, en la volenté de noſtre anemy le roy Charles; & quoi qu'ilz diſſent, touſjours vouloit le bon conte Gérard retourner ſur ſes anemis comme homme preu & hardy, mieulx amant morir à honneur que fuyr à honte ; & ſans nul doubte, nul blaſme ne lui doit eſtre impoſé, car avant qu'il entraſt en la bataille, le roy Charles avoit plus de cent hommes contre ung, & auſſi quant la bataille fut paſſée & que le roy fit enfercher les mors, on en trouva plus quatre fois de la partie des François que des Bourgoignons. Ces quatre chevaliers frères donc, véans que la choſe eſtoit en très mauvais point, emmenèrent leur oncle Gérard de force, & s'en commencèrent à fuir & à laiſſer la bataille. Si ne fuirent gaires loing qu'ilz rencontrèrent une compaignye de quatre cens combatans, qui vencient au travers du chemin par où ilz s'en cuidoient aler, en laquelle compaignye eſtoit le vielz conte Haymont, Hue, le conte de St Paoul & ung autre qui s'appelloit Perret de Montrabon, leſquelx venoient à la bataille qui jà eſtoit menée à deſconfiture, en la partie de monſg^r Gérard de Rouſſillon.

*Comment Gerbet, nepveu monſgʳ Gérard de Roſſillon,
fut occis en courant le vielz Haymond & le conte Hue.*
                                                    XLVIII.

Quant les trois feigneurs devant diz perceurent ces cinq chevaliers, c'eſt aſſavoir monſgʳ Gérard & ſes IV nepveux fuyans, & qu'ilz veirent qu'ilz eſtoient mis en chaſſe, ſi penſèrent preſtement que c'eſtoit le conte Gérard qui s'enfuyoit, & auſſi ilz le povoient bien veoir à leurs armes ; ſi férirent chevaulx des eſperons ainſi que du travers par où ceulx cuidoient eſchapper, & alors le conte Hue, qui le mieulx monté eſtoit, ſe haſta ſi que il actaint le bon Gerbet par derrière, en courant tellement qu'il lui bouta le fer de la glave tout oultre le corps & le gecta mort par terre ; & au cheoir qu'il fit, il gecta ung cri tel que ſes frères & ſon oncle très bien l'entendirent: Si retournèrent preſtement ſur le dit Huon tellement qu'il fut des premiers deſpêchez, car ilz lui lancèrent leurs eſpées tout oultre le corps, par ſi merveilleux air que il lui convint laiſſer la ſelle & cheoir mort en la place ; & lors ſurvinrent tous les autres, c'eſt aſſavoir Haymond & Perret qui commencèrent à
(1)   la compaignye chevaloreuſe, qui moult petite

---

(1) Cette lacune ſe trouve auſſi aux deux manuſcrits de Paris.

eftoit ainfi que fans compaignye de gros varlés. Si recommença là ung très dur rencontre, fi grant & fi pefant que l'iftoire tefmoigne que il y demoura des Françoys mors en la place foixante & douze, tous mors & occis par les mains feulement de ces quatre chevaliers: & à celle fin que on ne doubte point du contraire, qui veult confidérer la force & grande hardement & foutilité eftant en monfg' Gérard de Roffillon, mefmes en Fouques & ces deux autres, ainfi que l'iftoire le met de la defconfiture devant dicte, il ne feroit nulle doubte que ainfi ne peuft bien avoir efté. En celle defconfiture fut occis & mis à mort, par les propres mains d'armes du bon conte Bos, Haymont le viel conte; & dit l'iftoire qui ce veut certifier, que monfg' Seguin perdit lance & efpée & n'avoit autre chofe grant pièce fors que l'eftrier d'une felle dont il fe deffendoit, & de celle eftrier donna une telle marelle à Perret de Montrabon, que il le gecta par terre, fi efturdis qu'il fut gefant grant pièce avant qu'il fe relevaft, & par force d'armes firent tant les quatre vaillans chevaliers, monfg' Gérard, Fouques, Seguin & Bos qu'ilz efchappèrent pour celle fois de la preffe. Si s'en commancèrent à fuyr vers Dijon qui peu leur proffita, car par tous les pas avoit tant de Francoys & de gens du roy Charles, qu'ilz ne furent gaires loing qu'ilz rencontrèrent encoires une autre très groffe brigade de gens du roy Charle, qui le aler à Dijon leur deffendirent & tollirent.

*Comment Fouques fut pris & retenus & mené prifonnier
au roy Charles.* XLIX.

Monfeigneur Gérard de Roffillon fuyant, véant
que tous fon pays eftoit couvert de Françoys
et de gens du roy Charlon le Chauve, deift
ainfi que en fe lamentant : ha ! mes chiers nepveux,
il ne me poife point tant de moy comme de vous, car
je voy bien que aujourdhuy nous y morrons tous :
pour Dieu, mectés vous à garens fe vous faire le povés.
A ces mos, ilz retirent à bride pour cuider efchever
leurs anemis, mais ilz furent de fi prez haftés et fuivis
que le bon conte Fouques fut pris et retenus et mefme
des gens Perret de Montrabon, qui moult joyeulx en
fut, car il lui fembloit qu'il en auroit bon falaire du
roy de France : et monfg^r Gérard, à force de cheval et
auffi pour la nuit qui les furprit, leur efchappa et fit
tant qu'il fe mit en la propre nuit à Befançon. Et Bos
et Seguin le perdirent, car ilz fe tournèrent vers Provence devers leur bon père, conte de Provence, qui
moult dolant et anuyans fut de la partie de fes II filz ;
car il lui fembloit que fe Fouques n'eftoit mort, fi le
feroit le roy Charles morir, car il favoit bien que il le
heiffoit mortellement ; mais non faifoit, mais lui fauva

la vye à bien de paroles & de requeftes. Car l'iftoire dit que, quant le bon conte Gérard leur fut efchappé, chacun fe retrahit, & mefme le roy fe retrahit affés près du chaftel Charlon, en ung moult bel pré, là où il fit tendre fes tentes, très & pavillons; & ne demoura gaires après ce que on lui préfenta plufeurs prifonniers, qui la journée avoient efté pris en la bataille, entre les quelx eftoit Fouques, le bon & vaillant chevalier qui préfenté fut au Roy tout premier, & tout preftement que il le vit fi lui deift : par ma foy, maiftre chevalier, maintenant vous vauldra pou voftre hardieffe ne vos gros mos, ne de voftre maïftre l'orgueil; car, comme il me femble, vous eftes en mon commandement foit de vous faire morir honteufement, ou de vivre le remenant de voz jours en doleur & trifteffe. Par ma foy, mon fouverain feigneur, je cognois que vous dictes vérité, mais je cuide que jà vous ne abaifferés votre renom, pour la vie d'un povre chevalier ofter ou faire vivre à honte, pour bien & léalment avoir fervi fon feigneur naturel, & pour ce, s'il vous plait, vous aurés pitié de moy, car aucunes fois il fait bon garder un bon gaige quant l'a, pour foy ayder au befoing. Par ma foy, deift le roy Charle, & ainfi le vous ferons, car jà mal de voftre corps vous n'aurez par moy ne par les miens; ains veulx que vous tenés prifon felon voftre état fur voftre foy & léaulté, & pour ce que aujourdhy m'avés fi bien monftré que vous fcavez faire, je vueil que tous les prifonniers qui ont efté de voftre parti foient quictes & liges, par condicion que jamais ne s'armeront contre nous en nulle quelconque manière : de la quelle fentence furent moult joyeulx tous ceulx qui là eftoient, car ilz cuidoient bien eftre venuz à leur fin ; mais ce que le roy en faifoit ce n'eſtoit que à celle fin que la renommée en alaſt partout, à celle fin que nul plus lui feiſt guerre.

*Comment le roy Charles le Chauve print Digon, & la
bonne dame Berte s'enfuit de nuy à Befançon après
fon mary.* L.

Entre ces prifonniers eftoit le vifconte de Dijon
& s'appeloit, comme dit l'hiftoire, Artaut.
Cel Artaud, quand il fut en la préfence du
roy & après ce que le roy euft demandé de fon eftat
& qu'il fceut qui il eftoit, il lui demanda que par fon
ferment, il lui voulfift dire ou en eftoit fuy le conte
Gérard ; lequel par fon ferment jura qu'il n'en favoit
riens,& que quant il fut pris,Gérard de Roffillon eftoit
en la bataille, la où il fe combatoit à force & à puiffance, & là le laiffa fi que onques depuis ne le vit.
Adonc le roy lui commanda qu'il lui fift ouvrir la
ville de Dijon toft & hactivement, ou fe non,avant qu'il
fuft demain nuyt,il le feroit pendre par fa gorge; mais
fe ce il faifoit bonnement & fans contredit, il lui
donroit du fien très largement & le retiendroit de fon
hoftel & de fa court, ainfi que à fon eftat appartenoit.
Preftement ceftui Artaud refpondit que la ville & tous
les manans eftoient à fon commandement,& que touteffois qu'il lui plairoit, on lui feroit l'ouverture de la
cité ; grant mercis, deift le roy, & fe vous fera rendu

au double ; or en alés devant & je vous fuivray fans plus tarder & fi en remenés tous voz prifonniers francs & quictes; car je le veulx. En celle congrégacion, là où furent dictes ces paroles, eftoit ung des parens monfg' Gérard qui tout ce avoit très bien entendu & oy, & fi favoit de vray que madame Berte eftoit dedens la cité de Dijon, actendant d'oir nouvelles de fon mary ; & pour ce preftement ceftui meffaigé fe partit & s'en vint à Digon au plus tôft qu'il peuft, non point grandement devant ce que le vifconte y vint, & fit tant qu'il trouva la bonne dame Berte en une églife, où elle eftoit alée prier noftre S. J. C. que pour fa débonnaire clémence, il voulfift garder fon mary de mal & de grevance ; & ainfi qu'elle eftoit en celle oraifon, vint devant elle le devant dit parent monfg' Gérard & la falua moult piteufement, en difant : ha ! ma très redoubtée dame, il vous convient d'icy partir, fe vous ne voulés demorer es mains de voftre anemy le roy Charles ; car faichés de certain que il ne demorra gaires qu'il entrera en celle cité, & faichés que monfg' Gérard eft defconfit & s'en eft fuy de la bataille, & cuide felon mon efcient qu'il foit fuy envers Befançon des hier foir à la vefprée. Et quant la bonne dame oyt ce, comme fe ont l'euft férue d'une efpée au cueur, elle cheut pafmée & eftendue contre terre : Et quant elle peuft ravoir fon efperit, fi commença moult piteufement à foy lamenter, plorer & à gecter grant cris & à dire : ha ! roy glorieux, père puiffant, voftre très faincte & digne magefté foit loée & graciée, quant aujourdhuy vous a ainfi pleu de mectre mon bon feigneur & mary au deffoubz, que à peine il a fortereffe ne place là où il fe puiffe tenir ne bouter, lui qui par droit héritaige en tient tant que XII princes en feroient bien riches. Ha ! fire tout puiffant, que tes jugemens font divers & comment tu nous monftre bien ta puiffance & ta débonnaireté. Sire, fire, je fcay bien que quant il vous plaira il yra autrement, voftre bonne volenté foit faicte & fe plus vous plait que fouffre, véés moy icy prefte & apareillée comme la voftre petite anxelle de mectre le *gorel* à mon col, pour porter la tribulacion telle qu'il vous plaira. Et ainfi que la bonne dame fe lamentoit, elle oyt la noife que on faifoit dans la ville, & les cliquetis des chevaulx & des gens qui s'appareilloient pour aler contre le roy, auquel ilz avoient mife & ouverte leur cité en la main, pour y entrer à fon bon plaifir : Et véritablement auffi n'euffent ilz ofé autre chofe faire, car ilz cremioient tant le roy que ilz ne lui ofoient rien reffufer ; ains lui accordoient tout ce que demander leur vouloient. Si demanda la bonne Berte à fon meffaigé qui lui avoit apporté les nouvelles qui eftoient devers luy & qui le reconfortoit à fon pouvoir, quelle noife c'eftoit qu'elle oyt. Ma chière dame & maiftraiffe, ne vous ay-je pas dit que preftement le roy doit entrer en la cité; fans nulle doubte, fe vous vous voulés mectre hors des mains de voz anemis, il est heure d'y pourvoir ou jamais n'y viendrés à temps. A ces paroles, la bonne dame fe leva & fit tantoft commander que on meift la felle à fa haguenée ; fi monfta preftement & fes demoifelles avec elles, qui toutes en la conduicte du parent monfg^r Gérard de Roffillon qui avec elles fe mift, s'en alèrent envers Befançon au plus toft que ilz peurent: fi ne ceffèrent de chevaucher toute nuyt, tant qu'ilz veinrent en la cité en laquelle ilz trouvèrent monfg^r Gérard de Roffillon moult défolé, & non mie de merveille, mais de ce print moult mal à la dame, qu'elle n'emporta avec elle draps, ne or ne argent ne autre quelconque chevance ; & le roy Charles le Chauve entra en la cité de Digon à grant triumphe, comme s'il euſt gaigné le pays par force d'eſpées.

*Comment le noble conte Gérard se partit de Besançon
& s'en fuyt à Jougne.*   LI.

Q uant la bonne dame Berte entra en Besançon,
c'estoit une pitié d'oyr les dames & bour-
geoises de la ville crier & plorer la mort de
leurs barons & maris; & là oyt elle les unes disans :
ha ! maldite soit l'eure que onques la guerre commença; & maldisoient les unes Gérard de Rossillon,
leur seigneur, par lequel elles estoient vefves & des-
pareillées de leurs mariz, & leurs enffans povres &
mendians; les autres mauldisoient le roy Charles &
tous les Françoys qui ainsi les destruisoient & là estoient
en différant. Car les unes disoient que monsg^r Gérard
estoit trop despiteux & orgueilleux d'avoir ainsi offensé
son seigneur tel qui estoit le noble roy de France, &
les autres disoient que on lui faisoit tort & que le roy
& les François lui couroient sus à tort & à mauvaise
cause, & ainsi estoient en différent. Et tant fit la bonne
dame, que ainsi en passant parmi les chauffées, oans
ces manières de paroles, elle parvint devant & en
présence de son mary, lequel prestement que il la vit
commença moult fort à plorer & à gémir & lui gecta
les bras au col, en li bien venant & festiant; mais qui
la pitié vous vouldroit dire des II, quant ilz vinrent en
la présence l'un de l'autre, il y pourroit faillir de

ligier, ne je ne cuide point qu'il foit homme qui n'en plouraft. Ha! mon très chier feigneur, difoit la ducheffe, eftes vous fain & entier? Pour Dieu & pour fa faincte charité, ne vous defconfortés en nulle manière. Par ma foy, ma très chière dame & efpoufe, refpondoit le bon vaillant conte, ma doulce fueur, je cuide s'il eft homme au monde qui fe doye defconforter, j'en fuis l'un, car premièrement je fuis très fort navrez & blécié ou corps en plufeurs lieux ; mais ce ne me griefve point tant que la perte & damaige que j'ay receue en la bataille, par la quelle perte, jamais comme je cuide joye n'auray, & cuide mieulx que de mon dueil on parlera à toufjours du monde, par toutes marches. Hélas! ma très doulce efpoufe, je me fuis combatuz à ma grant confufion & dommaige à monfg^r le roy de France, par lequel j'ay perdu tous mes amis & toute ma terre : & mon bon nepveu Gerbet ay-je veu en ma préfence occir & mectre à mort, & qui plus me tormente en cueur, c'eft que mon très prudent, le meilleur des meilleurs, mon très chier nepveu Fouques eft pris & retenu par fa très grant vaillance, duquel je fuis à telle doleur que je ne m'en fcay contenir, car je me doubte que monfg^r le roy ne lui face comparer fon mal talent; par la quelle doleur qui tant m'eft amère & dure, je euffe mieulx aymé à demourer mort en la place que à veoir cefte défolacion & mefchance. Ha! mon très chier feigneur, difoit la bonne & noble conteffe, loués Dieu de tout voftre cueur, & penfés qui vous a donné celle vertu que de efchapper les mains de voftre anemy mortel, tel comme eft le roy de France, que par bonne raifon je puis comparer au roy Pharaon ; car, mon très chier fire, puifque vous en eftes efchappé vif, vous en devés louer & remercier noftre feigneur, & faichés que moult je me doubte de traïfon ; car je voy que toutes les bonnes villes, chafteaulx & fortereffes fans coup férir fe rendent au roy, ne il n'eft nul qui fe avanciffe de vous venir aider ne fecourir ; mais vous fuient tous & pour ce, mon très chier feigneur, je vous prie & confeille que, avant que pis ne nous viengne, partons nous d'icy & nous en alons par devers monfg^r le roy d'Ongrie, Othon, noftre bon coufin & parent : & je cuide que il nous aydera & mectra remède en noftre fait. Comme monfg^r Gérard & madame Berte fa femme feuffent en ces propoux, vint à eulx ung meffagier en très grant hafte qui preftement fe gecta à genoulz en difant : ha ! mon très chier feigneur, penfés de vous garder ; car, fans nulle doubte, vées cy le roy Charle qui vient fur vous à toute fa puiffance ; & vous promez par ma foy que je lui ay oy jurer que, fe il vous peut tenir ne attraper, que il vous fera morir mauvaifement, ne pour homme vivant jà ne vous déportera : fi ayés fur ce advis & confeil, car avant que demain le jour foit paffé, il fera devant cefte cité & eft jà party de Digon. La bonne dame Berte oant ceftui meffaige fut moult troublée & efbahie & deift à fon feigneur : ha ! fire, vous ouvrés trop lentement ; pour l'amour de noftre feigneur, conduifés vous & nous à fauveté, car le befoing nous en eft. Adonc monfg^r Gérard fans plus mot dire, lui VIIe de hommes, & madame Berte fa femme à toute une feule femme, ce furent IX feulement, fe partirent en très grant hafte de Befançon & s'en commencèrent à fuir vers un très fort chaftel que on appelle Joigne, lequel lieu eftoit une très forte place & bien convenable à deffenfe.

Comment Charles le Chauve prift Befançon fans coup férir & finablement tout le pays de Bourgoingne & toutes les terres de monfeigneur Gérard de Roffillon.

LII.

Après ce que le roy Charle le Chauve euft mis en fa faifine la ville de Digon, il ne tarda que une feule nuit en la dite ville, car on lui avoit recordé que monfg^r Gérard s'eftoit retrait à Befançon; & pour ce au lendemain il vint devant la cité, en laquelle il envoya fes héraulx & meffaigiers pour favoir l'intencion des citoiens, lefquelx héraulx trouvèrent que monfg^r Gérard s'en eftoit partis, & que toute la ville eftoit prefte de faire obéiffance au roy Charle : lequel Charles, après qu'il euft oy la relacion de ceulx de la cité, entra en icelle fans nul quelconque contredit & y fut receu comme fouverain feigneur & comme leur roy, en lui faifant plénière obéiffance du tout en tout. Et là, en celle cité s'arrefta le roy par aucun pou de jours, car il y receuft les homages & civiltez de plufeurs chafteaulx & foretereffes qui font à l'environ, ne il n'eftoit fi fort ne fi puiffant qui en nulle manière lui feift quelque réfiftence, mais tout entièrement fe rendoient à li, fans nul quelconque contredit ou empefchement; et mefme la fortereffe de Joigny fe rendit au bouth de XI jours après à li, lendemain que Gérard s'en fut départis, qui en icelle avoit demouré par le terme de X jours : mais par l'enhort de madame Berte, il fe departit fi appoint, que lendemain de fon département, elle fut rendue au roy qui une très grant puiffance de gens d'armes y avoit envoyé, pour furprandre monfg^r Gérard de Roffillon. Et veult dire noftre hiftoire que la derrenière fortereffe qui fit l'obéiffance au roy Charles, ce fut une fortereffe nommée Laudefer là où monfg^r Gérard fe tint lui et fa femme et fa compaignye qui moult eftoit petite, par aucuns certains jours, mais il lui convint laiffer ; car le roy Charle le faifoit fi très fort partout pourfuir, que finablement il le convint wider et yffir du tout en tout fa terre, comme povre et mendis et comme homme bannis et defuné de tous biens mondains, et à celle heure le pouvoit-on très bien nommé Gérard fans terre, la quelle male aventure et expulfion il prenoit fi très mal en gré que nul homme dire ne le fauroit, et tant eftoit mal content et defpiteux que par plufeurs fois fe maudifoit comme forfené ; ne madame Berte fa femme ne le favoit par quel tour rappaifer, et en vérité, felon ce que monftr l'iftoire, noftre feigneur fouffrit qu'il feuft ainfi degecté de fa terre pour fon orgueil abatre et anicheler, pour ce que point perdre ne le vouloit, mais le vouloit humilier pour lui monftrer que humilité eft la plus noble vertu qui foit en créature ; et ce bien nous tefmoigne la cantice faicte de la vierge glorieufe qui dit que noftre feigneur regarda plus la humilité de fon anxelle que il ne fit fa virginité, là où elle dit : *Quia refpexit humilitatem ancillæ suæ fecit michi magna qui potens est*, &c. Ainſi donc pour abatre l'orgueil de monſgʳ Gérard de Roſſillon & la faire luire ſur le chandelier de humilité, voult noſtre ſeigneur ſouffrir qu'il feuſt ainſi degeté, & juſques à ce qu'il ſe recogneuſt eſtre povre créature & débile & que il retourna & remiſt totalement ſon cueur en noſtre ſeigneur, il demoura en ce point; mais preſtement que il ſe recogneuſt & que de bon cueur il pria Dieu mercy, en lui louant de ſa benigne grâce, à la manière du bon Jop, il fut remis en ſa première poſſeſſion, comme vous ourrez cy après en la matière, au plaiſir de noſtre ſeigneur.

Comment monfg^r Gérard de Roffillon mift à la mort ung baron de Lorrainne qui revenoit du fervice du roy. LIII.

Ainfi donc comme vous avez oy, fut monfg^r Gérard de Roffillon, par foutille cavillacion & frauduleufe décepcion, mis & boutés de fes terres du tout en exil ; ne en toutes les provinces dont il eftoit feigneur, tant en Bourgogne, Auxerre, en Tonnerre, comme en Gafcoigne ou ailleurs quelque part que ce feuft, n'avoit fi grant feigneur, duc, conte, prince, ou baron qui à cefte fois du tout en tout ne le adjuraft & reniaft, & qui au roy Charle de France ne feift pléniere obéiffance, féodalité & ferment; & mift le roy par toutes fes terres fes gardiens, régens & gouverneurs, baillis, prévoftz & toutes manières d'officiers à fa manière, ainfi que mieulx lui pleuft ; & quant il eut tout ce fait & qu'il fe vit du tout au deffus de fon fait & de fon emprife, il fit bannir & proclamer hors de toute fa puiffance le bon conte Gérard, en toutes places, marches & lieux là où communément on a accoftumé de faire, en deffendant fur paine capitale que nul ne nulle de quelconque condicion ou eftat qu'il feuft, lui feift affiftance ou foufcrit

par nulle quelconque manière ; & qui feroit trouvé
d'avoir fait le contraire, il feroit efcheu en l'indignacion
du roy comme fon anemy mortel ; après toutes les
quelles chofes, cris, banniffemens & proclamacions le
roy départit fes ots & renvoya chafcun à fa chafcune,
& lui en s'en retourna en France : Et monfg^r Gérard
de Roffillon s'en aloit fuiant par lieux divers, abfcons
& muffez, comme cellui qui ne fe fcavoit ou quel lieu
traire pour le mieulx, & demoura par aucuns certains
jours à l'environ de fes pays, incogneu, pour favoir la
fin du roy Charle ; & quant il vit & fceut que la chofe
aloit fi très malvaifement, comme vous avés oy pour fa
partie, par le confeil de madame Berte qui tant débonnairement toufjours prioit & adoroit noftre feigneur de ce qu'il leur envoyoit, il fe mift au chemin
que pour en aler en Hongrie par devers le roy Othon,
lequel, comme dit l'iftoire, eftoit bien prochain à elle
madame Berte ; dont il advint ung jour que comme
ilz fe repofaffent fur ung moult plaifant pré affés prèz
d'une rivière fur la quelle avoit ung pont par où ilz
devoient paffer, leur furvinrent XI hommes d'armes
moult bien montez & habillés & eftoient Lorrains,
qui revenoient de l'oft du roy Charles & s'en raloient
en leur marche, en la conduicte d'ung grant baron qui
s'appelloit Huge, conte de Valcenne ; lefquelx véans
Gérard de Roffillon qui n'eftoit que lui VIIe hommes,
tantoft que il les vit, il recogneuft à leurs enfeignes que
c'eftoient foudoiers du roy Charle, dont la chaleur
d'ire & de mal talent lui monta au vifaige. Si deift à
fes compaignons ; or toft, feigneurs, montés appertement ; foy que je doy l'ame de mon père, ceulx ci
comparront mon damage. Preftement que il euft ce
dit, il faillit en la felle, print la lance, la mift en l'ar-

reſt, férit le rouſſin qui toſt & radement le porta, & le conte Hugon, qui devant ſes hommes venoit, tellement férit que du premier cop il lui paſſa la lance tout oultre le corps, & le rua mort par terre ; & puis mit main à l'eſpée, la quelle preſtement il tira hors de la gainne, & commença tellement à férir çà & là, que c'eſtoit merveille de veoir comment il ſe maintenoit : & là leur diſoit, « à la mort, à la mort, ribaudailles, vous y mourrés tous » ; & ſes compaignons qui s'eſtoient férus ens n'en faiſoient gaires moins ſelon leur puiſſance, qu'il faiſoit ſelon la ſienne ; car droit au fourrer ſur eulx, les V en furent gectés mors par terre. Ainſi n'eſtoient ilz mais que VI Lorrains contre VII Bourgoignons, deſquelx VI Lorrains l'ung nommé Guiemans, véant comment la choſe aloit, ſe tira hors de la preſſe & s'en retourna de belle tire par la voye que il eſtoit venu ; car il ſavoit bien que il auroit ſecours & vray eſtoit ; car le frère du devant nommé Hugon venoit & ſuivoit ſon frère, le quel de ſa route eſtoit li XXe d'homme d'armes & avoit nom Gérault : & quant ceſtui Guyemant vint ſur lui, de hidde & angoiſſe ſcavoit il mot dire.

Comment monſgʳ Gérard de Roſſillon perdit tous ſes hommes & ne lui demoura que ſa femme & la damoiſelle qui eſtoit avec eulx. LIV.

Gérault, le frère Hugon, le conte devant dit, vѐant ceſtui Guiemans ſi très effréé, lui demanda quelle choſe lui ſailloit, & quant il peuſt parler ſi deiſt : ha, monſgʳ, deiſt il, par ma foy, véés cy très maulvaiſes nouvelles. Cy bas vers la rivière, ſur ces préz, nous avons encontré Gérard de Roſſillon, accompaigné de ſix fors gros larrons, qui ſi ſoudainnement nous a couru ſus que avant que de lui nous perceuſſions, il nous gecta monſgʳ Hugon, voſtre frère, mort par terre, & finablement de VI que nous eſtions plus n'en eſt eſchappé que moy ſeul, & à celle fin que vous le ſceuſſiez je ſuis icy affuy ; ſi vous prie que celle honteuſe mort vous vueillés venger, car ilz ne peuvent encore eſtre gaire loing. Qu'eſt ce que tu dis ? deiſt Gérauld, eſt il ainſi ? oy ſans faulte, ſire ; or toſt mainne moy ou lieu & je y cuide mectre tel remède que Gérard de Roſſillon s'en repentira, & lors ſe tourna vers ſes compaignons & deiſt : avant, ſeigneurs compaignons, alons appertement ſur ces muldriers ; ſi les rendrons au roy noſtre ſire qui très

grant gré nous en scaura & qui très bien le nous
desservira. Lors commencèrent à chevaulcher à coite
d'esperon, tellement que en bien pou de terme ilz
trouvèrent monsg^r Gérard de Rossillon, qui des Lorrains dessus diz estoit despressé, car les diz en gisoient
mors & n'estoit eschappé que ung comme vous avés
oy : Si s'estoit monsg^r Gérard ung pou tiré en sus de
la place là où la bataille avoit esté, pour eulx refection-
ner de ung pou de pain que ilz avoient, car nulle autre
viande n'avoient ilz, & ainsi comme ilz mangeoient &
buvoient de l'eaue de la rivière qui par là couroit, à
ung de leurs heausmes dont ilz faisoient anap,
monsg^r Gérard de Rossillon perceut de loin venir
Gérault à tout sa bataille qui descendoit d'un hault
pour en venir à lui. Si s'escria à ses compaignons,
tost, mes amis, deist il, nous sommes assés reposez ;
vecy ouvraige pour nous; nous serons tous desbaretés,
se Dieu ne pense de nous ; je cuide à mon escient que
point ne lui plait que nous puissions venir en quelque
lieu à sauveté ; j'ay merveille dont tant d'hommes
d'armes saillent ne viennent, pour Dieu, mes amis, pre-
nons la mort en gré, se Dieu permet que nous les ayons,
& vengeons noz corps & noz hontes à celle fin que re-
prouvé ne soit à nostre lignaige aucune lascheté avoir en
nous esté. Et quant il eust ce dit, il resaillit en l'arceon,
& aussi firent tous ses compaignons qui tous navrez
estoient de la bataille devant dicte ; néantmoings sans
pleute de paroles, ilz s'en vinrent baudement contre
Gérault, qui aussi venoit de plain eslais : si s'entreférirent tellement que les VII contre les XX qui chacun
des VII porta le sien par terre, & lors tirent les espées
& commencèrent à férir & à mailler l'un sur l'autre :
si ne demoura gaires que des XX les X en furent

mors, car ceulx VII eſtoient très eſleux & très chevalereux & moult bien duis de leur fait: néantmoins on dit communément que force tont *le pré* (1), ceci dis-je pour ce que les VII ne povoient tant durer, que il ne convenift que ilz euffent entre tant d'hommes moult de périlleuſes rencontres, & auffi eurent ilz ; car l'iftoire dit que les V en demourèrent mors en la place & l'autre fut navré à mort. Mais de tous les XX deffus diz ung ſeul n'en efchappa, que tous ne demouraffent en la place mors & deftruiz, & ne demoura de toute la compaignie, tant d'ung cofté comme de l'autre, que ſeulement monfgʳ Gérard & ung ſien eſcuier qui eſtoit navréz à mort.

---

(1) *Forceps tondit pratum.*

*Comment monſgʳ Gérard perdit ſes chevaulx & ſon
eſcuyer morut.* LV.

Quant monſgʳ Gérard de Roſſillon ſe fut deſ-
peſché de ſes anemis, il fit monter ſon eſcuier à cheval le mieulx qu'il poult, & puis
fit monter madame Berte & ſa chamberière. Si commencèrent à chevaulcher tant qu'ilz entrèrent en
une foreſt, & dit l'iſtoire que c'eſtoit de la foreſt
d'Ardenne ; ſi chevaulchèrent tant qu'ilz trouvèrent ung *recept* à ung povre hermite qui là ſe tenoit
& faiſoit ſa pénitence : ſi ſe tirèrent celle part & pour
ce que jà il eſtoit moult tard, ilz s'en vinrent à l'uys
de l'ermite & le appelèrent, lequel preſtement leur
ouvrit ou nom de noſtre ſeigneur ſon *recept,* & leur
préſenta le logis tel qu'il eſtoit ; & lors deſcendit
monſgʳ Gérard premier, & ayda ſon eſcuyer à deſcen-
cendre & à mectre jus, & le preudhomme & madame
Berte & ſa damoiſelle lui aydoient le mieulx qu'ilz
povoient. Si entrèrent ens & coulchèrent l'eſcuier ſur
ung pou d'eſtrain, aſſés près du feu, car nul autre litz
n'avoit en la maiſon ; & lors monſgʳ Gérard miſt les
chevaulx en une petite appendize qui eſtoit en la
maiſon ; ſi leur donna de l'herbe qui lui meſme &

madame Berte foyèrent, & puis après fe vinrent chauffer: le preudomme qui très bon feu leur faifoit & fi les reconfortoit & confoloit au mieulx que il povoit & favoit; & lors monfg^r Gérard adreça fa parole à fon efcuier & lui demanda comment il fe fentoit de fa fanté; par ma foy! fire, refpondit il, je fens la mort qui m'aprouche; s'il vous plaifoit, je me confefferoye volentiers à ceftui preudomme & fi recevroye volentiers mon faulveur; par ma foy, deift monfg^r Gérard, mon très chier amy, j'en fuis bien d'accord, mais il me poife moult grandement de voftre département. Adonc monfg^r Gérard pria l'ermite que il le voulfift adrecier fon falut à fon povoir, & preftement l'ermite en fit fon devoir, car il le confeffa moult ordonément, & pui lui donna fon facrement, lequel efcuier le receut en grant revérence & contricion de cueur, en pardonnant à toutes créatures tout ce que meffait on lui avoit, en priant Dieu mercy moult piteufement, & en fes prières & oraifons trespaffa vers la minuit: Dieu face mercy à fon ame, s'il lui plait ! Las ! que en fut dolant & enuyeux de cueur monfg^r Gérard & madame Berte fa femme & comment le regretoient: fans nulle doubte, il n'eft homme qui pitié n'en euft, & tandis qu'ilz eftoient en ceft appareil, vinrent ou dit hermitaige quatre fors larrons efcouter que c'eftoit que ilz ooient, & ainfi qu'ilz aloient à l'environ de la maifon, ilz trouvèrent les chevaulx Gérard qui loyés & eftablis eftoient en l'appendife devant dicte, dont ilz furent moult joyeulx, & pour ce preftement & fans plus actendre, ilz les defloyèrent prinrent & enmenèrent. Or regardés les males aventures comment par toutes manières elles couroient fus à ce très puiffant prince & feigneur, & comment fortune l'avoit merveilleufement mis tout au plus bas : que povoit on autre chofe dire fors feulement que telle eftoit la volenté de noftre feigneur, à celle fin que de leurs orgueilx ilz feuffent chaftoyés, & que par purgation du feu de la divine amour, ilz feuffent tellement examinez que ilz defferviffent eftre dignes du règne de Dieu, comme ilz furent, tefmoignant leur légende ou hiftoire. En cefte partie, dit l'acteur que ce vaillant efcuier qui là morut, ce fut ung appellé Fouchier, filz de Hermand, duc de Frife, comme il fe recorde avoir leu en aucunes hiftoires ; & de ceftui Fouchier & Fouques, filz du duc de Provence, ont parlé les hiftoriens moult diffufément; car les ungs ont atribué chofe à l'ung qui s'entendoit de l'autre ; fi s'en rapporte à la difcrécion des lifans & veult revenir à fa matière.

Comment monsg^r Gérard se partit de l'hermitaige là où il laissa la damoiselle qui estoit avec eulx, pour la rendre à ses amis & parens. LVI.

Quant monsg^r Gérard eut assés plaint & ploré son escuyer, & qu'ilz eurent enterré & fait son service au mieulx qu'ilz peurent, & ce vint le matin, & que il vint pour appointer ses chevaulx, il n'en trouva nul dont il fut moult esbahy & vit bien que ilz lui estoient enblé ; si se commenca moult fort à désespérer & à tourmenter ; & tant se mélancolia que en se mélancoliant il commenca à murmurer contre Dieu, disant que Dieu tout ce lui envoyoit à tort ; & en ces pensées où il estoit, disoit que Dieu n'estoit point vray, juste ne léal, quant à tort il souffroit telle dérision ; & maudisoit sa nativité, son père & sa mère qui l'avoient engendré, & ainsi qu'il estoit en ceste abusion & torment, lui survint le S^t preudomme, qui moult débonnairement le commença à reconforter par moult de belles & doulces paroles, & mesmement madame Berte sa femme y mectoit une très grant diligence, & lui remectoit au devant pluseurs moult bonnes examples par lesquelles elle fit tant, qu'elle le remist à sa bonne mémoire, & qu'il deist : Dieu y ait part, puifque je fuis nu yffu de la terre, je y dois rentrer nud. Après ces paroles, il donna en charge au preudomme la damoifelle qui eftoit avec madame Berte, pour la rendre à fes amis, comme il fit ; car l'hiftoire dit que en mains de huit jours après que monfg^r Gérard de Roffillon fe fut départy de ceft hermitaige, les amis d'icelle la vinrent là requérir & la remenèrent en leurs marches ; & fut depuis, par très grant honneur, mariée à ung hault baron de Bourgoingne lequel s'appelloit Bertrand. L'ermite devant dit, qui de tout fon povoir reconfortoit monfg^r Gérard, lui confeilla que il fe trahift envers ung très faint preudomme qui gaires loing de là ne demouroit, car, difoit il, c'eft ung homme très faint, très dévot & très faige ; & cuide à mon efcient qu'il vous donra tel confeil que jamais ne fera heure que mieulx ne vous en foit : pour Dieu, monfeigneur, alés le veoir ; & tant fit & fermonna le dit hermite que monfg^r Gérard & fa femme fe mirent en chemin tout à pied, ce que point apprins n'avoient, pour aler celle part ; & l'ermite les convoya affés & longuementt, tant qu'il les euft mis fi ou chemin que ilz ne povoient faillir que ilz ne veniffent au lieu deffus dict, & lors fe départit l'ermite d'eulx & les commanda à noftre feigneur, en lui priant que, par fa débonnaire pitié, il lui pleuft les conduire tellement que ce feuft au falut de leurs âmes. Et monfg^r Gérard de Roffillon & ma dame Berte, fa femme, eulx deux feulement, commancèrent à cheminer en mectant au très haultain Dieu leur efpérance & deffoubz la protection de l'umbre de fes hales, comme homme exillié ; monfg^r Gérard à la manière de monfg^r St Paoul, le premier hermite, mectant la néceffité de fuire en bonne volenté telle que

il fe commença à repentir de fes péchiéz très grandement. En ceſt penfement, ilz parvinrent à l'ermitaige
du faint preudomme dont l'autre leur avoit parlé par
devant, & le trouvèrent à genoulz devant fon autel, là
où il prioit en dévotes oroifons, en pleurs & grans
larmes, noſtre feigneur pour tout le peuple; & eſtoit
le preudomme veſtu d'une peaul de chièvre moult
povrement; mais quoyque monfg^r Gérard fe repentit
de fes péchiez, fi penfoit il en fon cueur que il fe vengeroit de fon anemy le roy Charle, quant Dieu lui en
donroit le pooir.

*Comment le S^t preudomme resconforta moult grande-
ment monsg^r Gérard de Rossillon.* LVII.

Venuz et arrivés monsg^r Gérard de Rossillon
et ma dame Berte sa femme au lieu de ce
saint preudhomme, ilz le saluèrent moult
honorablement ainsi que bien faire le scavoit, et il
moult humblement, doulcement et amiablement les
receut et festia, et puis leur demanda qui ilz estoient;
et lors monsg^r Gérard respondit en telles manières ou
semblables : Par ma foy, sire, je suis de Rossillon seigneur et me appelle-on Gérard le deshérité par la
puissance du roy Charle le Chauve, qui tout ce m'a
fait, et cuide bien à mon escient que ce ait esté par
mon orgueil et iniquité. Mon très chier preudomme,
saichés que n'a pas longuement que je soloye autant
tenir de terres que homme qui feust par de cà les
mons jusques à la mer, et maintenant je n'en ay point
tant que ung seul pied est grant; mais, sans nulle
doubte, il ne m'enchaussit gaires de moy, se ceste
femme icy, la quelle est seur germainne à la reigne
de France, feust en son estat deu comme à elle appartient; mais il la convient maintenant aler à pied, car à
nuit nous ont esté emblez noz chevaulx en la maison

d'un voftre bon amy & preudomme qui cy nous a
tranfmis & envoyés. Si venons comme povre truant,
car je fay bien que le roy Charle par fon mauvais argu
nous fait & fera partout quérir & chaffer, & que à
très grant painne pourrions nos vies fauver ; mais fe
Dieu me donnoit tant de grâce que je peufe venir en
Hongrie, je cuideroye faire tant vers le roy que il
m'en feroit de mieulx, & pour ce, mon très doulx
amy, fummes nous venus icy, en vous priant que de
la grant mifère là où nous fummes, il vous plaife nous
confeiller, & tout ce qu'il vous plaira nous confeiller,
faichés que de bon cueur nous y entendrons. A ces
mos, le preudomme lui deift que premièrement il le
convenoit confeffer, & tous fes péchiez gémir & recorder, & en après il lui donroit confeil par lequel, au
plaifir de noftre feigneur, il rauroit toutes fes duchés
& contés. Et lors monfg^r Gérard en la préfence du
preudomme fe confeffa moult humblement & dévotement : mais en confeffant il voa que jamais fon chief
ne fa barbe ne feroient rafez, tant que il referoit duc
de Bourgoingne, auffi bien que il avoit onques efté.
Hélas ! que longuement lui dura ce veu : fans nulle
doubte, il y mift VII ans avant qu'il peuft eftre fourny
ne accomply ; & en fouffrit maintes doleurs & maintes
painnes. Adonc le preudomme demanda à Gérard fe
il avoit en Dieu ferme créance, & Gérard lui refpondit que oy jufques à certain terme : ha ! deift le preudomme, certes je croy que toute ta vie tu as efté moult
négligent de Dieu fervir de bon cueur, & fe tu n'y
prans garde, tu es en voye de dampnacion ; car, fans
nulle doubte, fe tu n'es vray repentant, & que totalement tu mectes en Dieu le tout poiffant ton efpérance,
en lui donnant du tout en tout le bon plaifir de fa

volenté eftre fait en toy, tu morras en ce point miférablement. Certes, fire, je me fubmez, deift Gérard, à foffrir celle pénitence qu'il vous plaira à moy donner en charge, & prie dès maintenant à Dieu que jamais ung feul bon jour je n'aye, tant que j'aye mort & occis le roy Charle qui m'a en ce très dur danger mis; car je vous promez, fe jamais je puis armes porter encore, cuidé je prandre de lui fi bon vengement, au plaifir de Dieu, que à toufjours du monde en fera parlé. Ha! deift le faint preudomme, mauvais homme & defloial, comment ofas-tu onques ce penfer, quant en la plus grant puiffance, onques deffendre ne garder ne t'en peuz ou fceuz, que tout malgré toy il ne t'ait chaffé & bani & tout defhérité ! Sire, ce dit Gérard, ne vous courroucez pas à moy, car je vous diray comment je penfe à fournir mon intencion, fe tant feulement je puis venir en la préfence de Othon, le bon roy de Hongrie : je cuide fi très bien exploicter vers lui que au mains il me pourvuera de armeures & de bon cheval, par lequel je penfe tellement exploicter que je en occiray le roy Charle par quelque manière que ce foit ; & affin que vous faichés comment je pourray ce faire, je fcay très bien le gouvernement du roy & quelz ufaiges il a d'aler voler & chaffer & les places & les lieux de tout le réaulme, par lefquelles chofes j'efpère à perfournir mon intencion, fe me vueillés fur ce confeiller, fe mieulx je le pourroye faire.

Du conseil que donna le saint hermite à monsgʳ Gérard de Rossillon. LVIII.

Ha! mon amy, comment se peut il faire que vous haissés ainsi le roy? Or me dictes la cause de vostre guerre : & lors monsgʳ Gérard lui raconta comment il avoit premièrement destruict & chassé de son règne, occis ses hommes, ses nepveux & ses parens, & se tant pooye faire que je les vengasse, je cuide que point ne messeroye ne à Dieu, ne au monde, car il est mon anemy mortel, & par sa faulse & mauvaise décepcion sont mors mains justes & vaillans preudommes, & il est escript : *vindicia sanguinem justum etc.* Pourquoy j'ay en ma pensée ferme de venger le sang juste & de accomplir la saincte escripture en ceste partie. Quant le saint preudomme entendit que monsgʳ Gérard estoit clerc & bien entendent la saincte escripture, si lui deist : ha! mon très chier amy, certes je te tien estre moult desporveu de sens que tu entens & mes ceste parole en ton intencion : l'orgueil de ton corps ta bien avveugly & abismé ; ne sces-tu pas bien que le dyable d'enfers par son orgueil fut gecté jus de la gloire céleste, & que jamais il n'y peut remonster par ce qu'il n'en peult pénitence faire, lui qui eſtoit créé tant noblement que il povoit veir clérement la benoite divinité, & d'avoir mercy par ſon orgueil jamais ne aura volenté, & auſſi s'il en voloit avoir volenté, ſi ne pourroit il : & comment cuide tu donc, qui es homme fait de boe, faire ainſi que tu puiſſes Dieu tourner à ta volenté ; or me dis, n'eſt il point vray que quant tu eſtois conte & de très grant puiſſance, tu n'as peu avoir force contre lui qu'il ne t'ait bouté hors de ton réaulme, & tant que en toy exillant il t'a fait fuyr comme povre meſchant, & ce te fait ſeulement ton orgueil & la pou de meſure de diſcrécion qu'il a eu en toy juſque acy, & ce me ſemble que encoires n'en y a gaires, pourquoy je te dis, ſe tu demeure en ceſte erreur, jamais à la guyſe du dyable, à ta terre tu ne retourneras ; ains morras povre & mendiant, & autre choſe ne chaſſe le dyable fors qu'il t'ait tant enlaſſé & bouté en ſes lacs qu'il te puiſſe tenir en ſon danger, par lequel dangé ſe longuement tu demeures en ceſte très mauvaiſe & horrible penſée, tu ſeras dampné perdurablement. Or te adviſe, mon très chier amy, car quant tu auras fait le pis que tu pourras, ſe demourras-tu en ce point, & ſaiche que longuement tu ne tarderas que tu orras nouvelles du roy de Hongrie, les quelles nouvelles te conforteront moult petit ; ſi te loue, mon très chier amy, que tu mecte raiſon en ton cueur, en ton corps & à ta volenté ; car ſans nulle doubte, ſe tu ne le mes, elle s'y mectra à ton deſtruiment. Comment ? ſire, reſpondit monſg^r Gérard, il me ſemble que je ne puis riens meſprandre vers Dieu ne vers le monde à mectre le faulx roy Charle à mort par quelque voye que ce ſoit ; ne ſcet point un chaſcun comment il m'a premier aſſailly, & comment par ſon faulx porchas, ce

moy non faichant, tous mes barons m'ont failly & tout
ce a-il fait fans m'y deffier faulcement & honteufement,
dont je me fuis défhérité ; & touteffois je lui ay offert
à lui faire droit en fa court de juftice, au los des
barons de France, ne autre chofe ne lui demandoye
d'avantaige, fors feulement faulf alant faulf venant,
par condicion que premier il me euft reftably de tout
mon héritaige dont il m'a fraudeleufement défhérité;
mais rien n'en a voulu faire pour quelconque chofe
que Fouques, mon très chier nepveu, l'en ayt fceut
requérir ne prier, & fi le tient-hon pour l'ung des
fage chevalier qui vive aujourdhuy, Dieu le gard ou
qu'il foit s'il eft en vye, car moy préfent je le vis
prandre & retenir. Ha ! fire, penfés vous que je ne
doye point avoir doleur au cueur, quant il me fouvient
comment le roy Charle refpondit à Fouques en faifant
fon meffaige, quant il lui deift que il me feroit pendre.
Sont ce mos de roy ! je le vous demande, & encore
m'a il couru fus fans moy deffier par nulle manière ;
pourquoy je dis que quant foy fault en ung tel roy,
qui fe met en peine de le deftruire & occir, il ne mef-
prend ne à Dieu ne au monde ; & fur cefte conclufion
ay je fermée & arreftée mon intencion & propos : &
quant il euft ce dit, il fe leva de l'ermite, comme tout
fourfené qu'il eftoit pour la mémoire de fon mefchief
qu'il avoit eu, ou recorder les paroles devant dictes,
& s'en ala apuyer contre l'autel au fainct preudomme
en mectant la main à la *maffelle*.

*Comment ma dame Berte s'approcha du fainct preu-
domme pour ayder fon mary à reconforter.* .LIX.

Ma dame Berte oyant fon mary recorder toutes
fes males aventures, & véant comment il
s'eftoit levé moult defappaifié de d'emprèz
ce fainct preudomme, lequel à peine ne fcavoit que
dire pour la doleur que il avoit au cueur de la doleur
qu'il véoit avoir à ce chevalier, monfg^r Gérard : elle
auffi oyant que toufjours eftoit fon intencion de occir
& mectre à mort le roy Charle, en plorant à groffes
larmes, s'approcha du fainct preudomme & fe gecta
à fes pieds comme s'elle les voulfift baifier, & lors
deift elle ; très fainct homme de Dieu, vueilles toy
enployer à remectre mon très chier feigneur en la
droicte voye de raifon, lequel eft tant défvoyé que plus
ne peut. Et quant ce preudomme vit la humilité de
cefte vaillant dame, il la fit lever : il commença à
plorer moult foudainnement, fi fe leva & s'en vint
emprez monfg^r Gérard tant humblement que bien
fembloit faincte perfonne, & lui commença à dire :
ha ! mon très chier amy Gérard, or te voy-je moult
efperdu ; fans nulle doubte tu as perdu le bien de
ceftui fiècle & de l'autre, & fe tu es banis de la terre
auffi es-tu du ciel ; ha ! mon amy ; reprens ta mémoire
& ploure tes péchiés & faiches que rendre mal pour

mal, c'eſt toute imperfection de ſalut. Ha! chier frère, & que veulx tu faire de occir le roy; ſans nulle doubte tu n'en as povoir, & combien que je perçoive au plain que tu as de ce faire volenté, touteffois ſaiche que jà à ce tu ne parviendras. Si te prie, mon très chier frère, que tu entende ce que je t'en diray, car ce ce ne fera autre choſe fors vérité & droicture; s'enſy eſtoit que mauvaiſe velenté feuſt comptée pour fait par la manière que la bonne, en vérité tu euſtes tan fourfait que à peine le peuſſes tu amender; mais il n'eſt pas meſtier à toy, ne à autre créature humainne, car par ce point nous yrions en dampnacion d'enfer avec les dampnés perdurablementnt. Or ça, mon très chier frère, ne te ſouvient il point comment je t'ay dit que tous ces maulx & doleurs que tu feuffre & porte ne te viennent que par ton orgueil ; laiſſe donc celle fole opinion & te humilie envers ton créateur; car tu ne peuz pas droicte juſtice & raiſon, ne ne dois faire à Charle, roy de France, ton ſeigneur, dommaige ne contraire; & tu ſcés que on ne fait d'ommes nul plus grans juſtice que de cellui qui ſon ſeigneur occiſt, mulctriſt ou trahit ; & je cuide que ſe tu bien penſoye à ce, & que la juſtice on te demandaſt d'aucun qui ſon ſeigneur auroit mulctrit, tu jugeroye que cellui qui tel péchié auroit perpétré feuſt ars ou pendu ou tant détrainné à chevaulx, que par pièces ſon corps feuſt diviſé, ou d'autre pire mort ; & je te reſponds à ce que ſe à ung tel on offre & fait ſouffrir ceſte peine que tu aras ainſi jugié, encoir lui ſera la mort d'enfer cent mille fois plus grande & plus horrible; car c'eſt la mort dont il eſt eſcript : *in inferno nulla eſt rédemptio,* c'eſt à dire que, en enfer n'a nulle rédemption, & ceſte mort eſt tant déteſtable, que par homme nul elle ne peut eftre cognue ne comprinfe : & fi te dis que la faincte efcripture nous enfeigne & tefmoigne que, en quelconque lieu que la pouldre de telz mauvais & deteftables corps vole ou quiefce, jamais fleur, ne herbe, ne arbre ou feuille n'y fructifiera, mais fechera & anientera comme chofe perdue & maudite de Dieu. Or fuppofons icy que le roy, qui eft ton feigneur comme tu confeffes, ait tant envers toy mefprins que à tort il t'ay affailly, tu ne peus nyer que tu n'ayes Dieu courrouffé comme félon & defpiteux que tu es, & pour ce te rend-il tel payement de ton meffeit, & eft fa volenté de toy ainfi pugnir. Si te promez pour certain, fe en gré tu le veulx prandre & toy retourner envers lui & lui prier mercy, que encoires reaurastu toute ton honneur,& ce croy-je fermement. Adonc madame Berte oyans ces doulces & piteufes paroles que difoit ce fainct preudomme, elle en euft telle doleur au cueur que les larmes lui couroient fur fa doulce face à grans cours, & fe gecta en genoulx devant fon chier mary, monfg^r Gérard de Roffillon, en difant : ha ! mon très doulx frère, ha ! mon très doulx chier feigneur, je vous prie en l'onneur de cellui qui vous a formé en fa benoite famblance & a daigné naiftre de la vierge Marie, eftre povre, morir en la faincte croix, pour vous & toutes bonnes créatures rachepter & gecter de la fournaife d'enfer, là où nous tous eftions obligez, pour la deffaulte & péchié de noftre premier père Adam, que il vous plaife laiffer la très ferveufe, fole & perverfe volenté de voftre cueur ; & pardonnés débonnairement & bénignement au roy, noftre fire, tous maltalens & auffi à tous ceulx qui, par quelconque voye, vous ont aucune chofe meffait à l'encontre de voftre volenté.

*Comment monsg^r Gérard de Rossillon, par le moyen
de l'ermite, pardonna au roy de France son mal talent.*
LX.

Monseigneur Gérard de Rossillon véant comme
ce sainct preudomme plouroit amèrement
& ma dame Berte sa femme pareillement,
une componction le vint férir au cueur, tellement que
les larmes de son très tant dur cueur lui commancèrent soudainnement à monter aux yeulx & ne demoura
gaires que, ainsi qu'il estoit en ceste pensée, il se tourna envers ma dame Berte, sa femme, & pour elle
reconforter lui deist en telle manière : ma très chière
dame & espouse, vueillés vous conforter & si ostés
vostre dolent cueur de toute tristesse ; je vous en prie
pour l'amour de Dieu. Car par ma foy, je vous promez
& à ce sainct preudhomme que jamais tant que je vive
vous ne m'en verrés faire dueil, ne clameur, mais lui
pardonne tous mal talens & tous les sourfais que
onques il me fit; en priant Dieu, par sa débonnaire
grâce & pitié, lui vueille pardonner tout son péché &
lui vueille donner telle cognoissance de si bien & si
justement gouverner son réaulme de France, que ce
soit au salut de son âme. Quant ma dame Berte, sa

femme, & le bon preudomme lui oyrent ce dire, se ilz furent joyeulx, ce ne fut point à demander; car noftre hiftoire tefmoigne que eulx, qui par devant gectoient groffes larmes par la doleur qui eftoit en leur cueur, maintenant plus larmoient plus foudainnement pour la joye qui redondoit. Et adonc l'ermite le prit par la main & le remena affeoir emprez lui en lui demandant : Or cà, mon très chier frère, maintenant eftes vous hors des lyens au dyable ; fe il vous plaifoit à faire pénitence, vous le auriés du tout en tout confondu. Certes, fire, deift monfg^r Gérard, & je la vueil faire au los de voftre confeil. Grant mercy, frère, deift le fainct homme; premièrement je vueil que vous renunceź a toutes armes & à toute chevalerie jufques à ce que le terme de VII ans fera accomply, ouquel terme vous fervirés Dieu de tout voftre cueur & gaignerés voftre vye, en ce que Dieu vous enfeignera à faire, & ainfi vous le m'avez en convent. Par ma foy, fire, fi ai-je : Et cy dit noftre hiftoire qui bien fambloit au preudomme que ce que Gérard difoit eftoit de très bonne volenté, pour ce que nul reffuz n'y mectoit, & quant il euft toute fa pénitence receue du fainct preudomme, & que madame Berte fe fut'auffi confeffée & ordonnée, & qu'ilz eurent receu la bénédiction du fainct homme, il fe voult départir du lieu; car il lui fembloit que trop longuement y avoit demouré & que defjà il deuft eftre en Hongrie : & pout ce fembla il que il n'avoit point fa volenté reftraincte du tout en tout de fon entreprife perfurnie, veu qu'il ne défiroit que aler par devers le roy de Hongrie. Mais nul femblant n'en faifoit qui donnoit à entendre au fainct homme & à ma dame Berte fa femme que fon cueur feuft pur & net de tout maltalent. Si fe tourna envers le preudomme & lui demanda congié, car il s'en vouloit aller ailleurs pour commancer à faire fa pénitence, & le fainct hermite moult débonnairement les congeya & beneift, & leur bailla moult de bons enfeignemens par lefquelx ilz pourroient parvenir à la faincte amour de noftre feigneur, après lefquelx enfeignemens receuz & bien entenduz, ilz fe partirent, en faifant grans plaintgs & grans pleurs, en prenant congié au preudomme qui très fort ploroit de leur male aventure, en eulx commandant à la faincte garde de noftre feigneur, & à tant fe partirent & mirent à la voye.

Comment monſgʳ Gérard de Roſſillon oy & ſceut par marchans que le roy le faiſoit quérir par tous pays.
LXI.

Quant monſgʳ Gérard ſt madame Berte, ſa femme, ſe feurent départis du ſainct preudomme devant dit, qui moult bien les avoit inſtruiz ſt enſeignés de la vertu de patience, ſt qu'ilz eurent cheminé aſſés bonne pièce, ainſi qu'ilz devoient paſſer ſur le travers d'ung grant chemin, ilz virent marchans ſur le dit chemin qui venoient contre eulx; ſi les actendirent ſt les ſaluèrent ſt ceulx leur rendirent auſſi leur ſalut. Adonc monſgʳ Gérard de Roſſillon, comme homme bien amanièré de ſavoir parler ſt reſpondre, leur demanda ſt enquiſt dont ilz venoient ſt qui ilz eſtoient; ſi lui reſpondirent moult débonnairement pour ce que bien leur ſembloit que c'eſtoit ung homme plain de ſavoir : par ma foy, ſire, nous venons du pays de Hongrie ſt ſummes marchans du réaulme de France, qui gaignons noſtre vye à marchander par toutes terres : ſt quant monſgʳ Gérard oyt qu'ilz venoient de Hongrie, ſi leur demanda là où le roy Othon de Hongrie ſe tenoit: ſi lui reſpondirent: par ma foy, ſire, il eſt tout nouvellement alé de vye à trefpas, ne jamais en fa vye ne fera guerre à homme. Et ce favons nous par aucuns meffaigiers de France que bien cognoifceons, que nous avons veu ou dit pays mefme ou maiftre palaix du roy, qui la chofe nous ont dit, & auffi le peuple du pays en avons veu faire le dueil & les obfèques. Adonc monfg\`Gérard leur demanda quelle chófe faifoient là fes meffaigés envoyés par le roy de France. Certes, fire, il eft vérité que noftre bon roy de France a eu depuis ung pou de temps la guerre à ung de fes barons nommé Gérard de Roffillon, conte de Bourgoingne & de plufeurs autres feignories ; fi l'a noftre roy efchaffé & bouté hors de toutes fes terres & feignories, & de fait l'a banni de toute fa puiffance ; & à celle fin que fe ceftui Gérard fe retournoit devers Hongrie, pour ce qu'il fcet bien que le roy Othon eft de fon parent, qu'il feuft prins & lui feuft amené comme fon anemy mortel. Car nous avons oy par tout crier que qui le pourra tenir & il le vueille mener au roy, il en aura tant d'avoir que il en vouldra demander ; & nous favons de vray que le roy de France le het tant que f'il le tenoit, jamais il ne mengeroit de pain : car nous cuidons mieulx que il le feroit ardoir ou pendre que autrement, & pour ce le fait le roy quérir par toutes terres, ne jamais ne finera tant qu'il aura certaines nouvelles, ou qu'il fcéra là où il s'eft retraict. Or demandés fe Gérard fut en bon point, quant il oyt parler ainfi de lui, certes je cuide que non; mais il lui convint mectre raifon en lui, car adonc n'eftoit point heure de efmouvoir débat; mais ung feul mot ne deift puis, pour nul avoir de controverfe de mal talent.

Comment la renommée couroit par toute France que monſgr Gérard de Roſſillon eſtoit treſpaſſé, dont le roy fut moult joyeulx. LXII.

Ma dame Berte oyant ces bons marchans parler & véant que la couleur eſtoit jà montée au viſaige de ſon mary, comme toute honteuſe & paoureuſe, commença à reſpondre en eulx ſaluant moult débonnairement: Par ma foy, ſeigneurs, ceſtui dont vous parlés, nous vous certiffions qu'il eſt mort en ung lieu moult ſaulvage en la foreſt d'Ardene; & avons puis nagaires de temps eſté ſur ſa tombe deſſoubs la quelle il eſt enterré, & eſt en ung bien povre hermitaige, moult hors de gens, & là où il ne repaire à peine perſonne ; mais aventure nous y porta, ſi nous deiſt le ſainct homme du lieu la choſe que nous vous diſons, car tout nouvellement il eſtoit advenu. Adonc, reſpondit l'ung des marchans, loué ſoit Dieu de ceſte très eureuſe viſitacion & nouvelle; or maintenant ferons nous en paix entre nous marchans, puis que les orgueilx & les guerres de Gérard de Roſſillon ſont finées, qui tant nous a grevé entre nous povres marchans & portés dommaiges ; maintenant povons nous aler partout ſeurement quant cellui eſt mort dont tant de mefchief nous venoit. A ces paroles fut monfg^r Gérard courrouffié que *fe il ne morroit* il ne povoit pis faire; & dit noftre hiftoire que s'il euft efté à cefte heure armé, il fe feuft meflé à eulx comment que la chofe feuft alée : mais la mercy Dieu, & le bon preudomme ermite dont nous parlafmes ores, il avoit renuncié aux armes, & partant les bons marchans s'en alèrent quictes & liges. Et monfg^r Gérard & Berte, fa femme, s'en alèrent ailleurs : mais nous vous dirons avant des marchans comment ilz ouvrèrent; notre hiftoire dit que quant ilz oyrent que monfg^r Gérard eftoit mort, ilz en feurent fi joyeulx que ilz ne favoient que faire, & pour ce que comme fe ce feuft ung très grant bien qui feuft advenu ou réaulme de France, partout là où ilz paffoient, ilz difoient & nunceoient la mort Gérard, & bien fouvent en mentant difoient, à celle fin que mieulx ilz en feuffent creuz, que ilz avoient efté fur la tombe, & de fait ces marchans ne ceffèrent & vinrent en la préfence du roy auquel ilz certiffièrent que monfg^r Gérard de Roffillon eftoit mort & enfouis : dont le roy fut fi joyeulx que il ne favoit que faire & en donna aux marchans qui ce lui rapportèrent de moult beaulx dons. Mais je cuide, fe Dieu plait, que encoire le rencontrera-il une bonne fois à fa très grant mefchance & defhonneur, comme vous orrés cy après. Ainfi vont les faiz de guerre, car fortune tourne & retourne fouvent fa roe à fa volenté, & vous avés fouvent oy dire que, tel rit au matin qui plorera au foir moult fouvent.

*Comment la bonne royenne de France menoit grant
dueil de la mort monsg^r Gérard de Roffillon.*
LXIII.

ous povés bien favoir que le roy de France,
nommé Charles le Chauve, eftoit joyeulx de
la mort monfg^r Gérard de Roffillon, contre
ce que en eftoient tous fes amis & parens ; & mefme
madame Eloyfe, la royenne fa femme, dolente &
anuieufe, & faichés de certain que ils n'en avoient ju
ne ris, ains le ploroient & plaignoient trop grandement
en difant: Hélas! la gentille nobleffe, le noble homme,
le noble vaffal, le grant, le fort, le faige, le meilleur
des meilleurs, Dieu ait pitié de voftre âme ! jamais en
France le pareil ne fera. Hélas, difoit la royenne, ma
très chière fueur, vous eftes bien finée miférablement
& en grant povreté, vous qui eftiés fille de conte fi
fouffifant, & de fi vaillant homme, comme eftoit le
conte de Bourgoingne, femme & efpoufe, ha! Maul-
vaife & mauldicte fortune, pourquoy as tu ainfi tourné
ta roue contre ce très tant preudomme & cefte tant
vaillant dame, que ainfi as fouffert les défhériter ? Ha!
que maldicte foit l'eure, quant de moy mefme autre
remède je n'y ay mis ; mais j'ay toufjours cuidé que

monfg^r le roy fe deuft refréner, & rappaifer dont je fuis déceue ; & auffi avés vous efté, ma très amée fueur, que j'ay ainfi perdue mefchamment, jamais ne vous verray : Dieu vous vueille veoir en fa gloire. Ainfi & par moult de manières fe defconfortoit la royenne, madame Eloyfe, par la mort de monfg^r Gérard & de madame Berte, fa femme, & qui vous diroit tous les regrès que la royenne faifoit, & mefme Fouques, le bon chevalier, qui eftoit en la court du roy comme prifonnier fur fon fairement, je cuide que on vous attaïnneroit. Et auffi l'iftoire en parle affés brief, fi nous en tairons à tant & viendrons à parler de monfg^r Gérard de Roffillon & de madame Berte, fa femme, qui eftoient en très grant triftieffe & anuy de cueur; mais madame Berte, qui toute remplie eftoit du St Efperit, reconfortoit toufjours fon mary moult doulcement, en lui mectant fouvent au devant les doulces humbles & débonnaires paroles que le fainct preudomme devant dit leur avoit dictes & enfeignées; aufquelles monfg^r Gérard prenoit ung tel reconfort que moult fouvent il en oblioit fa doleur & fa mifère, mais fe venoit il fouvent, quant le dyable lui mectoit au devant fa perte & fon dommaige, que il fe troubloit tellement que à très grant paine favoit il tenir manière.

*Comment mon*ſg*ʳ Gérard de Ro*ſſ*illon* ſ*e mi*ſ*t deans les
déſers pour faire* ſ*a pénitence.*   LXIV.

A pied donc, ſans cheval, ſans ſelle, s'en aloient
monſgʳ Gérard de Roſſillon & madame Berte,
ſa femme. Maintenant peut il bien dire que
il n'eſt duc, conte, ne prince, mais eſt ung homme
povre & mendiant de aler comme il faiſoit par roches
& par eſpine, par montaignes & par valées. Et ainſi
en eſtoit il, car noſtre hiſtoire dit que, il ala tant &
d'ung coſté & d'autre qu'il ſe trouva en une grant
valée entre deux roches plaines d'eſpines & de roches,
là où il trouva deux moſtiers moult enciens & de très
vieille façeon, leſquelx deux moſtiers eſtoient aſſis ſur
la rive d'une grant rivière l'un à l'un & l'autre à l'autre;
& aſſés prez d'ilec avoit ung hermitaige ouquel ilz
trouvèrent ung moult ſainct preudomme qui ſe nommoit frère Gaulthier, comme dit l'iſtoire, & comme
ilz veniſſent ſur lui, ilz le trouvèrent à genoulz devant
ſon autel & liſoit ſon pſaultier. Si lui demandèrent
le logis pour la nuyt, & il leur octroya très volentiers
& les aberga au mieulx que il peut, & leur donna à
manger & à boire telz biens qu'il avoit, & dit l'hiſtoire que celle nuyt, ilz ne mangèrent que pain d'orge

presty de luxine, & si mangèrent de la porrée de cabus ou choulx que ilz cuillèrent environ la celle du sainct hermite, & si beurent de la bonne eaue toute froide, telle que ilz la povoient avoir en la rivière qui là assés prez couroit : après souper ilz se couchèrent sur ung pou de fueilles que le sainct homme leur avoit appareillé ; si dormirent au mieulx qu'ilz peurent & quant ce vint au landemain, ilz prinrent congié au preudomme, en lui remerciant de la bonne chière que il leur avoit faicte, & se partirent de là. Si commencèrent à cheminer parmy les défers, là où ilz ne trouvoient fors que ronces & espines dont ilz estoient si travaillés que à peine povoient ilz aler avant ; touteffois finablement firent ilz tant, à quelle que painne que ce feust, qu'ilz vinrent jusques à une moult belle fontainne, laquelle estoit ainsi que ou fons d'une grant valée ; si s'assirent là & se reposèrent, car ilz estoient tous lassés. Adonc monsg^r Gérard, qui tout lassés estoit, se voult couchier sur l'erbe verde d'environ, pour soy cuider reposer & dormir ; & ainsi comme il se cuida endormir, lui vint férir au cueur le souvenir de son grant meschief, par le quel souvenir pour tout l'or du monde il ne feust venu à some, mais se commença à plaindre & à lamenter par très merveilleux *air* ; ne plus ne lui souvenoit du bon enseignement que le sainct preudomme dont vous avons parlé lui avoit aprins, & tant se lamenta que le cueur lui enfla tellement qu'il deist que mieulx il amoit à morir par armes en batailles, que estre ainsi longuement comme il estoit en povreté, & lors deist que jamais ne peust avoir joye, ne pais, s'il en failloit aussitost que il pourroit recouvrer de cheval ne d'armeures, & que encoires jousteroit il une bonne fois si roidement au roy de

France, qu'il lui feroit voler l'âme hors du corps ; & preftement qu'il euft ce dit, une contriction de la mémoire de fon fainct hermite lui revint au devant, & le férit tellement au cueur que il fe commença à mauldire & à détefter moult dolentement, en difant : ha! dolante, chétive foy mentive, comment as tu ce ofer penfer de fi toft avoir mentie ta foy au fainct preudomme ? ha ! vray Dieu, donne moy faire ma pénitence, ainfi que je l'ay promis, par voftre débonnaireté ; & je vous promez, mon doulx créateur, que, moyennant voftre bonne confolacion & voftre bonne protection, je parferay ce que j'ay promis. Ains veulx prandre mon exil liement & en bonne pacience, en vous priant, mon doulx Dieu débonnaire, que, par le moyen de ceftui mifère & povreté que je feuffre, je puiffe deffervir le mérite du benoift fainct Paoul, le premier hermite.

Comment monſgʳ Gérard ſe mit au ſervir Dieu par bonne dévocion; & comment il ſe mit à eſtre vallet de charbonnier. LXV.

En très vraye patience & componction de cueur, commença lors monſgʳ Gérard de Roſſillon à mener une très dure vye & très auſtère, laquelle en très grant dévocion lui & madame Berte, ſa femme, prenoient en très grant affection; laquelle pénitence très paciemment ilz ſouffrirent par le terme de VII ans, lequel nombre de VII eſt ung nombre de perfection; & ſe ilz ſouffrirent très grant martire, ce ne fait point à demander; car vous devés ſavoir que gens qui onques n'eurent en leur vye nul danger, & ilz viennent par fortune à telle povreté, ce leur donne plus grant dureté que ceulx qui n'eurent onques bien; & faichés ſans faulte qu'ilz n'avoient mie touſjours froit, & auſſi n'avoient ilz mie touſjours chault; & moult ſouvent avoient pou à menger & à boire. Finablement ilz s'amaſèrent en ces bois, aſſés près de ung très vaillant preudomme, qui ſouvent les confortoit & aidoit, les confeſſoit & les adminiſtroit, & viſitoit ſouvent pour l'amour de noſtre ſeigʳ; car il véoit bien que c'eſtoient très bons gens, & bien lui fembloit qu'ilz eftoient de bon lieu yffus. Quant monfgr Gerard euft efté grant pièce en ces bois & foretz, & que toutes fes veftures & chauffeures & de madame Berte auffi feurent fi deffirées, que à peine on leur véoit la char à tous deux, monfgr Gérard s'advifa en lui mefme comment il pourroit pour le mieulx fon pain gaigner. Si s'en vint à ung preudomme qui fe tenoit en ces bois & fe mefloit de faire du charbon de   , & tantoft que il fut venuz à lui & qu'il l'euft falué moult doulcement, il demanda au preudomme s'il lui falloit point ung varlet pour lui aider, & que très volentiers lui aideroit à faire fon meftier, s'il lui plaifoit ; & lors le preudomme véant que monfgr Gérard, que point il ne cognoiffoit, eftoit bien taillé d'eftre ung très fort homme & de porter grant faiz, lui refpondit que oy, mais ce n'eftoit fors que pour porter fon charbon vendre à une cité qui prez eftoit d'illec, & monfgr Gérard refpondit que ce feroit il volentiers. Si s'en aconvenancièrent l'un à l'autre par telle condicion, que de chafcun fac qu'il porteroit & vendroit il en auroit VII deniers, & lui qui eftoit le maiftre en auroit pour fa peine & pour fes eftoffes V folz. Las ! quelle doleur ! lui qui eftoit duc & conte, pour gaigner fa très povre vye, fe mit à faire ung tel meftier & fi vil. On povoit bien dire que plus n'eftoit faulconnier, mais charbonnier, quant à fes propres efpaules il portoit le charbon vendre & encoire l'en convenoit il à fon maiftre rendre raifon. Il me femble que un chafcun, qui fcet que c'eft d'onneur, doit penfer en lui mefme s'il devoit point avoir grant honte & grant vergoigne ; & je cuide que auffi avoit il. Et en cefte partie, dit noftre hiftoire que, il portoit fi grant faiz de charbon fur fes efpaules que chafcun s'en efmerveilloit, & l'en mocquoient plufeurs gens ; mais il le portoit & prenoit en très grant patience, car à très grant painne un cheval portoit ce que il en portoit, & fe n'en avoit que VII deniers de la voicture, & le appelloient li aucuns le grant vilain charbonnier par leur derrifion.

Comment monſg^r Gérard ſe venga de ung grant ribault qui ſe mocquoit de ſon meſchief. LXVI.

Il advint ung jour que monſg^r Gérard de Roſſillon s'en eſtoit venu en la cité, en la quelle il ſouloit venir vendre ſon charbon : ſi avoit deſchargé ſon faiz & s'appuyoit ſur ſon ſac ainſi que pour ſoy repoſer, & vecy venir ung gros ribault, paillard & maloſtrut, qui le commenca moult fort contralyer & mocquer, la quelle choſe ſouffrit moult longuement monſg^r Gérard : au derrenier, cilz, qui taire ne ſe povoit, recommenca à dire ſes mocqueries & à rampromier monſg^r Gérard, & auſſi il eſtoit très coſtumier de ce faire & tant qu'il lui deiſt : par ma foy, vilain, tu reſſamble bien ung fort larron ; je croy que tu as mangé mains morceaulx qui ne te ont gaires coſté ; mieulx ſeroys digne d'eſtre pendeur de gens que d'autre choſe faire, ne de charbon porter. Adonc, monſg^r Gérard véant que ceſtui ne s'appaiſoit par nulle manière, ains recommençoit à chaſcune fois & diſoit : quel charbonnier ! quel marchant de charbon ! il pendra une fois tous les charbonniers du bois, s'ilz ne s'en preignent garde. A ces mos, monſg^r Gérard faillit ſus, comme tout

eschauffé d'ire & de mal talent, & lui deist : par ma
foy, vilain, je ne voy en ceste place autre larron que
toy, car il me semble bien que ta face le démonstre,
& pour ce que tu dis que je suis bien taillé d'estre
pendeur, & que ainsi tu me appelle, & que tu es larron, je te pendray tout maintenant : si auras la sentence que tu dois avoir ; & ce mot, le print par la
poictrine & le gecta sur son col, comme se ce feust une
petiote beste, & ne se povoit cellui nullement bouger,
fors seulement qu'il regippoit de ses pieds;& sembloit
qu'il ne grevast à monsg^r Gérard comme s'il eust gecté
une cotte sur ses espaules : si commença à fuir & à
troter à tout au long de la ville pour le porter dehors,
& cellui crioit ayde, ayde, bonnes gens, & véritablement se on ne lui eust rescous, il l'eust tantost pendu
par sa gorge, comme lui tesmoigna monsg^r Gérard :
depuis & touteffois, pluseurs gens lui deffendoient que
il ne le mocquast point & que c'estoit très mal fait.
Et pour ce monsg^r Gérard lui feist avoir paour de sa
vye ; si fut bien employé, car une autre fois il se garda
de le mocquer, & aussi firent moult d'autres qui prinrent example à cestui ; & à bonne cause, dit-on
souvent, bonne doctrine prant en lui qui se chastie
par autruy. L'acteur : de la cité où monsg^r Gérard
portoit vendre son charbon par nostre histoire, je n'en
ay point trouvé le nom, ne en quelle marche ce estoit,
mais je cuide avoir leu en une histoire la quelle parle
de Gérard de Rossillon, selon la mémoire que j'en ay,
que c'estoit dans la cité de Rains en Champaigne ou
de Laon ; & estoit ceste histoire attribuée au règne
de Charles Martel & non point de Charle le Chauve ;
ne say se c'estoit par vice d'escripvain ou autrement ;
je m'en rapporte à la discrécion des lisans & vueilz

revenir à ma matière, c'eſt à parler comment madame Berte ſe maintenoit en ſa très dure & miſérable povreté.

De Berte, femme de monsgr Gérard de Rossillon, qui tailloit & cousoit blans draps. LXVII.

Par la manière que vous avés icy présentement oy, gaigna monsgr Gérard de Rossillon son vivre, la quelle chose il prenoit en une très doulce pacience, & souvent en louoit Dieu & sa benoiste mère qui ceste purgacion lui envoyoit; & ma dame Berte, sa femme, tailloit & cousoit blans draps, linges comme chemises, linceux & telles choses, le quel mestier elle avoit aprins dès son enfance qu'elle demouroit avec son père & sa mère, & telle a esté la manière des anciens princes du temps passé que ilz ont fait apprandre à leurs enffans aucuns mestiers, pour leurs nécessitéz recouvrer, quant fortune leur estoit au contraire; & ce faisoient ilz mesmement à leurs filles; & qui vouldroit lire les faiz du très riche empereur Augustus César, il trouvera que il fit toutes ses filles, toutes ses niepces, cousines & autres de son gouvernement apprandre aucun mestier à faire, à celle fin qu'elles ne se embatissent en aucunes oisivetés qui moult a fait & fait encoires de jour en jour à maintes vierges ou pucelles destourbier; ainsi donc se maintenoit la très vaillant dame Berte qui moult estoit povrement vestue & chauffée & très deffirée de affuleures qui fa très grant beauté couvroit & la gente façeon dont elle eftoit ; mais tant faige eftoit que on failleift déligier à trouver fageffe fa pareille ou réaulme ; foubz ceftui pouvre abit fervoit la très gente dame Dieu de tout fon cueur, de tout fon corps, de toute fon âme & nuyt & jour, en lifant livres & dévocions, pfaultiers, heures & autres bonnes examples où elle prenoit une très grant reffection, & moult fouvent quant ce venoit à la nuyt, ilz lifoient les vyes des fains pères, là où ilz fe contemploient moult grandement. Et en cefte partie, dit noftre hiftoire que, ma dame Berte avoit toufjours en fa mémoire comment une haulte Dame fage & puiffant fe mit une fois au fervir nonnains, en guife de une fole & mefchant femme, pour ce qu'elle avoit oy recorder aucuns fains preudommes que la fcience du monde n'eftoit à Dieu que folie ; & dit que cefte puiffant dame, dont point n'avons trouvé le nom, faingnit qu'elle eftoit fole, & fe mift defcogneue en une abaye pour fervir les nonnains ; & par très grant humilité les fervoit en toutes leurs néceffités, en nectoïent & ramonant chambres & cuifines, & fe tenoit moult povrement toufjours d'ung coueillon affulée, que bien fouvent les nonnains l'en defprifoit; & jamais à leur manger ne l'euffent laiffée, tant eftoit fouvent horde & abhominable, & ne mangeoit autre chofe que la laveure des pos & le relief qui venoit des tables ; autre chofe n'avoit elle pour fa reffection. Et pour ce, noftre feign^r, qui les orgueilleux abaiffe & les humbles exaulce, la voult faire luire fur le chandelier de fa divine amour ; car il envoya fon ange à ung fainct preudomme qui converfoit en ung hermitaige affés prez d'ilec, en lui commandant que il en alaſt en celle abaye ; & il trouveroit une dame qui eſtoit de plus grant mérite digne que lui. Si vint ce ſainct preudomme & trouva ceſte qui faiſoit la fole & la meſchine des autres ; ſi la ſalua moult débonnairement, & racorda devant toutes la viſion angélique, par quoy les autres lui feirent deſpuis tel honneur, qu'elles l'appelloient dame & maiſtreſſe ; mais, comme celle qui du tout en tout quéroit ſon ſalut, s'en fuyt du lieu & ne ſceurent ceulx de l'abbaye qu'elle devint depuis. En ceſte manière, monſg^r Gérard de Roſſillon & Berte, ſa femme, en très grant vilité & povreté, deſſervoient la haulteſſe du ciel ; & de tant qu'ilz eſtoient de plus noble & de plus puiſſant lignaige, de tant auſſi eſtoient ilz plus humbles, plus dévotz & plus ſaiges : & veult teſmoigner l'iſtoire auctentique que comme l'or ſe purge en la fornaiſe, ainſi les purga noſtre ſeign^r J. C, en leur faiſant grant peine ſouffrir & grans méſaiſes ; car je cuide que, en tout le terme de VII ans, onques ſi grant ſeigneur, comme ilz eſtoient lui & ſa femme, ne ſouffrit ſi grant painne & ſi grant miſère comme ilz firent, qui auſſi paciement & débonnairement la portaſt pour l'amour de noſtre ſeigneur ; & pourtant nous créons fermement que le benoiſt ſainct eſperit leur voult donner ſa grâce, tellement qu'ilz furent gectez de ces périlz par la diſpoſicion de Dieu le tout poiſſant, qui touſjours vit & règne, & en laquelle poiſſance ſont toutes gens & tous règnes.

*Comment monſgʳ Gérard de Roſſillon, après le terme
de VII ans, que ſa pénitence fut faicte, il & madame
Berte s'en vinrent à Paris par devers la royenne.*
                                                    LXVIII.

Quant ce terme de VII ans fut paſſé, & que
noſtre ſeignʳ Jeſhu Criſt, par ſa débonnaire
grâce, les euſt bien enbeuvrez du feu de ſa
divine amour, comme nobles hermites à Dieu, aians
leur pénitence toute faicte & accomplie par la diſpoſicion de cellui en cui mains tous les royaulmes ſont,
& ſans le commandement duquel une ſeule fueille
d'arbre ne ſe meut, ne ung ſeul moinet ne ſe vit, ilz
deſſervirent, moyennant la règne de France, à eſtre
rappelez en leurs propres terres, & remis & depuis ou
réaulme des cielz. Pourquoy on peut dire de eulx
ce que dit la ſaincte eſcripture : *O felix nimirum &
precioſa vere humilitas vilitas, quà promeretur regni cœleſtis deſiderata ſublimitas.* O très eureuſe, & non point
de merveille & précieuſe vilité de vraye humilité, par
la quelle on deſſert la haulteſſe déſirée du règne
céleſtien, &c. Ainſi deſſervirent ces ſainctes créatures, comme le teſmoigne leur hiſtoire, & au propoux qu'ilz furent remis en leur poſſeſſion terrienne,

dit le pfalmifte : *Dominus erigit elifos, Dominus folvit compeditos,* c'eft à dire, Dieu adreffe les defvoyés & fi defloye les prifonniers ; & cefte fentence fut bien monftrée en la perfonne de monfg^r Gérard & de Berte, fa femme, & vecy comment. Il advint, par ung jour de Penthecofte, que le roy Charles le Chauve tint une très noble court, en la quelle furent convoqués & appelléz plufeurs grans barons du royaulme de France ; & à peine en demoura-il nulz que tous ne veniffent à cefte fefte, car le roy le fit partout favoir très folennelment ; & pour ce que le roy eftoit moult riche & qu'il fe contenoit en grans ponpes & en grans eftas, chafcun y tendoit à aler, & auffi il fçavoit très bien & largement donner du fien en temps & en lieu, car point efchas n'eftoit. Cefte fefte ainfi partout nunciée & publiée fceut monfg^r Gérard de Roffillon, le povre charbonnier ; fi le deift à madame Berte, fa femme, en foy confeillant à elle fe il feroit point bon que ilz y alaffent, pour favoir s'ilz trouveroient quelque doulceur en la royenne, qui la feur de madame Berte eftoit. Si fe porta leur confeil tellement d'accort que preftement ilz fe partirent de leur habitacion, & fe mirent à la voye, tant que la nuyt de la fefte de la faincte Penthecofte, ilz entrèrent en la cité de Paris, veftuz de moult povres habis & très defhonneftes, tout ainfi comme povres mendians moult défolez & defguifés ; car monfg^r Gérard avoit la barbe & les cheveulx fi longs que ilz avoient plus d'ung pied, & fi n'eftoient ne pignés ne grenés, ains eftoient moult meflez & coulliez enfemble.

Comment monſgʳ Gérard fut recogneu de la royenne de France. LXIX.

Preſtement que monſgʳ Gérard fut entré en la ville, il ſe trahit vers le palais où très bien il ſavoit la voye, car par moult de fois y avoit eſté; & madame Berte, très mal veſtue & toute deſſirée, ſi ſuivoit non point de trop prèz, mais de aſſés loing, comme ſe rien n'apparteniſſent l'ung à l'autre, & ce faiſoient ilz pour la paour qu'ilz avoient d'eſtre recogneuz: & quant monſgʳ Gérard vint ou palais, il perceut la royenne qui eſtoit yſſue de ſes chambres comme pour aler eſbanoyer quelque part; ſi ſe trahit vers elle comme pour lui demander l'aumoſne, laquelle royenne, véant monſgʳ Gérard ſi déſolé & ſi povre, lui ſembla bien qu'il avoit meſtier de aucune aulmoſne, ſi s'en ala comme pour paſſer devant lui pour lui donner aucune choſe du ſien, & comme Gérard tendeiſt la main pour prandre l'aumoſne de la royenne, elle perceut & vit que ce povre homme avoit ung bel anel en ſon doy; ſi fut moult eſbaye. Néantmoins elle paſſa oultre, & puis preſtement retourna encore ſur le povre homme, & lui donna encore l'aumoſne pour veoir cel anel; & preſtement qu'elle le

vit, elle regarda le preudomme ou vifaige qui fe hontia
ung petit, dont la royenne commença moult fort à
penfer & à mufer & à muer couleur, & par II ou par
III fois, paffa & repaffa devant le preudomme & toufjours gectoit l'ueil à cel anel. Finablement elle le
recogneuft, & deift en ly mefme que c'eftoit le propre
anel qu'elle donna une fois à monfg^r Gérard de Roffillon, quant il efpoufa dame Berte, fa fueur ; & ainfi
en eftoit, & à cefte caufe lui monftroit monfg^r Gérard,
la quelle chofe il faifoit fi à point qu'il n'eftoit homme
ne femme en la place qui s'en perceuft. Adonc la
royenne penfant à Berte, fa fueur, toute plaine de
doleur, preftement s'en retourna en fes chambres ; &
tantôft qu'elle fut là venue, elle appela une de fes
chamberières, celle en la quelle elle plus fe fioit &
lui deift : alés vous en toft & fans arreft à ung povre
homme auquel je donnay maintenant l'aumofne à la
porte, & fi faictes tant que vous le me amenés en ces
chambres par delà au plus fecrètement que vous
pourrez, car je iray là parler à lui ; la quelle chamberière le fit ainfi & amena monfg^r Gérard de Roffillon en la chambre là où la royenne lui avoit enfeigné;
fi ne demoura gaires que la royenne vint là, car elle
avoit ung très grant défir de favoir qui eftoit ceft
homme, ne dont ceftui anel lui venoit, & s'elle pourroit oir nulles quelfconques nouvelles de monfg^r Girard de Roffillon & de madame Berte, fa fueur.

Comment la royenne de France feſtia monſg^r Gérard de Roſſillon & madame Berte, ſa ſueur. LXX.

antôſt & incontinant que la royenne entra en la Chambre en laquelle eſtoit monſg^r Gérard, il ſe mit à genoulz & la ſalua moult honorablement, ainſi que bien faire le ſavoit & que autreffois fait l'avoit ; & à ce ſalut, la royenne gecta ſes yeulx au regard de monſg^r Gérard ; ſi le recogneut & vit plainnement que c'eſtoit il. Si le courut embraſſer & le commença à baiſer, ne à peine ung ſeul mot elle ne povoit dire, mais plouroit profundément, & auſſi faiſoit monſg^r Gérard, & quant elle peut parler ſi deiſt : ha ! mon très chier frère ! mon très chier amy ! que vous avés ſouffert de peine, d'anuy & de tourment ! Las ! mon amy, & où eſt ma déſolée ſueur pour la quelle j'ay eu tant d'anuy que à peine le vous puis-je dire ; eſt elle morte ou en vye ? Certes c'eſt la choſe que plus je déſire au monde que de en oyr nouvelle : par ma foy, ma très redoubtée dame, elle n'eſt point bien loing de cy, ains eſt à l'entrée de voſtre palais, ſéant ou mylieu des povres comme povre truande, a ung tel habit moult deſſiré & deſpiécé, & le cognoiſtrés à telles enſeignes. Après les quelles enſeignes baillées & données, la royenne l'envoya quérir moult fecrètement. O vray Dieu ! quans embraffemens, quants baifiers plains de pleurs & de gémiffemens y eut il fais & dis, avant qu'elles fe départiffent ly une de l'autre ! je cuide que à grant peine on les vous fauroit dire, & vous povés bien penfer qu'elles menoient joye mellée de doleurs & de pleurs ; après les quelx cognoiftemens & feftiemens, elle les fit mener dans une chambre de fecret, & commanda preftement que on fongnaft ou penfaft d'eulx très bien, & que on leur donnaft à boire & à manger tout du meilleur ; & leur fit envoyer robes & habis honneftes, telz que à eulx appartenoit ; & la royenne fe départit d'eulx & s'en vint en la fale, moult joyeufe & lie, & fans comparaifon plus que onques on ne l'avoit veue, & menoit telle fefte au roy & à tous autres princes & barons que chafcun en eftoit joyeulx, & difoient que plus avoit de VII ans que ilz ne l'avoient veue fi joyeufe. Si l'en tint le roy plus chière, plus courtoife & plus fage, & lui embla le cueur de fine amour plus que onques n'avoit fait, & dit noftre hiftoire que le roy en fut fi joyeulx que paffé grant temps avoit efté. Si donc toute la court eftoit fi refjouye que à merveilles, fi euft celle nuyt fait de moult beaulx efbatemens pour l'amour du roy & de la règne, qui fi joyeux eftoient, & vous favés que quant le chief eft en bon point, auffi font tous les membres.

*Comment la royenne raconta au roy un songe qu'elle
avoit songé, comme elle disoit.* LXXI.

Quant tous les esbatemens de la court furent
passés, chascun s'en ala dormir & reposer ; &
mesmement le roy & la royenne qui en très
grant amour & joyeuseté se reposèrent ensemble ; &
quant ce vint au matin, la reigne se tourna devers le
roy & lui commença à dire en ceste manière ou semblable : très redoubté sire, moult me esmerveille dont
ce me vient que en mon dorment véoye ung moult
beaul coulon tout blanc, le quel avoloit de devers le
ciel & entroit dedens vostre corps, & vostre face en
devenoit si très clère & si très luisant que c'estoit une
oultrée plaisance au regarder, & sembloit proprement
que ce feust ung visaige angélique, & alors de vostre
bouche yssoit une tant doulce oudeur, la quelle procédoit de vostre cueur, que jamais autre paradis je ne
voulsisse avoir : car, comme il me sembloit, la doulceur
devant dicte s'espandoit tellement partout que tous
ceulx qui la sentoient estoient remplis de très parfaicte
oudeur, tant estoit elle parfaicte & bonne. D'aultre
part, il me sembloit que j'estoye très durement navrée
au cueur, & estoit la playe si profonde que j'en estoye

en péril de mort, mais fitoft que je fentis cefte très doulce oudeur, je fus rendue toute fainne & toute garie ; puis me fembloit que je véois ung cerf & une biche, qui venoient à ma main moult tendrement plorans, qui devant vous fe agenoilloient & par droicte femblance vous crioient mercy, & vous requéroient grâce & pardon. Et comme homme très piteux & très débonnaire que vous eftes, vous les fafiez drécier & leur faifiez aler quérir à boire & à manger, & mefmement ilz venoient boire & manger à voftre main, & quant ilz avoient prins leur reffection, ilz s'en aloient très joyeufement, dont tout ceulx qui les véoient en eftoient très joyeux & en faifoient très grant fefte. Sire, je vous prie, par voftre débonnaireté, qu'il vous plaife oyr quelle chofe j'ay en moi mefme ymaginé que mon fonge fignifie. Or dictes, dame, deift le roy ; lors deift elle : mon très redoubté feigneur, que nous devons demain, au plaifir de noftre feigneur, recevoir fon benoift corps & fon benoift fang, & véritablement ce m'eft fignifié par le coulon que je vis avoler de devers le ciel, qui plus blanc eftoit que nulle rien povoit eftre ; le quel benoift facrement rend telle oudeur par la grâce du benoift fainct efperit, que j'en fuz toute garie ; & ce entend-je que ce fera voftre humble & débonnaire grâce, la quelle que acquérir je puiffe au benoift jourduy, qui me garira la playe dont moult longtemps j'ay efté navrée au cueur moult dolentement ; laquelle playe m'eft venue par le cerf & par la biche qui venoient à ma main, & qui mercy vous prioient ; par lefquelx cerf & bifche, j'entend ma char & mon fang, qui par aventure vous viennent très povrement requérir mercy, comme mon frère & ma fueur, c'eft affavoir monfgr Gérard de Roffillon & dame Berte, fa femme, lefquelx par aventure fi meurent de fain & de foif en exil à jà l'efpace de VII ans, ne en tout ce terme n'en avons oy nulle quelconque nouvelle. Or regardés, fire, fe cefte playe ne me doit point eftre moult dure & moult grevable, quant je confidère que ma fueur eft mon ainfnée, & qu'elle doit eftre par droit reigne, & fi la devroye fervir comme fa mainfnée fueur & fimple mefchine; pour lefquelx II, très redoubté feigneur, je vous requier voftre grâce, à celle fin qu'il vous en praigne pitié, & que la doleur, qui tant & fi longuement a mon cueur taint & norry, fi foit par voftre débonnaireté affouaigie & adoulcie, & le remanent de mon fonge foit en voftre délibéracion & ordonnance, & à tant fe teuft. L'acteur : on pourroit cy demander, pourquoy monfgr Gérard de Roffillon ne fe retraixit auffi bien par devers fon père, qui eftoit en Efpaigne en grant profpérité de victoire, pour de lui avoir fecours, que devers le roy de France, ou que il s'en alaft vers le roy de Hongrie, fon coufin, après fon expulfion comme cy devant eft contenu. Je refpond que quant il s'en ala de fon pays pour aler devers Hongrie, à l'eure de adonc il ne peuft aler vers fon père, pour ce que les Françoys avoient tous les pas des Efpaignes à leur habandon; & auffi fon père avoit plus de Francoys & des feigneurs de France que le roy y avoit envoyé, que d'autres; & par ainfi il doubtoit qu'il ne perdift fa voye ; & par vraye humilité, il fut tellement réduit par le confeil des fains preudommes, dont nous avons cy devant parlé, & par le confeil de fa femme, ma dame Berte, & mefmement par la volenté de Dieu qui ainfi le voult faire, que il n'ala point devers fon père ; & par aventure, fon père eftoit à ce temps prifonnier aux Sarazins; & me femble que en aucune hiftoire j'ay leu que ung nommé Droon ou Dron fut grant temps prifonnier en Efpaigne, qui peut bien eftre la caufe pourquoy il s'en vint, par grant humilité, devers le roy. Or revenons à noftre propos.

La responfe que fit le roy Charle le Chauve a la reigne, de monfgʳ Gérard de Roffillon. LXXII.

uant le roy ot oy & entendu la reigne, qui merveilleufement fondoit en larmes & s'eftoit tournée devers lui, une très merveilleufe componction lui vint férir au cueur & tellement que la larme du cueur le vint férir à l'ueil, & eftendit les bras pour accoler la royenne, comme pour la reconforter ; fi deift en telle manière: O ma très chière & très amée fueur & compaigne, il me femble, & voir eft, que vous eftes merveilleufement triftié en cueur & en coraige, & non mie de merveille, & fans nulle doubte, fe vous eftes triftié & dolente, faichés que encoire le fuis je plus; car continuelles doleurs & très grant triftieffe efmeut mon coraige, en gémiffemens & pleurs, quant il me fouvient que j'ay perdu fi longuement par ma négligence mefchante & povre confeil, ung tel mien léal amy, vray cultiveur de noftre bien publique, homme très efprouvé & très proffitable; car fans nulle doubte, tel eftoit il de très bon confeil léal & féal, le droit efcu de ma force, ma droicte deffenfe; ne je ne cuide point que jamais en ma court je doye avoir le pareil, fi preu, fi faige ne fi vaillant. Si me poife que tant & fi longuement j'ay creu les félons & les mauvais treitres qui m'ont privé & ofté de ma compaignie ung tel léal ferviteur & de voftre fueur ; auffi faichés que moult grandement m'en poife : car nous eftions honorez, prifez & loués d'elle & de fa préfence ; & la raifon y eftoit pour ce que de tout honneur & fcience elle paffoit & furmontoit toutes autres dames quelles que elles feuffent, & fans nulle doubte, fe en quelque lieu je povoye penfer ou favoir que on les peuft trouver, je les envoiroye quérir : & pleuft jà à Dieu que ilz feuffent préfentement en noftre court & à noftre folempnité, & je vous promez de bon cueur que ilz feroient receuz à noftre grâce, & fi leur feroient rendues toutes leurs honneurs, terres, poffeffions & avoir nuement & abfoluement, fans quelconque contredit. Adonc la règne oant ces très bonnes nouvelles, qui moult lui furent au cueur joyeufes & belles, fe dreça en fon lit devant le roy fon mary & le remercia de fa courtoifie & de la belle refponfe qu'il lui avoit faicte ; & il promit de refchief par fon ferement que de quelque heure que monfg^r Gérard de Rouffillon & madame Berte, fa femme, viendroit devant lui, que il leur rendroit toutes leurs honneurs, terres & poffeffions. Quant elle ot le ferement du roy receu, elle remercia Dieu du bon fonge qu'elle avoit fongé, car riens il ne lui défaillit. Si fe veftit & appareilla, & puis fe partit à tant de la préfence du roy & s'en vint, comme toute comble de joye, au lieu là où monfg^r Gérard de Roffillon & ma dame Berte, fa femme, avoient efté mis par elle la nuyt devant.

Comment la royenne fit revestir & parer monsg^r Gé-
rard & sa femme, pour venir en la préfence du roy.
LXXIII.

Prestement que la règne fut venue en la
chambre de sa sueur, elle les fit lever & les
fit très bien parer & vestir de très bon abis
ainsi que à eulx appartenoit, & quant elle ot ce fait,
elle leur recorda toutes les choses devant dictes de
son songe, & comment le roy lui avoit promis de eulx
rendre tous leurs biens, dont ilz furent moult joyeux,
& non mie de merveille. Si en remercièrent la règne
très humblement en lui chéant aux piedz par très
grant humilité, comme tout fondans en larmes ; &
lors la reigne les fit lever & leur deist qu'il les con-
vencit venir actendre le roy à l'entrée de l'uys de sa
chappelle, car il devoit prestement aler à la messe
pour recevoir son sacrement. Si le firent ainsi que la
reigne le commanda, car ilz le vinrent actendre à ung
lieu là où le roy devoit passer. Le roy qui encoires
estoit en ses chambres se fit vestir, appareiller & ador-
ner de draps royaulx, tant pour ce que il devoit recevoir son saulveur, comme pour ce qu'il savoit bien
que en sa court estoient venus à sa feste, que il avoit
fait publier par toutes marches, pluseurs nobles hommes, barons, princes & chevaliers que il vouloit hon-

norer de tout fon povoir : & quant il fut appareillé & paré ainfi comme dit eft, moult humblement, dévotement & gracieufement aornés de toute fa chevalerie, il yffit de fa chambre que pour en venir en fa faincte chappelle. La reigne, qui s'avanceoit de faire mectre toutes chofes à leur point, fe mit devans le roy moult ordonnéement & le falua, & le roy lui rendit fon falut; & comme le roy fut entré en la chappelle, avant qu'il feift le IIIe pas dedens, la royene en tenant monfg^r Gérard de Roffillon à une main & madame Berte, fa fueur, à l'autre, tous III à une fois fe gectèrent aux pieds du roy, en lui priant mercy moult humblement, & comme tous fondans en pleurs & en larmes, & tantoft le roy print la reigne par la main & la fit lever, fi la baifa & puis lui deift : ha ! ma dame, pour quoy monftrés vous aujourduy telle doleur avoir en voftre cueur : dictes moy qui font ces II que je voy fi las & fi triftes aufquelx vous faictes cefte acontenence, & ne doit on point avoir merveille fe le roy ne les cognoiffoit point, car ilz eftoient tant pâles & tant deffaiz, pour les povretez & calamités qu'ilz avoient fouffert comme il eft dit par ci devant, que jamais le roy ne autre ne les euft recogneu, fe ilz ne fe feiffent cognoiftre ; & pour ce, le roy demanda à la reigne quelz gens c'eftoient, & la reigne lui refpondit : ha ! mon très chier feigneur, c'eft le cerf & la biche que je vous ay aujourduy expofé de mon fonge. Sire, pour la benoifte grâce que vous actendés à recevoir à cette benoifte meffe de noftre doulz fauveur Jhu Crift, je vous prie que il vous en praigne pitié, & leur vueillés tous mal talens pardonner, en eulx remectant en leurs feignories premières, ainfi que aujourduy promis le m'avez par voftre débonnaire humilité.

*Comment le roy Charles le Chauve feſtia & honnora
monſgʳ Gérard de Roſſillon, & fi leur rendit toutes
leurs honneurs.*   LXXIV.

A ces paroles que diſoit la royene au roy, le
roy gecta ſa veue ſur monſgʳ Gérard & ſur
madame Berte, la quelle veue, par la benoiſte grâce du ſainct eſperit, fut meue de très débonnaire pitié ; & commença lors à plorer moult ſoudainnement, ſi priſt monſgʳ Gérard par la main & le fit
lever & puis madame Berte pareillement & les baiſa
tous deux, en gectant grans ſouppirs & gémiſſemens,
& quant il pot parler, ſi deiſt en telle manière : O mon
bon Dieu céleſtiel, que je ſuis tenus envers toy de
rendre grandes grâces & grandes loenges, quant
aujourduy tu as réparée ma cour & ma maiſon qui
veſve eſtoit de ce tant noble baron, comme eſt le
débonnaire, le ſaige, le fort, le puiſſant duc de Bourgoingne, le quel par très mauvais & très déteſtable
conſeil & les parlers de gengleurs & anemis de noſtre
bien publique, eſtoit de nous eſlongné & comme infâme bany. O mon très chier amy Gérard, vous me
ſoyez le très bien venus, & vous dame Berte, je vous
reçois à mon amour & à ma grâce, & devant tous ceulx

qui cy font préfens, comme mes vrays amis & fubgez,
je vous rend & remés en la faifine de voftre duchié
de Bourgoingne & de toutes les terres & appendences
d'icelle, en vous rendant les honneurs & les biens qui
par mauvais confeils vous ont efté tollies & oftées. Et
à ces paroles il gecta les bras au col de monfg^r Gérard de Roffillon & le baifa en figne d'amour & de
pais, & ainfi fit il à ma dame Berte, en leur difant
moult de doulces & humbles paroles par lefquelles il
les reconfortoit très débonnairement, & fi leur pardonna tous defpis & mal talens : & retint preftement
devant tous fes barons monfg^r Gérard fon premier
confeiller, dont les plufeurs qui là eftoient en furent
moult efbahis, & commencèrent à murmurer & à
parler chafcun à fa guyfe ; mais de ce ilz perdoient
leur peine, car la benoifte grâce du fainct efperit avoit
tellement efmeu le roy de pitié & de compaffion, que
il n'avoit volenté de faire au contraire. Adonc monfg^r
Gérard & madame Berte avec la reigne en remercié-
rent très grandement le roy. O ! quans gémiffemens!
quants pleurs! quantes doleurs meflez les uns de joye
les autres de trifteffe eftoient en la place ! là eftoient
les uns qui ploraient de pitié & de joye, telz comme
eftoient les amis de monfg^r Gérard qui tant de lieffe
avoient que plus n'en peuffent recevoir ; & mefme le
bon & vaillant Fouques, fon nepveu, qui à l'eure
d'adonc eftoit encoire prifonnier, quelle joye peut on
penfer que il faifoit : je croy que nul ne le fauroit dire,
car à celle heure il fut rendu à monfg^r Gérard quicte
& lige. Et que difoient ces mauvais treiftres qui avoient
tout le fait devant dit bafti & pourchaffé, & qui des
biens de monfg^r Gérard, par aventure, poffédoient &
en tenoient leur grans eftas ? je ne cuide point que on

peuſt dire les diverſitez qui eſtoient ès cueurs de ceulx qui là eſtoient aſſiſtans, car ſe les uns avoient joye, les autres en avoient doleur & deſplaiſir au cueur. Quant toutes choſes furent ainſi faictes, le roy print monſgʳ Gérard par la main & le mena juſques à ſon oratoire, pour oyr la meſſe entr'eulx II, & la reigne print dame Berte, ſa ſueur, qui pareillement fit d'elle, comme faiſoit le roy de Gérard. Si oyrent la meſſe moult dévotement & quant ilz eurent tout ce fait pourquoy ilz y eſtoient alés, ilz s'en vinrent en la ſale où les tables eſtoient miſes: ſi ſ'aiſſit le roy & les barons, chaſcun ſelon ſon degré & eſtat, & là eſtoit monſgʳ Gérard de Roſſillon aſſis comme le plus puiſſant & le plus noble de toute la court, au deſſus de tous les barons. Si eſtoit ſervy & honoré du commandement du roy; & madame Berte, ſa femme, pareillement après la royenne eſtoit la plus honorée de toute la compaignye. Maintenant n'avoit que faire monſgʳ Gérard de porter le charbon vendre à ſon col, ne madame Berte n'avoit que faire de tailler, ne de coudre; mais n'avoient que faire d'autre choſe, fors de recevoir les grans honneurs & les grans dons que on leur faiſoit. En ce degré les avoit mis vraye humilité par laquelle ilz eſtoient de Dieu aymés; ſi leur tenoit bien ce qui eſt contenu en la cantique: *Depoſuit potentes de ſede & exaltavit humiles &c.*, c'eſt à dire, que Dieu dépoſe les puiſſans de leurs ſieiges & ſi exaulce les humbles: & enſi en fut il de ce noble ſeigneur monſgʳ Gérard de Roſillon & de madame Berte, ſa femme, qui tant ſe humilièrent envers noſtre ſeignʳ, que il leur rendit toutes leurs ſeignories & honneurs. Et ſaichés que noſtre hiſtoire teſmoigne que la court en fut renforcée de joye & de toute lar-

geſſe plus de la moitié pour leur venue, car on n'y eſ-
pargnoit vins ne viandes, & du commandement du
roy, qui très bien le ſavoit faire, néant plus que ſe
tous les biens du monde feuſſent à leur habandon.
Et du dire comment ilz furent ſervis & honorés, ce
ſembleroit frivole, ſi nous en tairons à tant ; car ceulx
qui ſcèvent que c'eſt de telles choſes doivent ſavoir
qu'ilz eurent de tous biens à largeſſe : & de ce dit
noſtre hiſtoire que la feſte dura huit jours tous plains,
eſquelx jours y ot tant faiz d'eſbatemens que nulz à
peine le ſauroit dire, tant de jouſtes, de tournois, de
dances & de caroles, comme de tous autres eſbatemens,
que on povoit ſavoir trouver ne penſer: & en ce terme
pendant, reçeut monſg^r Gérard tant de dons de ſes
charnelz amis & d'autres qui l'amoient, que il en avoit
aſſés pour recouvrer ſon eſtat, ne il n'eſt nul, comme
dit noſtre hiſtoire, qui en ſceut dire la moitié.

Comment monſgʳ Gérard ſe partit de la court du roy pour s'en raler en Bourgoingne recevoir la ſeignorie de ſes terres. LXXV.

Les VIII jours paſſez & accompliz, monſgʳ Gérard de Roſſillon & madame Berte, ſa femme, prinrent congié au roy & à la reigne moult révéremment, en eulx remerciant du bien & de l'onneur que fait leur avoient, & meſmement la reigne lonoiént, honoroient & priſoient ſur toute rien, car tout le bien que ilz avoient leur venoit d'elle : & eulx accompaignez de pluſeurs nobles barons & meſmes de monſgʳ Fouques, ſon bon nepveu, duquel deligier on faulſiſt à trouver le pareil de bonne renommée, ſe partirent de Paris, & meſme le roy & la reigne les conduiſèrent aſſés grant pièce; & au départir, y ot moult de beaulx congiés prins & donnés, & là leur bailla le roy ſes commiſſaires, à celle fin que nulle reffuz ne leur feuſt fait en la récepcion de leurs villes, chaſteaulx & forteresſes : leſquelx au commandement du roy s'en alèrent avec monſgʳ Gérard, tant que ilz vinrent en la duchié de Bourgoingne ; mais le peuple du pays, qui jà eſtoit tout adverty de ce fait, venoit à ſi grant fruiſſe & nombre que à peine po-

voient ilz paſſer les voyes ne les chauſſées, & dit
noſtre hiſtoire que les montaignes & les valées eſtoient
toutes couvertes de gens, d'ommes & de femmes qui
venoient contre leur ſeigneur pour le feſtier, tant à
pied comme à cheval, & ſembloit de la grant joye que
ilz faiſoient qu'ilz feuſſent nouveaulx nés ou reſſuſ-
citez : ne je ne cuide point qu'il ſoit langue mortelle
qui raconter le ſceuſt. Et là diſoient : or ravons nous
noſtre père, noſtre patron, noſtre gouverneur & ſeigneur : onques n'avint à la duchié de Bourgoingne
joye plus grande, quant nous qui nagaires eſtions
en très griefve déſolacion. Là ſe faiſoient moult de
nobles pourceſſions contre lui, en le recevant à cors, à
bucſines & à autres mélodies que on faiſoit, ne onques
n'y fut faicte quelque ſimulation ou faintiſe ; mais
eſtoient receuz ſans nul quelconque contredit. O !
quants nobles dons, préſens & quants nobles joyaulx
lui feurent préſentez & donnez ; je cuide, comme dit
noſtre hiſtoire, que la certaine partie ne vous en
pourroit eſtre contée ne dicte, car en quelque lieu
que ilz veniſſent pour eulx haberger & loger, les gens
menoient tel ſoulas & telle feſte & les clercs & les
lais, que il ſembloit proprement que Dieu y feuſt deſ-
cendu ; car il leur ſembloit & voir eſtoit que maintenant tout leur déſir & toute leur volenté eſtoit accomplie, puiſque ilz ravoient leur ſeigneur ; & auſſi ilz ſe
trouvoient quictes & lieges des gens du roy de France, par leſquelx ilz eſtoient gouvernez, que très im-
patiemment ilz portoient, & auſquelx pou d'amour ilz
trouvoient ; & ceulx gouverneurs icy preſtement recevoient monſg^r Gérard partout où il venoit, ſans quelconque contredit, & ſi leur rendoient tous leurs biens
abſoluement. Si trouvoient bons celiers & greniers

plains de tous biens, par les quelles chofes ilz furent fi riches que il fembloit que onques ilz ne euffent rien perdu, mais eftoient tous plains d'or, d'argent & de joyaulx & de tous autres biens. Pourquoy on povoit dire que monfg^r Gérard n'avoit que faire de charbon vendre, ne madame Berte, fa femme, de couldre ne de tailler.

Comment monſgʳ Gérard de Roſſillon ſe maintint en gouvernant ſa terre & ſes gens. LXXVI.

Monſeigneur Gérard de Roſſillon ainſi reçeu & remis en ſes terres & poſſeſſions comme dit eſt, véans comment tous biens lui affluoient & accourroient, commes ducs, contes & princes que il eſtoit très puiſſant, commença tellement à gouverner ſa terre en pais que on n'y ſceuſt trouver nulz rebellens quelxconques ; & ſe onques en jour de ſa vye il avoit eſté pervers ou merveilleux, maintenant il fut débonnaire & piteux, & mectoit tout ſon cueur & toute ſon entente à faire bonnes euvres & mérites en ſervant Dieu & ſa mère & tous les benois ſains & ſainctes. Là eſtoit toute ſa penſée fichée & arreſtée ; car moult ſouvent lui ſouvenoit de la bonne doctrine que le ſainct hermite, dont par ci devant nous avons parlé, lui avoit enſeigné ; & bien véoit que vérité lui avoit dit que s'enſy eſtoit qu'il humiliaſt ſon cueur en faiſant bonnes œuvres que tous biens lui habunderoient, & pour ce, les récitoit il ſouvent en ſon cueur & les mectoit à euvre très bien de fait & de penſée. Ne n'eſtoit homme nul à qui il voulſiſt eſmouvoir guerre ne tenſon, fors à l'enne-

my d'enfer, lequel il guerroioit par jeufnes & par oraifons & par fainctes prières & regraciations que fouvent
il faifoit à noftre feigneur ; & en ce point eftoit il
plain de toute droicture & de toute équité ou juftice,
ne nulle iniquité ou malvaifetié nullement ne fouffroit
eftre faicte foubz fa feignorie ou dominacion. Aufli
mectoit il toute fa cure à fonder & édifier monaftères & abayes, & les apprèhendoit moult noblement
& richement, fans rien forfaire ne rofter à fes fubgez.
Mais s'onques leur avoit efté grevable, maintenant
leur eftoit très aggréable, en monftrant très grant
amour & mefmement aux bons & à ceulx qui volentiers hentoient noftre mère faincte églife, & finablement il mectoit toute fon entente en acquérir bonnes
vertus de plus en plus & de jour en jour. Premièrement il eftoit plain de pitié, plain de pais & de toute
droictures & de toutes aulmofnes, & fi vous dis que
aufli en ce temps, il faifoit réparer & réédiffier fes
villes, fes fortereffes & fes chafteaulx & de tous biens
remplys, là où il mectoit des preudommes à la garde
d'icelles, ceulx qu'il fentoit eftre vrays jufticiers &
piteux, & s'aucuns en y avoit qui déclinaffent à faire
juftice & droicture, tantoft y porvéoit de remède, fi
que chafcun des autres y prenoit example : ne je ne
cuide point que on vous fceut mectre par efcript la
provifion que monfg^r Gérard de Roffillon mit à fon
âme, à fon corps & à fon pays & à tout fon peuple
garder & tenir en pais & en amour & en concorde :
& par ce point tant de biens lui habundoient que
nulle langue ne le fauroit dire. Or eft raifon que nous
vous difons de madame Berte, fa femme, comment
elle fe maintenoit en acquérant le falut de fon âme.

Comment madame Berte se maintint despuis son retour en sa terre. LXXVII.

La très honorable dame Berte, sa femme, qui entre toutes autres dames vivans à son temps, reluisoit comme une précieuse gemme toute plaine de vertus, car toutes les vertus qui estoient en son mary aussi estoient elles en elle, feust en faiz, en maintiens et en paroles et tellement avoit en son cueur planté et enté les œuvres de miséricorde faire et accomplir, que il sembloit qu'elle reluisit comme chose angélique. Premièrement elle effaceoit et eschassoit en sus d'elle toute iniquité et maulvaiseté, et tellement servoit Dieu en la vye active de son bon cueur, et si très dévotement que nulle créature ne le peust mieulx : et pareillement en la vye contemplative, ne n'avoit autre talent que tous jours Dieu servir, à la guyse et manière de la bonne Marte dont il est escript en la saincte envangille: *Martha autem satagebat, &c.*, Marthe n'entendoit que au servir nostre seigneur. Ainsi faisoit la bonne dame Berte, qui nullement n'estoit paresseuse de servir et repaistre de sa propre main les povres diséteux et malades, plus volentiers qu'elle ne faisoit autre chose, et sembloit proprement que en fervant & adminiſtrant les povres membres de Dieu, elle préſiſt ung très grant plaiſir & ſans doubte auſſi faiſoit elle; car elle les couchoit, elle les levoit; & plus en avoit de peine & plus de plaiſir y prenoit & mains lui grevoit. Les povrès orphenins norriſſoit, fouſtenoit & gardoit; les povres vefves femmes mectoit toufjours en ſa garde & lez aidoit à leur beſoin; & ſi amoit de tout ſon cueur ceulx qui amoient Dieu & l'égliſe & qui de bon cueur le ſervoient, & par ainſi elle deſſervoit la gloire de Dieu; en vraye contemplacion, toufjours à la guyſe de Marie Magdeleine, elle ſéant aux pieds de Dieu, elle eſcoutoit la ſaincte parole de Dieu, les ſermons & bonnes doctrines pour toufjours ſon ſalut acquérir & conqueſter: ſouvant en piteuſes larmes prioit & oroit noſtre ſeigneur moult dévotement: là eſtoit tout ſon délit & quant elle véoit aucun povre, qui beſoing avoit, elle lui adminiſtroit de ſes propres mains : là lui lavoit les pieds & les baiſoit ou nom de Jhu-Criſt, ſon doulx créateur, & ſi les eſſuoit de ſes propres couvre chiefz, & meſmement aucunes fois de ſes cheveulx ; & ce faiſoit elle, par très grant compunction & humilité, & par la contrition qu'elle avoit des beubans & pompes qu'elle autreffois avoit mené en ſa jeuneſſe, & auſſy pour monſtrer bonne example à ſon mary, monſg^r Gérard de Roſſillon, duquel elle déſiroit le ſalut comme du ſien propre; car ſouvant l'admoneſtoit & incitoit de faire aulmoſnes & de fonder égliſes & chappelles; laquelle amonicion de très bon cueur il entendoit, & tellement que l'odeur très redolent de leur très ſaincte vye fut partout ſi eſpandue recontée & nunciée que à peines parloit on d'autre choſe. Si en eſtoient les bons tant lies & tant joyeulx que plus ne povoient,

& les maulvais tant courroufliéz & tant anuyeux, &
fi grièvement s'en grevoient que à painnes que ilz n'en
crevoient de fin anuy tout parmy leurs cueurs. Et
cefte coftume a duré & dure jufques aujourduy entre
les maulvais hommes de peuple, car la bonté des bons
nullement ne peuvent fouffrir; fi les peut on comparer au crapault, enflé de venin, qui crève en fentant
l'odeur de la vigne : de tels gens fait l'anemy d'enfer
fes fergens & ferviteurs, pour toufjours empefcher le
falut des bons, comme il advint defpuis à ces deux
vaillans corps fains, monfg^r Gérard de Roffillon &
madame Berte, fa femme.

*Des bonnes examples que monſgr Gérard recordoit
ſouvent en ſon cueur.*   LXXVIII.

Gérard de Roſſillon, comme vray & humble
diſciple de noſtre ſeigneur & de ſon bon
maiſtre l'ermite devant dit, retint & mit en
ſa penſée, par vraye affirmacion, toute la bonne doctrine
que aprins lui avoit. C'eſtoit que quelconque roy, duc,
conte ou prince, ou quelcunque autre ſeigneur qu'il
feuſt ne ſe doit enorguiller pour ſa ſublimité ou grandeur, non plus ne ſe doit enorgueillir pour ſa crudélité, pour ſoy faire heïr de ceulx qui ſont en ſa ſubjection;
car trop en pourroit encourir grant diffamacion &
grant blaſme. Et on dit communément que cellui n'eſt
ſire de pays qui de ſes hommes eſt haïs; & pourtant
de toute ſa puiſſance, il ſe faiſoit amer de ſon peuple,
en eſchevant la manière que avoit ung grant prince
dont il avoit oy recorder, lequel prince avoit nom
Denis, duquel raconte l'eſcripture en telle manière :
Ung grant prince eſtoit nommé Denis, lequel vers ſes
ſubgez eſtoit tirans en toute manière, & ne ceſſoit de
eulx dommager & nuyre par toutes les manières que
il pooit ou ſavoit, & tant faiſoit de maulx que, en
toute ſa terre, n'avoit homme, ne femme, ne enſſans
qui ſa mort ne déſiraſt ou ſouhaidaſt; & leur ſembloit
que ſa mort leur tardoit trop: ne cure ne euſſent com-

ment ou de quelle mort il feuſt mort, mais que quictes en feuſſent ; & tous le maudiſoient de pendre ou d'ardoir ou d'autre pire mort. Mais en la cité où il demeuroit, avoit une ancienne preude femme qui tous les jours prioit très dévotement à Dieu, en lui faiſant & donnant offerande ſelon ſa poſſibilité, que il lui voulſiſt donner bonne vye & longue ; & n'avoit d'autre choſe paour que de ſa mort, dont les gens de la cité lui ſavoient très mauvais gré, & tant que la renommée en vint juſques aux oreilles de ce prince. Et pour ce, preſtement il manda la bonne dame & lui demanda la cauſe pourquoy elle prioit ainſi pour lui : ha ! ſire, deiſt elle, quant j'eſtoye petite & jeunete avec mon père & ma mère, voſtre grant père gouvernoit ceſte terre, lequel eſtoit ſi mauvais que chaſcun prioit pour ſa mort, & tant que quant il morut les gens de ceſte terre cuidèrent avoir tout gaigné. Si fut voſtre père, ſeigneur, qui fut ſans comparaiſon pire que voſtre grant père. & le maudiſoient les gens de mauvaiſe mort. Or morut il, ſi eſtes en ſon lieu elleu pour noſtre gouverneur, là où vous eſtes encoire plus remplis de crudélité & de tirannie que nulz des autres que j'ay veu ; & pour ce, ſire, que le monde va en empirant, ſe vous eſtiés mort, je me doubte qu'il ne nous demourroit plus riens ; ne je ne ſay que nous ferions ſe nous avions pire de vous, & véés là, ſire, la cauſe pourquoy je prie à Dieu continuellement qu'il vous doint longue vye & ſanté. Et quant cilz Denis entendit la bonne dame, comme tout confus, il amenda ſa vye & ſes meurs. Et ainſi fut le bon conte Gérard qui ceſte liſſon avoit très bien en ſa mémoire ; car s'il avoit eſté en ſon jeune eage cruel, maintenant en faiſant le contraire, il eſtoit amyable & piteux, & à

chafcun courtois & débonnaire, & fe rendoit très
amoreux à toutes créatures, & par efpécial à treftous
fes fubgetz eftoit très favorable à la manière du bon
empereur Titus, lequel fut de fi très grant renommée
& de fi très grant mérite plain, que toutes fes communes
vivoient enfemble tant joyeufement que mieulx on ne
fceut ou peuft demander ; car onques, à quelque fubget qu'il euft, ne fit tort ou dommaige, ne nulle
quelconque cavillacion ; & mefmes les rentes & debtes
qu'on lui devoit, fe trop grans lui fembloient, il les
quictoit au tiers, au quart ou à moitié, ainfi que mieulx
lui fembloit convenable à faire ; ne de fa court nulz
n'aloit marris ne défefpéré, car felon fon eftat il ne
feuft avant rémunéré; car il maintenoit en fon propos
que tout homme fe devoit partyr en lyeffe de la préfence de fon feigneur, & non mie en trifteffe ne en
doleur. Et dient les hiftoires de ce mefme empereur
Titus que, une fois ainfi qu'il eftoit à ung foir avec fes
gens en récréacion, il lui fouvint qu'il n'avoit rien
donné la journée, fi deift : hélas ! or ay-je du tout en
tout perdue la journée d'uy, quant je n'ay point de
bien fait, ne donné aucune chofe; & quant on le
reprenoit de trop grant humilité faire ou monftrer
envers fes fubgez, je vueil faire autant à ceulx que je
voudroye que ilz me feiffent s'ilz eftoient en mon eftat.
De telz faiz & de telles examples fe paroit monfg^r
Gérard de tout fon povoir, & très volentiers retenoit
& beaulx dis & beaulx comptes, en portant honneur
aux grans comme homme très ufaigier de ce faire, &
fur toute rien il amoit & honoroit ceulx qu'il fentoit
eftre vrais meffaigés de noftre feigneur Jhu Crift, à
la femblance d'ung roy dont l'efcripture fait mention
en cefte manière :

D'ung roy qui fit tromper devant la porte fon frère de la trompe de mort. LXXIX.

adis fut ung moult poiffant roy, lequel eftoit plain de très grant gloire & de très grant *gloire & richeffes*, moult bien aourné de très noble chevalerie, tant de princes, de ducs, de contes comme d'autres. Advint ung jour qu'il fe faifoit charier fur fon cher qui moult noble eftoit & fomptueulx, & eftoient fes bannières defployées pour certaines caufes, fi encontra deux povres hommes, moult maigres, pâles & defcolorez, qui leur aulmofne demandoient, & eftoient très mal chauffez & très mal veftuz. Preftement que ce roy les perceut, il faillit jus de fon cher & vint à l'encontre d'eulx; fi les inclina à genoulx moult humblement & honora tellement que fe ce feuft Dieu proprement, & en celle intencion auffi le faifoit il que en eulx il adouroit noftre feign^r. Ung fien frère, qui de cofté lui eftoit, l'en commença moult fort à reprandre & à lui blafmer très durement, & lui difoit que trop il s'eftoit *avielis* de faire telle révérence & tel honneur à ces truans & gens de nulle valeur; de la quelle reprinfe le roy fe teuft & n'en fit nul quelconque femblant, mais fe recommanda à ces deux povres très humblement & leur donna très grandement du fien, & au partir d'eulx, il les prit par la main & les baifa. Et quant il ot ce fait & accomply, il s'en revint à fon cher, penfant comment il feroit à fon frère favoir pourquoy il avoit ce fait, & pour lui donner chaftoy de fon affaire & de fon orgueil. Ce roy avoit une coftume en fa terre que quant on devoit mectre à mort ung homme par fentence deffinitive, on envoyoit le foir dont lendemain venoit devant fa maifon ou devant fa porte, tromper d'une trompe qui d'autre chofe ne fervoit, & pour ce, fitoft que on ooit cefte trompe, on difoit : cellui là morra demain, & eftoit une chofe toute rieulée. Et le roy qui vouloit à fon frère donner à entendre pourquoy il avoit fait ce que devant & dit, envoya à ung foir tromper de la trompète deffus dicte devant la maifon ou porte de fon frère : tantoft que fon frère oyt la trompète, comme homme tout défefpéré de fon falut, & faichant que il eftoit fait de fa vye, commenca à foy lamenter moult merveilleufement, à gémir & à plorer piteufement, à prandre congié à fa femme & à fes enffans, & fut toute la nuyt en celle doleur & ne favoit pourquoy le roy fon frère le vouloit mectre à mort. Et pour ce, quant ce vint le matin, tout auplus toft qu'il peut à tout fa femme & fes enffans il s'en vint au palais du roy, fon frère, lequel les fit incontinent venir devant lui ; & quant ilz eurent falué le roy & le roy eulx, fi deift le roy en celle manière: or me dis, mon très beaul frère, foy que tu dois l'âme de ton père, fe tu as eu grant paour de ta vye. Adonc cellui refpondit, par ma foy, mon très chier feigneur & frère, onques je croy ne fut homme qui euft plus grant paour de moy : à ce mot, lui refpondit le roy, o très fol & defmefuré, fe tu as eu grant doubte de la trompe ton frère, lequel ne te het point mais te ayme de tout fon cueur, & fi fcez de certain que riens tu ne m'as meffait, comment ofas tu dire que je me feuffe fi meffait, quant en humilité je faluay les meffagiers de Dieu le tout puiffant, lefquelx noncent aux hommes les deftrois paffaiges de la mort affés & plus certainnement que par tromper ; ce font ceulx qui nous donnent mémoire de noftre bon Dieu, pour lequel & par lequel tous hommes jugés à mort, fans refpit nul quelconque avoir, & par le jugement duquel nous recevrons ou bien ou mal felon ce que nous aurons deffervi. Si que, beau frère, alés vous en en pais & ne me blafmés plus de honorer les povres membres de Dieu, fi les tenés chiers & amés, car vous ne favés quant viendra la trompe du fouverain juge. Cefte example mectoit fouvent en fon cueur monfg^r Gérard de Roffillon, car à tous povres faifoit honneur & fefte, & auffi faifoit il à tous religieux, à tous clercs & à tous preftres, & fi grant fefte & honneur leur faifoit que tous s'en efmerveilloient. Les bénéfices de faincte églife favoit fi très bien employer, comme fe toute fa vye il euft maintenu telz offices : ne en quelconque chofe que il fefift, ne favoit nul à reprandre fors les mauvais au gré defquelx ne povoit faire homme, tant feuft faige ou difcret.

Comment monſgʳ Gérard de Roſſillon eſchaſſoit hors d'avec lui flateurs & lobeurs & toutes telles manières de gens. LXXX.

Onques monſgʳ Gérard de Roſſillon n'ama flateurs ne loſengiers, baveurs ne menteurs, mais quant il en ſavoit de telz en ſa court, il les faiſoit chaſſer & banir & de lui eſloigner; ne onques en ſa vye ne leur voult donner or ne argent, veſtures joyaulx ou robes, pour ſervir de telles frivolles ou de telles baveries. Et en ce faiſant n'avoit talent de reſſambler le roy des ſinges duquel on dit une telle propoſicion : Le maiſtre roy des ſinges fit une fois aſſembler tous les ſinges de ſon hoſtel, & quant ilz feurent venus & aſſemblés, il fit venir deux hommes devant lui qui eſtoient de très grant prudence plains ; ſi les mit en paroles & leur demanda une telle raiſon, c'eſt aſſavoir qu'ilz lui deiſſent quelle choſe leur ſembloit de ſon eſtat. Li ung qui eſtoit ung très grant flateur & ung grant menteur & tout plain de lobes lui deiſt en telle manière : ſire, deiſt il, vous eſtes ung très grant ſeigneur & ung très grant emperère, & ſi ſemblés bien eſtre ung très grant prince & vaillant en très toutes manières; & ceulx d'entour vous ſemblent bien eftre tous contes & feigneurs de grant feignories, & femble bien que ilz foient de très grans chevalerie plains : mais quoique ilz femblent bien renommez & bien famez, fe n'y a il point de comparifon de vous a eulx en valeur, en proueffe. A ce mot, le maiftre roy des finges lui fit donner de moult beaulx dons. L'autre homme, qui devoit après refpondre, véant que fon compaignon avoit receu ung fi grant bien por mentir, fe penfa que par plus forte raifon il en recevroit ung plus beaul par voir dire, fi deift fi hault & fi cler que chafcun le peuft très bien entendre par telle manière : Par ma foy, deift il, tu n'es rien que ung droit finge & auffi font tous ceulx qui font cy autour de toy, mais de eulx tous tu es le plus vil & le ort, & tantoft que il euft ce dit, il fut *ahers & pris à graux* & aux ongles & fut tout deffiré, tant de leurs dens comme de leurs griffes. Ainfi fut cellui payé pour voir dire à la court des finges. Ainfi n'ouvra point li vaillant conte, monfg^r Gérard de Roffillon, car onques en fa vye baveurs ne flateurs n'ama, ne ne les retint en fon fervice ; mais à l'enfeignement du bon vaillant empereur, faige, preudhomme & jufte, Auguftus Céfar, fe maintenoit ; du quel il avoit une fois oy dire que, comme Céfar Auguftus veint une fois ou téatre de la cité de Rome, pour veir les jeux & efbatemens qui fe y faifoient, & il oyt que aucuns difoient de lui : ha ! comme très bon feigneur nous avons : Dieu lui doint bonne vye & longue. Ainfi foit il, difoit l'autre, & fi faifoient ilz de très bon cueur & de très bonne volenté : mais il les fit tous taire & fit tantoft crier, par un publique commandement, que jamais nul ne nulle, fur peine de perdre corps & avoir, ne l'appelaft feigneur ; mais du peuple ferviteur & adminiftrateur. Et pour le, administrateur du peuple & de justice se tenoit monsg^r Gérard, & y avoit du tout en tout son cueur fisché : ne onques en sa vye ne prisa homme nul pour ce s'il avoit une noble & riche robe, mais ne prisoit fors ceulx qu'il savoit estre plains de vertus ; & ce lui faisoit faire la mémoire qu'il avoit d'ung roy qui fit une fois faire IIII beaulx coffres, dont il fit les deux moult bien adourner par dehors d'or, d'azur & de pierres précieuses, & par dedens ilz estoient tous plains de fiens & d'ordures ; & les deux aultres il fit emplir d'or, d'argent & de pierres précieuses & de bonnes espisses très aromatisans, & quant il eust ce fait, il manda aucuns de ses barons devant lui & leur demanda de ces coffres lesquelx leur sembloient les plus dignes & les meilleurs, & ilz respondirent tous que c'estoient les plus beaulx par dehors. Adonc il les fit tous ouvrir dont ilz furent moult esbahis, car des beaulx par dehors yssoit une grant pugnaisie, & des autres grant doulceur, si leur deist : mes amis ainsi est il des créatures ; car plus est bien parée par dehors, tant est elle plus ville par dedens. Et à cest example se miroit souvent monsg^r Gérard de Roussillon, lequel estoit tant preu & tant sage & de si bonne *convive* que onques jour de sa vye ne voult ouvrer ne de tort ne de rapine. Et quant aucun lui disoit que il povoit bien croistre les tribus que on lui devoit sur ses villes & sur ses citez, car elles estoient plus riches & plus puissans que onques n'avoient esté, il respondoit & disoit que ce n'estoit point l'usaige du bon pasteur de quérir tour ne manière contre ses brebis, par le quel il les convenist escorcher ou confundre, mais li devoient souffire par bonne raison, de en prandre la lainne en temps convenable & opportun. Ensy ne soloit il point dire çà en arrière, mais la benoiste grâce du S⁺ Esperit l'avoit tellement inspiré que il n'avoit talent de accroistre les débites de son peuple, ne de remuer ses officiers ; & quant on lui demandoit pourquoy il faisoit ainsi, il respondoit que son peuple y recouvroit grant preu & grant proffit ; car, disoit il, quant officiers se doubtent d'estre souvent osté & remué de leurs offices, ilz happent & preignent ou tollent, ilz n'ont cure comment, soit par hocqueries ou par pilleries, & quant nouveaulx y viennent, ilz font pis que les premiers ; car trestous sont costumiers de ce faire, à ce povés vous entendre, disoit il, par ung example que je vous diray.

*Du preudomme qui se plaignoit de ce que on lui avoit
osté les vieilles mousches.* LXXXI.

Une fois devant l'uys d'une églife, gifoit ung homme navré d'une très grant playe, laquelle il monftroit au peuple pour plus grandement recouvrer fon vivre, ainfi qu'ilz font encoires aujourduy; & eftoit fon mal tout defcouvert, fors feulement de mofches qui lui fugfoient le fang de fa playe & le mangeoient, ce fembloit merveilleufement. Et ainfi qu'il demandoit fon aulmofne, furvint ung preudomme qui n'avoit de quoy lui bien faire, fors feulement qu'il lui efchaffa fes moufches qui ainfi lui fugfoient fon mal : ha! deift ce malade, & que vous m'avés grandement accreue ma maladie, qui m'avés ofté mes vieilles moufches qui toutes plainnes & faoulées eftoient; maintenant reviendront autres très familleufes, qui par trop de painnes me feront, avant qu'elles foient faoules ne remplies. Certes, difoit monfg^r Gérard de Roffillon, de la condicion des moufches font tous officiers; mais fi en y avoit aucun qui feift aucun faulx ou defléal jugement, tantoft le puniffoit très cruellement, à celle fin que les autres y preniffent example. Et ce lui venoit de la mémoire du roy de Perfe, foubz lequel y ot ung juge qui une fois fit une très perverse & mauvaise sentence, & pour ce, le roy le fit escorcher tout vif, & fit de son cuir couvrir sa chaere de justice, & puis fit le filz de cestui escorché ainsi juge, & le faisoit tousjours seoir sur le cuir de son père quant il faisoit aucun jugement, à celle fin qu'il lui souvenist du jugement de son père & que il ne feist nul mauvais jugement. Telz examples mectoit souvent en son cueur monsg^r Gérard, à celle fin que de toute justice faire il feust plus soigneux, & véritablement aussi estoit il ; car en lui avoit ung très vray justicier, ne pour parens, ne pour dons, ne laissoit à faire bonne & vraye justice, comme bien apparut une fois de ung sien parent qui lui feist une requeste, que il lui voulsit estre garent contre ung autre homme contre lequel il avoit affaire; mais monsg^r Gérard n'en voult rien faire pour ce que il lui sembloit que sa querelle n'estoit bonne ne raisonnable : ains lui deist qu'il ne povoit avoir preu ne honneur en sa requeste, car elle n'estoit, disoit il, souffisant droicturière ne honneste. Et combien que monsg^r Gérard feust ung bon juge, si actemperoit il souvent rigueur par sa vraye miséricorde, & faisoit souvent entre miséricorde & droit actempérance de bon moyen, selon ce qui mieulx lui sembloit, & que vraye doctrine lui apprenoit, à la semblance d'ung bon juge, duquel autrefois son bon maistre, le sainct hermite, lui avoit dit l'istoire qui telle estoit.

*D'ung juge qui se fit crever ung oeil, & à son filz l'autre,
pour accomplir justice.* LXXXII.

Ung juge, moult aymant les faiz de justice
exercer & mener à effect, estoit une fois en
une terre en laquelle estoit une telle costume
que, qui fourtraioit aucune femme quelle qu'elle feust,
se on le povoit tenir par justice, on lui crevoit & ostoit
tous ses deux yeulx. Advint une fois que son filz fut
pris pour tel cas, c'est assavoir pour avoir fourtraict
une femme, & fut mené devant le père pour en faire
justice, lequel commanda que prestement on lui ostast
les deux yeulx : mais les barons de la terre se mirent
au devant, en lui priant que il en eust pitié, car les
roys, ne les enffans des roys n'estoient point subgez
aux lois communes. Et il disoit que toute personne
estoit tenu de obéir à la loy qu'il tenoit, & ce prouvoit
il par l'escripture disant: *patere legem quam ipse tuleris.*
Mais le peuple tant le pria que il deist : or ça, deist il,
je cognois que vous me dictes bien & que laide chose
vous feroit de avoir ung seigneur après moy aveugle :
& pour ce, à celle fin que vraye justice soit faicte, je
vous diray que il en fera. Mon filz est ma char & mon
sang & pourtant il aura ung oeil osté & crevé & j'en

auray auffi ung ofté; & ainfi en fut fait, car le père s'en
fit ofter ung & à fon filz auffi ung, & par ainfi le jugement fut accomply. Et fi monftra que il eftoit droicturier miféricors. Ainfi par bonnes examples fe
adournoit & paroit monfg^r Gérard de Roffillon, lequel
auffi eftoit plain de toute diligence à faire droict &
juftice, fans nulle négligence, auffi bien aux povres
comme aux riches; ne onques en fa vye ne tarda à faire
droict en nulle quelconque manière; & ce lui faifoit
la fouvenance qu'il avoit de Trajan l'empereur, lequel
eftoit une fois monté pour aler en une bataille, là où
il avoit ung très grant befoin, & comme il s'avanceast
en très grant hafte, il vit venir une povre vefve femme
qui le venoit prandre par le pied en lui criant mercy,
& en lui difant : ha! mon très doulx empereur, venge
moy de la mort d'ung mien cher enffant que on m'a
nagaires occis mauvaifement, & le m'a occis ung tel
mauvais murdrier: & pour ce que je fay que tu es mon
fire & mon juge, fais moy tantoft juftice & droicture,
ou fans nulle doubte le cueur me partira de doleur &
d'anuy. Adonc l'empereur qui hafte avoit, lui deift :
ha! ma très chière amie, conforte toy, car à mon retour
je te feray bon droit & te vengeray felon ce que juftice en requerra. Ha! très fouverain empereur, deift
la dame, & fe tu ne reviens, qui me fera juftice ne
raifon ? deift l'empereur, ilz la te feront mes fucceffeurs. O moy laffe, dolente! deift la dame, ce ne puis
je favoir, & s'enfy eftoit qu'ilz ne me la feiffent, que te
profiteroit le droit ne la vengence que ung autre me
feroit: tu es cellui qui le dois faire & à ce es tenuz,
fais donc que de bon mérite tu reçoive bon louyer ;
car tes fucceffeurs ne feront tenuz que de eulx acquérir bon guierdon envers Dieu pour eulx & non point

pour toy, & faiche que jà droicture d'aultruy ne te délivrera, car qui bien fera au monde, cellui trouvera tout bien & non autre. Et quant l'empereur ot oyt la bonne dame ainfi parler, il defcendit de fon cheval & la caufe de cefte vefve examina, & quant il ot très bien examinée comme bon juge, il proféra fa fentence dont la povre dolente vefve fut toute reconfortée. Ainfi faifoit monfg[r] Gérard de Roffillon qui ès bons prenoit example, en touljours eftudiant de faire à Dieu ung gracieulx temple de fon cueur ; & fe de juftice faire & raifon eftoit curieux, auffi eftoit il très fobre & plain de très grant abftinence, & n'eftoit rien qu'il haïaft tant que ébrieté ou yvreffe : car il favoit très bien qu'en homme yvre n'a ne fens ne raifon quelconque. Et de cellui donnoit example l'empereur Romulus, qui la cité de Rome fonda, lequel difoit que très néceffaire chofe eftoit à ung juge d'eftre fobre & mefme quant il devoit droit faire, ou fentencier aucune raifon de juftice & de droit. Advint une fois qu'il foupoit en la maifon d'ung fien vaillant prince, là où il eftoit alé pour vifiter la province que cellui tenoit, & comme il foupaft, il fe abftenoit très grandement de boire vin & tant que pou ou néant il en beut, pour ce que au lendemain il devoit faire une fentence de droit. Le prince véant que Romulus, fon empereur, ne buvoit ainfi que néant, s'en vint à lui & lui deift : ha ! fire, fe toutes gens buvoient ainfi comme vous buvés, on auroit très grant marchié de vin. Par ma foy, deift Romulus, & fe tous buvoient à volenté vin ainfi comme je le boy à la mienne, il feroit fi chier que à painnes en pourroit on recouvrer & n'en feroit point longuement grant pleute. Il difoit voir le bon fire qui bien le fauroit ou vouldroit entendre ; à telz mos & à telz fais vouloit toufjours monſgʳ Gérard ſens ⁊ example prandre, ⁊ par ainſi, il eſtoit toufjours porveu de très bonne porvéance, ⁊ c'eſtoit ce qui lui multiplioit ſon bien ⁊ ſa chevance, car cellui qui garde ſes biens préſens ſans ſuperfluité, il ne peut déligier cheoir en nulle griefve povreté, ⁊ ce lui ramentenoit une telle example.

De la cité là où l'on faifoit tous les ans nouvel roy.

LXXXIII.

Jadis fut une moult noble & puiffant cité, dont les citoiens avoient manière de faire chafcun an nouvel roy & gouverneur de eulx & de leur cité: & le faifoit communément d'ung homme eftranger à celle fin qu'il ne fceuft leurs lois ne leur coftume; & en cel an qu'il eftoit roy, il avoit telle magefté que eulx & tous leurs avoirs lui eftoient habandonnéz & mis en fa puiffance pour en faire du tout fa volenté & plaifir. Et quant ce venoit au bouth de l'an, & qu'il cuidoit eftre le plus affeuré & très bien aymé de fon peuple & des citoiens, lors eftoit il pris & ofté de fa feignorie, & comme tout nu le menoient par la ville, loyé & brefillé comme fe ce feuft ung larron; & puis le tranffretoient ou tranfmectoient en une ifle de mer moult fauvaige, là où il ne trouvoit ne parens, ne amy, ne filz, ne fille, & là fans quelconque vefture, ne viandes, en grant faim & en grant doleur eftoit en cel exil, là où il moroit miférablement. Or advint une fois qu'ilz en firent ung, auquel par fon bien voulant fut dicte & nonciée la mauvaife coftume que avoient ces citoiens, à celle fin que fur ce il euſt, advis comme il euſt, car tantoſt qu'il fut adverty du fait, il envoya de ſon avoir, tandis que il eſtoit en ſa proſpérité, en celle ile tant & ſi habundamment que, quant ce vint que on l'y mena comme on avoit fait ſes prédéceſſeurs, il en euſt aſſés pour ſoy vivre bien & largement tout le cours de ſa vye. Ainſi doivent faire toutes créatures vivant en ceſtui monde que on doit entendre par la cité deſſus dicte, car tant que l'omme eſt en vye, il ſe doit pourveoir de bonnes vertus, à celle fin que quant il ſera tranſmis en l'autre iſle, c'eſt aſſavoir en l'autre ſiècle, il puiſſe trouver fruit de ſon ſalut, & que il puiſſe eſchapper la illuſion des anemis d'enfer que on peut entendre par les citoiens de la cité devant dicte; & ceſte liſſon tinrent & gardèrent bien en l'arche de leur cueur monſgr Gérard de Roſſillon & ma dame Berte, ſa femme, tant qu'ilz furent en ceſte vye mortelle: & par eſpécial, madame Berte qui toute eſtoit plaine de pitié & de miſéricorde, de ſi grant charité & de ſi grant amiſtié que on povoit plainnement dire d'elle, que elle ſe maintenoit en elle de toutes bonnes dames la nature de celles qui ont la cure de tous biens nourrir & garder ; & ce lui faiſoit faire la mémoire d'ung example, que ſon bon maître le ſainct hermite devant dit lui avoit aprins, & fut de la fille à une dame, la quelle dame fut à mort jugée pour avoir encouru en ung très grant blaſme; mais pour l'amour de ſes amis & l'onneur d'eulx, le juge fut content qu'elle ne mourroit point publiquement & que on la mectroit en une chartre en la quelle elle morroit de faim; car ſur la hart eſtoit deffendu que nul ne nulle lui donnaſt que boire ne que manger. Advint que ſa fille vint au chartrier qui la chartre gardoit, ſi le pria tant qu'elle fina à lui de veoir fa mère chafcun jour une fois, par condicion que nulle rien ne lui devoit porter à manger, ne fer, ne corde dont elle fe peuft aider & ainfi en fut fait. Le juge voulant favoir fe la dame eftoit trefpaffée manda le chartrier & lui enquift de la dame, fi lui deift qu'elle vivoit encore dont il fut moult efbahy. Si deift au chartrier que il n'avoit point fait fon commandement & que partant il eftoit digne de mort: par ma foy! fire, deift le portier, onques depuis qu'elle fut mife en la chartre, homme ne femme, ne moy, ne autre ne la vit, ne ne parla à elle, ne donna à boire ne à manger; fi non une fienne fille à la quelle j'ay donné grâce, par grâce & par pitié que j'ay eu, de la veoir feulement une fois le jour, mais de ce fuis-je bien certain que nulle quelconque viande ne lui portoit. Adonc fut la fille mandée, la quelle tint par fon ferment que nulle viande ne lui avoit porté, fors feulement fa mammelle dont elle avoit alaitié fa mère, dont le juge fut moult efbahy de la bonté de la fille & en plora, & auffi firent plufeurs qui eftoient préfens qui tous prièrent au juge que il euft pitié de la dame pour l'amour de fa bonne fille; fi le feift ainfi & les quicta toutes deux. Tel confeil & tel confort trouvoient les povres chartriers en dame Berte & auffi faifoient ilz en monfg[r] Gérard, fon mary, les quelx en paix & en amour vefquirent enfemble moult longtemps. Or eft heure que nous revenions au pourfuir la matière que nous avons emprife, c'eft comment monfg[r] Gérard, par fa puiffance, vainquit defpuis en batailles champale Charles le Chauve, roy de France.

*Comment monſgʳ Gérard de Roſſillon ſe maintint en
la court du roy de France & madame Berte, ſa femme,
auſſi.* LXXXIV.

  a renommée très ſoueſve de ces deux nobles
créatures fut par tous pays ſi eſpandue &
divulguée, que à peine parloit on d'autre choſe
que des biens qui eſtoient en monſgʳ Gérard & en
dame Berte; & pour la très grant renommée des
belles vertus & du bon gouvernement dont ilz eſtoient
plains, Charles le Chauve, roy de France, l'envoya
quérir par ſes meſſages ſolennelz, en lui priant moult
affectueuſement qu'il lui pleuſt venir à ſa court, lui &
dame Berte, ſa femme, pour par le bon moyen de
leur bon & diſcret conſeil, gouverner le bien de la
choſe publique, à la quelle ſupplicacion & requeſte
pour le bien commun peuple s'accorda monſgʳ Gérard,
véant, comme il lui ſembloit, que c'eſtoit par une très
fidèle & léale amour que le roy l'avoit mandé. Si ſe
pourvea de toutes beſoingnes telles que à ſon eſtat
appartenoit, & quant il ſe fut très bien préparé &
ordonné de tous poins, lui & madame Berte, ſa femme, ilz ſe partirent de Roſſillon là où ilz ſe tenoient
communément; & s'en vinrent dans la cité de Paris où

ilz trouvèrent le roy & tous les barons de France, qui le receurent moult honorablement & si grandement, que le roy prestement devant tous le fit second mayeur & gouverneur de la maison de France, & lui donna le gouvernement de toute la justice d'icelle faire & ordonner du tout à son plaisir ; car il le sentoit tel que il savoit bien qu'il n'en feroit autre chose, fors ce que raison en apprandroit, & ainsi en fut : Car nostre histoire dit que lui estant devers le roy, il se maintint si bien que le roy faisoit & accordoit tout ce que monsg^r Gérard lui conseilloit, car par lui estoient tous tors fais amendés & tous droits adréciés : par lui estoient les preudommes amez & chiers tenuz, & les maulvais desleaux n'y estoient pas bien venuz, quant on les povoit appercevoir ; & tant y fut amé, honoré & redoubté, & de toutes bonnes gens loué & clamé, que de tout quanque on avoit à faire à la court du roy, on ne se trayoit que envers lui ; & la bonne duchesse, dame Berte, estoit une bonne avocate pour les besongneux, & faisoit tant de bien que chascun la louoit & portoit honneur ; ne il n'y avoit grant ne petit qui ne l'aymast & cremeist pour les biens dont elle estoit remplye. L'anemy de toute créature, qui par droicte costume, a despit des biens qu'il voit en créature, véant les biens très redolens dont ces deux nobles créatures estoient décorées & embélies, les commença à regarder de ses yeux, très cruelz, & commença à quérir art & engin, par son mauvais engin & par sa grant malignité, comment il les pourroit nuyre & empescher : & pour ce, que l'autruy bien est son grant encombrier, il commença à escumer, & à foursener & à faire du pis qu'il peut, & s'en vint devers ses complices, c'est assavoir envers aucuns & mauvais traitres, qui merveilleuse-

ment heïſſoient le bon conte Gérard ; & tant les
incita le dyable par ſa faulſe & ſoutille iniquité que il
les contraignit de venir devers le roy, auquel par
moult de voyes ſoutilles ilz parlèrent en lui remectant
au devant les inimités que jadiz il avoit eu contre le
bon duc de Bourgoingne, les haultainnes paroles du
dit conte & les orgueilz, & de fait lui deirent que il
eſtoit bien meſchant quant à ſi petit *d'achoiſon* il l'avoit
remis en ſa ſeignorie ; & s'enſy il le laiſſoit longuement,
il verroit bien que mal l'emprandroit ; car deſjà,
diſoient ilz, il a le peuple de voſtre réaulme tellement
ſéduit & atraict à ſa cordelle que chaſcun ne fait en
voſtre court ſe par lui, non ; ne il n'eſt rien fait s'il
ne le fait, dont nous qui amons voſtre bien & voſtre
renon ſummes moult eſbahis, comme vous ne vous en
percevés, & que plus eſt, nous penſons bien ſavoir de
vray que le jour viendra qu'il vous demectra de voſtre
couronne. Cuidés vous que vous qui lui avés fait
painne ſouffrir, en lui tollant ſa terre comme vous le
ſavés, il doye amer, ſans nulle doubte nany, mais a en
ſon cueur, comme nous le cuidons ſavoir de vray,
volenté affermée de s'en venger une fois & ce ſera
grandement au détriment de vous & de voſtre peuple.
Ne ſavés vous point que riens n'eſt plus orgueilleux,
ne plus deſpiteux que il eſt ? ne vous ſouvient il point
comment jadis il vous reſpondoit deſpitement & or-
gueilleuſement, & comme ſe vous ne feuſſiez que ſon
povre garçon ? Ainſi & par moult de telles manières,
de faulſes & traictreuſes paroles, incitoient ces faulx
traitres, ſerviteurs du dyable d'enffer, le roy Charles,
& ce firent par pluſeurs fois & tant qu'il commença à
avoir monſg^r Gérard de Roſſillon comme ſuſpect & en
deſpit, & ne vouloit à painnes parler à lui quant il

aloit devers lui ; & meifme en monſtroit-il très mauvais femblant à la royène, fa femme, qui ne favoient tous dont ce leur venoit. Et monſg[r] Gérard, qui moult efbahy en eſtoit, fouvent fe tiroit vers le roy pour parler à lui d'aucunes matières touchant le bien du royaulme ; mais le roy le reffufoit & ne le vouloit oir, mais lui monſtroit une très felle chière, comme cellui qui eſtoit incité de ce faire par ces faulx & mauvais traiſtres.

Comment monsg^r Gérard de Roſſillon ſe partit de la court du roy & s'en rala dans ſes terres.   LXXXV.

Ainſi comme dit eſt, firent ſes félons traiſtres au roy changer ſon cueur, s'amour & ſa paix envers le duc. A ce propos dit l'eſcripture: Ainſi que la grant vertu & la meſure des bons ſeult en eux & en tous autres heïr l'ordure de vice, ainſi tous mauvais, par leur grant malignité, héent tous ceulx qui ſont de tous biens plains & affectez; & ce mauvais uſaige commença dès le temps de noſtre premier père Adam, quant Abel pour les grans biens qu'il faiſoit fut occis & mis à mort par ſon frère Cayn. Si a duré & dure juſques à maintenant, car touljours véons-nous les mauvais cruelz & felles contre les bons, cene nous dure point à terme, mais en perpétuité. A ce propos diſoit le pſalmiſte en ſoy complaignant de leur maleureté : *conſiderat peccator juſtum & quærit mortificare eum &c.*, c'eſt à dire, que le pécheur regarde & adviſe le juſte en quérant & en porchaſſant comment il le puiſſe mortifier; & telz eſtoient ces félons traiteurs des quelx nous avons jà parlé. Or dit noſtre hiſtoire que Gérard de Roſſillon ce véant fut moult eſbahis; néantmoins lui ſembloit il, & voir eſtoit que le roy lui faiſoit tort en moult de manières; premièrement en ce qu'il lui devoit la parole & ſans nulle deſſerte ; ſecondement que encore ne lui avoit il rendue la couté de Sens dont ma dame Berte, ſa femme, eſtoit héritière, mais la tenoit & y avoit encores ſes gardes, ne nulle porcion ne lui en avoit encore offert par quelconque manière ; & pour ce ung jour monſg^r Gérard de Roſſillon s'en vint au roy & fit tant que, malgré tous les flateurs & traitres qui entour de lui eſtoient, il parla à lui en telle manière : mon très chier ſeigneur, je vous requier que par voſtre doulce & débonnaire grâce ne vous vueillés à moy courrouſſer ne yrer de ce que je vous diray, car très grant beſoing la me fait dire; mon très chier ſeigneur, vous ſavés comment dame Berte, ma femme & mon eſpouſe, laquelle fut fille du bon conte Hue de Sens, vous tenés & avés tenu l'éritaige, la quelle choſe elle ne peut amender par elle : & pour ce que je me ſens à ce tenu comme ſon mary & de tout le ſien advoué, beſoin le me fait pour elle requérir; & vous ſavés que les drois ne déterminent point que ainſi elle en ſoit déſhéritée & pour ce, mon très chier ſeigneur, vous lui en baillerés aucune partie ſeulement à voſtre volenté. Quant le roy ot monſg^r Gérard entendu, ſi lui demanda moult iréement : comment, deiſt il, Gérard, voulés vous recommencer ? avés vous jà entroubliée la courtoiſie que je vous ay fait en vous rendant voſtre terre & tous vos biens; foy que je dois monſeigneur Sainct Denis de France, s'il faut que je recommence à vous par guerre, ce ſera à voſtre très grant deſtourbier ; cuidés vous que je me doye ſubmectre à vous par procéz ne par plais ? nennil non, avant feroye telle choſe que vous viendriés trop tart au repentir. Ha ! mon très redoubté feigneur, difoit Gérard, ne vous vueillés point corrouffer à moy: voftre bon plaifir me povez vous dire feurement, car jà troubler ne m'en verrés : mais je vous prie que il vous plaife, par voftre bonne débonnaire humilité, vous confeiller aux fages du droit de dame Berte; les quelx vous diront tous les ufaiges du droit, & je cuide que pour certain vous trouverés que au moins dame Berte en devra avoir aucune porcion; vous favés bien que madame Eloyfe, la règne, & dame Berte, mon efpoufe, font fueurs germainnes fans nul quelconque moyen, & qui plus eft dame Berte eft l'aifnée, pour la quelle caufe, fe par quelconque ordonnance de droit eftoit trouvé qu'elle dame Berte n'en deuft riens avoir, je vous promez de bonne foy, comme voftre homme, que jamais ung feul mot ne m'en orrés parler, par quelconque manière que ce feuft. Pourquoy, mon très chier feigneur, puifque je vous fais cefte offre, vous ne vous devés nullement à moi corrouffer par droicte raifon, mais vous en devés appaifer du tout en tout. Quant le roy oyt ainfi Gérard parler, il fut plus efchauffé en ire que devant n'avoit efté, & lui refpondit en telle manière : Gérard, faiches que avant qu'il foit longtemps je te tiendray de rire & fi te promez de ce jour en avant que jamais je ne te fauldray de guerre, tant que je t'aray remis plus bas que onques je ne te mis, & te garde de moy. Tu me tien bien pour nice & mefchant qui veulx partir à moy qui fuis ton feigneur & ton maiftre; tu tiens moult peu de moy qui te veulx faire pareil à moy: par monfg^r St Paoul! j'ameroye mieulx que oultre mer à nuds piedz me convenift aler, que jà à moy tu euffe part de la conté de Sens; & faiches de vérité que avant que tu l'euffe, j'en feroye XX mille chevaliers morir & renverfer. Or te garde de moy de ce jour en avant, car fe plus te treuve en mon hoftel, je feray de toy ce que on doit faire de ung mauvais & défobéiffant fubget, & à tant fe teuft. Si fe tourna en fes chambres, & Gérard demoura moult efbahy & penfis; néantmoins lui comme fage & advifé, bien véant que envers le roy Charles ne pourroit trouver pais ne accord, & que de là plus demourer ce feroit folie, car l'alience de lui & du roy eftoit rompue, fe départit de la court lui & dame Berte, fa femme, & s'en rala fur fes terres, pour fes gens & fes villes gouverner.

Comment le roy fit son amas de gens d'armes pour aler courir sur le bon conte Gérard de Rossillon.
LXXXVI.

Quant monsg^r Gérard de Roſſillon ſe fut départy de la court du roy, vous devés ſavoir que ſes faulx traitres, par leſquelx le roy eſtoit ſouvent incité, furent moult aiſe & lors de plus en plus commencèrent ilz le roy à eſmouvoir & eſchauffer de courroux & de mal talent contre monſg^r Gérard, & lui diſoient : ha ! très redoubté ſire, regardés comment ce duc de Bourgongne eſt deſpiteux & orgueilleux, & comment il tient pou de compte de vous & de voſtre menace ; il s'eſt départy de voſtre noble & puiſſant court comme fier & orgueilleux, ſans prandre à voſtre royale mageſté congié ne recognoiſcence de ſubjection, lui qui eſt voſtre ſubget & voſtre homme, à cauſe de ſa terre de Bourgoingne & de Flandres ; ſans nulle doubte, il a bien en penſée, ſe vous n'y pourvéés de remède, que il vous courra ſus. Halas! les faulx menteurs ; monſg^r Gérard penſoit tout le contraire, car noſtre hiſtoire dit que jamais monſg^r Gérard ne penſaſt que le roy lui deuſt eſmouvoir guerre , veu les belles offres que il lui avoit fait

& que riens ne lui avoit dit qui defplaire lui peuft; mais qui plus eft fe tenoit monfg^r Gérard très joyeulx de ce que il avoit fi courtoifement refpondu au roy, & pour ce, il cuidoit que le roy en ce cas le deuft raffambler, mais non fit: car après ce que ces faulx menteurs & anemis du bien commun lui eurent dictes, il fembloit que il feuft tout hors du fens, de courroux & de mal talent, & ne pooit regarder à nulle vérité, comme dit le poëte : *Ira impedit animum ne poffit cernere verum* &c. Ainfi eftoit le roy Charles le Chauve fans fens & fans vérité, pour la grant chaleur de l'ire qui l'avoit embrafé & allumé par tous fes fens; & pour ce, preftement il jura que jamais ne fineroit, fi auroit il mis jus monfg^r Gérard, ou il y mourroit en la painne. Mais tel jure de fon marchié qui depuis en laiffe, auffi fit le roy, comme vous ourrés en fon lieu. Adonc, comme tout efchauffé du dyable, il manda fes barons & les fit venir à tout leur povoir, tous lefquelx y obéiffèrent comme à leur feigneur; & fe je ne vous nomme point les feigneurs qui y furent, faichés que c'eft pour ce que noftre hiftoire n'en met le nom de nulz, fort feulement qu'elle dit que le roy affembla & amaffa tant de gens d'armes à pied & à cheval, pour pourfuyr le bon conte Gérard, que les mons & les vaulx en eftoient tous couvers, & dit que onques prince creftien n'en affembla, feuft pour aler contre les anemis de la foy ou autrement. Pourquoy on peut dire: qu'il en y avoit tant, que l'acteur qui compofa l'iftoire ne l'ofa dire pour la grant multitude de eulx, à celle fin que ou temps à venir, on ne les teinft pour menfonges ; mais plus félonneufement n'ala onques prince fur autre, que fit le roy Charle le Chauve fur monfg^r Gérard de Roffillon.

*Comment monsg^r Gérard de Roffillon affembla fes
gens d'armes pour obvier au roy Charle le Chauve.*
LXXXVII.

En la cour du roy avoit monfg^r Gérard laiffé à
fon département aucuns de fes amis fecrète-
tement, car très bien lui fouvenoit comment
le roy l'avoit autrefois fourpris, que pour lui dire &
noncier l'eftat du roy & comment il fe vouloit ordonner; car il le fentoit tel que jà ne le deffieroit fors au
fer de la lance ; lefquelx amis & ferviteurs de monfg^r
Gérard véant l'appareil du roy, le mandèrent preftement à monfg^r Gérard, leur bon feigneur & maiftre,
à celle fin que fur ce il prinft bon advis & confeil de
foy porveoir & deffendre. Tantoft que monfg^r Gérard
fceut que le roy s'appareilloit de lui courir fus, il
manda preftement tous fes amis & fubgés, & mefme
en Efpaigne, là où fon père eftoit, lequel lui envoya
aucuns rois d'Efpaigne qui eftoient de fon aliance,
lefquelx noftre hiftoire ne nomme point; & avec ceulx
fit monfg^r Gérard venir tous fes parens, entre lefquelx
eftoit Fouques, fon bon nepveu, en très grant appareil
& nombre de gens d'armes, comme le chief de tout
fon oft. Et quant il ot affamblé & amaffé tous fes

combatans, il les ordonna par batailles, chafcun felon ce que il fentoit que befoing eftoit, & fi envoya très bien pourvueir & munir toutes fes villes, fortereffes & chafteaulx : & puis fit par tout le plat pays favoir que chafcun feuft fur fa garde, car le roy venoit fur lui fans nulle deffiance, & pour ce difoit il : foyés tous fur vos gardes. Enfy & par maintes manières fe pourvuoit monfg^r Gérard de Roffillon contre la venue du roy Charle, & à tous fes gens d'armes il fe trahit vers la derrenière partie de fa feignorie, en ung fien neuf chaftel que il avoit fait faire & édifier, & comme il femble par le contenu de l'iftoire, ceftui chaftel eftoit fur la marche que maintenant on dit Flandres ; lequel chaftel ne nomme point l'iftoire ; touteffois, dit l'iftoire, ou derrenier chaftel de fa poffeffion ; & là s'arrefta & ordonna monfg^r Gérard de Roffillon toutes fes batailles, que grandement il pourvoyt & munit de tout ce que befoing leur eftoit, tant en vivres comme en armeures & en chevaulx, & ainfi actendoit le roy très feurement, comme cellui qui en Dieu très fermement avoit mis fon efpérance, à celle fin qu'il lui feuft aidant & confortant auffi vrayement que il n'avoit rien meffait au roy ne à fa feignorie ; & pour ce qu'il favoit bien que le roy eftoit de tel coraige que croiroit plus toft mauvais confeil que le bon, s'eftoit il ainfi pourvueu comme cellui qui par maintes fois avoit oy dire : *qui n'eft garny, il eft honnis.*

Comment monſgʳ Gérard fut aſſigié du roy ou derrenier chaſtel de ſa poſſeſſion. LXXXVIII.

Le roy Charles qui tant animé & corrouſſé eſtoit que plus ne povoit, & auſſi il avoit bien emprez lui qui en ceſt argu le tenoit, fit ſes ots eſmouvoir par compaignies & par batailles, & en très grant pompes & appareil de guerre ſe partit de Paris. Si ſe mit au chemin tant qu'il vint ſur la poiſſance monſgʳ Gérard de Roſſillon, en très grant volenté de le deſtruire, car il avoit juré que jamais ne fineroit ſi l'auroit il tout deſtruict, & que meſmes il le feroit ardoir, noyer ou pendre; & pour ce, il commanda que partout on boutaſt les feux, & ainſi en fut fait. Car preſtement que le roy vint ſur la poiſſance de monſgʳ Gérard, c'eſtoit une miſérable pitié de veoir les feux & les fumées que les Françoys faiſoient; car ilz n'eſpargnoient villes, chaſteaulx, ne foreteſſes que tout ne meiſſent par terre en feu & en flamme; là où, tant par feu comme par eſpée, ilz deſtruioient de peuple, tant que c'eſtoit une piteuſe pitié de veoir & oïr les cris & les plaintes qui ſe faiſoient en pluſeurs lieux; & dit noſtre hiſtoire que, de la grant hideur que c'eſtoit & de l'encombrier mortel que ces François menoient & faifoient, il fambloit que la terre tramblaft & que tout le monde deuft prandre fin, car ilz n'efpargnoient hommes, femmes, ne enffans, ne gens d'églifes quelx qu'ilz feuffent, moinnes, canonnes, religieux ou religieufes, & mefmes les églifes abatoient ilz & ardoient, dont ilz eurent leur payement comme vous ourrés cy après. Tel guierdon rendoit Charles le Chauve à monfg^r Gérard de Roffillon pour les bons & aggréables fervices que fait lui avoit, en gouvernant fon réaulme : & fi dit noftre hiftoire que homme nul ne fauroit mectre par efcript les milliers de créatures qui morurent par celle guerre. Ainfi en abatant, fondant & deftruifant villes, fortereffes & chafteaulx, & tout bruyant, vint le roy Charles à tout fon innumérable poiffance, affiger monfg^r Gérard de Roffillon en ung chaftel que il avoit tout le derrenier fait de fa poffeffion ; lequel chaftel le roy fit environner tout autour pour enclore & attraper le bon duc Gérard s'il peuft, & là fit il tendre tentes, très & pouvillons en très grant nombre, & puis fit dreffer fes angins comme pour abatre les portes, les tours & les murailles d'icellui chaftel ; & le fit affaillir tout le plus toft & le plus roidement qu'il peuft, mais en ceft affault, le roy ne gaigna point pleute d'onneur, car ceulx de dedens qui tous eftoient gens d'élite le deffendirent vaillamment & poiffamment, fans faire au dehors nulles quelxconques faillies fur les François, pour ce que monfg^r Gérard avoit deffendu que on ne couruft point fur les Françoys, mais feulement que on conteftaft ou contredeffendeift tant feulement; non mie qu'il feift ce par couardife, mais pour ce qu'il cuidoit par ce point abatre l'ire & le mal talent du roy. Si ne faifoient ceulx de dedens fors eulx deffendre tant feulement & rebouter les Françoys en fus de leurs murs & de leurs fouffez, mais fi faifoient ilz fi poiffamment que il convint tant de Françoys morir que fans nombre; car ilz fi aherdoient très ardemment pour ce que le roy Charles avoit tout habundonné, & mefme veult dire l'iftoire que, defjà il avoit donné la terre de Gérard de Roffillon & départie à plufeurs barons de fon oft. Si s'aherdoient à celle affault de tant plus afprement pour obtenir leur don dont ilz n'avoient encor garde, car monfg^r Gérard n'avoit point encore paffé le don à qui le droit en appartenoit. Là eftoit le roy qui menaffoit monfg^r Gérard & merveilleufement & difoit que jamais ne le baniroit, mais feulement le voloit avoir mort feuft par feu, par efpée, ou par corde dont il difoit que il le feroit pendre : mais on ne prend point tel chat fans mouffles, car monfg^r Gérard, en qui toute fcience & habileté de guerre eftoit, s'en favoit très bien garder & en foy gardant monftroit au roy toute l'umilité & obéiffance qu'il povoit, pour ce que il le tenoit comme fon feigneur.

Comment monſgr Gérard de Roſſillon ſe conſeilla à ſes amis de ſa guerre. LXXXIX.

Monſeigneur Gérard de Roſſillon eſtant en ſa forterèſſe devant dicte, avec une très grant quantité de bons combatans, tous ſes amis encloux & aſſigiez par le roy Charles & ſes gens d'armes, comme vous oés, toute l'onneur & la révérence qu'il povoit il le portoit au roy, & touteffois le roy le deſtruiſoit de toute ſa puiſſance; combien que ſe monſgr Gérard voulſiſt avoir bataille contre lui en ſa première venue, ainſi qu'il lui convint faire depuis, de tout ſon oſt jamais ung ſeul le roy n'en euſt remené en France, car monſgr Gérard avoit bien la force & la puiſſance & d'avoir & d'amis de ce faire; mais Dieu par ſa débonnaireté avait en lui mit telle patience, que nullement il ne ſe vouloit combattre contre le roy, ſe faire autrement peuſt ; mais noſtre hiſtoire dit que, plus ſe humilioit & plus eſtoit le roy fier deſpiteux & crueux, car de nuyt & de jour il s'efforceoit, en mectant tout ſon ſens & tout ſon entendement à deſtruire monſgr Gérard. Quant il vit que nullement il ne pourroit par ſon humilité abatre l'ire du roy, il manda & fit venir tous ſes barons & amis à conſeil, & quant ilz furent tous devant lui, fi deift une telle raifon ou pareille: mes très chiers amis & compaignons, qui eftes mon confort & mon reffuge, je vous prie tous que en ceftui grant befoing vous me vueillés tous, par voftre très grant débonnaireté, confeiller; vous véés comment Charle, le roy de France, me pourfuit par guerre mortelle, en abatant, ardant, effillant & deftruiant mes villes & mes cités, fans caufe & fans raifon, & fans nulle quelconque deffiance, & n'ay mais en ces pays, chafteaulx, villes ne cités que il ne m'ayt ofté pris & deftruict, fors feulement ceftui ou nous fummes enclos & affigié. Et me femble que, pour quelconque humilité ou déport que nous lui monftrons, nous ne trouverons envers lui quelque doulceur, mais que plus eft, de plus en plus s'engreffe & en force de nous mectre au deffoubs & pource, mes très chiers amis, fe nous partions de cy & en aliffions en mon fort chaftel de Rouffillon, je ne le doubteroie en nulle quelconque manière; car il eft très bien pourveu & très fort & très bien apparé à deffenfe; fi vous prie que de ce il vous plaife à moy dire ce qu'il vous en femble le meilleur, car j'en vueulx ufer du tout au los de voftre confeil, ou fe non nous combatrons à lui, ou fe nous voulons icy morir de fain, car noz vitailles commencent à deffaillir; & il me femble que j'ay perdue ma peinne, car je cuidoie toufjours que il fe deuft reffraindre en le toufjours efpargner & fuir, par droicte bonne foy qui à ce me contraignoit, non mie pour paour que j'en euffe; & je voy clèrement que fe n'y mectons remède en brief terme, tous nous conviendra morir par feu, par efpée, ou par famine ou par autre piteufe dextruction. Et il me femble que ce fera grant honte & grant lafcheté pour nous, fe ainfi nous laiffons céans prandre & atrapper, car il me femble que nous fummes gens affés pour le combatre, & que en deffendant noftre droit, nous le pourrons deligier vaincre. Si vueillés fur ce avoir advis & confeil pour l'amour de noftre feign^r; mais je vueil que vous faichés pour certain que je ameroye mieulx, en bataille champale morir à honneur en deffendant mon droit & l'onneur de mes amis, que à plus vivre à telle vilté & délhonneur.

De la responfe que fit Fouques, le vaillant chevalier, nepveu de monfg^r Gérard. XC.

uant monfg^r Gérard ot dit & remonftré à fon confeil toute fon intention, monfg^r Fouques qui plus défiroit la bataille que ne fait l'efprevier l'alauwe, auquel eftoit jà monté le fang du cueur au vifaige pour la complaincte qu'il avoit oy faire fon oncle, fe leva fur fes piez, tout plain de hardieffe comme ung lyon, & deift devant tous en telle manière ou femblable : mon très chier feigneur & oncle, j'ay affés bien entendu ce que preftement vous nous avés remonftré : fi vous refpond tant que de ma part fe croire me voulés, nous iffeions preftement & fans plus actendre contre ce roy Charles & le combations à force & à puiffance ; car nous fummes affés chevaliers bien efchauffés pour le combatre s'ilz eftoient IV fois autant comme ilz font, & fi vous diray la raifon pourquoy ; nous fummes tous certains & ce favons nous de vray que il a ung très grant tort & que nous avons très bon droit, car la raifon appert riens forfait ne lui avons, & ce a il fait, nous nous ne lui avons point couru fus & ce a il fait à nous; & l'efcripture dit que la victoire ne gift point en la grant multitude, mais là où il plait à Dieu feulement, & pour ce, vous, mes très chiers amis qui cy eftes préfens, alons en tous hardiement & de bonne volenté contre ce roy de France, là où j'efpère que chafcun de vous fi très bien le fera que il fera confundu à l'aide de Dieu; & je veu à Dieu & promés que fe je vien à bataille contre lui, je ne le déporteray non plus que le plus povre de fa compaignye; mais que plus eft lui feray fentir le tranchant de mon efpée, fe je puis, comme à celluy qui foy ne léaulté n'a en lui; fi m'en dictes tout ce qu'il vous en femble & je vous en prie. A ces mots ilz refpondirent tous que ce leur fembloit le meilleur de ainfi le faire & que ilz amoient mieulx à yffir fur les Françoys & eulx là employer fur l'actendue de la fortune que Dieu leur envoiroit que eftre plus ainfi enclous; & tous à une fois difoient « bataille, bataille, vivre ou morir à une fois »; & dit noftre hiftoire qu'ilz avoient tous les têtes levées & les chières fi merveilleufement, que il fembloit que trop leur tardaft que ils n'eftoient fur les champs contre leurs anemis. Comment, difoit l'ung & puis l'autre, nous fummes tous certains que fe ce roy nous peut icy furprendre, ne actrapper, que il nous fera tous morir de mauvaife mort; n'aura cure comment foit, d'ardoir ou de pendre; mauldit foit il qui ne s'emploiera de toute fa force à le mectre au deffoubz, car il nous monftre bien qu'il a un faulx & félon couraige, plain de défléaulté & de rage. Haftons nous de lui courir fus fans plus actendre ne foir ne matin, car plus le déporterons & pis nous fera, & fi nous fera ung très grant péril de plus actendre, & ce conclurent tous que ainfi en feroient. Quant ung encien chevalier fe leva & requit que on fift filence, tant que il auroit dit ce que de ce fait il auroit conceu en fa penfée, à laquelle parole chafcun fe remift en fon fiège pour oyr le confeil du fage chevalier; car il eftoit de très grant auctorité, très prudent & moult recommandé & doubté du peuple, ce dit noftre hiftoire, qui point ne met fon nom, mais elle met que il eftoit comme infpiré du fainct Efperit.

*Du conseil que ung encien chevalier donna à monsg^r
Gérard de Rossillon.* XCI.

mon très redoubté seigneur & duc très puissant, monseig^r & mon maistre, vueillés vous tousjours gouverner & duire par la conduite de bonne raison, à celle fin que ou temps à venir, ne devant Dieu, ne devant les hommes, ne vous soit imputé autre chose que preudommie & valeur. Vous savés, mon très chier seigneur, que c'est une chose très mal convenable & inhonneste à ung subget faire grief ou moleste à l'encontre de son droicturier seigneur, ne nullement contre lui ne se doit combatre, mais le doit à son povoir fuir, se ce n'est en cas de mort que il soit contrainct de soy deffendre, & que autrement ne puisse eschapper ou au moins que il lui ait premièrement sommé souffisamment, à celle fin qu'il ne puisse estre reprins de nulle trahison. Et pour ce, mon très chier seigneur, à celle fin que à l'encontre de ces poins vous ne courés en nulle manière, je vous loue & conseille que, par bonne discrécion & à l'ordonnance de vostre meilleur conseil, vous envoyés par devers lui aucuns de vos plus sages conseillers, lesquelx par bonne & meure discrécion & humbles

paroles, lui fachent dire & remonftrer voftre fait, comme vous lui ouffrez en fa court à faire droit de quelconque fourfait que vous lui ayés fait, au los des barons de la court; & que là fe injure ou vilonnie vous lui avés fait ou dit, vous vous en voulés purger fuffifamment en propre perfonne, ou cas qu'il vous donne faulf alant & faulf venant & voftre honneur & voftre vie fauve; & lui faictes prier très humblement que de fa grant crudélite & envahie il fe vueille déporter, & que il vous vueille mener par le bon ufage de France, & fe par cefte voye le roy, qui eft moult cruelx & le plus de tous les autres qui aient efté par ci devant en France, qui eft voftre fire, vous vouloit fouffrir & tenir en pais, ainfi efcheveriez l'effufion du fang humain, à laquelle chofe faire fe doit employer toute bonne créature ; & fe faire ne le veult, nous vous donrons après tel confeil de ceft grant affaire que, au plaifir de noftre feigneur, vous en viendrés à bon chief à voftre honneur & proffit. A cefte parole s'accordèrent tous les barons du confeil & deirent que très bon eftoit d'enfy faire: fi fut preftement ordonné qui iroit, duquel ne met point le nom noftre hiftoire, mais elle dit que monfg^r Gérard de Roffillon y envoya ung très notable, fage, hardy & difcret homme, très facondieux, c'eft à dire très bien en parlé, lequel bien aourné de tout ce que à tel meffage faire appartenoit, s'en vint devant le roy & le falua moult honorablement & lui deift en telle manière:

Comment le meſſagé de monſgʳ Gérard de Roſſillon parla au roy Charle. XCII.

Sire très ſouverain & très redoubté, cellui Dieu qui voult des ſains cielz deſcendre en la terre & naiſtre de la glorieuſe vierge Marie, pour donner pais à toute créature humainne de la guerre: laquelle eſtoit meue par le péchié de noſtre premier père, vous accroiſſe voſtre grâce & bonté & vous doint toufjours ſens & entendement de faire œuvre qui lui ſoit aggréable & plaiſant, avec bonne vye & ſenté & à tous ceulx qui cy ſont préſens, qui le bien de voſtre pays & honneur déſirent & ayment. Très ſouverain & très redoubté ſire, par voſtre débonnaire humilité vous plaiſe oyr & eſcouter la cauſe de ma légacion, car je ne vous ay en volenté de dire autre choſe que vérité & droicture ; & je cuide & tien ſavoir de vray que en vous & en la diſcrécion de voſtre bon & meilleur conſeil n'a autre choſe que raiſon. Très redoubté ſire, il eſt vérité que je ſuis icy envoyé de par mon très redoubté ſeigneur le duc de Bourgoingne, c'eſt aſſavoir Gérard de Roſſillon, le quel, comme voſtre homme & ſubget, a & ſe donne très grant merveille pour quelle cauſe, ne qui vous meut à ce faire de lui faire une telle & fi terrible guerre que vous lui avés encommanchié à faire; car defjà perçoit il que vous lui avés deftruit fes villes, fortereffes & cités, fans nulle quelconque deffiance ou tiltre de guerre, & que plus eft, vous le avés affigié & environné en cefte préfente fortereffe, pour le vouloir du tout deftruire & mectre à fin, en le menaffant de le faire traynner & pendre comme la fame de voftre renommée court partout; & touteffois, très redoubté fire, vous favés quel homme il eft; ce n'eft point ung mefchant, ne homme qui n'ait en lui léaulté & juftice, mais eft voftre affin & l'a efté & encore le doit & veult eftre; ne envers vous, ne envers les voftres onques en fa vye ung feul rien ne mefprit, dont fon honneur, fon pris & fon los doye de riens eftre amency ne apetité; mais vous a fervi léalment & bonement comme fon droicturier feigneur; & de ce fe veult il rapporter en l'inquificion de vraye vérité & pour ce, mon très redoubté fire, je vous ouffre de par moy, fe en nulle quelconque manière il vous a meffait, à en faire droit en voftre court; & ce vous demande il & requiert & que vous mefme foyés juge de l'amende qui fera dif-cutée par le loux de voftre meilleur confeil; en oultre, très redoubté fire, s'il eft homme qui oppofer lui vueille quelque meffait ou quelque trayfon, il eft preft & appareillé de s'en venir deffendre devant vous & en voftre préfence, fans nulle quelconque contredit ou riens excepter, ou cas que vous lui donnerés bon & feur faulf conduit que de fon corps par vous ne par les voftres ne fera arrefté ne détenu indeuement, fi m'en vueillés refpondre voftre bonne volenté, & à tant fe teuft.

Comment le roy respondit au messaigé monsg^r Gérard de Rossillon. XCIII.

Le roy Charles oyant & escoutant ce messaigé, comme homme forsené, le commença à regarder ainsi que du travers & à hocher la teste & à estraindre les dens, & quant ce fut son plaisir de parler, il deist en telle manière : par sainct Denis de France, messaigé, vous avés très bien sermorné, mais je cuide que à vostre sermon vostre Gérard aura pou gaigné, & si vous promés que pour vostre messaige faire, se ce ne feust pour l'amour d'aucuns de voz amis que nous amons bien & qui font du tout en nostre grâce, jamais vostre Gérard ne vous verroit, ne jamais messaige vous ne feriez. Car tantost & incontinant, pour le salaire de vostre exploit, je vous feisse pendre par la gorge ; & si veulx bien que vous sachés & vostre maistre aussi, que se je le tenoie aussi bien que je vous tien, j'en feroye ce que on doit faire de ung faulx traître & larron, car avant que il feust demain passé je le feroye si hault encrouer au vent que tous ses amis en auroient honte & vergongne; ne pour lui, ne pour tous ceulx qui lui appartiennent ne m'en déporteraye jà : ne tous ceulx qui sont au monde ne actempéroient mon couraige que fe je le tien, que morir ne le face à dueil & à martire; & fi faichés hardiement que jamais en ma vye, pais ne repoux n'aray tant que je aray mis à mort, & lui & les fiens. Or t'en reva toft & haftivement, car je te jure, fe jamais tu y reviens pour tel meffaige faire que tu as fait préfentement, que tu t'en repentiras : & celle fin que mieulx tu me croye, fe je te y treuve huy mais paffé, tu y morras ou defpit de cellui qui t'y envoya, auquel tu diras, fe tu veulx, que j'ai fa mort jurée ainfi que le m'as oy dire. Et à ces paroles, le roy fe tourna arrières & rentra en fa tente & laiffa là le meffaiger, lequel au plus toft qu'il onques peuft fe remit en fon retour. Las! quel trouble y eut à ces paroles & oft du roy, car là avoit monfg^r Gérard de fes amis & fes anemis; fes amis qui moult eftoient dolens n'ofoient monftrer ce qu'ilz penfoient, mais fe taifoient mu & cois, fenon que ilz difoient entr'eulx que la guerre eftoit très mal prife, & qu'encoires n'eftoient ilz point couchié qui auroit male nuyt; & les autres difoient, qui fes anemis eftoient, maintenant ferons nous vengez de noftre mortel anemy. Hélas! le dueil que menoit la bonne reigne qui ung feul mot n'en ofoit parler, ne ung feul femblant monftrer; & comment eftoit en grant doleur la bonne dame Berte qui jà de vertus reluifoit tellement que, de fes bonnes œuvres le monde & le ciel s'efjouyffoient & meifme les anges qui fouvent, par la benoifte grâce du fainct Efperit, la vifitoient & confortoient en fes tribulacions; & le menu peuple qui eftoit en très grant anuy de cueur & de corps, car tout le leur fe perdoit à tous *leis* & à tous coftés, tant par feu comme par efpée, fe plaingnoit piteufement & ne défiroit que la mort. Et dit noftre hiftoire que à peine vous pourroit on dire ou efcripre les griefves doleurs qui eftoient en la marche où ces Françoys eftoient, pour les maulx que ilz faifoient; mais monfg' Gérard de Roffillon, le bon duc, combien que il actendit pour mieulx faire, fi les en vengea-il très bien, à la confufion de fes anemis, ainfi que vous ourrés aflés prochainnement.

Du meſſaigé qui retourna & comment monſg^r Gèrard fut contrainct d'y renvoyer. XCIV.

Le meſſaigé devant dit revenu & retourné en la forterefſe, tantoſt commencèrent à venir les ſeigneurs & les barons, qui là eſtoient en grans nombres de combatans, deſirans de eulx employer contre les Françoys qui ainſi les tenoient encloux & enferrés; & auſſi y vinrent & affuirent pluſeurs du peuple pour ouyr quelles nouvelles ilz ourroient de ce roy de France. Adonc quant ilz furent tous venuz & aſſemblés, & que on ot commandé à faire ſilence, le meſſaigé commença ſa raiſon & ſon rapport & le fit moult bien & ordonnéement en recordant toutes les paroles ſans y riens adjouſter ne oſter, telles que le roy les lui avoit dictes & commandées, & bien leur raconta & deiſt de mot à mot ſans y riens oblier, & tantoſt que il ot tout dit & racordé, fut faicte une grant murmure entre les ſeigneurs & les barons diſant tous enſemble: alons, alons, trop avons demouré, piécà deuſſions avoir ces Françoys reſveillez; monſg^r le duc nous tient bien meſchans & ſi ſe tient bien chetis, quant il offre ainſi à ce faulx roy à faire droit à ſon plaiſir. Par St Georges, diſoient l'ung &

l'autre, monfg' le duc a tort de foy tant humilier contre cel orgueilleux roy. A ces mos, monfg' Fouques, qui eftoit droit conduifeur des gens d'armes monfg' Gérard, s'en vint devant fon oncle & lui deift en telle manière : Comment, mon oncle, deift il, efpargnerés vous toufjours ainfi cel orgueilleux roy : alons, alons, & faifons de lui ce que il veut faire de nous, car nous fummes gens affés pour lui faire fon fang boire. Mauldit foit il qui jamais plus le déportera, ne qui plus envoira par devers lui, fors lances, efpées & guifarmes par lefquelles & lui & fes faulx confeillers feront fervis jufques à leur fang refpandre. Par ma foy, ce deift monfg' Gérard, mon beaul nepveu, & je le vous accorde & vous prie tous, mes amis qui cy eftes préfens, que les griefves vilonnies & menaffes que il nous a fait lui foient reboutées ens, & ne tardons plus ; car je voy bien, & auffi faictes vous, que plus me humilie & plus s'en orgueillift. Je vous prie que demain au point du jour vous foyés tous prefts & garnis de voz armes ; car foy que je doy à Dieu, puifque il ne me veult porter foy, ne léaulté, ne moy tenir en droit, jamais ne le déporteray ; ains lui courray de toute ma force fus, là où je vous prie que tous me vueillés aider, ainfi que en vous j'en ay la fiance ; & lorfqu'il ot ce dit, ilz fe commenchèrent tous à refjouir & à dire que ilz eftoient tous prefts, & que ce pefoit eulx que tant y avoient efté encloux & que trop leur tardoit que ilz peuffent faire fentir à fes Françoys leur humanité & à leur roy duquel ilz avoient trop longuement fouffert le boubant. Et à tant fe départirent pour mectre leurs chevaulx & leurs harnois à point, & dit l'iftoire que c'eftoit une droite merveille comment ilz s'appareilloient de grant volenté & monftroient une très hardie & lie chière; & fembloit que ce feuft une droicte fefte ou folempnité qui leur furvenift, comme feroient gens qui longuement auroient efté en prifon ainfi que ilz avoient, & il fembloit proprement que le jour leur eftoit trop long à actendre lendemain; mais le fage qui par devant avoit donné le confeil de aler devers le roy ainfi que vous avés oy, quant il vit ceft appareil, comme remply du S‘ Efperit, fit tant qu'ilz refurent tous affemblés & leur remonftra par bonne & vraye raifon que ainfi n'eftoit il point bon de aler avant. Si s'en vint à monfg' Gérard & lui deift une telle propofition :

*Du conseil du saige pour renvoyer encores devers le roy
la seconde fois.* xcv.

Mon très redoubté seigneur & prince, duc de
Bourgoingne très puissant, le aler ainsi, &
par la manière que vous voulés aler sur nostre
sire le roy, n'est point à vous ne à vostre peuple
salvable, ne honneste; mais s'il vous plaist moy croire
encore une fois, à vous & à vostre noble généracion &
lignye sera enfin très profitable & louable. Mon très
redoubté prince, vous savés que tous les membres
d'ung corps doivent honneur & révérence au chief.
Pour ce, mon très chier seigneur, vueillés de rechief
envoyer en humilité & subgection faire au roy, nostre
sire, une supplicacion le plus humblement & obédiemment que faire se pourra, & lui priant que, sans plus
vous grever, il vous vueille faire droit & justice ; &
que en sa court, sauve vostre vye & honneur, vous
comparerez en propre personne, & là où lous de son
discret conseil & par le jugement des barons de
France, vous voulés amender tout ce que sera trouvé
que vous ayés fait contre sa magesté, soy de lui ou
des siens: & s'ensi est que à ceste fois il vous reffuse
vostre requeste, adonc pourrés user justement contre

lui par fait de guerre, & avoir bonne fiance en Dieu le tout puiſſant que il vous aidera, car c'eſt cellui qui exaulce les humbles & confont les orgueilleux; & je cuide que ſe ainſi vous le faictes, tous vos amis vous aideront de bon cueur & de bonne volenté, & vous monſtreront tous leur povoir en bon ordonnance. Et lui faictes dire que, en deffendant voſtre corps & voſtre honneur, vous le combatrés en lui aſſignant jour de bataille & en le deffiant de feu & de ſang ; & je crois fermement que Dieu le tout puiſſant, qui de tout ce que l'homme fait & dit eſt vray juſte cognoiſſeur, pour voſtre très bonne droicture & la humilité & raiſon que vous lui aurez offert, ſe combatra pour vous, à l'encontre de lui, comme contre l'anemy de juſtice & de loy; & que ſon très grant orgueil & force lui abatra, & que en ce faiſant vous recevrés une victoire magnifiée, qui recommandée & louée ſera au détriment de ſon grant orgueil, dont il recevra ſon payement par la force de voz bras & de voz léaulx amis & ſubgetz, par tout le monde & juſques en la fin du ſiècle. Adonc monſg^r Gérard, oant ce preudomme comme tout débonnaire qu'il eſtoit, s'accorda au conſeil du ſaige & ſe diſpoſa de y renvoyer encore une fois. Si fut preſtement monſg^r Fouques appellé pour ce meſſaige fournir, lequel le fit très bien & très deuement ainſi que le cas le requéroit; mais il le trouva plus dur & plus félon que autrefois n'avoit eſté, & de tant plus ſe humilioit monſg^r Fouques, en lui ouffrant pour ſon oncle à faire toute juſtice & raiſon, & de tant plus s'en orgueilliſſoit le roy & plus ſembloit fourſené en menaſſant monſg^r Gérard de Roſſillon très cruellement, à la manière de félon orgueilleux que il eſtoit, que plus le prie on & plus rebelle eſt : &

quant monsg' Fouques vit que il n'en pourroit traire quelque doulceur pour sens, ne pour parole que il sceust dire ne mectre avant, si deffia le roy devant tous en disant en telle manière :

Comment monſgʳ Fouques deffia le roy, en lui aſſignant journée de bataille. XCVI.

Sire roy, en la préſence de tous ceulx qui cy ſont, de par mon très chier oncle, le duc de Bourgoingne, conte d'Auſſerre & de Lymoſin & de pluſeurs autres contés dont je me tais pour cauſe de briefveté, nommé Gérard de Roſſillon, lequel trop vous a déporté & eſpargné & trop contre voſtre tirannie s'eſt humilié, je vous deffye en vous faiſant ſavoir que plus ne nous tiendrés ainſi en géole comme vous avés fait, & vous gardés de ce jour en avant de lui & des ſiens ; car demain, ſans plus actendre, nous vous combatrons, ſe vous nous oſés actendre ; & là verrés vous ſe de lances, d'eſpées, de faulſars & de guiſarmes nous nous ſaurons aider; & ſoyés certain, puiſque autrement pais ne accort envers vous ne povons trouver, que en nul droit ne nous voulés tenir, jamais ne vous en requerrons, ſenon au tranchant des eſpées & au fer des lances que à vous & aux voſtres ferons ſentir, ſelon noſtre puiſſance. Et que mauldit ſoit il de la moye part qui jamais autrement vous en priera. Et quant il ot ce dit, ſans plus mot dire, il ſe met au retour & ne ceſſa ſi revint en la forsereſſe là où fon oncle l'actendoit; & le roy demoura tout courrouffié & iré de la parole groffe & hardie que monfg^r Fouques lui avoit dit, & pour ce, il commanda tout preftement à tous fes barons que chafcun fi portaft & ordonnaft, felon fon povoir. Mais noftre hiftoire dit que de celle deffience que monfg^r Fouques fit au roy, les barons de l'oft du roy en furent tous efbahis & efmerveillés, car bien penfoient que monfg^r Gérard de Roffillon eftoit très bien garny de bon gendarmes mieulx que ilz ne favoient, puis que il avoit ainfi deffié le roy & lui affigné jour de bataille; & n'y avoit en l'oft fi hardy qui ne s'en efbahyt, & li plufeurs en trembloient de paour, car ilz redoubtoient très fort ce que leur advint depuis. Et de fait plufeurs en celle nuyt f'emblèrent & s'enfuirent de l'oft qui onques depuis n'y revinrent, dont le roy fut fi troublé au lendemain quant il le fceuft, que il ne favoit que faire: & monfg^r Fouques rentra en la fortereffe & raconta tout fon exploit à fon oncle & aux barons & gens d'armes qui là eftoient préfens, dont ilz furent treftous très joyeux comme il fembloit. Et dit l'iftoire que onques cerf efchauffé ne défira tant à boire fontaine, comme ilz défiroient de affembler à leurs anemis, & difoient que monfg^r Gérard en faifoit trop & que c'eftoit honte de tant monftrer d'umilité à une fi orgueilleufe perfonne qu'eftoit le roy qui en lui n'avoit foy, léaulté ne juftice. Là s'appareilloient d'armes & de chevaulx tant noblement que onques mieulx, ne s'appareillèrent gens & tant richement que c'eftoit une droicte plaifance & pitié; plaifance de la très grant amour qu'ilz monftroient à leur prince, & pitié que fi liement ilz s'abandonnoient & appreftoient de recevoir mort, en deffendant l'onneur de leur prince ; ne tenoient compte de plaincte ou clameur qui venir en peuſt, mais menoient une très grant joye, comme gens qui auroient trouvé une très riche choſe ; & ainſi furent juſques au lendemain que chaſcun ſe leva & s'appareilla moult richement & ordonnéement.

*Comment monsg^r Gérard de Rossillon combatit le roy
Charle le Chauve.* XCVII.

uant ce vint au lendemain, & que le jour que
tant ilz avoient déſiré fut venu, & qu'ilz
furent tous armés & habillés moult bien &
ſouffiſamment, monſg^r Gérard fit deſcliquer ſes trompètes & ſes clarons qui menoient *telle noiſe* qu'ilz
ſembloient que tout tremblaſt; & alors capitainnes &
gens d'armes ſe commencèrent moult ordonnéement
à mectre au chemin & à yſſir de la porte, à prandre
place & à eulx rengier moult ſagement, comme gens
duis de tel meſtier ; & là eſtoient les archiers &
arbeleſtiers ſur les alles, en très grant arroy & monſ-
trans une très grant volenté, & monſg^r le duc aloit de
renc en renc, en admoneſtant ſes gens de bien faire,
en eulx remonſtrant comment c'eſtoit ſur leur droit
deffendant; & à celle heure eſtoient auſſi le roy & ſes
gens d'armes rengiez & ordonnez par très bel arroy,
& s'en venoient moult ſerrant le pas en approuchant
le gens du duc qui moult noblement les actendoient;
& à ces ordonnances commencèrent d'ung coſté &
d'autre trompètes, clarons & bucſines à deſcliquer,
à l'aſſault, a l'aſſault. Adonc archiers de tous ſens

commancèrent à traire de telle roideur fur les gens
d'armes que il fembloit que l'aer feuft tout obfcurcy
du traict qui voloit d'un cofté & d'autre; là y euft plufeurs hommes d'armes & plufeurs chevaulx terriblement & piteufement enférés & mors, & quant ce traict
fut paffé, ilz s'en vinrent l'ung fur l'autre, au fer des
lances roides & agües, moult fièrement, & là fut fait
ung très dur & cruel rencontre & dont il convint mains
vaillans chevaliers morir & affiner. Là furent mains
chevaulx renverfés & emboulés & mains hommes mors
& perdus & d'autres qui onques defpuis ne virent
femmes ne enffans, car ilz demourèrent les ung contre
les mors & les autres occis & defpiécés. Là eftoient
cervelles & courailles efpandues, teftes & bras rom-
puz & deftranchés, gembes & corps brifiez, car en
nulle quelconque manière ils n'efpargnoient, mais
occioient l'ung l'autre, fans nulle quelconque miféricorde ou pitié: là eftoient parmy ces corps ces clères
éfpées, tranchans & affilées, boutées & enfichées: là
moroient chevaliers, efcuiers & gens d'armes de
toutes pars, à cens & à milliers: & dit noftre hiftoire
que tant en y morut que jà le nombre n'en peuft eftre
fceu, car ilz chappeloient, frappoient & mailloient, fans
eulx en riens déporter. O la jornée doloreufe! O la
miférable pitié qui fut faicte & exercée en celle tant
piteufe bataille, en laquelle convint tant de fang
humain refpandre que il fembloit que ce feuft une
droicte rivière de fang qui en découroit & qui des
corps yffoit: là eftoit la terre toute couverte & toute
jonquiée des mors & des navrez, & du fang fi moil-
liée & fi arroufée que à peine s'y povoient tenir qui
ceulx combatoient à pied; & les chevaulx, en plufeurs
lieux, jufques aux fengles flotoient en fang & en cer-

velles ; là eftoient teftes, piedz, bras, gembes efpandues & femées parmy le champt & corps fans vye que il n'eftoit plus de horreur: & dit noftre hiftoire que en ce *toueillis* &; mefchief furent ilz toute jour; fi ne font point à croire du contraire que il n'y converift maints hommes morir & deffiner, & fans nul doubte ainfi en fut il ; & là eftoient monfg' Gérard & tous fes barons & gens d'armes, qui merveilleufement fe combatoient & reboutoient Françoys, en rendant au roy fon falaire du damaige que autreffois leur avoit fait. Et pour ce, fi je ne nomme point le nom des combatans, tant d'une partie comme de l'autre, fi n'en ayés point de merveille, car noftre hiftoire ne m'en met non plus que je n'en dis, combien que par ci devant foit contenu que monfg' Gérard de Roffillon avoit en fa compaignie aucuns roys d'Efpaigne que fon père lui avoit envoyé, & fi avoit fon nepveu, monfg' Fouques, qui tant faifoit d'armes que tous fes adverfaires en eftoient efbahis & efpoentez; & auffi faifoit monfg' Gérard, auquel très bien fouvenoit comment autreffois le roy l'avoit fourpris, quant il perdit la bataille à Poligny, ainfi que vous oyftes devant en la matière.

*Comment le roy s'en fuyt honteufement de la bataille &
de la retraicte que monfeigneur Gérard fit fonner.*
XCVIII.

Ainfi, comme dit eft, fe combatoient Françoys,
et Bourgoignons à force et à puiffance, les
ungs contre les autres, fans efpargner et fans
nulle quelconque pitié, et tellement fe combatoient que
l'iftoire tefmoigne que la terre eftoit toute joncquie et
couverte de mors et d'occis; mais les Bourgoignons
fe combatoient plus afprement et plus chevalereufement que les Françoys, car ce fembloient lyons qui
requériffent leur proye, et auffi fans faulte ilz fe vouloient defpécher de la mifère en laquelle ilz avoient
longuement efté. Finablement ilz firent tant d'armes
et fi vaillamment fe prouvèrent que ilz firent les
batailles des Françoys branfler, et fe commencèrent
Françoys à deffoncer et à defranger, et li plufeurs à
fuyr l'un çà, l'autre là, qui mieulx povoient pour faulver
leurs vyes. Car onques froment foubz fléaux ne fut
mieulx efcous et batus que ces Bourgoignons les
batoient et pouffoient, ne mais à painne en véoit on
nulz qui fe meiffent à deffenfe, car ilz doubtoient fi les
grans coups que ces Bourgoignons leur donnoient,

que plus ne s'y ofoient véir ne trouver: ains s'enfuyoient, puis l'ung, puis l'autre, & le roy, véant comment fes gens d'armes eftoient mors & occis & que le remanant s'enfuyoit, fut tantoft confeillé de là non plus demourer ; & pour ce, tout preftement, fans prandre congié à fon hofte, il tourna le dos en férant le cheval de l'efperon qui toft l'emporta à faulveté, car s'il y feuft demouré plus longuement, de fa vye euft efté fin. Si que pour faulver fa vye, il s'en fuyt honteufement comme vaincus, & bien avoit retenu cette liffon que mieulx vault fuyr que mauvaifement actendre. Et quant le noble duc Gérard vit que le roy s'enfuyoit, il en fut moult joyeulx: fi fit fonner fa trompète de retraicte, & ne voult onques fouffrir que nul entraft en chaffe pour fuivre le roy, à celle fin que mal on ne lui feift, ou que on ne le navraft ou tuaft. Car l'iftoire dit que s'il voulfift, en la bataille il l'euft par maintes fois pris & occis; mais il ne lui vouloit nullement mal faire, car il doubtoit la foy & la léaulté que il lui devoit comme fon feigneur. Point ne lui vouloit faire ce que le roy euft fait de lui, fe il le teinft en auffi grant danger que il tenoit le roy, & pour ce, il fit tout preftement crier, fur peine de perdre fon amour, que nul ne fe bougeaft & que ilz fuffent contens de ce qui eftoit fait: & lors il fit tout prandre le gaignaige & le butin, & le fit également départir à tous fes combatans du plus petit jufques au plus grant, à chafcun felon fa valeur, ne onques ung feul denier n'en retint pour fa part, mais ne vouloit fors tant feulement avoir l'onneur de la victoire. Si lui fouffifoit tellement que tout content il en eftoit, & ce dit noftre hiftoire que ilz furent tous très riches d'avoir tant d'or, d'argent comme de joyaulx & de draps d'armeures & d'autres chofes, & que la valeur de la richeffe ne fauroit nul, nombrer ne dire, & tant que le plus povre eftoit très riche, & ainfi tous chargés de richeffes & des defpoilles de leurs anemis, s'en retournèrent très joyeulx, comme victorieux en leur fortereffe, ne de perte ne de dommaige que ilz euffent eu ne leur chailloit, tant eftoient lyes & joyeux. Et fi povons nous bien dire pour le roy Charle ce que le pfalmifte met en la pfalme : *non falvatur rex per multam virtutem &c.* c'eft à dire, que pour la grant multitude de puiffance ou de vertu ne fera point le roy fauvé, & bien y paroit. Car le roy avoit, au commencement de la bataille devant dicte, bien trois hommes contre ung, mais noftre feigneur, qui eft le vray jufte des juftes, avoit regardé la jufteté qui eftoit en monfg^r Gérard & pour ce, il l'avoit regardé de fes yeulx débonnaires comme il nous eft tefmoigné par le prophète meifme devant dit, là où il dit : *Ecce oculi Domini fuper metuentes eum &c*, c'eft à dire, vecy les yeulx de noftre feigneur fur ceulx qui le crèment & doubtent, & les garde, quant en fa miféricorde ils mectent & affichent leur efpérance; & en autre pas met l'efcripture à ce propos que le géayant ne fera jà faulvé pour fa grant vertu ou puiffance, mais feulement cellui qui met en Dieu fa fiance & qui de bon cueur le fert & ayme. L'acteur: felon ce que il femble par la déduction de l'iftoire, la bataille devant dicte fut combatue ès parties de la marche que l'on dit maintenant Flandres, & combien que notre hiftoire, laquelle nous avons pourfuy en cefte œuvre, die que monfg^r Gérard de Roffillon, duc & conte de Bourgoingne & de plufeurs autres pays & contés, feuft conte de Flandres, c'eft vérité qui bien l'entend. Mais faulve la grace de l'acteur, au temps des roys Charlemaigne, Loys fon filz, Charles le Chauve filz de Loys & de Loys filz Charles le Chauve, du temps defquelx règna monfg^r Gérard de Roffillon & encoire longtemps après la conté de Flandres eftoit foubz autre dominacion ; & felon ce que on treuve en plufeurs hiftoires, on l'appelloit la foreft de Gaulle, en laquelle foreft eftoient plufeurs contés, comme la conté de Morienne, la conté de Menarie, la conté de Nerves, la conte de Burbant, la conté d'Alofe: & ay veu une hiftoire la quelle commence ainfi : *Gerardus, Burgondionum dux, cognomento de Roffillone, extitit comes comitatus nervienfis atque bracbactenfis & ufque ad mare fuit poffeffio fua &c*, c'eft à dire, Gérard, duc de Bourgoingne, furnommé de Roffillon, fut à fon temps conte des contés de Nerves & de Burbans ou Bracbant & s'eftendoit fa poffeffion jufques à la mer ; c'eft à entendre, depuis la rivière de l'Efcault & celle de la Haynne qui court parmy Hainnault, en prenant ens la rivière de la Teure jufques à la rivière que on dit Cavafe en Hainnault, & en Bracbant Scène & court parmy la ville de Bruxelles &c. Et dit cefte hiftoire que il mena grant temps guerre au conté de Hainnault, à caufe de la conté de Nerves, lefquelles guerres pourfuivit contre le conte de Hainnault ung parent que avoit monfg^r Gérard de Roffillon, nommé Gérard de Vienne, par plufeurs ans: & avoit à ce temps la conté de Hainnault trois fortes villes, c'eft affavoir Blaton, Chierve & Aath que encoire dit on en Burbant, par lefquelles il tenoit frontière oultre la rivière & palus de la Haynne, contre monfg^r Gérard de Roffillon & contre fon coufin Gérard de Vienne, lefquelx fe tenoient à très grant puiffance en trois places très fortes que monseigneur Gérard de Roffillon avoit fait édiffier ès devant dictes contés, lesquelles fortereffes nomme ainfi l'iftoire : *Gerardi manfum, mons Gerardi & caftrum vienne etc...* *Gerardi manfum* ne fay je, & *mons Gerardi* c'eft Gérardmont en Flandres, & le chaftel de Vienne qui eft affis près, en alant vers Enguien en Hainnault, lefquelx trois fortereffes deftruifit & rua jus le comte de Hainnault, à l'ayde du roy de France, comme tefmoignent les hiftoires de Hainnault & depuis fut la paix faicte & eurent grandes amiftiés les ungs aux autres ; & tant que monfg^r Gérard de Roffillon refit fes fortereffes, & fi fonda plufeurs églifes ès dictes contés, defquelles églifes nous parlerons cy après, quant nous parlerons des fondacions des églifes que monfg^r Gérard de Roffillon fonda. Si voulons revenir à noftre matière, c'eft affavoir comment le roy & monfg^r Gérard de Roffillon fe maintinrent après la bataille devant dicte, faicte & exercée ou pays de Flandres.

Comment le roy Charle le Chauve raſſembla grans gens d'armes pour encore combatre monſgr Gérard de Roſſillon. XCIX.

Charle, le roy de France, tant honteux & tant dolent que nul homme ne le ſavoit reconforter ne rappaiſer, car il lui ſembloit que merveilleuſement lui eſtoit mal advenu & que fortune l'avoit inraiſonnablement mis au bas, quant à tout une telle ſi noble & ſi puiſſant compaignye que il avoit, il avoit eſté deſconfis & rué jus par les Bourgoignons qui n'eſtoient riens, au regard de ſon oſt, deiſt que mieulx il amoit à morir que de ce il ne ſe vengeaſt, comment ou par quel tour que ce feuſt, & pour ce, tout preſtement il fit eſcripre ſes lettres & mandemens & les envoya partout là où il penſoit à recouvrer gens d'armes, les ungs par commandemens, les autres par prières, & les autres par grans dons & promeſſes que il leur faiſoit. Si en aſſembla tant que nul homme ne le ſauroit dire, & auſſi noſtre hiſtoire n'en met point le nombre, & quant il ot tout ce peuple aſſemblé, il fut moult joyeulx, car il lui ſembloit que les Bourgoignons jamais ne les vaincroient, & la cauſe eſtoit pour ce qu'ilz ne pourroient tant aſſambler de gens comme ilz eftoient; & dit noftre hiftoire que Charle le Chauve fut fi joyeulx quant il vit tant de peuple, que il deift: maintenant verra-on fe fortune me fera auffi contraire que à l'autre fois; je veu à Dieu, fe je puis tenir ce Gérard de Roffillon, jamais après ne mangera de pain, car je le feray incontinent morir de mauvaife mort, ne pour homme qui foit vivant je ne l'en déporteray. En la court & compaignye du roy avoit monfg^r Gérard de fes amis qui lui firent favoir comment le roy le menaffoit, & comment il avoit jà affemblé ung très grant oft, pour lui courir fus; fi prinft fur ce advis & confeil. Quant monfg^r Gérard oyt ces nouvelles, onques n'en monftra femblant de courroux, ne d'anuy, ne auffi ne fit il de joye, mais à la guyfe de fage & vaillant homme pour profpérité ou pour adverfité, il ne fe muoit ne changeoit; tant eftoit il plain de bonne mefure & actemprance, fors tant que ce pefoit lui très grandement que envers le roy ne povoit trouver pais ne accort, & mieulx euft aymé à perdre fa terre & fa feignorie que faire guerre à tort à fon feig^r le roy de France; mais puifque autrement n'y povoit trouver accort, raifon lui enfeignoit de lui deffendre par armes & par batailles comme il faifoit. Néantmoings, comme très prudent & fage homme, il envoya une très belle noble ambaffade par devers le roy, pour lui offrir à faire juftice & raifon en toutes chofes que par le droit de la Cour feroit déterminé qu'il auroit encouru contre la royale magefté, & lui fit offrir à venir en propre perfonne, faulve honneur & vye, pour foy purger & deffendre, à l'encontre de tous ceulx qui lui vouldroient oppofer avoir fait quelque molefte au roy, à la coronne de France, ou aux membres d'icelle par quelconque manière que ce feuft.

Et en ce offrant, il le prioit très affectueufement que il voulfift avoir pitié de l'effufion de tant de fang humain, à laquelle chofe eftoient tenuz de regarder & confidérer tous nobles princes terriens & feigneurs de terre quelconque; & ce lui fit il remonftrer par notables & faiges hommes au plus aornéement & deuement que onques faire le pout ou fceut; mais noftre hiftoire dit que quant le roy ot oye la fupplicacion, il fut plus plain de indignacion, de courroulx & de mal talent que onques mais par avant n'avoit efté, & jura, en la préfence de tous ceulx qui oyr le voulrent, que à Gérard de Roffillon fera & livrera fi mortelle guerre, fi dure & fi afpre que jà n'en fera garenty par murs, par tours, ne par quelque fortereffes, que tout ne lui face ruer & gecter par terre; ne pour Dieu, ne pour homme qui jà l'en faiche parler, prier ne requérir, ne s'en déportera que il ne le face occir, noyer ou pendre, ou il y mourra en la painne.

Comment monſgr Gérard de Roſſillon ſe diſpoſa de combatre la ſeconde fois le roy Charles le Chauve.
C.

Quant les meſſaigés & ambaxiateurs de monſgr Gérard virent & perceurent que nullement ilz ne pourroient trouver pais ne accort envers le roy, pour raiſon que ilz meiſſent avant, ilz prirent congié aux barons de la court & ſe partirent. Si firent tant qu'ilz revinrent devers leur bon ſeigneur, c'eſt aſſavoir monſgr Gérard de Roſſillon, auquel ilz recordèrent tout ce qu'ilz avoient trouvé devers le roy, & pour ce, quant monſgr Gérard ſceut que, par nulle quelconque voye, il n'auroit point d'eſcout envers le roy & qu'il le convenoit fuir ou combatre, ou rendre en la mercy du roy & à ſa volenté, laquelle il ſavoit eſtre telle que vous avés jà oy, il fit ſon mandement par tout, là où il penſa à avoir ayde & ſecours tant à ſes amis, à ſes aliés comme à ſes ſubgez. Tous leſquelx venuz & aſſembléz ſe préſentèrent à monſgr Gérard de Roſſillon de très grant volenté, & promectant de lui ayder de tout leur povoir & juſques à la mort, à l'encontre du roy, puiſque autrement ne veult entendre à raiſon; & monſgr Gérard, véant comment fes gens eftoient de très grant volenté, fe penfa que jamais s'il povoit, ne lairoit le roy entrer fi avant dans fes terres que à l'autre fois; car il y avoit receu trop grant dommaige & pour ce, à toute fa puiffance, il le vint actendre à l'entrée de fa terre, pour lui tantoft courir fus que il y mectroit le pied, & ainfi en fut fait; & felon ce que il femble par les hiftoires, ce fut affés prèz de Soiffons. Toutes lefquelles chofes furent rapportées au roy, & lui fut dit comment monfeigneur Gérard l'actendoit, tout garny de bonnes gens d'armes, à l'entrée de fa feignorie. Si fit preftement toutes manières de combatans arouter, pour venir celle part où on lui avoit dit que monfg^r Gérard eftoit, & tant que les batailles fe commencèrent à entreproucher, pas pour pas, rengiez & ferrez moult ordonnéement, & ces trompètes & clarons à defcliquer moult terriblement, en donnant fon par lefquelles on entendoit que chafcun fe meift au bien faire; & vecy incontinant archiers, arbeleftiers qui commencèrent à traire de partie & d'autre tant terriblement que il fembloit que tout deuft finer, tant pour les cliquetis des armeures fur quoy le trait chéoit, comme pour le henniffement des chevaulx qui fe fentoient féruz & poins. Adonc monfg^r Gérard de Roffillon, à toute une très groffe brigade de chevaliers bien armez & bien montéz, comme lyons familleux défirans de happer leur proye, bien couplés, lances avalées, comme fouldre qui cherroit du ciel, fe plongèrent en ces Françoys de telle radeur que ilz les firent tous branfler & reffortir ; & là en ce pouffis en convint tant cheoir & trébucher, qu'il n'eft homme qui merveiller ne fe deuft, car les ungs rompoient le col, les autres les bras, les autres les gembes, & les autres

eftoient perciés & efboulez tout oultre le corps;
& quant ce pouffis fut fait, ilz tirèrent les efpées nues
& commencèrent à férir puis çà, puis là, en abatant chevaulx & chevaliers par terre, tellement que
il fembloit que la terre feuft jà toute couverte d'ommes mors & occis: & là eftoit monfg' Gérard de Roffillon, qui fur tous les autres faifoient tant d'armes
que nul ne le diroit, car à chafcun cop que il frappoit,
il gectoit cheval & chevalier tout par terre, pour fes
cops qui tant eftoient pefans que homme n'en eftoit
ataint que il ne le convenift à cheir & trabufcher.
Pareillement auffi les Françoys fe mectoient à la
deffenfe de très grant volenté pour garder & deffendre
l'onneur de leur roy; fi abatoient Bourgoignons de
groffe haches & pefans par terre, & en faifoient telle
difcipline que il fembloit qu'ilz deuffent tout à finer &
mectre à mort; ne de l'ung cofté, ne de l'autre n'eftoit
homme qui s'efpargnaft, mais fe penoient tous de tout
leur povoir à mectre leurs anemis au deffoubz. Ouquel peftelis (1), froiffis & pouffis, ilz furent depuis le
matin jufques à baffes vefpres, toujours en occiant,
abatant & defpefchant li ung l'autre; & fut moult tart
en la journée, avant qu'òn en fceuft à qui donner
l'onneur, car les Françoys eftoient tant orgueilleux
que nullement fuyr ne vouloient, & les Bourgoignons
eftoient fi preux que, du tout à mectre au deffoubz
leurs anemis tendoient, & par ce point eftoit la bataille tant plus radde, plus afpre, plus crémeufe.

---

(1) Peftelis : adjectif verbal de peftel... peftel veut dire pilon.

Comment le roy & les Françoys s'en fuyrent de la bataille devant dicte. CI.

Ainſi que dit eſt, ſe combatoient Bourgoignons & Françoys à force & à puiſſance, ſans en riens eſpargner li ung l'autre, ne prandre homme à renſon, mais ſe entretuoient piteuſement & miſérablement; & teſmoigne l'iſtoire que la terre eſtoit jà ſi couverte d'ommes mors & occis, que les vivans ne ſe ſavoient comment combatre ne tenir. Au derrenier, les Bourgoignons tout à ung fois ſe férirent tellement ſur les Françoys par ung ſi très dur enchault, que les Françoys ne le peurent porter, ne ſouffrir; mais ſe commencèrent à départir le mieulx qu'ilz povoient & à fuir l'ung çà, l'autre là, & le roy meſme, tant dolent & tant anuyeux que plus ne povoit, fut tiré à grant painne hors de la preſſe. Si ſe mit à la fuyte honteuſement, comme cellui qui jà avoit perdu toutes ſes meilleurs gens d'armes, & comme vaincu & deſbauché. Or regardés que lui profita ſon orgueil, ſenon autre choſe que honte & abaiſſement d'onneur; ainſi ſcet Dieu payer les orgueilleux & les deſpiteux & ceulx qui à nulle raiſon de droit ne vueillent entendre, comme n'avoit voulu faire le roy Charle le

Chauve, qui par fon grant orgueil perdit fes gens & tout fon avoir qu'il avoit employé à fes fouldoyers, qui tous en partie eftoient demourez mors en la place: & fe dit noftre hiftoire que ce fembleroit une droicte abufion de dire le nombre des occis qui furent en celle bataille. Touteffois ne voult point fouffrir monfg^r Gérard que le roy fut fievi, pour lui faire quelque defplaifir, ains fit fes gens retourner, en leur deffendant que chaffe nulle après les Françoys ne fe feift, & lui fouffifoit feulement ce qui eftoit fait & la victoire de la bataille. Mais, comme vaillant prince que il eftoit, il fit tout le gaing départir égalment à chafcun felon fa qualité, & les mors il fit très folennellement enfevelir, & les navréz curer & garir, en donnant grans fommes de deniers à ceulx qui les prirent en garde, pour en mieulx fongnier, comme defbonnaire & piteux; & bien le monftra, car aux Françoys mors fit il autant d'onneur en eulx enfeveliffant comme aux fiens, & aux navrez qui furent trouvés entre les mors fecourut il en toutes leurs néceffitéz; & pour la très grant débonnaireté qui eftoit en lui, lui donna noftre feigneur J. C. telle puiffance & telle vertu, que toute fa vye depuis qu'il fe fût recogneu, il poffeda de fa terre & feignorie & n'en perdit ung feul pied, quelque molefte que le roy lui feift ou faulfeté, que il ne le recouvraft toft & haftivement après. Et pour ce difoit noftre feign^r J. C.: *beati mites quoniam ipfi poffidebant terram,* bien heureux feront les débonnaires, car ilz pofféderont la terre. Et tel eftoit monfg^r Gérard de Roffillon & fut tout le remanent de fa vye.

*Comment Charle le Chauve, roy de France, raſſembla
grans gens d'armes pour combatre de rechief monſg^r
Gérard de Roſſillon.* CII.

e le roy Charles le Chauve, après la defcon-
fite devant dicte dont il s'eſtoit party honteufement, euſt grant honte, grant dueil &
grant anuy, ce ne fait point à demander; car on peut
bien favoir & croire que ſi euſt; mais néantmoings il
convient toute perfonne, de quelque eſtat qu'il foit, porter, fouffrir & endurer ce que autrement amender ne
peut, & fe par fon orgueil & defpit, il avoit eſté rué
jus, ce n'eſt point de merveille: telle eſt la volenté de
noſtre feig^r & fon jugement qui les poiſſans defpiteux
abaiſſe & les humbles exaulce. Luy donc qui tant
eſtoit dolent, plain d'ire, de mal talent, de courroux
& de honte plus que homme vivant ne pourroit &
fauroit dire, comme cellui qui plus eſtoit dolent de la
honte que de la perdicion de fes hommes, jura foy que
il devoit Dieu & fainct Denis de France, que ou milieu
de Bourgoingne, à toute fa compagnye, ira encoires
combatre fon anemy mortel Gérard de Roffillon, cui
qu'il foit ou beaul ou lait. Adonc furent aucuns bons
preudommes qui lui remonſtrèrent que pour Dieu il

voulfift encore une certaine efpace actendre, & que
fans faulte pour le préfent lui eftoit trop contraire; &
auffi il auroit bien fa raifon de monfg^r Gérard, fe riens
lui avoit meffait, par autre voye que bataille ne par fi
mortelle voye que aler y vouloit; mais comme homme
hors du fens & enragié de ce que jà par II fois il avoit
efté fi honteufement chaffié du champt, ne voult actendre à nulle quelconque bonne raifon que on lui fceuft
dire ou remonftrer, & fit tout incontinant venir fes héraulx & meffagiers aufquelx il donna en charge d'aler
par devers le duc Gérard, & lui faire favoir que, à ung
certain jour qui adonc fut nommé, il feuft tout certain
que s'il eftoit fi hardis de l'atendre, il feroit combatu
de puiffance contre puiffance en la valée de Betum, la
quelle valée eft fituée entre la montagne de Verzelay &
le chaftel de pierre pertuifée, fi ait fur ce advis & confeil.
Laquelle chofe venue à la cognoifcence de monfg^r Gérard de Roffillon par les devant dits héraulx & meffagés
du roy, comme homme non doubteux ne paoureux, lui
qui avoit très bien retenue la liffon de l'ewangille
difant: *cum audieritis prelia & fediciones nolite terreri,*
quant vous ourrés batailles ou fédicions ne vous vueillés efpoventer, fi commença, à la manière d'ung fenglé
de foreft défirant foy venger ou prandre fa proye, à
foy eflever & efjouir très grandement, & receut &
feftia les dis meffagés & héraulx très joyeufement, en
leur donnant de très beaulx dons & fomptueux; mais
finablement toufjours offroit il au roy à faire toute
juftice & raifon de tout leur différent, mais puifqu'-
autrement faire ne fe povoit, comme il le manda au
roy, il deffendroit fon honneur & fa terre à fon léal
povoir, & fceut le roy de certain que jà à la bataille que il avoit requis ne fauldroit, fe Dieu par fa

grâce le tenoit en vye & fenté; lefquelx meffagés après le congié s'en retournèrent au roy, & lui deirent que monfg^r Gérard avoit receu la journée moult joyeufement & que, à leur advis, il eftoit très grandement conforté.

*Comment le roy assembla grant nombre de gens d'armes
& monsg{r} Gérard pareillement.*   CIII.

Avant que le roy envoyaſt la deffiance & mandement devant dit à monſg{r} Gérard, avoit il
fait eſcripre ſes lectres & ſes brèves par leſquelx il manda tout ſon povoir, le quel povoir fut
très grant que ilz firent nombre à cent milles combatans très bien eſtoffés, en laquelle compaignye eſtoient
premièrement Françoys & dont tous les autres prinrent le nom, comme Picars, Normans, Bretons,
Champaignois, Briois, Manſois, Angevins, Poitevins,
Lorrains, Tyois, Brabanſons, Haynnuyers, Angles,
Eſcoſſois, Friſons & Danois, & qui plus eſt, y eſtoit
l'empereur de Grèce qui en ſa compaignye avoit
amené III roy Sarraſins & IV amiraulx à toute une
très grant puiſſance de Turcs, de Grégois & de Sarraſins; & la cauſe pourquoy le roy aſſembloit ſi grant
peuple eſtoit pour ce que ſa penſée eſtoit du tout
fermée à deſtruire du tout en tout monſg{r} Gérard de
Roſſillon; lequel, par ſes eſpies eſtans en la court du
roy, ſavoit tous les eſtas & grans aſſemblemens que le
roy faiſoit, & pour ce, comme ſage & bien adviſé, il
manda ſans arreſt tous ſes amis & alyés pour le venir

à ce très grant befoing fecourir, & premièrement, il manda monfgr Droon, fon père, qui eftoit en Efpaigne à très grant compaignye de combatans contre les anemis de la foy catholique que, tantoft fon mandement & fes lectres vehues que il lui envoioit, il laiffa la expédicion qu'il avoit emprife, & s'en vinft & retournaft toft & haftivement pour garder l'onneur de Bourgoingne, à l'encontre du roy de France qui moult de deftourbier lui faifoit, & avoit fait de grant temps contre droicture & raifon, & fi amenaft avec lui tant de combatans qu'il pourroit finer: lequel Droon, jàdis filz de Gondebaud, roy de Bourgoingne, duquel Gondebaud parlent les croniques de France & en racordent moult de nobles entreprifes & faiz d'armes, comme il appert à ceulx qui l'ordonnance des croniques & hiftoires regardent, amena avec lui les roys d'Efpaigne comme fes aliés & auffi ilz eftoient de fon lignaige; tous lefquelx enfemble amenèrent une très grant puiffance. Secondement, fit monfgr Gérard venir en fon ayde grant nombre de gens d'armes des marches de Flandres & n'y laiffa homme nul qui peuft porter baton que tout ne feift venir, pour ce qu'il favoit bien que tous les voifins des Flamens eftoient en l'ayde du roy. Tiercement, il fit affambler tous les Bourguignons & les fit venir en fon ayde fans en excepter ung feul, & ne demoura homme qui aider le peuft depuis la rivière du Rin jufques à la cité de Bayonne qui fiet en Efpaigne, qui tout eftoit de fon héritaige par droit de patrimoigne, que il ne fift venir armé & baftonné felon fa poffibilité; ouquel pays devant dit avoit cent très fors chafteaulx & X cités très grans & très puiffans, qui tout eftoient tenues de lui ou en fon nom; fans nul quelconque contredit; en laquelle terre font & ont efté très bons hommes d'armes, puiffans & hardis, comme on le treuve en moult de pas ès enciennes hiftoires: & dit noftre hiftoire que monfg' Gérard de Roffillon, duc & conte de Bourgoingne *affemble* pour celle fois cent milles chevaliers, tous les quelx fe maintenoient en armes moult noblement, & menaffoient le roy de France & toute fa puiffance de mectre à fin & à exécucion.

Comment monſgʳ Gérard & Droon ſon père ordonnè-
rent leurs cris pour eſtre recogneuz ès batailles.
CIV.

Quant monſgʳ Gérard euſt aſſemblé tout ſon baronnage, il fit mectre tous les barons de ſon oſt à conſeil, pour avoir advis comment ilz ſe maintiendroient en la journée qu'ilz actendoient très dure, car il ſavoit de certain que les Françoys chevaulchoient à force & à puiſſance pour venir à la journée préfiſe, & quant ilz furent tous aſſemblez, il parla à eulx moult ſagement en diſant en telle manière; vous, monſeigneur, mon très redoubté & très chier père, & vous tous autres mes très chiers amis & compaignons, je vous prie très humblement qu'il vous plaiſe bénignement oyr & eſcouter ce que je vous veulx préſentement proférer. Vous ſavés tous que nous avons icy entrepris journée de bataille à l'encontre du plus puiſſant, du plus fier & plus redoubté qui ſoit aujourduy vivant en terre, lequel par ſon très grant orgueil me veult déſhériter & chaſſer hors de ma ſeignorie, & que plus eſt, me veult exilier & mectre à mort honteuſe, ſans nulle quelconque deſſerte que fait j'aye; & s'enſy eſtoit que aucune choſe fourfait lui euffe, je lui ay-je voulfu amender en fa court au loux & jugement des barons de fa court, à laquelle offre n'a nullement voulu entendre. Si comment que je me deffende tant pour mon honneur comme pour les voftres honneurs, pour laquelle deffenfe mener à bon effect, je vous ay tous mandés. Si eftes venuz très notablement dont je vous remercie, en vous priant que au parfait vueillés mectre la main d'auffy grant volenté que vous avés monftré le commencement, & je cuide que auffi ferés vous, car j'en ay bien l'efpérance. Et pour ce, mes très chiers amis, que je fuis très certain que quant ce viendra que nous ferons ou champt de bataille, chafcun fe départira li ung çà, l'autre là pour foy produire felon ce que fortune là prendra & la befoingne de l'œuvre. Si nous eft très expédient que nous ayons tous ung cry & une enfeigne, pour nous ralier & avoir recognoiffance de noftre partie à l'encontre de ces Françoys, car s'ainfi ne le faifons, nous pourrions deligier auffitoft occir ou tuer noz gens que noz anemis, pour ce que nous avons tant de peuple & tant de gens d'armes, de plufeurs langues & de plufeurs nations, qu'ilz ne s'entrecogniftroient pour leurs enfeignes en nulle manière. Pourquoy il me femble que ung cry nous vauldra mieulx que nulles enfeignes, & que chafcun le faiche. Si vous prie que de ce me vueillés dire le voftre advis & confeil. Adonc n'y ot cellui qui ne deift que c'eftoit le meilleur & que il deift quel cry il vouloit avoir & ilz eftoient contens; mais il pria aux roys d'Efpaigne qu'ilz en deiffent leur advis & que, s'il leur plaifoit, ilz deiffent ung de leurs cris que ilz avoient ufaige de cryer en leurs batailles, & fe bon fembloit à la compaignye, ilz le tiendroient; dont l'ung de ceulx, comme dit noſtre hiſtoire, deiſt : crions Rouſſillon ou Bourgoingne lequel qui mieulx vous plaiſt; & vous, monſgʳ Droon, qui les (1)   ſavez départir & donner, dictes nous en le voſtre advis & nous baillés tel cry qui vous plaira, car tout le plus encien eſtes de nous; ſi nous devés en ce fait icy nous conduire & mener, car de grant temps vous l'avés très bien apris & retenu. A ces mos, reſpondit le bon vaillant preudomme Droon, en ceſte manière ou ſemblable:

---

(1) Dans le manuscrit de Paris, le membre de phrase : Droon qui les savez départir & donner, n'existe pas. La phrase commence ainsi : Or vous, monseigneur, dittes en le vostre advis.

Nous aurions pu combler la lacune de notre manuscrit par les mots : *si bien*. Fidèle à notre résolution de ne rien ajouter au texte, nous avons préféré conserver cette lacune

Du conseil & du cry que donna monsg^r Droon, le père monsg^r Gérard de Rossillon. cv.

Messeigneurs & mes amis, ce qu'il vous plaist de moy à dire ce soit à l'onneur de Dieu, & la deffaulte du loux que vous me donnés il lui plaise parfaire. Louer ou blasmer proffite moult petit au fait que nous aurons à faire à l'encontre de ces Françoys, car chascun & du bien & du mal recevra son loyer. Je cuide bien savoir de vérité que je suis le ainsné de vous tous, & pour ce, se mon advis vous voulés oyr incontinant, je le vous diray. Vous savés, mes très chiers seigneurs, que de longtemps les Françoys ont eu d'usaige crier, en leurs escours & bataille pour le raliement & esjouyssement de eulx, Montjoye sainct Denis, lequel cry en armes leur a fait moult de preu, combien que nul ne se doit esjouir en armes jusques en la fin: car qui autrement le fait deligier il en peut autrement venir que il ne se pense; & aussi pour paour ou pour mauvais semblent nul se doit desconforter, car c'est le droit usage d'armes d'estre ung jour joyeulx & l'autre au contraire; & pour ce que je say bien que nous avons ung très pesant & dur fais à porter, aussi grant que onques eurent gens d'armes, je vous prie tous que nul n'en ait paour ne defconfort ne auffi trop grant joye ; car fe Dieu ne le fait proprement, nous fummes tous en aventure d'ung cofté & d'autre de prandre cy noftre derrenier jour, fi nous eft befoing de mectre principalement en Dieu toute noftre penfée & de nous retourner envers lui par pure & vraye confeffion, par laquelle confeffion je ne me doubte point que qui le fera de bonne & pure volenté fon povoir lui doublera & fa force, & fi en doubtera mains la mort: fi le vueillés tous faire par bonne dévocion, & quant ce viendra à demain, Dieu nous enfeignera comment il lui plaira que nous nous ordonnons en bataille; laquelle expédicion faicte ainfi que le vieilz Droon le confeilla; au lendemain & quant ilz feurent tous raffemblés, il leur deift en telle manière: mes très chiers frères, maintenant me femble-il que vous eftes tous en bon point. Si vous prie que, en la grant bataille que nous actendons à avoir, vous plaife tous pour le raliement & efjouyffement de nous tous crier : fainct George, lequel en ceft très grant affaire, fe de cueur nous le requerons, jà ne nous fauldra. Sa chappelle n'eft point loing de cy, en laquelle feront enterrés plufeurs qui prendront là leur fépulture; lequel cry me femble bon & bien affiert à gens d'armes qu'ilz fe mettent en péril de leurs vyes, adonc tous à une voix & à une fois, deirent que, au jour de la bataille, ilz crieroient fainct George, lequel cry fut depuis tenu par longtemps par les Bourgoignons, comme dient les hiftoires.

Comment les batailles des Françoys & des Bourgoignons vinrent l'une contre l'autre. CVI.

Le roy de France, qui tout fourfené eftoit, car il avoit très bien oy dire & recorder que monfg[r] Gérard de Roffillon avoit affemblé ung très grant peuple pour le combatre, à tous fes ofts fe départit de Paris, bannières & penons defployées, que il fembloit que ilz deuffent mectre tout le monde à leur obéiffance, & tant fièrement chevaulchoit en fon appareil que nul homme dire ne le fauroit, car fon entencion eftoit toute fermée de deftruire & faire morir de male mort monfg[r] Gérard, & comme dient les hiftoires, au monter à cheval, il avoit juré que jamais ne retourneroit en fon réalme, s'auroit fait fon emprife & menée à fin ainfi qu'il entendoit. Finablement tant chevaulcha qu'il vint ès marches de Bourgoingne en la place devant nommée, c'eft affavoir ès prés de Beton, affés près de Verzelay, à la propre journée qui divifée eftoit des II parties. A la quelle place & au jour nommé fe comparut monfg[r] Gérard, tout poiffamment & tant bien ordonné de gens d'armes à pied & à cheval, qu'il fembloit que à peine toute la terre feuft couverte de gens d'armes, tant d'une partie que d'autre, & n'y avoit montaigne ne valée, ne le ciel ne la terre que tout ne refplendiffeift des armeures reluifans par les raies du foleil qui eftinceloient fus de tout fens & de tout coftés. Là eftoit l'or reluifant en efcuz, en targes, en boucles, en lances, en bannières, en penons & en cottes d'armes, que il fembloit que en tout le monde n'en euft autant, & chevaulchoit tant rangié & tant fièrement, lances avalées fur l'arreft, que mieulx on ne pourroit, ne mieulx ordonnéz que ilz eftoient d'ung cofté & d'autre. Et dift noftre hiftoire que il fembloit que la terre tremblaft ou s'efpoentaft du grant henniffement & frémiffement des chevaulx & du cliquetis des armeures, & que le ciel s'efbaiffoit du ventilement des enfeignes & des bannières, & du cruel bruyement que ilz menoient; & que il n'eft homme humain qui trambler n'en deuft. Car l'iftoire dit ainfi: *replentur montes ac valles agminibus ferratorum, micat aer fulgore fplendentium armorum, pavet tellus hynnitu equorum frementium, ftupet celum tantâ acie tot gladiorum, &c.* En ce point vinrent & approuchèrent les batailles l'une contre l'autre, & premièrement le roy, qui moult orgueilleux & defpiteux eftoit, & plain de mal talent, fit tantoft & incontinant defcliquer trompètes, bucfines & clarons pour les batailles faire entreprocher; & pareillement monfg^r Gérard, qui eftoit tout devant en fa bataille, fit auffi bandir fes trompètes & clarons, auquel bondiffement fe férirent gens d'armes, l'ung contre l'autre, par ung très terrible empefchement & fe commencèrent à entrepouffer, poindre, férir & bouter par merveilleux air, fans efpargner l'un l'autre en nulle quelconque manière; mais fe entretuoient, defpechoient & embouloient piteufement & miférablement; ne on ne lit, en romant ne en fable, nulle bataille plus mortelle que cefte fut, ne plus efpovantable; car d'ung cofté & d'autre, le font fi defméfurément que il fembloit que jamais ne deuffent faire autre chofe, tant que ilz euffent tout mort & occy l'un l'autre; car tous entièrement fe pénoient de mectre fon compaignon au deffoubz, & n'y avoit cellui qui ne fe meift du tout en paine en fa partie de vaincre fa partie. Pourquoy la bataille eftoit de tant plus dure & plus crueufe, & auffi eftoit elle: car il fembloit parfaictement à tous, & d'un cofté & d'autre, que ne comptaffent riens à la mort.

*Comment le roy Charles le Chauve fut rué par terre de
Droon de Bourgongne.* CVII.

En celle bataille eftoit le duc Thierry d'Ardenne, & en fa compagnye avoit Champenois & Briois qui fe combatoient à force & à puiffance; Richard de Normendie & le roy d'Angleterre & plufeurs autres feigneurs & roys, qui auffi fe combatoient merveilleufement, & meifmes avoit le roy trois rois Sarrafins & plufeurs grans amiraulx & barons, qui tant faifoient d'armes que nul homme dire ne le vous fauroit: car tous fe mectoient en painne de defconfir & mettre au deffoubz les Bourgoignons fi les abatoient par monceaulx & par compaignyes fi terriblement que c'eftoit une pitié. A l'encontre des Sarrafins avoient tournée leur bataille les Efpaignois qui les combatoient, abatoient & tuoient, & telle difcipline en faifoient que nul homme ne le vous fauroit dire, & ce grant foulis & abatis qui fe faifoient de lances, d'efpées & de guifarmes eftoient chevaulx & chevaliers, mors & efboulez par tas & par monceaulx; & dit noftre hiftoire que Hermant, le duc de Frife, fe maintenoit à la manière d'un lyon qui feroit féru en ung tropel de moutons, car c'eftoit un moult grant homme, fort & puiffant. Si faifoit tant de dommaiges aux Bourgoignons que c'eftoit une grant merveille, & touteffois l'iftoire dit que il eftoit parent bien près à monfg^r Gérard, mais je ne fcay par quelle envie il lui eftoit maintenant contraire, finon pour la perdicion de fon filz Fouchier dont nous avons dit deffus. Fouques, qui eftoit ung très vaillent chevalier, véant comme il dommaigeoit les Bourgoignons, lui vint courir fus; fi le fit par une force reculer & perdre place, & femble en cefte partie de noftre hiftoire, que en cefte bataille, monfg^r Fouques n'eftoit point marefchal de l'oft, mais l'eftoit fon père, c'eft affavoir Eudes, le duc de Provence; car elle dit que le marefchal de Bourgoingne & fon bon filz Fouques faifoient tant d'armes que nul n'en peuft plus faire, & en pourfuivant la matière, elle dit: Droon, le vieilz duc de Bourgoingne fiert, abat, occit & tue de telle force & de telle vigueur que comparer on le peut à un loux familleux qui tout mord & dévore; car nul homme n'eftoit ataint de lui que il ne le convenift trébucher ou mort ou affoulé; & toufjours là, où il véoit la plus grant preffe, il fe boutait & embatoit en pouffant & en trébuchant les uns & les autres, que il fembloit que ce feuft ung droit fouldre: quant il s'embatoit en une *formiffe* & advint que il perceut le roy Charles qui avoit *envay* les Bourgoignons fur l'ung des fens de la bataille, fi férit fur lui ung fi très grant horion que il gecta le roy par terre, fi eftourdis jus de fon cheval, que on feuft bien alé ung quart de lyeue avant que le roy feuft revenus à lui, & furent les Françoys en très grant paour de fa vye; & tantoft après meifme, monfg^r Droon férit en celle preffe Thierry d'Ardenne tellement que il lui couppa de fa targe un grant quartier, & cheut le cop fur le col du cheval de fi grant raideur que il le coupa tout oultre, comme ce fe feuft ung jong de marés: fi convint trébucher le chevalier, mais ce ne lui deut point eftre réputé ne tourné à honte, car tout preftement il reffaillit en piés, l'efpée au poing, & s'en vint contre Droon pour foy venger d'une très grant volenté; fi fe combatit grand pièce à pyé très vaillamment & très chevaleureufement, ne onques pour chofe qu'il feift à pied ne s'en mua ne changea comme vaillant chevalier qu'il eftoit.

Comment Thierry d'Ardenne occyt Droon, le père monſgʳ Gérard, & ſi navra à mort le conte Eudes de Provence. CVIII.

Là où ſe combatoit à pied meſſire Thierry d'Ardenne, avoit tant d'ommes abatus & mors par terre que il paſſoit ſus comme on paſſeroit ſur beſtes mortes, & là deffendoit ſa vye très puiſſamment au tranchant de l'eſpée ; mais il fut ſecouru aſſés toſt de ſes chevaliers & remonſté moult richement ſur ung bon rouſſin. Tantôt qu'il ſe vit ainſi remonſté, il ſe penſa que s'il povoit il ſe vengeroit de meſſire Droon, qui ſi honteuſement l'avoit fait trébucher, & auſſi il le hayſſoit de grant temps, car dès leurs enfances ilz avoient eu guerre l'ung à l'autre, comme nous avons dit par ci devant ; & pour ce il print ung eſpie fort & tranchant & aviſa monſgʳ Droon qui eſtoit en la bataille, là où il faiſoit ung très grant exart des Françoys. Si férit le rouſſin des eſperons & s'en vint fondre ſur monſgʳ Droon, ainſi que à la traverſe ; ſi le actaindit droit au défaillant des plates tellement & ſi roidement, que il lui fit paſſer ſon eſpie tout oultre le corps & le rua mort par terre, ne onques depuis ung ſeul mot ne parla. Dieu lui face vraye mercy & lui foit miféricors, car c'eftoit ung des vaillant homme d'armes qui feuft en fon vivant, & qui moult avoit eu de renommée en fon temps, en tenant frontière contre les Sarrafins; & tous les jours de fa vye il s'eftoit delités en guerres & en affaulx contre les injuftes & non droicturiers. A cefte heure fut averié la parole que on fouloit dire, que toufjours vieille haynne apporte nouvelle mort: je le dis pour fes II feigneurs Thierry d'Ardenne & monfg^r Droon qui de longtemps s'eftoient haïs. Halas! que ce feuft une dure & doloreufe aventure pefme & amère pour les Bourgoignons, car ilz avoient en lui une très grant confience pour la vaillance & prouefle dont il eftoit plain. & je cuide que s'il ne feuft fitoft mort, que Françoys euffent efté defconfis du tout en tout, car il eftoit très faige & très advifé, très duis & très bien amanieré de telles œuvres maintenir. Povoient bien dire les Sarrafins d'Efpaigne que ilz avoient perdu leur plus grand anemy, & que dorefmais ilz povoient bien dormir en paix quant à fa partie. Or laiffons de lui & pourfuivons noftre matière, laquelle dit que le bon conte de Provence, nommé Eudes, père de monfg^r Fouques, de Bos & de Seguin, véant comment Thierry d'Ardenne faifoit grant efchac des Bourgoignons, comme ung lyon famillieux fe férit ès Francoys par très merveilleux air, & tant en pouffa & abatit jus, de tort & de travers, que à peines le fauroit on dire: car il donnoit les coups fi grans que il gectoit tout par terre, quanqu'il actaingnoit, & fe longuement il euft duré, les Françoys euffent eu male fortune: mais meffire Thierry d'Ardenne, qui tant faifoit d'armes que la huée de la partie des Françoys eftoit fienne, le perceut; fi s'en vint vers lui, l'efpie efmolu fur l'arreſt, ſi radement que il lui mit ou corps tellement que il fit faillir & le ſang & la couraille ; & commença monſg' Eudes de la doleur à chanceller tellement que, ſe ce n'euſt eſté ung ſien chevalier qui le tira hors de la preſſe, il ſeuſt cheu entre les piedz des chevaulx: & cilz chevalier tantoſt le fit porter aux tentes, pour le médiciner & le garir s'il peuſt, mais il perdit ſa painne en ce cas, car il morut aſſés toſt après comme vous orrés toſt en l'iſtoire.

*Comment mon*f*g*ʳ *Gérard* f*e combatoit &* f*es III ne*p*veux Fou*k*es, Bos & Seguin.* CIX.

En la partie de la bataille, là où fut navré à mort monfgʳ Heude de Provence, n'eſtoient point ſes III filz, c'eſt aſſavoir Fouques, Bos ȣ Seguin; mais eſtoient en une aultre meſlée moult dure ȣ moult amère, avec leur oncle, le bon conte Gérard, qui tant faiſoit d'armes que je cuide que qui le vray en vouldroit dire ce ſembleroit fable ȣ que je die vérité; noſtre hiſtoire dit ainſi: *in bello victorioſus ita ut ſuo tempore nullus ſibi par fuerit &c.* (1) c'eſt à dire, en bataille, victorieux tellement que en ſon temps ne fut à lui trouvé le pareil; ȣ auſſi Dieu le faiſoit tel proprement pour ce que il l'amoit ȣ ſervoit dévotement, ȣ que plus eſt, il ſe combatoit en gardant ſon corps, ſon honneur, ſa terre ȣ ſon peuple, qui le faiſoit plus aigre ȣ plus prompt à rebouter ȣ à mectre au bas le roy, qui très grant tort lui vouloit faire ȣ qui de mort honteuſe le menaſſoit, comme jà vous avés oy par moult de fois. Et ſelon la grandeur ȣ groſſeur de ſon corps, on doit conſidérer ȣ peut on bien de vray ſavoir, veu qu'il eſtoit de Dieu très amé, que il eſtoit très fort ȣ très puiſſant; ȣ ſe je diſoye que il

---

(1) Bibliothèque nationale à Paris. Manuscrit latin. Nº 13090.

coupaſt ou tranchaſt ung homme & ſon cheval d'ung cop, veu que l'iſtoire ſe concorde aſſés à ce, je ne cuideroye point faillir de vérité dire : cauſe pourquoy telle eſtoit la volenté de Dieu, contre laquelle nul homme quel qu'il ſoit ne doit meſcroire ; conſidérons de Hector de Troye, de Hercules, de Acilles, de Sanſon & de pluſeurs autres, ne peuſt autant avoir monſgr Gérard de force par la volenté de Dieu que l'ung d'eulx ; doubter ne convient du contraire, & ſans nul doubte auſſi eſtoit il tel ; car partout là où il venoit, il faiſoit les rencs ſi eſclarcir que les Françoys le fuyoient, comme feroient berbis ou moutons ung lyon familcux, qui ſe frapperoit entr'eulx pour prandre ſa proye ; & n'eſtoit homme nul qui duraſt devant ſes cops, puiſque il le peuſt actaindre que toſt il ne le conveniſt trébucher ou mort ou affolé ; & ſes III nepveux qui touſjours aloient ſerchans & adviſans les plus drus & les plus eſpés, là où ilz ſe frappoient & embatoient, les eſpées nues en leurs poings dont ilz faiſoient merveilles, tant en abatre & pouſſer jus hommes d'armes quelz qu'ilz feuſſent, comme de copper teſtes, bras & eſcuz, & par leurs faiz moroient gens d'armes par tas & par monceaulx, dont la terre eſtoit ſi couverte de ſang & de cervelles eſpandues, que il ſembloit qu'elle feuſt toute vermeille en pluſeurs lieux ; & là véoit on le ſang courir par ruis à grans randons, comme feroient pluyes en temps de lavaſſes. Ne je ne cuide point que en nulle hiſtoire n'eſt point recordée plus piteuſe ne plus doloreuſe deſtruction, ne ſi grant occiſion que il advint en celle journée, & pour ce, ſe je ne vous nomme point le nombre des occis, ſi devés vous croire que il en y ot très grant nombre, & moult de vaillans : car l'iſtoire dit que juſques à très grant pièce on ne favoit à dire lequel fe tenoit le mieulx des deux parties; mais s'entretuoient tellement que il fembloit que ilz fe deuffent tous entretuer, ou eftrangler, & manger à bons dens l'ung l'autre: & je cuide que auffi euffent ilz fait, fe Dieu n'en euft eu pitié comme vous orrés affez toft, & fe tenoient également les batailles en leurs vertus, en eulx maintenant chafcun en fa partie, comme le loup familleux qui par fa grant famine quant il l'embat ès berbis, cuide pour foy tuer, foy faouler: car jà tant que il trouvera que tuer ou eftrangler, il ne finera. Ainfi fe cuidoient ilz, d'ung cofté & d'autre, eulx faouler par force de tuer & affouler l'ung l'autre; & en ce point là où les batailles & occifions eftoient en telle vigueur, vint à monfg^r Gérard de Roffillon & à fes nepveux la nouvelle de monfg^r Droon qui eftoit mort & de monfg^r Eude le conte de Provence: lefquelz, oans ces piteufes nouvelles, fe commencèrent tous à raffambler & mectre enfemble par fi merveilleufement affemblement qu'il n'eft homme, s'il les veift, qui trambler ou frémir n'en deuft. Car eulx & les rois d'Efpaigne tout à ung faiz fe ralièrent, & en eulx ralient commencèrent à crier faint George; eulx & leurs gens enfemble, que il fembloit que le ciel & la terre s'affemblaffent enfemble, & tantoft & incontinant après ce cry, ilz fe férirent ou plus grant tas ou mylieu des Françoys, fi très durement que ilz les firent reculer comme on feroit reculer berbis, & là les tuoient, navroient, affoloient & abatoient très hydeufement, fans en nulle quelconque manière efpargner. Et à celle *envaye* commencèrent très fort les Françoys à décliner & à branfler. Et en ce *trepis* furent occis, de la partie du conte Gérard, le roy de Sébille, le roy de Sezile &

le bon roy d'Aragon & tant d'autres chevaliers &
efcuyers que le nombre n'en peut onques eftre fceu;
& de la partie du roy de France, y furent occis le roy
d'Angleterre, le roy d'Efcoce & Saladins l'empereur
de Conftantinople, deux roys Sarrazins & trois admi-
raulx, cinq ducs entre lefquelx eftoit Hermand, le duc
de Frize devant dit, & XVI contes, & de chevaliers
bannerés & d'efcuyers & d'autres gens d'armes tant
que fans nombre, c'eft à entendre que on ne les fceuft
nombrer, car ilz fe maintenoient ly ung contre l'autre
par la manière comme fe par droicte rage ilz feuffent
tous fourfenés & hors du fens; & fe Dieu proprement
n'y euft eftendu fa grâce, je cuide à mon efcient,
comme l'iftoire le tefmoigne, que ilz fe feuffent tous
occis & entretuez.

Comment Dieu tout puissant fit départir les batailles par mirascle. cx.

Dit nostre histoire que la bataille fut tant fière, tant rade & tant aspre que la terre estoit toute couverte de sang des occis & dit que du grant sang qui là fut espandu une rivière qui couroit près d'ilec, nommée la rivière d'Arsis à ce temps, là où le sang des occis couroit, fut si très grandement remplye par l'effusion du sang qu'elle yssit hors de rive merveilleusement & si hideusement que elle s'espandoit en plusears lieux, tellement que la terre à deux lieues de la rivière sembloit estre toute couverte de sang; & pour la grant doleur des cueurs de ceulx qui là perdirent leurs amis, ilz appelèrent & mirent à nom à celle rivière *Core* qui vault autant à dire comme gens à corée, & ce nom lui est demouré jusques aujourduy. Ce dient les histoires, & dient que sur ceste rivière à ung très fort chastel nommé le chastel d'Arssy, lequel chastel fût fondé ou temps que on appelloit encoire la rivière Arsis & de là prit sa dénominacion, & croist de moult bons vins autour dudit chastel, & selon la dicte rivière nommée Core. Halas! la doloreuse journée & dont à tousjours du monde sera mémoire; pour

la grant occifion & cruelle mortalité qui là fut faicte
& exercée; je cuide que onques fi crueulx jour pour
autant morir de peuple n'ajourna que il fit à cefte fois
pour ung feul jour, ne onques ne fut veu plus afpre,
plus pénible, plus efpoentable, fi félon, ne fi horrible;
car la bataille fe faifoit par ung très merveilleux air
de lances, d'efpées, de guifarmes, de haches & d'autres
baftons cruelz & merveilleux, dont ilz fe décoppoient
& defpêchoient tellement que on ne véoit autre chofe,
fenon grans rieus de fang courir hideux & piteux,
hommes mors & abatus, teftes, poings, bras, gembes,
pièces & morceaulx de char humaine femés & efpan-
duz, qui n'eft homme tant cruel qui horreur n'en
deuft avoir; & fi dit noftre hiftoire que, ilz eftoient
tous de celle volenté d'une partie & d'autre de eux
mectre tous à mort cruelle, mais la débonnaire clémence de noftre feigneur, à qui il en prit pitié, y mit
par ung figne merveilleux une actempérance de mi-
féraçion, car il ne vouloit point fouffrir que tous
feuffent ainfi piteufement & miférablement mors &
perdus. Car par le divin commandement de Dieu, à
celle fin que ilz feuffent tous efpoentés & que par la
paour de fa crudélité, ilz délaiffaffent leur deftruction
& intençion de ainfi détruire li ung l'autre, la terre
de deffoubz eulx très orriblement & très cruellement
trambla & crofla, & ung très crueulx cry & fon gecta
& réfonna, auquel tramblement & cry de la terre n'ot
en la place fi fort, ne fi hardy qu'il ne convenift trabucher & cheir, & cuidèrent parfaictement que le ciel
& la terre fe deuffent joindre enfemble: & après ce
fon & tramblement, ung feu fouldriant defcendit du
ciel qui fe férit ès bannières & pénons, tellement
qu'elles furent toutes emprifes d'ung cofté & d'autre,

& hardoit les lances & baftons qu'il fembloit que ce feuft efcrain qui feuft alumée, pour la quelle hideur, orribleté & merveille, ilz fe mirent tous d'une partie & d'autre à la fuyte, comme tous *eshidés* & efpoventez, ne onques ung feul ne fût fi hardy qui là ofaft demourer; mais s'en refuièrent tous à leurs tentes & logis, véans & confidérans que Dieu leur avoit envoyé ce figne à celle fin que plus ne fe combatiffent.

Comment le roy Charles envoya par devers Gérard de Roffillon. CXI.

Quant monfgʳ Gérard de Roffillon vit ces fignes devant dis qui tant eftoient merveilleux, en retraiant & raffemblant les fiens, il fit crier fainct George, par lequel cry toutes fes gens d'armes fe ralièrent & revinrent enfemble, moult fagement & ordonnéement, en eulx retraiant en leurs tentes & logis, & tant que ung tout feul n'en demoura des vivans que monfgʳ Gérard meifme ne remeift en fon logis; & lui meifme fut le derrenier rentrant ens, & ce fit il comme vaillant homme, preu & hardy que il eftoit, à celle fin que les François ne leur feiffent aucun contraire. Et le roy Charles pareillement tout honteux & tout efbahy de la merveille devant dicte, renmena auffi fes gens à très grant painne en fes tentes, car ilz n'avoient eftendars ne enfeignes que tous ne feuffent ars & brulez; & cuidoit proprement le roy que monfgʳ Gérard s'en feuft fuy de la bataille, mais non eftoit. Car quant ce vint lendemain tout au plus matin, monfgʳ Gérard à tout ce qu'il avoit de gens, fe remift fur les champs, rengié & abillé, tout preft de recommancer la meflée comme cellui qui très défirant eſtoit de vanger la mort de ſon père & de ſes bons amis qui en la bataille eſtoient mors & deſtruiz; la quelle choſe venue à la cognoiſcence du roy, il fut moult eſbahis & ſi confus que il deiſt à ſes barons: ha! mes ſeigneurs, deiſt il, par ſainct Denis de France, je cuide que nous ſoyons trahis; or me faiſoit entendre que Gérard de Roſſillon s'en eſtoit fuy, & véés le cy tout preſt de nous courir ſus, & ainſi nous ſerons occis & deſtruiz, avant que nous ſoyons preſtz de nous deffendre. Adonc meſſire Thierry d'Ardenne, véant l'appareil périlleux qui moult eſtoit grant, ſe trayt vers le roy: ha! ſire, il nous convient prandre ung très brief conſeil; il me ſemble que beſoing eſt que tout preſtement vous envoyés aucun vaillant homme envers monſg^r Gérard de Rouſſillon, qui eſt le plus léal chevalier qui ſoit aujourduy régnant, & lui faictes dire que vous n'avés point en volenté, combien que vous ſoyés aſſés au deſſus, de lui plus courre ſus pour le préſent; & combien qu'il ſoit maintenant en ceſt appareil, s'il vous veult courir ſus, vous qui eſtes ſon ſeigneur droicturier, vous vous deffendrés; mais il vous doit avant ſouffiſamment ſommer pour ſon honneur garder, & je fay de certain que la grant léaulté & honneur qui eſt en lui le retardera de ſon empriſe; car il doubtera de offendre juſtice & droicture là où il a du tout en tout ſon cueur ferme; & je vueilx bien que vous ſaichés, ſe n'euſt eſté la débonnaire clémence de noſtre ſeigneur qui nous fit hier départir, nous y feuſſions tous demourez par ſa proeſſe ſeulement. Si que, mon très chier ſeigneur, envoyés toſt & haſtivement par devers lui, ſe bon vous ſemble, ou je cuide ſavoir de vray que nous y demourrons tous. Adonc le roy fit preſtement ung très vaillant chevalier monter

& l'envoya par devers monfg͏ͬ Gérard pour lui dire &
remonſtrer les paroles que vous avés preſtement oyes;
lequel meſſaigier le fit très gracieuſement & à point,
& en lui remonſtrant les grans meſchiefs qui avenus
leur eſtoient, dont monfg͏ͬ Gérard fut tout confus;
néantmoings ſi reſpondit il en ceſte manière & deiſt:
comment, meſſaigé, me tient voſtre roy ſi couart qu'il
cuide que pour ſa parole je m'en doye fuir; nany non,
car foi que je doy Dieu & ſainct George, le plus grant
déſir que j'aye c'eſt de vanger en ſa propre perſonne la
mort de mon bon père & de mes bons amis, qui par ſa
crudélité deſléale & mauvaiſe foy ont perdu leur vyes;
vous a il cy envoyé pour maintenant barguigner, en
moy cuidant ſurprandre & engigner ainſi qu'il a fait
autreffois, vous povés très bien retourner & lui dire
que nous véés cy tous preſtz de nous vanger de ſa faulſe
& perverſe tirannye; car avant que d'ycy nous partons,
nous nous vangerons à qui que ſoit ou beaul ou lait,
& s'il eſt tant hardis, & lui & tous ſes Françoys, ſi
viengne foy deſſendre; car noſtre volenté eſt telle que
vous en véés l'apparence.

*Comment monsg{r} Fouques parla à monsg{r} Gérard en
lui remonstrant que il ne devoit nullement courir sur
le roy.* CXII.

A ces mos, monsg{r} Fouques, nepveu monsg{r}
Gérard, qui tant dolant estoit & anuyeux
que plus on ne povoit, s'en vint vers son
oncle & lui deist en telle manière: mon très chier &
redoubté oncle, par voftre débonnaireté vueillés moy
escouter de ce que je vous diray: vous favés que le roy
eft voftre droicturier feigneur & pour ce, je vous confeille & loue, fe ainfi eft que il fe vueille de ce jour en
avant déporter de plus faire mal ne contraire à vous
& à voftre gent, fuppofé que voftre père foit par lui
& par fa caufe mort & occis, que point ne lui courés
fus, fe premiers il ne vous affault, car il n'appartient
à nul fubget de confundre fon feigneur, fe non en foy
deffendant, & ne cuidés point que je vous dye ce pour
paour, ne crainte que j'aye; car par la foy que je doy
à Dieu, j'ai le cueur & le corps tout plains de doleur
& d'ire que à painne dire ne le fauroye, & n'eft aujourduy chofe que tant je défire que de moy retrouver en
la bataille, à celle fin que fur Thierry d'Ardenne je
puiffe vanger la mort de mon père & du voftre; & de

ce vous proméz, par la foy que je vous doy, que ſe jamais je me retrouve en bataille contre lui, que je l'occiray ou lui moy; car j'ayme mieulx à morir que je ne me vange. Mais néantmoings, veu que nous fummes fors affés, laiſſons le roy convenir; s'il nous court ſus, monſtrons lui noſtre férocité comme jà lui avons monſtré ; & s'ainſi le faiſons, noſtre ſeign^r qui toujjours nous a aydé nous paraydera par ſa débonnaire pitié, & ne vous troublés point ſur les Françoys, pour ce que ilz ont occis noz pères; car en ce ilz n'ont riens meffait, cauſe pourquoy noz pères cuidèrent ainſi faire d'eulx; ainſi ſe conduiſent & mainnent les fais d'armes, deſquelles nul homme tant ſoit poiſſant n'en peut muer les adventures, puiſques ſievir les veult. Adonc tous les barons de monſg^r Gérard lui deirent que monſg^r Fouques avoit très bien parlé, & que voirement le ſaige diſoit que nul ſubget ne devoit grever ſon ſeigneur, fors que en ſoy deffendent, car les adventures en eſtoient merveilleuſes & périlleuſes; & combien que le roy euſt affailly monſg^r Gérard, ſi avoit il eſté honteuſement deſconfis, comme cellui qui faulſement avoit commencié le débat ; & très bien louoient à monſg^r Gérard qu'il ne ſe bougeaſt, ainſ demouraſt en ſa bataille & adviſaſt comment le roy ſe vouldroit maintenir; & s'ainſi eſtoit que il monſtraſt ſigne de bataille, on ſe deffendroit tellement que ce feroit à ſa honte & confuſion; & s'il ſe départoit ſans coup férir, tant y auroit monſg^r Gérard plus grant honneur & plus grant recommandacion de vaillance & de proueſſe, car diſoient ilz tous enſemble, face le roy du pilz qu'il pourra, toujours ſera il deſconfis; ne jà pour ſa grant multitude de combatans ne ſera tenſé ne gardé, la cauſe eſt pour ce que il a **tort** &

nous droit, & Dieu eft en noftre ayde & il lui fera nuyfant. Adonc Boos, le frère monfgʳ Fouques, qui tant défiroit la bataille que plus on ne povoit, pour le grant courage de venger la mort de fes parens & amis, deift tout hault: ha! meffeigneurs, alons nous en combatre contre ces orgueilleux Françoys & leur abatons & ruons jus leurs poiffanse & orgueilx ; ilz font tous defconfis & incontinant vous les verrés tous mectre en noftre obéiffance & fubgection; fans nulle doubte, qui croire me vouldra, jamais ung feul jour de refpit donné ne ne leur fera. Adonc parla le chevalier meffagier du roy & deift en telle manière : par ma foy, meffeigneurs, je cuide que vous dictes tous bien ; mais quoi, monfeigneur Boos, on fait bien aucunes fois de fon droit fon tort; & pour ce que de noftre droit le roy, noftre fire, a fait fon tort, en fommes nous au deffoubz, combien que encore a il affés gens, par fa puiffance qui eft très grande, de réfifter à voftre *envaye*, s'enfy eft que vous lui vueillés courir fus; mais comme a dit maintenant monfgʳ Fouques, voftre frère, le bon fubgect, tant que il peut, fe doit retarder de nuyre en nulle quelconque manière fon feigneur & lui doit garder fa foy & fa léaulté ; auffi le bon feigneur doit fecourir en toute néceffitez fon bon vaffal, fans lui faire nulle quelconque defraifon ne lui grever en nulle manière, & s'autrement le fait, s'il en mefvient, ce n'eft point de merveille; & néantmoings, avant que le vaffal puiffe par droicte ordonnance de raifon courir fur fon feigneur, il le doit fummer fouffifamment, par certains termes qui font à ce déterminez & ordonnez par fentence de droit.

Comment monsgr Gérard fut à la mort du bon conte Eudes de Provence. CXIII.

A ces paroles refpondit monfgr Gérard: comment, meffaigier, vous femble il que le roy ne m'ait affés couru fus quant il eft entré en ma terre & m'a deftruiz mes hommes, & mefme par fa deſléaulté mon très chier père a perdu la vye; fe vous regardés bien par tout ce pays d'environ, vous verrés que le roy doit fur tous hommes eftre hays: vous ne véés que mors, que pieds, que bras, que teftes, & toute la terre couverte de fang; vous ne véés ne herbe, ne verdure que tout ne foit deftruict & perdu; fans nulle doubte, ce me femble contre Dieu & contre raifon que lui & moy durons & que la terre ne nous engloutift toft & haftivement, & où pourra eftre recouvré le dommaige & la perte qui par nous Il eft advenue par fon félon, dur & mauvais corage. Mieulx nous vault tous deux à entroccir l'ung l'autre, que actendre les malédictions qui de ce jour en avant nous ferons données à li & à moy: & pour tant mieulx noùs vault parfaire noftre emprife, à celle fin que nous recevons le payement de ce qu'avons deffervy. Et ainfi que monfgr Gérard concluoit cefte parole, vint & entre en fa tente ung efcuyer de monfgr Eudes de Provence, qui lui deift: ha! très chier & redoubté feigneur, voftre oncle, le conte de Provence, vous mande que fe jamais le voulés voir en vye que vous vous haftés, car la mort le hafte & preffe de paffer le pas. Tantoft que monfg^r Gérard entendit ce, fans conclure au meffaigier du roy, il fe party de fa bataille que il laiffa toute rengié; & s'en vint au plus toft qu'il pout devers fon oncle qu'il falua moult honorablement, & s'affift emprès lui pour le reconforter & confoler de fa venue, comme il fit; car quant le conte de Provence le vit, il le falua moult joyeufement & lyement de la joye qu'il ot de fa venue, & lui dit que bien feuft il venu; & commança à demander monfg^r Gérard comment il lui eftoit & que faifoit le roy de France. Si lui deift monfg^r Gérard comment le roy avoit envoyé devers lui & la manière du mandement que le roy lui avoit fait, lequel mandement lui fembloit grandement à fon défhonneur. Adonc le bon conte de la grant joye que il euft leva les bras contremont, en joignant les mains vers le ciel & deift: loués foyés vous, Jhus débonnaire, qui fi bien favés les orgueilleux humilier & abaiffer; & puis fe tourna vers monfg^r Gérard & le prit par la main & lui deift: ha! mon très chier amy, fans nul doubte fe le roy fe départ ainfi fans plus vous courir fus pour cefte fois, il n'eft point à doubter du contraire que l'onneur ne foit du tout en tout voftre, & il en aura la honte & le défhonneur; fe il fe départ premier & ne vous chaille par nulle quelconque manière de le affaillir, car vous pourriez par ce point encourir la ire de Dieu. Laiffés lui faire, s'il vous court fus, deffendés vous hardiement: car jà tant qu'il vive, fe vous faictes comment vous avés commencié, il ne vous defconfira, ains fera defconfis honteufement.

*Comment le conte de Provence trèspaffa en la préfence
de monfg^r Gérard de Roffillon.* CXIV.

Ha! mon très chier oncle, difoit monfg^r Gérard qui très fort larmoioit en regardant fon oncle trayant à la mort, vous favés que mon père eft mort & d'autre part vous eftes en très grant aventure; comment fe pourra il faire que laiffe ainfi ce faulx roy efchapper; il me femble que, puifque j'en fuis au deffus, que ce feroit péchié & me feroit reproché à laifcheté & à couardife. Sans nulle doubte, je ameroye mieulx à peines à morir, que ainfi s'en ralaft que je ne lui face premièrement comparer fa faulfeté. Ha! Gérard, deift alors le bon conte, fans nulle doubte je te affeure fe tu vas ainfi fur le roy que tu penfe, il t'en mefcherra; mais fe tu me vueilx croire, faiches que prou, proffit & honneur t'y recevra; car le roy a perdu fes gens d'armes: fi s'en retournera, de quoy chaloir ne t'en dois, mais en dois avoir joye, car l'onneur t'en demourra: tiens toy & tes gens en la place ferme & eftable, & mande au roy par fon meffaigé que s'il veult combatre tu es tout preft: je ne te puis plus tenir compaignye car la mort me preffe & hafte, je te commande à Dieu. Et lors fe tourna vers ses II enffans qui là estoient, c'est assavoir Fouques & Seguin en eulx recommandant à Dieu; & lors il gecta ses II bras ainsi que en crois sur son pis, si trespassa en ce point si débonnairement, que il sembloit qu'il dormeist en rendant son âme à nostre seigneur. Quant monsg[r] Gérard le vit ainsi définer & morir, si fut triste & anuyeux on n'en doit point avoir merveille, & si dit nostre histoire que de la grant doleur que il avoit au cueur il se pasma par III fois, & de ce le blasma moult fort monsg[r] Fouques son beau nepveu, en lui disant: ha! mon très redoubté sire, se mon père est trespassé, quelle chose en peut on faire, senon prier pour l'âme: voulés vous ainsi laisser nostre affaire en plorant; laissiés les femmes plorer, à elles appartient & non point aux hommes; & combien que par ceste manière il reconfortast ainsi son oncle; touteffois il fait accroire que il avoit une très griefve doleur au cueur & que, se ce ne feust pour ce que il vouloit son oncle reconforter, il eust mené autre dueil que il ne menoit, se n'en avoit point, pour ce, mains. Hé! Dieu, se Bos feust là présent, je cuide que autrement se feust demené, & que si senés n'eust point esté que ses frères estoient: je cuide que monsg[r] Gérard eust assés affaire à le rappaiser; mais il estoit demouré en la bataille de monsg[r] Gérard pour entretenir les gens d'armes chascun en son lieu comme il faisoit; & monsg[r] Seguin qui là estoit présent n'osoit monstrer la grant doleur que il avoit au cueur, pour ce que il vouloit donner à son oncle monsg[r] Gérard plus de confort.

*Comment Charles le Chauve se départit de Bourgoin-
gne & s'en revint en France à tout ce qu'il ot de gens.*
CXV.

Quant monsg^r Gérard & ses II nepveux eurent
assés plaint & ploré le bon conte de Provence,
ilz se départirent de la tente & s'en revinrent
devers leurs gens qui se tenoient en très bel arroy de
bataille. Si se trahit le chevalier messaigier du roy
celle part pour avoir de monsg^r Gérard finable response, lequel lui respondit en telle manière: sire messaigier, vous vous retournerés par devers le roy & lui
dirés, s'il vous plait, que de lui ne de sa puissance je
ne me esbahis ne doubte en rien; mais il saiche de
vray que se en nulle manière il me vient assaillir, il
me trouvera si prest que tard il en venra au repentir,
se jamais je le puis actaindre en la bataille: & se à tant
il se veut départir & s'en raler en sa terre, & moy
laisser la mienne, faire le peut touteffois que il lui
plaist, car tant que je vive, de ma terre il n'aura plain
pied, & saiche que j'ay force & puissance à l'aide de
mes amis de le bien deffendre contre lui; mais de tout
son harnas il ne remportera rien, ains le me laira,
c'est assavoir tentes, trets, pavillons, chers & charro-

tes & toutes armeures invafives ou autrement, ne f'en rira fans paffer parmy nos glaves, nos efpées & nos lances, & ce vueilx je faire pour le reftour des damages queljufques à cy il nous a fais; ne point de cefte volenté ne nous déporterons, tant que nous verrons la fin de fon département, ou nous nous combatrons, ou l'onneur en fera mien. Ne jamais tant que je vive, homage ne lui rendray de quelque fied que je tiengne ou aye tenu de lui, car chafcun fcet bien que à tort & par fa crudélité & fole capiteufe volenté, il m'a jà couru fus par trois fois là où il n'a point grandement profité: ce fcèvent tous ceulx qui en la befoingne ont efté, & combien que il m'ait affailly mes hommes & deftruis mes pays, cy & ailleurs, fi ay-je touljours, la mercy de Dieu, eu à l'encontre de fa grant perverfité, victoire; or vous en alés, quant il vous plait, car pour le préfent autre refponce de moy vous n'aurés. A ces mos le chevalier print congié à monfg[r] Gérard, qui toufjours tenoit fes batailles rangiées & ordonnées & preftes pour férir ens, & s'en revint devers le roy qui fe tenoit entre fes gens, moult efbahis & penfis comment il povoit avoir tant perdu de gens; tantoft que il vit le chevalier il lui demanda des nouvelles, fi lui raconta toute l'ordonnance des Bourgoignons dont le roy & les feigneurs du roy furent moult triftes & dolens, car nul remède n'y povoient mectre; & la raifon eftoit pour ce que ilz avoient peu de gens & fi eftoient tous efpoventez, & les plufeurs f'embloient & f'en fuyoient de l'oft du roy. Si convint que le roy fe départift ainfi que monfg[r] Gérard l'avoit ordonné, mais il y euft plufeurs queftions avant faictes d'une partie & d'autre. Finablement le roy fe defloga & f'en revint en fon pays de France, tout honteux & tout confus

& n'y euft autre paix faicte pour cefte fois, car le roy ne le daignaft requérir, & auffi ne le feift monfg^r Gérard, pour ce que il lui fembloit que autre fois il en avoit affés fait, ne onques au département faire, ilz ne prinrent congié ne ilz ne virent l'un l'autre.

Comment monſgʳ Gérard manda à ſa femme Berte que le roy Charles le chauve ſ'en raloit en France tout desconfis. CXVI.

Quant monſgʳ Gérard vit que le roy & tous ſes Françoys ſ'en furent alés, il en fut moult joyeux & en remercia & loua Dieu très grandement, que ainſi par ſa débonnaire clémence le avoit ſecouru & aydé, & puis il fit prandre tout le gaignaige & les avoirs des Françoys, & le fit départir à tous ſes chevaliers, au mieulx qu'il peut, à chaſcun ſelon ce que en lui eſtoit, que onques la valeur de ung ſeul denier n'en retint. Et quant il euſt tout ce faict, ſi bien & ſi à point que chaſcun ſe tenoit pour content, il leur donna à tous congié de ſ'en raler en leurs marches & pays quant il leur plairoit, & les remercia moult de leur bon ayde, en eulx priant que ſ'ainſi eſtoit que encore le roy Charles reveniſt ſur lui, que ilz le voulſiſſent ſecourir, & ainſi lui eurent tous en convent. Mais vous povés bien dire que ilz ne ſe départirent point ſi toſt, tant pour leurs navrez qui revindrent en ſanté, comme pour leurs amis mors que ilz enſevelirent & ordonnèrent pour ramporter les aucuns en leurs pays ; & tandis que ilz ſ'appareilloient, monfg`r` Gérard manda à madame Berte, fa femme, comment il eſtoit demouré victorien, quelque damage que il euſt reçeu, & le roy ſ'en eſtoit ralé en France ; & tantoſt que madame Berte ſceuſt les nouvelles, elle tendit les mains vers le ciel en regraciant Noſtre Seigneur des grans bénéfices que il leur faiſoit, & puis tout preſtement monta ſur ſa haguenée pour venir devers ſon mary lui conjoyer & feſtier. Et dit noſtre hiſtoire, que en venant elle ſ'embatit en la place où la bataille avoit eſté, mais quant elle vit la grant occiſion & la hideur du sang, de teſtes, de pieds, de bras, eſpars & ſemés parmy le champ, de la doleur qu'elle euſt elle ſe laiſſa cheoir & ſe paſma tellement que il ſembloit que le cueur du ventre lui feuſt faillis ; & quant elle fut revenue à elle, elle commença à crier à haulx cris, piteux & merveilleux, & diſoit en batant & détordant ſes poins : o my laſſe, dolente, ha! la maleureuſe ; ha! la fortunée ; ha! que de mauvaiſe heure fuiſje née. Or ſuiſ je ſur toutes les femmes du monde la plus chétive & la plus mauldite & la moins digne de vivre, quant tous ces hommes icy ſont ſi piteuſement mors & mis à fin pour moy & pour mon héritaige! O my laſſe, que feray je, je ſuis toute certainne que de dueil je morray, & que dampnée perdurablement je ſeray, quant je voy ceſt appareil piteux & déteſtable pour moy & pour ma cauſe. Et lors elle ſe leva & ſ'en vint parmy les occis, en ſoy couchant ſur eulx, en baiſant les mains, les viſaiges de ſi grant volenté, & en diſant pluſeurs piteux regrés ; & meſme quant elle en recognoiſcoit aucuns, & tellement ſe ſouilloit ſon viſaige & ſes habis que il ſembloit que elle feuſt toute enſanglantée, ne il n'eſtoit ſi dur cueur qui la veiſt ou oiſt dire ſes plaintes, fes pleurs, fes regrés, qui pitié n'en euft ; ne ceulx qui eftoient avec elle ne l'en favoient retraire par nulle voye, mais ploraient tous fi foudainnement que ilz ne fe favoient contenir, tant pour la pitié des occis dont tout le champ eftoit tout couvert, comme pour leur ducheffe, que ilz véoient mener tel & fi piteux dueil.

*Comment monſgʳ Fouques & ſes II frères vinrent conſo-
ler madame Berte & la portèrent en leur tente.* cxvii.

E̓n ce très grant dueil là ou eſtoit madame
Berte, ſurvinrent monſgʳ Fouques, Bos &
Seguin frères qui eſtoient advertis de leur
tante, & quant ilz la veirent ſi ſ'en vinrent vers elle, en
la confortant, conſolant & puis la prinrent par les
deux bras, toute ſi dolente & ſi déſolée qu'elle eſtoit,
& la emmenèrent en leurs tentes, & là par moult de
belles & doulces paroles la commencèrent à reconforter. Mais je cuide que la dame Ecuba qui fut mère au
bon chevalier Hector de Troyes, le vaillant des vaillans, ne mena onques ſi piteux dueil pour la mort de
ſon mary & de ſes enffans, comme fit à celle fois madame Berte pour la mort de ſes amis qui mors eſtoient en celle très miſérable bataille. Adonc monſgʳ
Fouques manda à monſgʳ Gérard que madame Berte,
ſa femme, eſtoit là & que il la veniſt reconforter, car
elle menoit tel dueil que à painnes y ſavoient ilz remède mectre. Mais il n'y voult ſi toſt aler, pour ce que
il lui ſembloit que il ne la peuſt véir ſi dolente qu'elle
eſtoit, ſans trop grant doleur de cueur, & pour ce, il
y envoya devant pour la reconforter IV rois d'Eſpai-

gne qui là eſtoient, leſquelx en firent très bon acquiſt felon leur puiſſance ; & quant monſg^r Gérard ſceut qu'elle fut ung peu rapaiſée & remiſe de ſa doleur, il la vint veoir. Mais tantoſt qu'elle vit ſon mary, elle recommença ſon dueil ; adonc monſg^r Gérard la priſt par la main & l'aſſiſt emprez elle en lui diſant en telle manière : o ma très doulce & très amée sueur & compaigne, ne vous vueillés tellement troubler ne martirier en ce dueil faiſant, car vous n'en pourriez que pis valoir & ſi ne profiteroit en riens aux treſ-paſſés : mieulx nous vault prier pour eulx ; faiſons les tous enſevelir ſelon noſtre puiſſance, & ſi adviſons comment par bonne voye nous puiſſons pour eulx faire chapelle & monaſtères, là où on priera pour leurs âmes à tous jours du monde : mectons en ce noſtre eſtude & non point en plourer. Nous ne les povons par ce point ravoir, Dieu ne l'a point ainſi ordonné, & vous ſavés, Dame, que les mors pas ne demandent pleurs ne gémiſſements, mais tant ſeulement ne demandent autre choſe fors que prières & oraiſons dévotes, & de ce ſe norricent en l'autre ſiècle. Ceſt enſeignement nous donna le bon Job en ſes lamentacions en parlant comme il fut mort, là ou il diſoit : *miſeremini mei miſeremini mei ſaltem vos amici mei*, etc : o vous, mes amis, ayés mercy de moy, & pour ce, ma très chière ſueur, que tous ilz eſtoient noz amis, ilz ne nous demandent point à plorer pour eulx, mais nous prient que nous prions de tous noz cueurs & de toute noſtre entente noſtre ſeigneur J. C. pour eulx, & à ce propos nous dit la ſaincte eſcripture que, il ſont VIII cauſes qui nous doivent eſmouvoir à prier pour les treſpaſſez, leſquelles ſont telles :

Les VIII caufes pourquoy on doit prier pour les trefpaſſez. CXVIII.

La première cauſe pourquoy on doit prier pour les trefpaſſez, c'eſt pour la loy de nature, qui eſt de telle ordonnance qu'elle veut que on face à aultruy ce que on vouldroit que on lui feiſt. La feconde cauſe ſi eſt la honte que nous devons avoir quant la mort nous menra au départir de ceſtui ſiècle tout droit avec eulx, que ilz ne nous dient : regardés ceſtui, lequel tant comme il fut au monde, il ne fit bien à lui ne à aultruy. La tierce cauſe ſi eſt la crainte que nous devons avoir que nous ne deſcendions en la très crueuſe ardure, là où les dampnés feuffrent painne intollérable qui tous jours leur dure, laquelle paine nous povons efchever par jeufnes, par aulmofnes & par prières. La quarte raifon ſi eſt l'onneur que nous recevrons d'eulx, ſe en ceſte mortelle vye leur faifons aucuns biens par prières ou par oraifons, car l'efcripture tefmoigne que quant la perfonne va de vye à trefpas qui a fait aucun bien pour les trefpaſſez, ilz le honorent & prifent & ſi ſe humilient à l'encontre de lui. La quinte raifon ſi eſt le très grant mérite que nous y deſſervons quant nous fummes quictes de painne perdurable ; car on dit communément : qui pour aultruy prie, pour lui meifme labeure, et ce nous tefmoigne le bon pfalmifte David en difant : *& oratio mea in fynu meo corvertetur*, qui vault à dire en françoys, et mon oraifon retournera et fera convertie en mon fain, c'eft à entendre à mon proffit. La fix^e caufe ou raifon fi eft que nous poffédons de leurs biens et de leurs fubfiftances et de ce que ilz ont acquiz et conquefté, tant comme ilz vivoient, en doctrine ou en avoir, ou pour ce que ilz nous ont engendrés et mis au monde là où nous avons cognoiffance de nostre créateur. La viie caufe fi eft le bon fruit que nous en actendons à avoir et que nous en recevrons, car il n'eft point de doubte que ilz ne doyent prier pour nous comme nous prierons pour eulx, quant ilz seront glorifiés avec noftre feigneur en fa gloire, laquelle prière faicte par eulx ainfi glorifiés proffitera à nous à c milles doubles. La viiie raifon et caufe pourquoy nous devons prier pour eulx fi eft pour eulx alligier les grans calamités, povretés et néceffitez que ilz ont et reçoivent en purgatoire, car ilz font là à la manière de prifonniers qui aider en mille manière l'un l'autre ne pevent, par penfée, ne par fait, ne par quelque tour que ce foit. Or regardés donc, ma très chière efpoufe, difoit monfg^r Gérard à dame Berte, fe plorer leur aide en nulle manière. Certes nennil, mais feulement prières et oraifons.

*Comment chafcun s'en rala à fa chafcune & de l'enfeve-
liffement des mors.* CXIX

Quant madame Berte ot ainfi fon mary oy parler, elle fe commança à conforter & à louer
Dieu qui par fa débonnaireté lui avoit ainfi
fauvé fon bon feigneur, & lors elle fe leva & commença d'une très grant volenté à remercier tous les
princes qui là eftoient, de leurs bons fervices & amour
que ilz lui avoient monftré, en deffendant fon honneur
& fa terre, & mesme quatre rois d'Efpaigne qui là
eftoient, les quelx IIII roys prinrent congié à elle & à
monfg^r Gérard & firent trouffer leurs III compaignons
rois; car ilz eftoient venuz eulx VII avec monfg^r Droon
que ilz firent auffi mectre fur ung chariot, & fe partirent de l'ost; fi f'en alèrent en leurs terres là
où ilz firent enfevelir moult honorablement leurs
amis & compaignons; & monfg^r Droon fut enfe-
velis en la cité de Bayonne en Efpaigne, là où il avoit
passé grant temps ordonné fa fépulture. Après ceque
ces IV rois fe furent départis comme vous avez oy,
monfg^r Fouques, Boos & Seguin frères prinrent
auffi congié à leur oncle monfg^r Gérard & dame Berte leur tante, & avec leur père, le bon conte Eude,

s'en retournèrent en Provence dont ils eſtoient ſeigneurs, & là l'enſevelirent moult honorablement ainſi que à ſon eſtat appartenoit; et ainſi firent pluſeurs grans barons qui emportèrent leurs amis & parens, chaſcun en leurs terres. Et ceulx qui demourèrent en la place fit monſgʳ Gérard moult solennellement enſevelir, c'eſt aſſavoir chaſcun ſelon ſon eſtat, & ſi dit noſtre hiſtoire que monſgʳ Gérard & dame Berte furent deux jours ſans boire & ſans manger, en enſeveliſſant leurs mors, & en priant à Dieu très dévotement pour eulx, & dit que noſtre ſeigneur J. C. à la prière de dame Berte & de monſgʳ Gérard, fit apparoir iii grans ſarcus, aſſés prèz d'un lieu là où eſtoit une chapelle fondée en l'onneur de Sᵗ George, dont nous avons parlé deſſus; eſquels iii ſarcux furent mis & enſevelis tous ceulx qui en la bataille devant dicte eſtoient mors, excepté aucuns Sarrazins qui furent mis en terre, non point en ces ſarcus, mais plus arrière en aucunes foſſes que monſgʳ Gérard fit faire & ordonner; & à tout ce faire mirent ilz vii jours tous accomplis; après lequel enſeveliſſement ſe départirent les Bourgoignons de leur bon prince qui moult les remercia & honnora, en leur priant que ilz ſe teinſſent toujours preſtz de leurs armes, à celle fin que ſe le rey Charle revenoit encore une fois ſur lui, que il ne les trouvaſt point deſgarnis; car meſſeigneurs, diſoit-il, vous ſavés que on dit communèment, qui n'eſt garny il eſt honny, laquelle requeſte ilz lui promirent et accordèrent tous de très bonne volenté, et à tant ſe départirent.

*Comment monſg^r Gérard ſe maintint après ceſte grande
bataille, dit l'iſtoire.* CXX.

Monſeig^r Gérard de Roſſillon et madame Berte
ſa femme, après ceſte grande bataille, se mirent du tout en tout au service de noſtre
ſeigneur et par une très dévote ordonnance commencèrent à fonder chappelles, autelz, mouſtiers et monaſtères deſquelz nous parlerons plus à plain cy
après, là où ilz donnèrent de leurs biens très grandement et les pourveirent de toutes utenſiles, comme à
leurs ordonnances appartenoit. Et dit notre hiſtoire
que, quant ilz eurent fait et fondés aucuns monaſtères, monſg^r Gérard de Roſſillon fit venir par son prochas le pape Jehan qui lors régnoit, lequel de très
bonne volenté, à la requeſte de monſg^r Gérard, deſdia
et conſacra en l'onneur de Dieu, de Noſtre Dame, de
ſaint Pierre et de ſaint Paoul ces églises que monſg^r
Gérard avait fondées, et y donna pluſeurs grans privilèges et pardons. Et ſe luy donna noſtre ſaint père
le pape pluſeurs nobles reliques et ſanctuaires, entre
leſquelx il lui donna le corps ſainct Euſèbe et le corps
ſainct Poncien, leſquelx deux glorieux corps ſains
avoient été martiriés en la cité de Rome, pour la foi

de noftre feigneur J. C. fouftenir. Et le corps monfg' S' Eufèbe mift monfg' Gérard en l'églife de Pouthières, tantoft qu'elle fut fondée et parfaicte, là où il le mit dedens le grant autel, avec plufeurs autres nobles reliques ; & le corps monfg' S' Poncien mift il en l'églife de Verzelay, là où il eft grandement décorés & honoré, avec le corps de la benoite Magdeleine que monfg' Gérard y fit depuis apporter, ainfi que le récite la légende fainct Badilon qui fut abbé de l'église de Leufe, emprès Tournay, fituée en la conté que jadis on fouloit nommer Herves, de la auctorité de monfg' Gérard de Roffillon qui la fonda & l'en fit abbé et pafteur, comme nous dirons cy après. Mais pour ce que nous parle que monfg' Gérard fit apporter le corps de la benoifte Magdaleine en l'églife de Verzelay, raifon eft que nous vous difions comment, ainfi que nous le trouvons en noftre hiftoire.

*Comment monſgʳ Gérard envoya en Provence, en la cité
de Ais, quérir le corps de la benoiste Marie Magdeleine.* CXXI.

Vous avés par maintes fois oy recorder comment le noble roy Charlemaigne, roy ℰt
empereur, puiſſamment et grandement guerria par moult longtemps les Sarrazins et anemis
de la foy chreſtienne, es parties d'Eſpaigne, lequel Charle revenu ℰt retourné en ſes pays, ℰt
de ce siècle treſpaſſé ℰt enſeveli en la chapelle
d'Ais en Alemaigne, là où il giſt préſentement, monſgʳ
Droon, père de monſgʳ Gérard de Roſſillon, maintint
la guerre contre les devant dis anemis de J. C., ℰt
tant les guerria par terre et par mer que il les convint
fuyr hors d'Eſpaigne. Mais en eulx départant de leurs
lieux, en paſſant par Acquitainne ℰt par Provence, ils
ardirent quanques ilz trouvèrent, ℰt firent tant de
meſchiefs que à painne le vous pourroit on recorder ;
car ilz écorchoient les gens tous vifz, femmes ℰt enffants mectoient inhumainnement à mort. Ilz ardoient
mouſtiers ℰt égliſes, ne n'eſpargnoient nul quelconque
édifice que partout ilz ne boutaſſent le feu, en laquelle
peſtilence faiſant, ilz ardirent la cité de Ais en Pro-

vence, laquelle cité eftoit cité métropolitaine de tout le pays. Or couroit il de longtemps une commune opinion et relation que, en la dite cité, en une moult belle églife, gifoit le corps de la Benoiste Magdelainne, & que monfg^r St Maxime l'avoit ou dit lieu pofée & mife en un très gracieux fépulcre qui là eftoit. Ces chofes ainfi faictes & déductionnées, il advint que monfg^r Gérard de Roffillon eftoit ung jour en l'abbaye du mont de Verzelay, avec l'abbé d'icelle, nommé Odon, lequel abbé y avoit mis & ordonné monfg^r Gérard, avec plufeurs notables preudommes qui s'eftoient mis en religion deffoubz le gouvernement dudit abbé. Si lui vinrent nouvelles de la deftruction de la cité de Ais et de tout le pays de Provence & d'Aquitaine, & lors lui vint en mémoire comment par plufeurs fois il avoit oy dire que le corps de la Benoifte Magdelaine avoit jadis efté pofé en icelle cité, ou ès fourbours d'icelle, comme vous avés oy. Si penfa incontinant que il y envoiroit et en parla preftement à son bon abbé Odon, & tant qu'ilz ordonnèrent entre eulx ii qu'ilz y envoiroient ung notable preudomme, qui céans eftoit nommé Damp Badillon, comme ilz firent: car tout preftement ilz appelèrent ledit Badillon à leur confeil, & lui remonftrèrent toute leur intencion de la chofe devant dicte, lequel leur accorda de très bonne volenté de faire la légacion, ainfi comme ilz lui divifèrent, et leur promit et jura que il en feroit toute la diligence que il pourroit, que jamais ne retourneroit fi en fçauroit aucune chofe, & que s'il povoit faire par nul quelconque tour, il le rapporteroit avec lui. Après lefquelles promeffes & ordonnances, Badilon le bon & dévot preudomme, avec une très honnefte compaignye de preudommes que monsg' Gérard lui bailla pour enmener avec lui pour lui aydier, se partit de Verzelay, & se mist au chemin le pluſtoſt qu'il poult, & ne ceſſa de cheminer à tout ſa compaignye, tant que il vint en ladicte cité d'Ais en Provence, laquelle il trouva toute arſe, deſtruicte & abatue, ne créature en icelle n'avoit que tout ne feuſt mort & deſtruict, ne onques homme, ne femme, ne autre créature n'y trouva à qui parler il peuſt ou ſceuſt, dont il lui vint au cueur une ſi très grant doleur que les larmes lui commencèrent à couler au long du viſaige, à groſſes goutes, & à toute ſa compaignie.

*Comment le bon confeſſeur Badilon trouva le tombeaul
de la Benoiſte Magdeleine.* CXXII

Quant Badilon & ſes compaignons eurent aſſés plainct & ploré la déſolation de la noble
cité, ilz commencèrent à eſtre tout eſbahys
là où ilz tourneroient pour oïr nouvelles de ce que ilz
quéroient, car en quelconque lieu ilz n'en véoient apparence nulle. Si aloient puis çà, puis là, en quérant
& requérant & tant que d'aventure, ainſi que ce fut le
plaiſir de N. Sgr J. C. qui touſiours eſt preſt de
conforter ſes amis déſolés, ilz trouvèrent aſſés près
d'ung lieu qu'on dit ſainct Maximin, au dehors de la
cité, ainſi que on diroit les fourbours d'icelle, comme
il leur ſembloit par apparence, ung moult beaul ſarcu
ou tombeaul; lequel eſtoit moult noble & moult richement aourné, mais à ceſte fois il eſtoit très laide-
ment recouvert de chardons & de cailloux, qui eſtoient à l'environ trébuchiez par la deſtruction devant
dicte, & n'en véoient que ung bien pou du ſommeron
de deſſus. Mais très bien leur ſembloit que là avoit eu
autrefois aucun digne lieu: ſi commencèrent à tirer
& à traire à leurs mains & à leurs piez l'ordure d'environ & à gecter arrière, & tant firent que le devant

dit farcu ou tombeaul leur apparut moult gracieux & moult bien ouvré de pierres, & très bien entretaillé, & avoit tout autour à dextre & à feneftre ymages de pierre d'albâtre en dehors entaillez, & eslevez moult richement, & lectres qui divifoient l'ordonnance des ymages. Si commencèrent à lire & advifer que c'estoient, & trouvèrent en la première partie lectres qui disoient de ces ymages : Vecy comment la Benoîte Magdaleine plora aux piés de N. S. J. C. & comment elle lui lava fes benoîs piés de fes dévotes larmes, & puis comment elle les reffua de fes cheveulx, quant il lui pardonna fes péchiez. Après eftoit, comment elle oignit le chief de noftre feigneur d'un très précieulx onguement; & après comment elle parla à N. S. J. C. après fa mort & paffion, là où il eftoit en fourme de gardinier, quant elle lui demanda : *Si suftulifti eum dicito michi &c*;fe tu as emblé monfg^r,dis le moy, & là fut la première apparicion de N. S. J. C. En après eftoit, comment la benoîte Magdaleine vint au fépulcre pour oindre noftre seigneur de précieulx oignemens qu'elle portoit, quant elle trouva l'ange qui lui deift : *Non eft hic, furrexit &c*. Il n'eft point icy, il eft reffufcité, alés en Galilée & vous le trouverés, & toutes telles impreffions et figures eftoit autour dudit tombeaul, lefquelles chofes advifa moult bien ledit Badilon avec fes compaignons, en confidérant entr'eux moult de chofes, & finablement n'en favoient que penfer, & que plus leur grevoit, c'eftoit que ilz avoient grant paour que là ne feuffent trouvées d'aucunes mauvaifes gens comme de Sarrazins ou des gens du pays; car ilz favoient de vérité que, s'ilz y feuffent trouvez ou perceuz, que de leur vye n'eftoit rien; & d'autre cofté, ilz eftoient en très grand doubte de

cheir en l'indignacion de monfgr Gérard de Roffillon
& de fon bon abbé, ausquelx il avoit promis de non
jamais retourner, fi en auroit fait aucune chofe. Et
pour ce, il pria à fes compaignons que ilz fe meiffent
tous en oraifon, & priaffent à N. S. J. C, que, par fa
débonnaire clémence, il lui pleuft eux démonftrer par
figne ou autrement ce qui plaifoit à fa divine effence
que ilz en feiffent, & mefmement à la benoiste Magdaleine. Si le feirent ainfi, & fe mit ledit Badilon,
qui très dévot & très fainct eftoit, le premier en orifon, laquelle orifon il fit de très ardent cueur, fondant
en pleurs et en larmes, en priant Dieu & la benoifte
Magdaleine que aucuns fignes leur donnaft ou dé-
monftraft par fon doulz plaifir, ou que ilz regardaf-
fent ou farcu ou tombeau quelle chofe y eftoit & fe fon
digne corps eftoit déans, ou quelle chofe il leur plaifoit que ilz en feiffent.

*Comment Badilon rompit le tombeau de la Magdaleine
& comment il en prift & tira hors fon benoift corps qui
là repofait.* CXXIII

Quant le bon & dévot preudomme, c'eft affavoir Badilon & fes compaignons eurent prié
& oré noftre feigneur ilz s'endormirent ;
mais le bon Badilon envers mynuyt s'efveilla & leva,
& par une infpiracion divine, s'en vint tout feul audit
tombeau, & fit tant que il le brifa & rompit à l'un des
coftés, & vit déans ung moult glorieux corps, enve-
lopé en ung cuir, & avoit les mains croifiées fur fon
piz ; & comme il advifaft la manière, une très dolente
odeur en yffit & tant fouef flairoit que onques chofes
aromatiques ne feurent fi, & de la très grant oudeur
qui en yffit, Badilon fut fi remply qu'il en oublia tous
maulz & toutes doleurs, & lui fembla proprement que
il fut entré en ung paradis de délices. Touteffois il
n'y ofa mectre la main, ne en plus avant faire, mais
reprift la pierre que il en avoit oftée & la remift au
plus beaul que il peuft, & puis s'en partit & s'en revint à fes compaignons que il trouva dormans : fi s'af-
feift emprés & quant ilz f'efveillirent, il fe commença
à devifer à eulx de la matière & befongne que ilz

avoient entrepris, en leur demandant que ilz en déiffent tous leurs advis & ce que meilleur leur en sembloit; mais de ce que il avoit fait ilz ne favoient rien, & auffi il ne leur deift point, ains leur prioit que toute cefte journée ilz feuffent en oraifon & prière, à celle fin que ilz en peuffent avoir aucune démonftrance, & en ce point demourèrent toute jour en ung cénacle là où ilz s'étoient boutés, & tant que la nuyt en suivant, vint que ilz f'acoifèrent & commencèrent à dormir, quant l'eure leur fut venue. Mais tout preftement que Badilon fut endormis, non point tout endormis, mais comme en fommeillant, une moult belle & plaifant femme, plus blanche & plus gracieufe que chofe que oncques en fa vye euft veu, s'apparût à lui & lui deift en telle manière : Moynes, fais hardiement ce que tu as en penfée, car avec toy je m'en iray, & te menray feurement fans nul quelconque empefchement jufques au lieu qui eft confacré ou nom de Dieu le tout puiffant, là où mon benoift corps fera par toy mis et pofé : & puis s'efvanuyt. Et lors le bon Badilon ouvrit fes yeulx & ne vit riens fors la nuyt qui moult eftoit obfcure, fi efveilla fes compaignons & leur reconta la vifion devant dicte dont ilz furent tous très joyeulx, & puis leur deift : Sus, mes amis, alons en, il eft heure. Après lefquelx mos, tout prestement ilz fe levèrent & s'en vinrent au tombeau devant dit, duquel ilz oftèrent la pierre que la nuyt devant en avoit oftée & remis Badilon, laquelle pierre ainfi hoftée, en yffit une odeur tant redolent que ilz cuidèrent tous eftre en ung paradis, & là trouvèrent le corps de la benoiste Magdaleine gefant tout entier. Si le tirèrent hors à leurs mains, en pleurs meslés de joye & de doleur; de joye que ainfi l'avoient trouvé ; de doleur que ainſi piteuſement le lieu eſtoit déſolé ; ſi le chargèrent tout preſtement & ſe mirent au retour, au pluſtoſt qu'ilz peurent.

*Comment le bon moyene Badilon brifa le benoift corps
fainct de la Magdalaine.* CXXIV

Ne demoura mie longuement, que tant efploi-
tèrent les bonnes perfonnes devant dictes,
c'eft affavoir Badilon & fes compaignons,
que ilz vinrent jufques affés près de une cité que on
appeloit à ce temps Nymes; & quant ilz furent là venuz, le bon Badilon deift à fes compaignons : par ma
foy, mes amis, nous ne pouvons ainfi porter ce corps
fainct, car on voit tout plainnement que c'eft un
corps, fi nous pourroit on bien arrefter & faire aucun
contraire, car on vouldra favoir que c'eft, & par ainfi
notre affaire en pourroit retarder ; fi me femble très
bon, fe ainfi eft que vous le me loués, que les grans
membres de ceftui corps fainct nous brifons, c'eft affavoir les gembes, & je cuide que jà ne fourferons
à Dieu, ne à elle, & que jà homme nul ne nous
en faura mauvais gré, veu que nous le ferons pour le
mieulx, & par ainfi, nous le pourrons porter plus feurement & plus fecrètement à noz feigneurs qui très
joyeulx en feront. Lequel confeil lui louèrent tous fes
compaignons ; fi feift tant ledit Badilon que il s'en
vint à une églife qui eftoit à l'entrèe de la cité, que on

lui ouvrit à fa requefte, pour caufe de orer en ladite églife, & de dire fes heures & dévocions, en laquelle il demoura tout jusques à nuyt ; & quant ce vint à la nuyt, ilz defvelopèrent le benoift corps de la benoifte Magdaleine, & lui defpiécèrent les gembes, & oftèrent du bouth du corps, & le mirent en plus petite place & plus courte ; & quant ilz orent ce fait, & très bien refremé le fac de cuir là où ilz le avoient bouté, ilz fe recommandèrent en la garde de Dieu (1) & de la benoifte Magdaleine, & fe partirent de la cité, oultre laquelle cité, ilz furent moult loing devant ce que le jour feuft, dont ilz feurent très joyeulx. Et lors commencèrent à cheminer le plus roidement qu'ilz peurent, en eulx recommandant à la garde de Dieu, par le moyen duquel ilz firent tant que en bien brief terme, ilz vinrent jusques affés près de l'églife là où ilz la portoient, c'eft affavoir en l'églife de Verzelay. Quant ilz furent venuz en la place devant dicte, ilz s'affirent pour eulx repofer, & mirent ce benoift corps jus de leur fommier pour eulx remectre à point. Et quant ilz orent ce fait, ilz cuidèrent relever leur corps fainct, mais il commença tellement à pefer que onques pour chofe que ilz fceuffent faire, bougier ne le pourent, dont ilz furent moult efbahis, et non mie de de merveille.

(1) Tout le passage qui suit ces mots : « *ils se recommandèrent en la garde de Dieu,* » jusqu'à « *par le moyen duquel ilz firent,* » n'existe pas dans le manuscrit de Paris.

Comment monſg^r Gérard porta à ſes propres eſpaules le benoiſt corps de la Magdaleine, dedens l'égliſe de Verzelay. CXXV

Badilon, véant que nullement plus avant ne povoient porter ce ſainct corps, comme tout confus & eſbahis, envoya incontinant ung de ſes compaignons devers ſon abbé, pour lui dire & remonſtrer leur aventure ; & s'en vint cellui ainſi envoyé à l'abbé, & trouva que monſg^r Gérard y eſtoit, dont il fut plus joyeux, & lors leur commença à dire toute la choſe devant dicte. Leſquels II vaillants preudhommes, moult lies & moult joyeux, tout preſtement ſe mirent dans ung très dévot appareil, & n'y euſt cellui qui premier ne ſe confeſſaſt ; & puis le abbé ſe reveſtit des parures de l'égliſe & fit ſonner pourceſſion, laquelle pourceſſion fut moult dévotement ordonnée ; & là eſtoit l'abbé & tous ſes moinnes, moult noblement reveſtuz & parés d'aulbes & de chappes, & s'en vinrent au lieu, chantans anthiennes & reſponds moult gracieuſement, et monſg^r Gérard venoit derrière eulx au plus prez, moult dévotement, ruds piedz, & pluſeurs ſeigneurs & barons de ſa terre avec lui, pour l'accompaigner ; & quant ilz furent tous venuz

& aſſemblez en la place, ilz firent révérence & honneur à ce corps glorieux, en ſe inclinant et ſaluant moult dévotement, & en diſant moult de belles & dévotes oriſons, & puis le baiſèrent; & quant ilz eurent tout ce fait, le abbé deiſt à monſg^r Gérard, mon très cher ſeigneur, plaiſe à vous à eſſayer s'il plairoit à la glorieuſe dame que nous l'emportons avec nous, en noſtre monaſtère que vous avez fait & édiffié. Adonc monſg^r Gérard, du commandement de l'abbé, en plorant moult ſoudainnement & crèmeteuſement, s'en vint devant le corps ſainct, l'enclina moult dévotement en faiſant ſa prière & oriſon, & puis le ambraſſa, & le leva comme s'il ne peſaſt riens, & ainſi le meiſt ſur ſes propres eſpaules. Et quant l'abbé vit ce, il commença à plorer de joye, & fit la proceſſion tourner pour revenir à leur monaſtère. Si s'en venoient tous en chantant, mais c'eſtoient champs meſlés de pleurs & de larmes de la grant joye qu'ilz avoient pour les beaulx & nobles miracles qu'ilz avoient veu à leurs yeux ; & ainſi s'en vinrent en l'égliſe de Verzelay, en laquelle moult honorablement & révéremment ilz le poſèrent & mirent; en laquelle égliſe, la benoiſte Marie Magdaleine à l'onneur & exaltacion de ſon benoiſt corps, par la grâce du benoiſt ſainct eſperit ce concédant, elle a fait de moult beaulx & nobles miracles & fait encoir de jour en jour; ce teſmoignent ceulx qui par pluſeurs ans ont en la dite égliſe repairé. De ceſte matière parlent les hiſtoires des rois de France, leſquelles hiſtoires dient que le devant nommé Badillon apporta le corps de la benoiſte Magdalcine en l'égliſe de Verzelay, du temps du noble conquérant & puiſſant roy Charlemainne; deſquelles II opinions je ne ſauroye le voir dire, ſenon que l'iſtorien, qui fit l'iſtoire de

France, n'euft ce fait par anticipation, pour atribuer au roy devant dit plus d'honneur : car j'ay veu moult d'iftoires à li atribuées, qui devant & après lui sont advenues, comme on le treuve en plufieurs croniques, néantmoings ne contredit point la dite hiftoire que ce ne feuft au temps & du commandement monfg^r Gérard de Roffillon, duc de Bourgoingne. Item les Provenceaux dient & afferment que onques le corps ne leur fut ofté, & que encoires l'ont ilz par devers eulx. Je leur accorde bien que ilz le dient, mais je me tien à la vraye hiftoire de France, par laquelle appert que au temps fainct Loys, le bon roy, le corps de la benoifte Magdaleine fut mis & levé en fierté par ung des cardinaulx de Rome, préfent le devant dit roy fainct Loys, & plus de XX milles hommes, fans les femmes & enffans, qui y furent préfents; pour laquelle caufe point à croire ne fait du contraire qu'elle ne foit à à Verzelay, tant pour cefte caufe devant dicte, comme pour les miracles que Noftre Seig^r y fait & a fait de jour en jour.

*D'un miracle qui fut fait en l'église de Verzelay depuis
ce temps devant dit.* CXXVI.

n recorde d'un miracle fait en l'église de
Verselay qui fut tel : il advint une fois que
ung homme, estant encheu en très grant
péchié et si grant que confesser ne les osoit, et en cest
argu le tenoit l'anemy d'enfer qui touljours est dolent de la salvacion de créature; par une bonne pensée
que son bon ange lui mist au cueur, il escripvit ses
péchiez tout au long ainsi et au plus justement que il
peust, et quant il eust ce fait, il en vint devant l'autel
de la benoiste Magdaleine, et mist son brivet où ses
péchiez estoient escrips sur le dit autel, et puis se mist
à genoulx, et là commença moult fort à plorer et à
gémir par une très grant compunction de cueur, en
priant la benoiste Magdaleine que, par sa débonnaire
pitié, elle lui voulsist effacier et nettoyer ses péchiez;
et quant ce preudon ot fait sa dévocion, il se leva et
s'en vint à son escript, mais onques une seule lectre
n'y trouva. Ains estoit tout planet et rafé jus, par la
benoiste intercession de la glorieuse dame, qui la
grâce de pardon lui avoit impétrée envers nostre Sgr.
Et dient encore ceulx du pays que, en la dite place

de Verzelay, nul ne lui requiert par bonne dévocion, par quelque tribulacion que ce foit, que toft et haftivement il ne foit fecouru et aligié. Ce scèvent ceulx qui en la dite églife ont repairé et repairent de jour en jour. Si nous en tairons à tant, et reviendrons à noftre propos, c'eft affavoir à remonftrer comment monfgr Gérard de Roffillon fe maintint en fes guerres que il euft derechief à l'encontre du roy Charles le Chauve.

*Comment monsgr Gérard perdit par trayson son chastel
de Rossillon.*   CXXVII.

Monsgr Gérard de Rossillon & madame Berte,
sa femme, comme vous avés oy, du tout en
tout se tenoient très ententivement ou service
de nostre Seigr, tant en donnant de leurs biens par
aulmosnes, comme en fonder églises & monastères;
& se tenoient en pais en leurs villes & forteresse &
le plus souvent à Roussillon que ailleurs, là où ilz menoient une très saincte & très dévote vye, tant en
jeûnes, en oraisons, comme en belles abstinences que
ilz faisoient, & dont l'ennemy d'enfer grandement
guerroioient & travailloient; lequel tout l'empeschement & contraire que il povoit leur faisoit & fit, car
par son mauvais art & engin, il se remist à tempter
les conseillers du roy Charles, comme autrefois il
avoit fait, & tant fit que il les déclina de vérité, et les
fit venir au roy en lui remonstrant pluseurs raisons
faulses & perverses à l'encontre de monsgr Gérard, &
lui remectoient au devant les inimicitez enciennes, &
comment il avoit le roy desconfi, dont il se tenoit si
orgueilleux que en rien il ne le doubtoit; & bien y paroit, car onques depuis la bataille derrière, de la-

quelle avoit jà bonne efpace qu'elle avoit efté, il ne avoit verty ne envoyé devers le roy, ne fait nulle quelconque recognoifcence ou obéiffance de fes fiefz que il tenoit de la couronne de France ; defquelles parolles fe commença moult fort le roy à arguer & à troubler, fi tant que finablement il fe porpenfa que encoire feroit il guerres à Gérard de Rouffillon, comme il fit; & tout preftement, il manda gens d'armes de toutes pars & fit tant que il affembla ung très grant oft de plufeurs marches & nations. Et tantoft qu'il out ce fait, il fe partit & mift en chemin, bannières defployées, en chevaulchant parmi mons & valées, tant que il vint devant la forterefse de Roffillon, en laquelle eftoient monfg^r Gérard & Berte fa femme, moult bien porveuz de toutes gens d'armes & de tous vivres: car defjà ilz avoient efté advertis de la venue du roy. Néantmoins le fit le roy environner & affiger moult poiffamment, & le fit affaillir par plufeurs jours moult rigoreufement, là où il ne conquefta point pleut ; car monfg^r Gérard fe deffendoit moult poiffamment, comme celluy qui en lui toute prouefse & valeur avoit. Adonc le roy Charles, véant qu'il ne faifoit rien de fon proffit, commença en lui mefme à penfer comment il pourroit foufprendre monfg^r Gérard de Roffillon, & tant que il penfa une chofe que puis il mit à effect, fans regarder fe il y avoit honte ou honneur, laquelle fut telle. Il fit tant, je ne fcay pas la manière comment, car l'iftoire ne le met point, que il attrahit à fon amour par grans promesses & fommes de deniers le chambellan de monfg^r Gérard de Roffillon, & tellement le féduifit par fon faulx malice que le dit chambellan, comme faulx & mauvais traitre que il eftoit, une nuyt que monfg^r Gérard fe dormoit ou principal dongeon de la forterefſe, où il lui embla les clefz d'icelle ; & tantoſt que il les tint, il s'en vint & fit tant que il ouvrit les portes du chaſtel & de la fortereſſe, & que il mit les Françoys dens. Ainſi fut pris le dit chaſtel, ſans nulle quelconque bataille faire.

*Comment monſgʳ Gérard eſchappa du chaſtel de Roſſil-
lon, au tranchant de l'eſpée, maugré tous les Françoys.* CXXVIII.

Tantoſt que ces Françoys s'en vinrent à la
forterefſe, ilz commencèrent à crier ville gaignée & à mener une telle tempeſte, en occiant hommes femmes & enffans, que c'eſtoit une
hideur à oyr; & de la très grant noiſe que ilz menoient, s'eſveilla monſgʳ Gérard, lequel bien en haſte
ſe leva, s'en vint à une feneſtre & regarda que c'eſtoit.
Si perceut tantoſt qu'il eſtoit trahy, mais comme
homme hardy & entreprenant que il eſtoit, il s'arma
ſans arreſt & puis fit tirer ung rouſſin hors de l'eſtable, ſi ſaillit incontinent ſus & ouvrit la porte du don-
gon, & yſſit hors, & s'en vint bouter tout parmy les
Françoys qui entroient en la porte, l'eſpée au poing,
de laquelle il faiſoit une telle voye, que il ſembloit que
ce feuſt un charriot qui paſſaſt parmy un troppel de
brebis ; & dit l'iſtoire que il les abatoit & renverſoit
d'ung coſté & d'autre, que c'eſtoit une droicte merveilleuſe merveille, & ſembleroit une droicte fable de
en dire la vérité, et que je use des propres paroles de
l'iſtoire, elle dit ainſi : *Ac per medium armatorum viam*

gladio aperit multis que detruncatis libere foras exiliit, c'eft à dire, monfgr Gérard armé & habillé, par le mylieu des gens d'armes, c'eft à entendre des Françoys, fit voye par fon efpée & tant en occift & tua que franchement hors du péril fe gecta et mift ; & dit en oultre que aucuns chevaliers fe mirent en chaffe après lui, mais il les occit tous & mit à mort, ou ilz s'enfuyèrent. Toutes fois il fut très grandement navré, & non mye de merveille ; & madame Berte s'en fuyt par une poterne avec deux chevaliers qui eftoient de la lignye monfgr Gérard ; fi ne ceffa fi vint en la ville de Digon, là où elle fut receue très volentiers des bourgeois de la ville qui, au mieulx qu'ilz peurent, la réconfortèrent de fon très grant anuy. Car elle ne favoit encore fi monfgr Gérard, fon mary, eftoit mort ou pris ou efchappé. Efchappé eftoit il par fa très hardie entreprinfe. O qui eft celui qui ait leu plus merveilleufe aventure que un feul chevalier armé paffer de le milieu de XX ou XXX milles hommes d'armes, tous fes anemis & tous informez de leur fait? Très bien lit on de plufeurs feigneurs, & par efpécial ès hiftoires des Bretons, de Lancelot du lach, du Triftian, de Palamèdes, de Ganain, item de Roland, d'Olivier, qui eftoient les drois combateurs du grant roy Charle ; & de plufeurs autres qui ont fait & faifoient moult de vaillans emprifes d'armes. Mais je croy que on n'a point leu le pareil de ceftui ; car ceulx devant dis ne furent onques feulz en leurs batailles, comme ceftui fût. Adonc pourquoy je puis dire que ce a efté le oultrepaffe en proeffe, en force, en valeur & en fait le plus vigoreux, le plus feur & le mieux faifant en armes & le moins paoureux de qui on life pour le préfent ; & cuide à mon efcient que s'il n'en a le renon, la guerre qu'il ot au roy des Françoys (1) lui a tolu & fait perdre, car les hiftoriens ont touljours donné aux Françoys les honneurs de leurs anemis, & fe les Françoys n'y ont eu honneur, ilz fe font teuz de l'iftoire, comme on le treuve & voit on fouvent ès enciennes hiftoires. Or revenons à noftre propos & ne faifons nulle doubte de ce que dit eft, car Dieu le tout poiffant lui en donna la grâce.

---

(1) Dans le manuscrit de Paris (852) on a omis : « *lui a tolu* « jusqu'à : « *donné aux Françoys* » inclusivement.

Comment monſgr Gérard aſſambla XX mille combatans & revint calengier Roſſillon. CXXIX.

Quant monſgr Gérard s'en fut ainſi eſchappé que dit eſt, & il ſe vit aux champs, il loa & regracia Dieu moult humblement de la belle aventure que il avoit eu, & ne lui chailloit de la perte de ſa forterefſe, ne de ſa navreure : car il lui ſembloit que à tout ce il recouvreroit très bien, puisque il eſtoit au délivre ; ſi s'en vint au pluſtot qu'il peuſt en une de ſes fortereſſes nommée Olivant, en laquelle il ſe fit médiciner & remectre à point, & là ſéjourna par aucune petite eſpace. Ceſte fortereſſe d'Olivant, dit l'iſtoire, fut, depuis grant temps après la mort monſgr Gérard, nommé Semur. Quant monſgr Gérard ſe ſentit ung peu aligié de ſa doleur, au pluſtot qu'il pout, il s'en ala en la cité d'Avignon qui pour lors eſtoit ſienne, & là trouva une très grant quantité de gens d'armes tous preſtz & tous appareillez de faire guerre : & ſi en fit venir encore des autres, tant qu'il eut en bien peu de temps, XX mille combatans bien eſtouffez. Incontinant que ſes combateurs furent aſſemblez, il ſe partit & s'en vint vers ſa fortereſſe de Roſſillon, en laquelle eſtoit encoires le roy Charles, à toute ſa poiffance, & tant fit monfg' Gérard qu'il fut en ung lieu qui lui fembla très propice à faire ce qu'il avoit conceu en fa penfée ; & dit l'iftoire que monfg' Gérard avoit ung fien coufin, feigneur de Chalon, nommé Fouchier que il fit alors marefchal de fon oft, que il avoit amené avec lui. Et fi eftoient auffi fes trois nepveux Fouques, Bos & Seguin en très grant appareil d'armes, lequel Fouques avoit une très grant volenté de foy venger de Thierry d'Ardenne qui fon père avoit occis, s'enfy eftoit qu'il peuft venir à bataille contre lui : & cefte volenté avoient auffi fes deux frères, qui très bien monftrèrent que ilz n'amoient de rien les Françoys.

*Comment monſg^r Gérard ſit ſon embuſche & comment
il fit ſaillir ceulx du chaſtel.* cxxx.

Quant monſg^r Gérard fut venuz en la place
devant dicte, il ordonna ſes batailles & ſe mit
en ung bois, qui aſſez près d'ilec eſtoit, à
tout XVII mille hommes d'armes; & il en envoya
trois mille en la compaignie de X chevaliers, très
bien amaniérez de telle œuvre faire, courir devant
les barrières de ſa forterefſe de Roſſillon pour eſmouvoir, chatiller & faire yſſir ces Françoys, leſquels X
chevaliers le firent ainſi : car ils s'en vinrent devant
les portes férir & frapper ſur les gardes merveilleuſement, et tant que ilz en occirent des plus huppés, &
commencèrent Françoys à crier alarme & à ſaillir
hors de la forterefſe, le mieulx qu'ilz povoient, contre
ces Bourgoignons qui très bien les ſavoient paiſtre &
engreſſer. Le roy qui eſtoit ou chaſtel, oans la noiſe,
voult incontinant ſavoir que c'eſtoit ; ſi fut qu'on lui
deiſt que c'eſtoit ſes anemis & aucuns gens d'armes
qui crioient : Rouſſillon. Tantoſt le roy ſe fit armer,
& commanda que chaſcung tiraſt à ſa bannière, que
on yſſit de la forterefſe ; car il lui ſembloit que il auroit la place deſpeché de ceulx qui n'eſtoient que ſi

peu de combatans. Si yffit le roy et toutes fes batailles, & s'en vinrent férir fur leurs anemis, lefquelx fe combatoient toujours en reculant & en retournant devers leur agait, & tant que ilz furent reboutez par les Françoys qui venoient à defroy, & remis ou bois là où leurs gens eftoient; lefquels fe incontinent firent defcliquer trompètes & bucfines, & vecy gens d'armes, c'eft affavoir monfg' Gérard de Rouffillon & tous fes Bourgoignons, qui de plain fault fe férirent en fes Françoys, fi terriblement que il fembloit que la terre tremblaft du tombiffement des chevaulx & des horions des lances & efpaffus dont ilz frappoient l'un fur l'autre; en laquelle faillie y ot une très mortelle occifion, & crueulx pouffis des lances & d'efpées, & dit l'iftoire que le marefchal de monfg' Gérard fut occis en ce pouffis, qui fe nommoit Fouchier, feigneur de Châlon, & l'occit un nommé Perrenet de Montrabon par le fert de la lance que il lui bouta tout oultre le corps; mais il ne morut point fi toft que avant il n'euft fait tant d'armes que ce fut une merveille, & morut en combatant, dont monfg' Gérard fut fi dolent que, comme ung fanglé qui feroit efchauffé par les chiens, il s'en vint en pouffant & en abatant envers le dit Perrenet, & le férit tellement que il lui fendit la tefte jufques aux dens & le rua mort par terre de ce feul coup. Ainfi venga monfg' Gérard fon bon marefchal; & de là en avant fut fait marefchal de monfg' Gérard ung qui s'appeloit Doos, qui feigneur eftoit d'une forterefle que on appeloit Granci; lequel Doos fit depuis moult de biens & de proeffe pour et ou nom de monfg' Gérard, fon feigneur, & fut fait fenefchaulx pour ce que fi vaillement il s'eftoit porté en cefte journée. Et fi dit l'iftoire que en cefte bataille fe portèrent très vaillemment aucuns feigneurs que elle nomme ainfi : c'eft affavoir Hartaus de Brancion, le feigneur d'Antigny 'Jlos de Scorpion, Tierry le viconte de Duisme & Lambert de Salins, & eftoient chevaliers qui tous s'eftoient aliés l'un à l'autre, pour fecourir l'un l'autre quant le befoing en feroit; fi eftoient fi farrez l'un avec l'autre que il fembloit que ce feuft ung mur de leur bataille, & en cefte manière, ilz abatoient & pouffoient jus tant de Françoys que c'eftoit merveille à véir & à penser.

Comment Boos, le frère Fouques, coupa les bras de Thierry d'Ardenne dont il morut. cxxxi.

En ce très dur rencontre, là où apparoit tant d'ommes mors & gectez par terre que c'estoit une pitié, eftoit avec monfg^r Gérard Fouques, fon bon nepveu, lequel Fouques fur toutes rien ne défire autre chofe que à rencontrer monfg^r Thierry d'Ardenne, pour en icellui venger la mort de fon bon grant père & de fon père, pour laquelle vengence prandre il faifoit tant d'armes fur les Françoys que il fembloit que jamais ne fe deuft faouler de gens occir, abatre & afouler, & toufjours fe boutoit là où il véoit les batailles plus rades & plus afpres, & tousjours fes frères le fuivoient, c'eft affavoir Boos & Seguin, qui ne faifoient point moins d'armes felon leur poffibilité que monfg^r Fouques. Advint comme il fe tranfportoit de lieu en l'autre pour fes gens refviguerer & relafcher, il perceut monfg^r Thierry d'Ardenne, accompaigné de fes enffans & de une très groffe bataille de chevaliers, qui faifoient moult grant abatiz de Bourgoignons, & fembloit que bien feuffent affés puiffans de les mener à defconfiture. Tantoft que monfg^r Fouques vit ce, l'efpée ou poing comme un fanglé, s'en vint celle part & tantoft fit à force d'efpée & de bras, en abatant & pouffant jus chevaulx & chevaliers, que il vint au plus prèz de Tierry, auquel incontinant il commença à férir & à frapper de moult grans & pefans coups, & à faire voler par terre les pièces d'efcus ou de targe & d'autres harnois; & pareillement faifoit monfg^r Thierry de lui & fembloit bien à leur maintien que ilz n'amoient guères l'ung l'autre, mais qu'ilz feuffent anemys & fans doubte auffi eftoient ilz. Monfg^r Fouques véant que monfg^r Thierry fe deffendoit merveilleufement, laiffa aler l'efpée & faillit au col de Thierry ainfi que pour le faire trébucher & mectre à terre, & pareillement monfg^r Thierry lui, & ainfi tiroient l'ung l'autre, comme feroient gens fourfenés & hors de mémoire; & de fait l'iftoire dit que il fembloit que ilz mordiffent l'ung l'autre, ainfi que pour eftrangler l'un l'autre; & comme ilz feuffent en ce tollis, qui fi dur eftoit que les halainnes qui leur yffoient de la bouche & du nez fembloient, par l'efchauffement de leurs corps, fumiées qui yffiffent d'un four. Monfg^r Boos advifa ainfi que d'aventure fon frère monfg^r Fouques, qui jà eftoit auffi bien en dangier comme eftoit monfg^r Thierry, car ne à l'ung ne à l'autre on n'en fceuft donner l'onneur, fe trahit fur ces deux, tenant l'efpée ou poing & férit fur les bras monfg^r Thierry qui avoit accoulé monfg^r Fouques, tellement qu'il lui coupa le bras dextre tout jus, & fut le cop fi grant que mefme monfg^r Fouques en fut blecié, mais ce ne fut point grandement; & dit l'iftoire que du grant cop que Boos férit, monfg^r Fouques feuft trabuché à terre, s'il n'euft efté retenu de fon autre frère Seguin, lequel eftoit jà féru en la meslée; & de ceftui horion fut monſgʳ Thierry ſi eſperdu, & non mie de merveille, que il ſe laiſſa preſque chéir par terre de ſon rouſſin, & de fait feuſt cheu, ſe n'euſt eſté aucun de ſes amis, & comme de ſes filz ou de ſes chevaliers, qui le tirèrent arrière & l'en menèrent au mieulx qu'ilz peurent à ſes tentes, là où il ne fut point longuement que il morut : car il ſe forſanna tellement, comme dit l'iſtoire, que il morut non point longuement après.

*Comment le roy Charle le Chauve s'en fuyt de la bataille
honteufement, & comment Roffillon fut ars.*
                                            CXXXII.

Comme dit eft fe entre occioient piteufement
& dolentement Françoys & Bourgoignons,
& comme feroient beftes ou enragiés qui du
tout vouldroient deftruire l'ung l'autre; ne je ne cuide
point que onques homme peuft véoir plus diverfe
chofe, car il fembloit que jamais autre chofe ne deuffent faire, fors que d'occir & décopper l'ung l'autre;
& fur ce pas dit noftre hiftoire que, la mortalité fut
fi grande & tant en y ot d'occis, que en la valée qui
point n'eft loing du chaftel, au cofté devers occident,
la effufion du fang fut fe grande que il fembloit que ce
feuft ung torrent, c'eft comme on diroit, ung fluves
courant en temps de lavaffes & de pleuyes foudainnes;
laquelle valée ou place eft encoire aujourd'huy nommée par tous les habitants du lieu la valée fanguino-
lente, à la caufe de celle très piteufe defconfiture qui
fut faicte en la place devant dicte; pourquoy n'eft point
à doubter qu'une innumérable multitude d'ommes
n'y conveniſt morir & définer, & fans nulle doubte je
croy que ainfi en fut : car pour la très grant occifion

que les Bourgoignons faifoient des Françoys, le roy véant comment tout fon peuple aloit en déclinant, & que plus eft, fembloit que les Bourgoignons feuffent tous frès & tous nouveaulx, il tourna le dos & fe mit à la fuyte honteufement, & toutes fois fi eftoit il tant bon homme d'armes de fon corps, que dient les hiftoires que mieulx on ne fceuft trouver. Néantmoins dit noftre hiftoire que de cefte defconfiture il s'en fuyt, comme cellui qui ne povoit plus porter ne véir la orribleté de la mort de fon peuple. Adonc monfg^r Gérard de Roffillon à tous fes Bourgoignons fe met en chaffe après le roy, là où ilz firent une merveilleufe occifion & auffi ung très grant gaignaige; car vous povéz bien dire que aux Françoys valoient pour l'eure mieulx efpourons que efpées, ne ilz n'avoient cure que ce leur couftaft, mais que ilz peuffent efchapper. Quant ceulx qui eftoient demourez ou chaftel de Roffillon de par le roy, véirent & perceurent que le roy à tous fes Françoys s'enfuyoit tout defconfiz, comme ceulx qui tant eurent paour de monfg^r Gérard & des fiens que plus ne peurent, ilz ouvrirent la forterefle & s'enfuyèrent au mieulx qu'ils pourent; mais par leur faulx & mauvais malice, avant qu'ilz fe partiffent de la forterefle, ilz avoient bouté le feu de part en part le lieu, tellement que en bien peu d'efpace après leur département toute la forterefle fut emprife & toute arfe en pouldre, fi très parfaictement que onques depuis n'y ot forterefle ne habitacion nulle. Monfg^r Fouques, véans ces Françoys yffir de la dicte forterefle, fe mift preftement en chaffe après, et tant bien lui vint qu'il trouva cellui qui la dicte place avoit trahye, c'eft affavoir le chambellain de monfg^r Gérard, dont il fut moult joyeulx, car il le heïffoit à mort &

ce lui monftrèrent ilz preftement. Car ilz le firent pendre, ce dient les hiftoires, à ung feuch comme faulx & mauvais traître pour faire comparifon de Judas, le mauvais larron & traitre, qui fi piteufement avoit fon feigneur trahy. Pleuft à Dieu que tous ceulx faulx & déteftables larrons & multriers, devant Dieu & devant les hommes, peuffent eftre cogneuz avant que ilz peuffent avoir accomply leur mauvaife intencion.

*Comment le roy Charle le Chauve se plaindit de sa perte
& d'autres choses.*   CXXXIII.

Ainſi, comme vous avez oy, fut la forterefſe de Rouſſillon pour la ſeconde fois deſtruicte. Halas! quant monſg^r Gérard vit celle déſolacion, s'il fut dolent, ce ne fait point à demander, car il le plaindoit en diſant : ha! mon très fort chaſtel, que je fus de male heure nez, quant je voy ainſi à mes yeulx voſtre deſtruction, par une ſi faulce & ſi cruelle trayſon. Vous qui eſtiés le plus bel chaſtel de tout le réaulme de France, & encoire ne me chaulſit de ce, ſe reffaire le peuſſe, mais nenil, car j'ay trop ailleurs à entendre; ſi promez à Dieu que ſe jamais je puis, les Françoys me le amenderont ſi grandement, car ilz viendront tart au repentir de ce que onques le feu y mirent. Ha! mauvais roy, pourquoy as-tu ce fouffert? ton royaume en eſtoit paré ſur toutes les forterefſes d'icellui, mais ſans faulte, il en demandoit ſans raiſon le roy. Car, quant le roy le ſceuſt, il en fut ſi dolent que il fit ſerment que s'il povoit tenir ceulx qui ce avoient fait, il les feroit tous pendre. Quant monſg^r Gérard vit ce qu'il avoit perdu ſon chaſtel, il s'appareilla d'autrement faire; de ce, dit l'iſtoire que il fit faire à Chaſtillon une très forte tour pour s'y retraire quant beſoing lui ſeroit. Et le roy qui tant dolent & courouſſié eſtoit qu'il n'eſt homme qui dire le ſceuſt, s'en eſtoit à bien peu de gens retourné en ſa cité de Chalons; ne en ſa compaignye n'avoit homme nul qui n'euſt quelque enſeigne de la bataille devant dicte; car li pluſeurs eſtoient ſi playéz que enfin ilz en morurent; & meſme le roy en fut en aventure. Mais qui vous diroit le piteux regret qu'il faiſoit, vous tenroit longuement, & porroit tourner à anuy; néantmoins dit noſtre hiſtoire qu'il diſoit en plorant : Ha ! la mauvaiſe beſoigne; ſans nulle doubte je cuide que ces Bourgoignons ſont tous de fer ou de acier, car onques je ne ſceuz aſſembler de gens que une ſeule fois je les aye peu arracher de bataille : ne je ne cuide point qu'il ſoit lyon ne lyepart plus fier que eulx, mais par la foy que je dois rendre à Dieu, mon créateur, ſe je onques puis, je leur cuide en brief temps vendre leur grant orgueil ſi chièrement que parlé en ſera juſques à la fin du monde, ou je y mourrai en la peine, ou je les ſubmettray tellement que jà n'y aura ſi hardi qui s'oſe réclamer Bourgoignon. Et pour ce il commanda preſtement aux chevaliers qui eſtoient autour de lui que on lui feiſt bientoſt venir devers lui le duc de Bretaigne & le conte Thierry d'Ardenne, de la mort duquel il ne ſavoit encores rien, car à ceulx diſoit il, je veulx faire mon commandement de tout mon peuple aſſembler; ne je ne veulx que en France demoure homme qui puiſſe porter baſton, qu'il ne viengne ſa force employer & monſtrer contre ces félons Bourgoignons, qui tant de dommaiges m'ont jà fait en occiant mon peuple.

*Comment le roy se lamenta de la mort monsg{r} Thierry
d'Ardenne.* CXXXIV.

Ung chevalier qui là estoit présent, oant le roy qui demandoit après monsg{r} Thierry l'Ardennois, saichant toute sa meschance, se mit à genoul devant lui & lui deist : ha ! très souverain sire, saichés que jamais en vostre présence & ayde vous n'aurez monsg{r} Tierry, car la mort qui homme ne femme n'espargne, l'a tiré de sa part par l'espée de monsg{r} Boos, frère de monsg{r} Fouques, & vous diray comment. Il est vray que monsg{r} Thierry & monsg{r} Fouques se prinrent en la bataille aux bras, là où survint monsg{r} Boos qui tellement férit monsg{r} Tierry, que il lui fit voler le bras dextre tout jus en my le champ, par lequel affoulement & par la grant effusion de son sang qui onques estanché ne peust par nul médecin, il morust : Dieu lui face mercy s'il lui plait! Quant le roy oyt comment son meilleur conseiller estoit mort, s'il fut dolent ce ne fut point merveille, & dit l'istoire que du grand courroux & anuy qu'il en eust, il se gecta sur ung lit, & lui renouvelèrent ses playes tellement qu'il en fut en aventure de mort, & tantost que il fut revenuz à lui & que il peust parler, il commença ainſi que à larmoyer & deiſt : ha! mon très léal & vray amy Thierry, homme plain de très grant nobleſſe, le plus preu des preulx, le plus courtois, le plus doulz & le plus piteux, le plus humble & le plus franc qui régnaſt à ton temps, la droicte eſpée de juſtice & le droit eſcu des Françoys, le très large, le très preudons, le très léal conſeiller & le plus qui fut onques pour roy ne pour grant prince. Haro! haro! je ne me puis merveillier comment ce faulx Bourgoignon oſa onques penſer de toy férir dont il t'ait convenue perdre la vye : ſans nulle doubte l'ardieſſe a eſté grande; que feray je ? en qui ne à qui demanderay-je conſeil ? certes je ne ſay, puiſque j'ay perdu le ſuperlatif de tous ſages hommes. Ha! mort, comment le m'as tu oſer oſter ſi traiſtreuſement ne ſi haſtivement, au maings tant que je feuſſes venuz à la fin de ma querelle que j'ay contre ces Bourgoignons, deſquelx par nul quelconque tour je ne puis avoir le triumphe ne la victoire. Foy que je doys monſg^r ſainct Denis de France, jamais tant que je vive, je ne fauldray de guerre à ce faulx, mauvais, orgueilleux duc de Bourgoingne, ne par mer ne par terre, tant que je l'auray ou pris ou mort ou pendu, ou prins de lui telle vengeance que à tous jours du monde en fera mémoire; ne jamais je n'arreſteray ſi l'auray livré encore ung ſi dur rencontre que je cuide que tart en viendra au repentir.

Comment le viconte de Chaalons refconforta le roy, & lui deift le nombre des occis d'une part & d'autre.
CXXXV.

Le viconte de Chaalons qui là eftoit préfent, véant & oant le roy, fe mit à genoulz devant lui & lui deift moult humblement : ha ! mon chier feigneur, pour Dieu ne vous vueillés courrouffier ne irer quant vous savez bien que la mort n'efpargne homme vielz, ne jeufne. Regardez comment elle a mis en fa trappe le noble roy Charle, voftre très puiffant grant père & tous fes combatans qui ont efté l'oultrepaffe de renommée comme Rolant & Olivier ; ilz ont tous paffé le pas de mort & l'ordonnance de nature eft telle que tous nous convient aler après eulx, soit par bataille ou aultrement ; & pour ce, mon très fouverain fire, vueillés vous appaifer & donnés à voftre cueur pais : car fe ainfi vous vous defconfortez, voz hommes qui tous ont meftier de ayde & de confort fe defhaiteront de voftre anuy. Mon très fouverain fire, il me femble que très bien appartient que premièrement vous faichez les quelx de voz barons vous avez perduz en la bataille, & lefquelx font navrez, & que premièrement ilz foient re-

garis, avant que vous puiffez voftre oft affembler pour
aler oftoyer ne faire bataille ; ou autrement, vous
porrez avoir encore plus grant honte que vous n'avez
eu; car je fay très bien que, pour l'eure, la plus
grant part de voftre peuple eft très mal atourné; li
plufeurs font très mal armez, très mal montés & très
mal embaftonnez ; fi convient que ilz foient remis fus
& rabillez par voftre bonne diligence. Par ma foy,
vifconte, vous me dictes très bien & vueulx & octroye
bonnement que ainfi en foit fait que vous dictes. Or
me dictes donc, fe vous le favez, la droicte vérité quel
nombre de gens j'ay perdu; & de l'avoir ne me chault,
car toufjours en aurons nous affés ; mais de gens
avoir n'eft point du tout à noftre volenté, ains eft à la
volenté de Dieu. Certes fire, deift le vifconte, comme
il me femble & auffi fait il au rémanent de voftre peuple, vous avés bien perdu plus de XX mille hommes
d'armes, & n'avez non plus de toute voftre compagnye que VI ou VII mille combatans. Comment, dit le
roy, vifconte gardés que vous dictes ; je auroye presque tout perdu. Certes, fire, deift le vifconte, je vous
dis vérité : & de la partie monfg^r Gérard, comme il
m'a efté dit par vraye relacion d'aucuns de mes amis,
il en a perdu XI mille. Halas ! deift le roy, j'en ay
perdu la moitié plus que luy ; & là fe commença à
plaindre & à gémir tellement que c'eftoit une pitié
de le oyr, car il difoit : ha ! fortune, mère de trifteffe
& de défolacion, que tu me monftre dolentement le
deftour de ta roue, quant à moy que tu as ellevé à roy
fais tel defpit ; que tu as ellevé mon fubget fur le plus
hault de ta haulteffe, & moy mis au deffoubz de victoire & de proeffe.

*Comment le roy se plaindit de ce que le chaftel de Rof-
fillon eftoit deftruict, & comment il raffembla gens
d'armes pour recommencer la guerre.* CXXXVI.

Comme vous oes, fe complaignoit le roy de fa
perte, & lors il demanda au visconte fe il favoit point là où s'eftoit retraict Gérard de
Roffillon. Adonc le visconte, véant que le roy ne favoit rien de la chofe, lui deift comment ceulx que il
avoit laiffez en la garde de la fortereffe de Roffillon,
tout preftement que ilz virent que le roy & les Françoys laifférent les batailles, ilz laifférent auffi la fortereffe de Roffillon & s'enfuyèrent honteufement fans
cop férir, comme ceulx qui n'oférent actendre le conte
Gérard. Mais difoit il, fire, avant qu'ils fe partiffent,
ilz boutèrent le feu ens; par lequel feu m'a efté dit
pour certain qu'elle eft toute mife en pouldre, ne il
n'y a demouré chambre, ne chambrillon, ne mur, ne
tour que tout ne foit tumbé par terre; & monfgʳ Gérard s'eft retraict à Chaftillon, là où il fait faire une
très groffe tour pour foi tenir & y faire fa réfidence,
car il n'a jamais volenté de reffaire fa fortereffe de
Roffillon. Quant le roy oyt comment cefte noble fortereffe eftoit ainfi deftruicte, il en fut très dolent, &

jura que, foy qu'il devoit à Dieu, f'il pouvoit tenir ceulx qui ce avoient fait, il les feroit tous pendre comme mauvois larrons. Car, disoit-il, f'ilz fe feuffent tenuz en la fortereffe qui eftoit la plus belle place de tout mon réaulme & Gérard, mon anemy, y euft mis le fiège, je les'euffe tout incontinant fecouru, & ilz s'en font fouys comme mauvois, faulx, couars & meschans. Si en auront leur payement, fe je onques les puis tenir, car fans nulle doubte ce poife moy du chaftel et de fa très grant nobleffe, car en tout mon réaulme n'avoit le pareil ; maintenant puis je bien dire que Gérard, mon anemy, eft defconfis et perdu quant fon fort chaftel eft ainfi ars & deftruict. Mais, par ma foy, je n'en dois point joye avoir, car ce a efté à ma grant perte & dommaige, & encoire de la perte du dommaige ne me chaufift, fe la victoire en feuft mienne, car on dit communément que honneur vault à l'omme fur toute rien, & qui n'a honneur il n'a rien ; fi me convient faire tant que je la puiffe recouvrer. L'acteur : je cuide à mon efcient, f'il euft eu bon, vray, jufte & léal confeil, que jamais par la manière devant dicte ne fe feuft pris à monfg^r Gérard, veu & confidéré le bon jugement de fa parole ; mais par le faulx & mauvois confeil qui touljours eftoit autour de lui, faifoit il ce qu'il faifoit : ne à nul corps de prince terrien, eftrait & yffu de noble fang, n'eft à imputer vilonnie ou lafcheté, mais à fon mauvois confeil. Or laiffons ce propos & revenons à noftre hiftoire laquelle dit que, après ce que le roy fe fut repofé une efpace de temps à Chaalons & que ces gens d'armes furent repoufez et retournez en fenté, il fe partit de la cité & s'en revint devers Paris pour encore une fois raffembler gens d'armes de toutes pars ; & tant que il ot encore bien vint mille combatans, à tout les quelx preftement il f'en retourna en Bourgoigne, pour encore de rechief combatre et affaillir monfgr Gérard de Roffillon ; mais s'il avoit eu honte parci devant, encoire l'euft il à ceſte fois, comme vous orrez tout preftement.

*Comment monsg^r Gérard de Roſſillon aſſembla ſa gent
& vint de rechief combatre le roy.*

CXXXVII.

Monſg^r Gérard de Roſſillon, qui très bien
ſavoit le gouvernement du roy, fit preſtement ſes lectres eſcripre & manda par tout
ſes amis, en eulx ſignifiant comment le roy de France
lui venoit courir ſus ; ſi leur prioit très affectueuſement que ilz le veniſſent ſecourir & ayder à garder
l'onneur de Bourgoigne, tous les quelx ainſi mandéz
vinrent tout preſtement devers lui en eulx offrant à
lui aider de tout leur pouvoir, ou cas que sans délay
il envoiroit par devers le roy en ſoy recogniſſent ſon
ſubgect, & à lui faire droit en ſa court au loux de
ſon conſeil. Et monſg^r Gérard, comme ſaige & adviſé
que il eſtoit, tout preſtement, par l'accort d'aucuns de
ſes amis, y envoya ung très ancien chevalier, ſaige &
adviſé, qui remonſtra au roy & à ſon conſeil que bien
lui devoit ſouffire les grans & griefs dommaiges que
il avoit porté & fait à monſg^r Gérard de Roſſillon,
duc de Bourgoigne & à ſa terre ; & au *deſſeure* de ce
ſe offrit au roy, de par mondit ſeigneur le duc à lui
faire toute juſtice & droiture en ſa court au loux de

son conseil, & de lui mesmes y comparoir, en propre personne, ou cas que le roy lui donroit bon & seur saulf conduict, & que il se voulsit déporter de le plus dommager & soy départir de sa terre; mais l'istoire nous tesmoigne que, quant le roy ot oy & entendu la requeste que lui faisoit monsg^r Gérard, il respondit en telle manière & deist ; ha ! le couart, où est il ? maintenant sera son orgueil abatu, car par la foy que je dois à monsg^r sainct Denis de France, jamais ne cesseray, si l'auray chassé si loing hors de sa terre que jamais nouvelle n'en sera. Or me dis, chevalier, s'il s'en est encore fuys & s'il m'osera bien actendre, car je cuide que non. Par ma foy, sire roy, respondit le chevalier, ne vous doubtez, car je cuide que vous aurez monsg^r Gérard de Rossillon plus tost devant vous & en vostre présence que vous ne pensés, & que vous mesmes viendrés à tart du repentir que onques pensastes de lui courir sus, car, pour l'âme de mon père, s'il convient l'ung fuyr, je crois que vous serez le premier, & aussi l'avés vous bien apris & de longtemps. Or vous gardés de lui, car pour lui & en son nom, je vous deffy ; & tantost que il ot ce dit, sans autre congié prandre, il se partit de la présence du roy & s'en revint à son roussin ; monta sus, si le férit de l'esperon tant aigrement que, en bien pou de temps, il se retrouva en la compagnye de monsg^r Gérard, son bon maistre & seigneur, qui s'en venoit rangié & prest de combatre les Françoys, tantost qu'il aroit oye la responce du roy ; & dit l'istoire qu'ils faisoient telle poussière que à peine véoit on l'aer pour l'espesseur d'icelle, & sembloit que la terre tremblast du grant bruyt que ilz menoient, en chevaulchant contre leurs anemis.

Comment les batailles se entreférirent, & comment Guy de Montmorency fut occis de la propre main monsg^r Gérard. CXXXVIII.

Quant le devant dit meſſaigé fut retourné en l'oſt de monſg^r Gérard, & que il lui ot raconté tout l'eſtat & gouvernement du roy qui à nulle requeſte que monſeig^r Gérard lui feiſt ne vouloit entendre, il en fut moult dolent & eſbahy : car il euſt mieulx amé autrement, s'il lui euſt pleu, pour eſchever l'effuſion du ſang humain. Néanmoings de très grant volenté, rengié & habillé moult ordonnéement, & de gens de très grant volenté plains, il ſ'aprocha des Françoys & ſoudainement que ilz perceurent l'ung l'autre, ilz ſe férirent les ungs es autres, par très merveilleux air & courroux, ſi très terriblement que il ſembloit bien à leur manière, que ilz n'amoient de riens l'ung l'autre, car ilz abatoient, tuoient & ruoient jus inhumainnement l'ung l'autre, ſans eſpargner ; & là véoit on choir & trabucher gens d'armes de tous coſtéz, ſang à grans ruiſſeaulx courir, parmi le champt en pluſeurs lieux, qui yſſoit des corps qui là préſentement & piteuſement eſtoient occis, affolez & navrez ; & ſembloit d'ung cofté & d'autre que ce feuffent loups enragiez qui l'entre occiffent, & qui jà fe feuffent féris en ung troupel de berbis ou de chièvres ; & là véoit on piéz, poings, bras, mains & teftes couppées & femées parmy le champt, gens abatuz & mors par tas & par monceaulx, que il fembloit pour vérité que ilz n'euffent autre volenté que de defpendre totalement le fang l'ung de l'autre. Adonc monfeig^r Gérard véant la très piteufe mort & deftruccion de fon peuple, & comment Françoys fe *aherdoient* à les deftruire, comme ung fanglé fourfené, qui vouldrait paffer parmy les chiens quant il eft efchauffé, & venir combatre & ruer fus le veneur, il prit ung très dur & tranchant efpie, & fe férit ou plus efpés tas, là où eftoit monfeig^r Guy de Montmorency, qui tant faifoit d'armes que nul homme n'en peuft plus faire ; lequel véant monfeig^r Gérard ainfi venant, fondant & abatant Françoys par tas & par monceaulx, fe mit au devant de lui pour lui cuider deftourner fon emprife, mais il fit folie & comme non faichant comment monfeig^r Gérard fcet férir & tafter au befoing ; car monfeig^r Gérard lui fit couler fon efpée tout oultre le corps, & lui perça fiel & pulmon & le rua mort par terre, fi que onques ung feul mot ne parla, ainfi fut il payé de monfeigneur Gérard, de fa defferte & du bon exploit que autres fois il avoit exploitié contre monfeig^r Gérard, ainfi que vous avez oy en l'iftoire. Et à donc fe commencèrent moult fort à efbahir & à efparpiller Françoys, & à fuyr monfeig^r Gérard pour les grans & orribles coups que il donnait, qui fi grans eftoient que nul ne demouroit en eftant, puis que à plain coup l'atendeift.

Comment monsg^r Gérard de Roſſillon fut rué par terre du roy Charles. **CXXXIX.**

Après la mort de ceſtui Guy de Montmorency dont Françoys furent moult dolens, monſg^r Gérard, très déſirant de mectre ſes anemis au deſſoubz, adviſa le roy qui ſ'en venoit à la bataille joinct & ferme & de très grant volenté, & avoit devant lui IIII chevaliers, tous armés chaſcung lance ou poing; ſi ſe férit preſtement à l'encontre d'eulx qui auſſi recueillirent moult roideur au fer des lances qui toutes vouloient en pièces & par eſclas, ſans ce que ilz bougaſſent ne remuaſſent monſg^r Gérard, ne que une tour; & s'en vint monſg^r Gérard ſur le roy & le roy ſur lui de telle radeur, que pour ruer li ung l'autre jus; & comme le cheval de monſg^r Gérard levaſt les piez devant pour prandre terre, le roy férit monſg^r Gérard ſur ſa targe ſi durement que il le fit trebucher contre terre & lui voula ſon eſpie hors des poings; mais il n'arreſta point que il ſe releva & prit une groſſe courte maſſe d'aſſier à picos agus qui lui pendoit au coſté; ſi la leva contre mont & en férit le roy ſur le heaulme, ſi terriblement que il lui eſchantela & briſa, & euſt convenu le roy trébucher, s'il n'euſt eſté retenu & ſouſtenu de ſes hommes. Néantmoins il fut ſi eſtonné du grant coup, que il ne ſavoit là ou il eſtoit, mais fembloit que il feuft pafmé ou mort, & pour l'empefchement que les Françoys eurent de entendre au roy, ilz laiffèrent monfg^r Gérard qui tout preftement s'en revint à fon rouffin & remonta fus franchement. Et fe on ne lui eut refcous le roy ou que il lui peuft encoir donner ung horion, il en euft fait la place vuyde, car il l'euft occis fans efpargner ; mais il fut tiré hors de la bataille, pour reprandre air & halainne. Et véritablement il eftoit fi fèble que à peine povoit il parler ne dire mot, & fi eftoit fi très honteux que il ne favoit que faire ; & fans nulle doubte, f'il eftoit honteux, encore l'eftoit plus monfg^r Gérard, pour ce que il lui fembloit que par nul homme n'avoit onques efté gecté par terre que par fon anemy mortel, c'eftoit le roy de France, & auffi on ne treuve point que onques plus il feuft abatu que à cefte fois ; fi en devoit de tant eftre plus dolent, & auffi eftoit il. Quant ce vint une petiote efpace après & que le roy fut revenuz à lui tant rouges de honte que plus ne povoit : par faincte Croix, deift il, Gérard de Roffillon m'a très bien payé ; s'il paye auffi bien les autres comme il a fait moi, nous ferons tous en aventure de avoir maleür eftriné. Or toft ralions nous & nous alons combatre, & mectons painne d'abatre l'orgueil de ces Bourgoignons. A ces mos, il remonta à cheval & fit crier mont joye fainct Denis ; fi fe ralièrent Françoys comme moult joyeux, quant ilz virent leur roy qui revenoit à la bataille ; fi fe commencèrent tellement à rengreffer fur les Bourgoignons que il fembloit que ce feuft tout à eulx. Mais monfg^r Gérard & fes Bourgoignons ne f'efmayoient point pour ce, ains les receurent ou fer des lances & ou tranchant des efpées, très chevalereufement.

*De la mort de monsg^r Boos, le frère monf^t Fouques,
nepveux de monfg^r Gérard.* CXL.

En ces durs rencontres eſtoient les enffans
monſg^r Thierry d'Ardenne qui moult eſtoient déſirans de mectre leurs anemis au
deſſoubz, & de venger la mort de leur bon père, ſi ſe
eſvertuoient de toute leur puiſſance de occir & gecter par terre les Bourgoignons, & eſtoit ſeulement
leur intencion de eulx vanger aux enſſans de Monſg^r
Eude, c'eſt aſſavoir à Fouques, à Boos ou à Seguin,
pour laquelle cauſe ſouvent ils regardaient comme
ils les poulroient ſurprendre ; & pour ce qu'ils les
crémoient, ſe tenoient-ils tous enſemble; or advint
que Boos, le bon & vaillant chevalier, fut encontre
d'eux; ſi fut preſtement aſſailli & envay, & tant que
il fut jetté par terre ; mais comme fort & vaillant
chevalier que il eſtoit, il reſſaillit en piez, tenant
l'eſpée ou poing, ſi commença tellement à ſoy
deffendre que ce ſemblait ung lion, & abatoit &
pouſſoit jus tout ce qu'il attaignoit autour de lui ;
et dit l'iſtoire que il les euſt tous tuez, quant l'ung
ſe lenſe à lui qui le prit par le col, ainſi que pour
luctier & abattre, & ſe commencèrent à entreférir
et frapper de maillet de fer, tellement que ils
faſoient le feu & la fumée ſaillir des heaulmes & des

armeures des grans coups que ilz s'entredonnoient ; & ainsi comme ils estoient en ce tollis, l'un vint sur costé qui bien advisoit l'affaire de son frère & de Monsg^r Boos. Si férit Monsg^r Boos de son glave en lanceant, tellement que il le gecta mort par terre, ne onques ung seul mot ne deist, dont ce fut dommaige & pitié, car c'estoit ung des vaillant chevalier de la compagnye des Bourgoignons ; si fut moult plaint & ploré de ses frères & mesmement de Monsg^r Gérard, son oncle. Ne demoura gaires que ceste chose fut nunciée à Monsg^r Fouques & à Monsg^r Seguin, lesquelx prestement comme souldre se férirent dans les Françoys, par ung merveilleux air, & tant firent en abatant & gectant par terre chevault & hommes d'armes, que ils vinrent jusques à la bataille là ou estoient ceulx qui leur frère avoient occis. Si se férirent à eulx & les commencèrent à envayr de très grant couraige, comme ceulx qui très désirans estoient de venger la mort de leur frère, & dit l'istoire que ils firent tel exploit d'armes, que cellui propre qui leur frère avoit occis ils l'occirent aussi ; mais l'istoire ne met point son nom. Ainsi le vengèrent-ilz de la mort de leur frère, à laquelle vengense prandre fut aussi occis, de la partie des Françoys, le seigneur de Beaugency, l'ung des meilleurs chevaliers qui feust en l'ost des Françoys, & l'occist le seigneur de Grancy, mareschal de Bourgoigne, homme très puissant & très chevalereux ; lequel sire de Grancy avoit dessoubz sa bannière, c'est à entendre dessoubz la bannière Monsg^r Gérard, le seigneur de Vergy, de Thil & Monsg^r de Montagu, tous lesquelx faisoient tant d'armes que à peine se savoient Françoys entretenir contre eulx.

*Comment le roy s'en fuyt de la bataille en ung chaſtel
qu'on appelle Montargis.* CXLI.

Monſgr Gérard de Rouſſillon plus joins en ſes
armes que ne fut onques eſmérillon en ſes
plumes, véant comment Françoys ſ'eſvertuoient de occir & affouler ſes gens d'armes, pour
ralier & reffreſchir ſes gens commença à crier, ſainct
George, par lequel cry, ils ſe ralièrent tous autour de
lui : & tout preſtement ilz ſe férirent dens les Françoys, par telle manière que il ſembloit que ce feuſt foudre qui feuſt deſcendue du ciel, & que tous ils ſe deuſſent eſtrangler l'ung l'autre : ne homme ne vous ſauroit recorder comme ilz ſe maintenoient, mais mieux
ſembloient ſauvages ou enragiez que autres, car ilz
ſe entretuoient comme par une droite rage, & en
eſtoient les monceaulx ſi grans, que en pluſeurs lieux
les vivans paſſoient ſus en combatant, comme ſur tas
de beſtes mortes. Néantmoings les Françoys commencèrent très fort à reculer & à perdre place, & Monſgr
Gérard, qui très merveilleuſement entendoient à les
mectre au deſſoubz, frappoit & mailloit les cops ſi
grans que il ſembloit que ce feuſſent coups d'homme
immortel, car il gectoit tout par terre & faiſoit les

rens vuyder autour de lui, comme feroit un cheval efchappé parmy ung foule de gens ; ne mais nulz Françoys ne l'ofoient atendre, mais lui faifoient place partout là où il venoit : & fi dit l'iftoire que par fa propre force les Françoys tournèrent à defconfiture : Et le roy véant ce fe mit à la fuyte, comme cellui qui très grant paour avoit de fa vye, & ne ceffa, à tout ce qu'il pout renmener de gens, de courir. Si vint en une fienne fortereffe, nommée Montargis, là où il fe bouta & arrefta en actendant fes gens qui le suyvoient qui mieulx mieulx. Et quant Monfg^r Gérard, vit que il s'enfuoyt ainfi honteufement, il en loa Dieu de tout fon cueur entièrement ; fi ne fut point la chaffe pleute longuement faicte, mais voult monfg^r Gérard que tous retournaffent comme ilz firent ; & tout preftement monfg^r Gérard fit prandre à lever tout le gaignaige & le fit départir à chafcung fa part, ne onques la valeur d'ung feul denier n'en détint, car feulement l'onneur lui fouffifoit : Et après ce, il fe mit à enfevelir les mors, mais en ce faisant, ilz menoient ung très piteux dueil, pour leurs amis que ilz trouvoient, & mefmement quant ilz trouvèrent Monfg^r Boos, le vaillant chevalier duquel nous avons parlé deffus. Qui veift Monfg^r Gérard & les deux frères d'icellui Boos, c'eft affavoir Monfg^r Fouques & Seguin, à peine fe peuft-il tenir de plorer, pour le grant dueil que ilz démenoient & faifoient, & les regrez piteux que ilz difoient, en eulx lamentans & plourans pour la mort de Monfg^r Boos. Nèantmoins ilz le firent moult folemnelment enfevelir & mener en Provence, avec Oedon leur bon père, en laquelle place auffi ilz avoient intencion de géfir.

Comment Monſgʳ Gérard ſe conſeilla à ſes hommes de ſoy en aler à Sens, à l'encontre du roy Charles le Chauve. CXLII.

Quant Monſgʳ Gérard ot fait enſevelir tous les mors devant diz, & qu'il ot aſſez plainct & ploré, il fit convenir devant lui tout ſon barnage, & leur commença à remonſtrer la grant doleur qui lui giſoit au cueur de la mort de tant de vaillans hommes, qui mors eſtoient pour lui & à ſa cauſe, en diſant : par ma foy, mes très chers amis, je cuide que cette male aventure ne viengne par mes péchiés, car pour moy & pour ma cauſe ſont jà tant mors tant de vaillans preudommes, que je cuide que homme nul n'en ſauroit dire le nombre, non pas la moitié. Mais une choſe me reconforte moult, que j'ay touſjours voſtre conſeil creu & que onques ung ſeul de vous je ne meſcreu ; et ſi ſavés bien que le roy, à très grant tort, m'a confundu ma terre, et que touſjours il me meut guerre par faulx & mauvais conſeil, & pour ce, je vous prie tous que avec moi vueillez venir juſques à Sens, la cité, le mieulx eſtoffez de gens d'armes que vous pourrez, car je vueilz aler juſques là, pour ce que c'eſt l'entrée de ſon pays.

Vous favez que tousjours il vient en ces pays moi tousjours affaillir, & femble que il nous tiengne en Bourgoigne comme en prifon, & que nous ne nous ofons bougier de nos marches, pour lui. Si en fumes moins crémuz & doubtez de toutes gens & de toutes nations, car li plufeurs dient que il nous vient toufjours prandre en noftre lit, pourquoy je vous prie, mes très chiers amis, que plus nous ne lui laiffons avoir ung tel délit; car par la foy que je doys à Dieu, fe jamais me affault, ma volenté eft telle que je le chafferay jufques en fa cité de Paris, ou je y morray en la place : car j'ayme mieulx à morir que plus vivre en telle doleur ne en telle langueur que ja il nous a tenu par longtemps. Si me dites fur ce voftre bon advis & confeil, & je vous en prye ; à laquelle requefte, tous d'ung commun accord lui refpondirent que hardiement il feift ce qu'il avoiten propous, car telle eftoit leur volenté, & que mieulx ilz amoient à morir que plus à fouffrir les orgueilz des Françoys, qui leurs pères & enciens amis avoient mis à mort & à exécucion ; car, difoient-ilz, à cefte fois nous vous prions, très redoubté fire, que vous facés toute voftre puiffance convenir, à celle fin que à une fois nous puiffons tous morir ou avoir pais ; & nous vous promectons tous, de bonne volenté, que de toute noftre puiffance & jufques à la mort, nous vous aiderons tant que vous dirés & vous & tous ceulx qui jamais en orrés parler, que nous nous y ferons maintenuz, comme bonnes gens, amans leur feigneur, juftice & droicture, car nous fummes treftous très bien informez que voirement le roy à très grant tort, & sans nul tiltre de droit, vous a efmeu & efmeut, de jour en jour, guerre. De cefte bonne refponce fut

Monsg^r Gérard de Rouffillon très joyeux, les en remercia très grandement ; après lequel parlement & ordonnance faicte, il fit faire son mandement : que tous à ung certain jour ilz feuffent à Sens, la cité; duquel mandement toute manière de gens furent moult joyeulx, car autre chofe ne défiroient que à avoir tout à une fois ou pais ou mort, & fi dit noftre hiftoire que quant ilz furent tous affemblez en la cité de Sens, ilz ne fe trouvèrent de toutes nations que XVIII mille combatans, defquelx autreffois Monsg^r Gérard en fouloit bien affembler cent mille, peu plus peu moins, dont il fut fi très dolens que il ne f'en savoit comment contenir, & de ce le reconfortoit Monsg^r Fouques, fon bon nepveu, en lui difant : mon très chier oncle, ne vous vueillés de ce troubler, car fe vous eftes amenriz de puiffance de gens, je cuide favoir de vray que Françoys ne font point multipliez, mais encore plus amenris que vous : car je croy de vérité que les VI pars des hommes du monde soient mors & afinés par voftre guerre doloreuse. Si vous en deportez au mieulx que vous povez ; & se le roy en a plus que vous, fi cuidé-je que ce ne fera point de foifon. Néantmoins ay-je bon efpouoir que nous le vaincrons, felon le bon droit que nous y avons, & auffi la victoire ne git point en la grant multitude. Or laiffons à parler de Monsg^r Gérard & parlons du roy Charles le Chauve qui fe tenoit à Montargis, attendant toujours fa puiffance & encore en intencion de combatre Monsg^r Gérard de Rouffillon.

Comment le roy Charles le Chauve se partit de Montargis pour venir vers Sens combatre Monsg^r Gérard de Roussillon. CXLIII.

Le roy Charle le Chauve estant à Montargis, tant dolent que plus ne povoit, saichant que Monsg^r Gérard de Rossillon estoit, à tout une très grosse puissance de Bourgoignons, en la ville de Sens, fit tout prestement tout son povoir assembler, & jura la foy que il devoit Monsg^r Sainct Denis de France que, se à ceste fois il n'avoit victoire contre le duc Gérard, que il s'en iroit oultre mer en Surie, en Turquie & dans les marches des payens, là où il assembleroit tant de gens payens, et Sarrazins que s'il devoit destruire toute chrétienté, si feroit il maitre de ce Bourgoignon qui tant de dommaiges lui ot fait, & que s'il devoit relinquir la saincte foy catholique, si fera il tant que ou par une manière ou par autre que monsg^r Gérard fera destruire & morir honteusement. Car, disoit-il, puisque il est venu sur ma terre, jamais en la sienne ne rentrera, se le dyable lui en donne la puissance : et quant il ot tout dit ce que mieulx lui pleust & ordonner ses batailles, il fit tout homme tirer à sa bannière, & commanda que on fe deflogeaft & que on fe meift à la voye pour chevaulcher devers la cité de Sens. Si en fut ainfi faict, & f'en vinrent tant que ilz paffèrent la rivière de Yonne en très grant appareil de gens d'armes, et comme dit noftre hiftoire, ilz eftoient fur le nombre de xxiii mille combatans. Si y eftoit le duc de Normendie, le conte d'Alençon, le conte d'Anbeuton, le conte de Blois & plufeurs autres chevaliers & efcuiers, qui tous défiroient de avoir fin de cefte guerre ; car elle avoit trop duré, & par elle eftoient tant de peuples mors qu'il n'eftoit homme qui le nomre enfceuft ou peuft dire : toute laquelle affemblée du roy fut nuncié à monfg Gérard de Roffillon, qui fe tenoit à Sens comme vous avez oy, à tout xviii mille combatans très bien eftoffez, & très bien porveuz de tous habillemens à telz œvres fervans, & qui plus eft, tous de très grant volenté; entre lesquelx eftoient monfg^r Fouques & Seguin, fon frère, en très grant appareil d'armes, monftrans fignes que très défirans ilz eftoient de eulx venger de la mort de leurs amis fur le roy & fur fes Françoys, & ainfi d'ung cofté & d'autre, ilz efttoient tous entalentez de deftruire l'ung l'autre ; pourquoy on peut bien favoir que la bataille en fut plus crueufe & plus périlleufe, & auffi fut-elle, comme vous orrés affés toft en l'iftoire.

*Comment monſgr Gérard envoya devers le roy v
meſſaigés pour traicter de la payz.* CXLIV.

Quant monſgr Gérard ſceuſt que le roy eſtoit
ja paſſé la rivière de Yonne, il ſe miſt ſur
les champs à toutes ſes batailles rengiez &
ordonnez, & ſ'en commencèrent à venir vers leurs
anemis de très grant volenté. En ce venir euſt
monſgr Gérard conſeil que il envoiroit vers le roy
comme autreffois il avoit fait, en lui offrant à ſaire
droit en ſa court du différent de entr'eulx deux.
Si y furent tout preſtement envoyés, cinq très notables chevaliers, très bien enparlés & très bien amaniérez, leſquelx ſ'en vinrent devant le roy en lui
priant moult humblement, de par monſgr le duc de
Bourgoigne, que il lui pleuſt entendre au bien de
pays & que il eſtoit heure ou jamais, car ne l'ung ne
l'autre ne povoient avoir preu, proffit ne honneur en
la guerre, comme plainnement il le povoit veoir ; en
après lui remonſtrèrent que monſgr Gérard ne requéroit autre choſe que ſa grâce, & que il le voulſiſt
recevoir au droit de l'ordonnance de ſa court, à
laquelle du tout en tout il ſe vouloit ſubmectre &
de fait ſi ſubmectoit, preſt & appareillié de y venir

comparoir en propre perfonne, ou cas que donné lui feroit bon & feur fauf conduict de par le roy & non aultrement. Mais quant le roy ot oy ces requeftes, il fut plus animés que devant, et jura que jamais paix n'y auroit, & que j'à ne cefferoit fi auroit mort & defconfiz le duc Gérard, & leur deift ainfi : par ma foy, feigneurs, vous me tenés pour fol, fe me femble que fuis en ma terre, & vous me requérez que paix face à cellui qui fans mon commandement y eft entré à main armée; je vous fais commandement que plus ne m'en parlés, mais veulx que vous retournez à voftre duc Gérard, & que de par moy le portez la nouvelle de mort, car autre refponce pour le préfent de moy n'aura. A ces mos, les v chevaliers enclinèrent le roy & fe départirent; fi f'en vinrent devers monfg' Gérard à fon oft qui n'eftoit que III lieues en fus des Françoys, affés prez d'ung lieu que maintenant on nomme Sixte, auquel ilz racontèrent toutes les refponfes du roy, ainfi que vous avez oy, dont monfg' Gérard fut très dolent. Néantmoins le reconfortoit toufjours le bon droit que il avoit en la querelle, & la remonftrance que toufjours il en avoit fait au roy, & fe confioit en l'ayde de noftre feigneur, qui toufjours eft preft de fecourir fes vrays amis & ceulx qui ayment juftice & droicture.

*Comment monſgʳ Gérard fut pris des Françoys par
ſon grand hardement.* CXLV.

Après tous ces parlemens, ne demoura gaires
que les batailles ſe commencèrent à entreproucher en ung lieu que on dit Sixte,
aſſés prèz de Pons, & tant que Françoys & Bourgoignons ſe férirent les ung ès autres merveilleuſement
ſans eſpargner, là où ilz occioient & abatoient l'ung
l'autre, tellement que il ſembloit que ilz feuſſent tous
ordonnez à ce faire, & à peine diſoient-ilz mot : ne
on ne oyoit rien autre choſe que le martelis des
eſpées & des haches d'armes, des cliques ſur heaulmes & ſur targes, & le tombiſſement des chevaulx
avec le ſon des trompetes & clarons, dont la noiſe
eſtoit ſi très grande que on les oyoit bien de trois
lyeues ; & là eſtoient ces chevaliers d'ung coſté &
d'autre, qui s'eſvertuoient & aventuroient de bon
los & bonne fame acquérir, qui ſe entr'occioient &
abatoient ſans nulle pitié, ne rempſon prendre ne
avoir. Monſgʳ Gérard, véant comment ſes chevaliers
s'aventuroient & mectoient en péril de mort pour
ſon honneur garder, ſe férit dens ou plus eſpès tas
des Françoys, là où il fit tellement les rencs eſclair-

cir que c'eſtoit merveille ; ne il ne trouvoit homme qui ſeul l'oſaſt actendre à plain cop, & ſe bouta ſi très avant déans les Françoys que il ſe elloigna de ſes gens, & tant que il n'avoit en ſa compagnye que ung ſeul eſcuyer, qui s'appeloit Brun de Paſſavant, qui le ſeuvoit pour lui aider à faire ſon entrepriſe. Laquelle choſe véant, le conte d'Eu, le conte d'Evreux & le conte d'Alençon ſ'en vinrent férir ſur monſgʳ Gérard, & lui occirent preſtement ſon eſcuyer en ſa préſence, & puis commencèrent à férir & à pouſſer ſur monſgʳ Gérard qui très puiſſamment ſe deffendoit : au derrains ilz lui occirent ſon cheval deſſoubz lui, ſi le convint treſbucher, & en chéant, ilz lui faillirent au col & au bras, & le prinrent par pans & par manches, ſi le tinrent tellement que remuer à peines ne ſe povoit, & lui commença à dire le conte d'Alençon, par moult grant air, pour ce que monſgʳ Gérard lui avoit donné un très peſant horion : par ma foy, sire *Quens* de Bourgoigne, maintenant eſt venue la fin de noſtre guerre, & ſaichés que vous ne ſerez point bannis de France, car vous ſerez préſenté au roy qui tout preſtement vous fera pendre par la gorge. A ceſte parole, monſgʳ Gérard, du grant courroux qu'il euſt, leva le poing & le férit tellement du gandelet, parmy la viſière de ſon heaulme que il lui enfonça tellement en la joue, que il lui rompit dix dens en la bouche : néantmoins il fut prins et retenu, mais, ce ne fut mye longuement, comme vous orrés aſſés tost.

Comment le roy Charles le Chauve fut prins des nepveux monſgʳ Gérard, & depuis reſcous.

CXLVI.

D'aultre part de la bataille, là où monſgʳ Gérard eſtoit ou dangier devant dit, eſtoient monſgʳ Fouques, monſgʳ Seguin & Bouchars, le conte d'Avalon, Landris de Nevers & le conte de Chalons qui à force & à puiſſance ſe combatoient en décopant teſtes, bras & mains, & en faiſant ung tel épart de Françoys que nul homme ne li vous ſauroit dire ; & tant firent que ilz vinrent juſques au roy qui ſe combatoit moult virilement, ouquel aſſemblement furent tant d'ommes occis que nul ne le vous diroit, ne autrement ne ſe povoient combatre fors que ſur les mors qui ſouvent les faiſoit trébucher, & là fut féru le roy de monſgʳ Seguin, tellement que il le fit aboucher ſur l'arçon de ſa ſelle, & lui coupa du cercle de ſon heaulme bien de la largeur d'une paulme, & monſgʳ Fouques le priſt & aherdit, voulſit le roy ou non. Et en ceſte prinſe le vouloit monſgʳ Seguin occir, car il lui levoit les armeures pour lui bouter ſon eſpée ou corps, quant le duc d'Aquitaine férit tellement monſgʳ Seguin d'une mace plombée que il

tenoit, que il le gecta mort par terre, véans tous
ceulx qui véir le vouldrent : mais le conte de Chalon
en prift tout preftement vengance, car il lui fingla
fon efpée plus d'ung pié dedens le corps fur l'efpaule,
tellement que il le gecta mort, d'après monfg' Seguin que il avoit occis ; & toutes fois le roy eftoit pris
malgré tous les Françoys, & l'emmenoient monfg'
Fouques, Bouchars & Landris, quant le vicomte de
Broye, le conte de Blois & le fire Dyenville leur sail-
lirent au devant, à tout bien quatre mille combatans
qui fe férirent en eulx tellement que, malgré les
Bourgoignons, le roy Charles fut refcoux, mais ce
ne fut mye fans grant damaige de chevaliers, car il
en y ot de mors & d'occis fans comparifon. Car
noftre hiftoire dit que Landris le conte de Nevers
y occit le duc de Normendie, car il le fendit & coupa
jufques ès dens, de fon efpée; et fi occit auffi le conte
de Sainct-Paoul ; depuis fut-il occis du fire de Dyenville, dont ce fut damages pour la partie des Bourgoignons, car l'iftoire dit que il avoit ce jour occit,
de fa propre main, XVII chevaliers. Quant monfg'
Fouques vit ceft appareil, il f'en vint au fire Dyenville,
& le férit tellement fur le heaulme qu'il ne lui vaillit
ne que f'il feut d'ofière, car il le coupa et fendit jufques ès dens, tellement que onques depuis ne parla ;
ainf cheut mort entre les piez des chevaulx. Ainfi
crueufement fe combatoient sans en riens efpargner
l'ung l'autre, mais fembloit que ilz preniffent une
très grant plaifance à occir & deftruire l'ung l'autre,
es là eftoit la mortalité fi grande & fi piteufe que
c'eftoit une droite miférable doleur ; & bien faichés
que il convenoit que chafcun entendeift bien à foy
tenir, car qui eftoit abatu riens eftoit du relever,

mais lui convenoit la mort fentir par le foulis des chevaulx, & pour la grant multitude de lances, d'efpées, de dagues & de haches qui gifoient par terre, là où fouvent ilz fe fichoient tellement que là il les convenoit morir piteufement.

*Comment monsg{r} Fouques fut en aventure d'estre prins,
& de monsg{r} Gérard qui fut rescous à grant perte de
chevaliers.* CXLVII.

En ceste très doloreuse bataille, là où estoit
monsg{r} Foulques qui tant faisoit d'armes
que à peines le vous sauroit on recorder,
survinrent comme tous sourcenez, premièrement le
conte de Grignon, Badons de Mont sainct Jehan
Lenfrois de Vrignon, Quis de Chasteau Vilain, Pon-
tous de Vergy, Rollandins de Frelois; Gravhoins de
Chaigy, Gaultier de Rochefort, Robelin d'Arney, le
sire de Noyers, Geoffroy de Sombernon, Ansis de
Montréal & Hartaud de St-Bury & tant d'autres &
puissans Bourgoignons dont point ne savons les
noms, qui se férirent deans les Françoys qui ja avoient
ainsi que mis à mercy monsg{r} Fouques, & le vouloient emmener prisonnier ou occir sans rançon;
mais il fût prestement rescoux par ces vaillans hommes qui bien avoient en leur route V mille combatans, fors, hardis & moult apers aux armes. Si féi-
rent les Françoys si rudement reculer que il leur
convint perdre place & reculer tout jusques à l'ori-
flambe, c'est à entendre jusques à la bannière du roy

qui eftoit dressée dens le champ pour eulx ralier, & là fut la mortalité & l'occision fi grande & fi piteufe que je cuide que qui le voir en fauroit dire, vous ne oystes onques la pareille ; & en ce très grant foulis & mefchief eftoit monfg^r Gérard de Roffillon, que les Françoys tenoient comme prisonnier & le batoient & féroient de groffes haches d'armes, car toufjours fe deffendoit-il & prolongoit ce qu'il povoit ; néantmoins fut-il pouffé tant qu'il vint ainfi que au dehors des batailles, au grant mefchief & malaventure des Françoys qui le menoient, car ils furent très durement racontrez d'une très groffe brigade de Bourgoignons que menoit le fire de Marroles, le dam de Baugy & de Charroles, le bers de Donzy, le dam de Bourbonnois, le conte Guillaume d'Oftun, le conte de Mafcon ; le sire de Larfois & plufeurs autres grans barons, tant de Gafcongne comme de Lombardie, d'Auvergne, de Vienne ou de Savoye, qui eftoient bien de VI à VII mille combatans, tous fréz & tous nouveaux, qui se férirent en eulx tellement, que à peine en efchappa-il ung seul, que tous ne feuffent mors & gectés par terre, & là fut refcous monfg^r Gérard & remis à fon eftat, du tout à fa volenté, lequel preftement fe remit en la bataille & commença à férir & à frapper les cops fi grans que homme nul n'en eftoit actainct que il ne convenift chéir & trefbucher ; & dit l'iftoire que depuis qu'il fut mis au délivre, il ne tarda gaires de temps que il leur occift XII chevaliers fors & puiffans, & dont les Françoys furent grandement amoindriz.

*Comment les batailles des Françoys tournèrent à
desconfiture, & le roy s'en fuyt.* CXLVIII.

Monsg^r Gérard de Rossillon, ainsi rescoulx que
vous avez oy, estoit tant dolens que plus ne
povoit de ce que ainsi avoit esté pris & retenu, là où il avoit resçu maintes vilonies, tant ou
mauvois lengage des Françoys comme des horions
& batures que fait lui avoient. Si lui vint maintenant
une très haulte volenté de soy venger, & commenca
à escryer sainct George pour ses gens rassambler &
ralier; & tout prestement, l'espée ou poing, se férit
dens les Françoys par très grant air, & les commença
merveilleusement à desbaucher & à dérompre; ne il
n'estoit homme qu'il actendeist que il ne lui feïst la
mort sentir, & tellement se maintenoit que il sembloit
mieulx foursené que autre, car celui tardoit trop
que ces Françoys duroient si longuement, & de ce
se desprisoit en lui-mesmes, disant : je suis bien meschant, quant tous ne les ay piéca destruis & dévorez.
Néantmoins se gardoit-il de se bouter si avant comme
il avoit fait au premier assault; & se tenoit plus prèz
de ses gens d'armes auxquelx il estoit le droit escu
& confort : & dit l'istoire qu'il monstroit tellement

sa férocité, sa force & sa valeur, & si que nul François ne s'osoit mectre au devant de lui, ne actendre ses durs coups, car ilz estoient si grans que il confundoit ung cheval & ung chevalier à un cop, & de fait veult maintenir nostre histoire que il en tronçonna ung en II pièces, par laquelle merveille les Françoys furent si esbahis que onques depuis ne peurent tenir serré. Ains se commencèrent à deffuyr & à départir, qui mieulx mieulx. Telle fut la volenté de notre seigneur Jésus-Christ tout puissant, qui les aventures donne à sa volenté. Si ne fait point à mescroire que ce tant vaillant amy de Dieu, monsg' Gérard, ne peust bien estre comparé au roy David, duquel dit la saincte escripture que Saul occit mille hommes & David X mille. En ceste bataille portoit le confanon monsg' Gérard, ung homs très renommé de force & de proesse, nommé Regnault de Cheauqui qui en ceste bataille se porta très vaillement & fit ce jour moult de belles appertises d'armes, car la histoire dit que il occit ce jour XVII hommes de nom Françoys, & cuide que se on vous vouloit de tous hommes recorder les fais & les prouesses, on vous atainneroit par la prolixité de la besoigne : Finablement après moult de terribles occisions & de cruelz rencontres, les Françoys tournèrent à desconfiture, & s'en fuyt le roy honteusement, en soy mauldisant et détestant moult foursenéement, en disant : ha ! vray Dieu, que penses-tu à faire de moy qui tel dueil m'as maintenant envoyé ? Et je voy & cognois de certain que en vers toy ay meffait, quant à chafcune fois tu me rue jus ainsi, & donnes à cestui Bourgoignon la victoire : sans doubte, je cuide que tu m'as oblié & tu l'as seul en ta mémoire, a bien peu que je me défefpère de ma dolente defconfiture, quant ma très grant puiffance ne peut contre lui durer nullement. Ainfi fe lamentoit le roy, & quant il fe fut affez lamenté en fuyant, fi dift enfin : vray Dieu ! je te prie que il te plaife envers moy appaifer & moy donner un autre cueur que je n'ai pour le préfent, c'eft que je puiffe avoir paix à lui, car je voy bien de certain que je pers autant d'hommes contre lui, que j'en y meinne. Mais il ot tantoft obliyé cefte bonne volenté par le mauvais conseil dont il fut enhorté, touteffois il ne ceffa de courir, fi vint en fa cité de Paris ; & monfg^r Gérard de Roffillon comme victorien retourna à la chaffe, là où ilz avoient tant occis de Françoys que les champs et les chemins en eftoient tous chargéz & couvers, fi fit preftement tout prandre & lever le gaignaige & le fit départir à chafcun fa part felon fa qualité, ne riens pour fa part n'en détint, & cefte bataille fut affez prez de Sixte, là où il demoura pour la nuyt feulement.

*Comment monſgʳ Gérard de Roſſillon ſe diſpoſa de
pourſuir le roy pour l'aſſigier en ſa cité de Paris.*
CXLIX.

Quant ce vint au landemain, monſgʳ Gérard
de Roſſillon commanda preſtement que les
mors feuſſent toſt & haſtivement enſeveliz.
Si en fut ainſi fait, & après leur fit faire ung très
beaul ſervice, & puis aſſembla tous les barons de
ſon oſt & leur deiſt en telle manière : mes très chiers
amis & compaignons, nous ſumes bien tous tenuz à
louer & remercier noſtre ſeigneur, car il nous a fait
à tous la meilleure bonté que il feiſt onques à nulz,
chevaliers ; ne véez vous point comment contre ces
Françoys, à chaſcune fois que ilz nous viennent
aſſaillir, il ſe combat pour nous ; & ce puis-je bien
dire, veu les nobles conqueſtes & victoires que nous
avons eu ſur eulx ; car ſeulement ce n'a eſté que la
grâce de Dieu qui nous a regardé de ſes yeulx de
pitié, & pour ce, mes très chiers ſeigneurs, pour
mieulx faire & le contraindre de paix avoir, ſe ſeſtoit
voſtre plaiſir, je loueroy que nous le ſueguiſſions juſques en cité de Paris, & le aſſigeſſions en le contrai-
gnant par armes, ſans faire mal à homme ou cas qu'il

requerra paix, & ſ'ainſi eſtoit qu'il pleuſt à noſtre
ſeigneur Jéſus-Chriſt de li muer ſon courage, & que
il me appelaſt à paix, preſtement & ſans délay je y
entendroi je ; & me dit le cueur que ce nous fera le
meilleur, au mains me ſemble-il que nous ne pourrons faillir que nous ne ſoyons au deſſus, ou de
l'avoir à noſtre habandon, ou de faire aucun traictié
de paix : ſi m'en dictes voſtre bon plaiſir & je vous
en prie. Après laquelle remonſtrance, tous lui accordèrent ſon bon plaiſir à faire, & lui prièrent que ce
il feiſt toſt & haſtivement, & ſi mandaſt par tout ce
qu'il povoit avoir de gens, & le ſieuguiſſent devant
Paris, dit l'acteur de l'iſtoire : ja ſoit ce que nous
n'ayons autre choſe eſcript que ce qui eſt mis deſſus,
néantmoins, dit-il, pour conclure grant foiſon de
beſoingnes ſur peu de paroles, que l'eſcripture &
certains croniques, avec la renommée populaire &
publique, dient que ces deux ſeigneurs icy, c'eſt aſſavoir Charles le Chauve & monſg^r Gérard de Roſſillon eurent par moult longtemps guerres & batailles
l'ung à l'autre, en temps divers & en pluſeurs lieux, là où ilz ſe combatirent les ungs
aux autres très cruellement & miſérablement,
& dont le réaulme de France & tous les pays
voiſins furent moult amenris ; & toutesfois on
ne treuve en romant, ne en latin, que onques
monſg^r Gérard feuſt une ſeule fois vaincu ne deſconfiz, ne par roy ne par aultre, mais touſjours eſtoit
victorien, jà ſoit ce que ilz ſe combatoient comme
deux lyons fourſenés ; et trouve on que il deſconfit
le roy XII fois, ou ſelon ce que aucuns dient XIII fois,
et de ce ne doit on avoir merveille, car monſg^r Gérard ne lui demandoit aultre choſe que droit comme

vous l'avés oy fouventes fois, en la deduction de l'iftoire ; & le roy n'y vouloit entendre, ains vouloit par fa grandeur suppéditer monfg^r Gérard, et on dit communément : qui ne veult mectre raifon en lui, raifon s'y met d'elle mefme ; et ce appert en cefte besoingne, car après ce que monfg^r Gérard ot defconfit le roy par XII ou par XIII fois, il le chaffa jusques en fa cité de Paris ; là où entre les murs d'icelle, il le tint et enfrema tant que, par le bon plaifir de Dieu, il ot paix ainfi que vous orrez affés prochainement.

*Comment monſgr Gérard de Roſſillon aſſiga Charles
le Chauve en ſa cité de Paris.* CL.

Ne demoura gaires après ce que dit eſt, que
monſgr Gérard, véant la bonne volenté de
ſes combatans, ſe mit au chemin en pour-
suivant le roy moult radement à toute ſa puiſſance,
& tant que en brief temps après ce que le roy ſe fut
remis & rebouté en ſa cité de Paris, monſgr Gérard
de Rouffillon à toutes ſes batailles ſ'en vint devant
icelle, laquelle il environna & aſſiga, en menaſſant le
roy de mort & tous ceulx qui au traictié de paix ne
vouldroient entendre, & tout preſtement le commencèrent à aſſaillir & envayr ; & y firent les Bourgoignons moult de durs et grans aſſaulx, là où furent
faictes moult de belles apertiſes d'armes comme de
gens duiz de telz œvres, & à monſgr Gérard de
Roſſillon venoient & croiſſoient gens de jour en
jour, pour ce que tout ce que il faiſoit eſtoit pour
l'accroiſcement du bien publique & de paix, à laquelle cauſe pluſeurs vaillans hommes ſe trayoient
de ſa part, & laiſſoient le roy comme cellui qui à nul
droit de juſtice & de raiſon ne vouloit entendre ; &
dura ceſtui ſiége aſſez bonne eſpace, laquelle ne met

point l'iftoire, mais deift ainfi : le roy véant comment monfg^r Gérard hardiement & puiffament l'avoit fieuvy, & de fait l'avoit enclous en fa cité de Paris, comme tout fourfené, dolent & courrouffié, fit preftement efcripre lectres & brevez, en mandant par tout souldoyers & gens d'armes, en leur promectant grans sommes de deniers & très bon paiement, comme cellui qui toufjours eftoit pertinax, c'eft-à-dire en fon refderie en laquelle il eftoit très cruelement obstiné & endurci, & bien appariffoit qu'ainfi en feuft : car toufjours menaffoit-il monfg^r Gérard de Roffillon de pendre ou de faire morir de aucune laide ou déteftable mort. & difoit que il ameroit mieulx que on lui tranchaft tous les membres ung à ung que il ne preniſt vengance, & lui fembloit droictement que il n'y euft que faire, tant eftoit plain de fureur & d'orgueil ; mais je cuide que, au plaifir de Dieu, il orra *temprément* aultres nouvelles & que il fe recognoiftra; car noftre feigneur de fa bonnaire clémence y œvrera, & par le mérite de monfg^r Gérard.

*Comment l'ange de noſtre ſeigneur ſ'apparut au roy
Charle, en lui commandant que il ſeiſt pais & que
plus ne guerriaſt monſg^r Gérard.* CLI.

Les choſes ou party que vous avés oyes, & que le roy Charles eſtoit en ſa cité de Paris, encloux & aſſigié de monſg^r Gérard, actendant ſecours de pluſeurs nations là où il avoit tranſmis & envoyé ſes meſſages, advint une nuyt que il ſe giſoit en ſon lit, penſant au fait de ſa guerre, comment & par quel tour il pourroit deſtruire & ruer jus monſg^r Gérard de Roſſillon, ou quel penſement il ſ'endormit ; & preſtement que il fut endormy, noſtre ſeigneur Jéſus-Christ, par ſa débonnaire clémence, pour lui donner à cognoiſtre que monſg^r Gérard eſtoit ſon vray ſerviteur, lui envoya ſon benoiſt ange en une clerté incomparable, lequel ange lui deiſt en telle manière : *Noli, rex, contra Girardum deinceps aliquid ſiniſtri machinare, 'nec eum ulterius deliberes inſequi, quem protectione tuetur altiſſimi* (sic) &c. C'eſt-à-dire, roy, ne vueilles de rechief aucune choſe de ſéneſtre machiner à l'encontre de Gérard, car il eſt deffendu par la protection du très haultain ; ne ne délibères de lui jamais enſuyr par guerre, mais que plus eſt, toſt & haſtivement eſtudie de toy appaiſer avec lui, car les œvres qu'il fait ſont très plaiſans à la divine mageſté, & ſaiches ſe aucunement tu te efforces de ces choſes dictes refuſer, tu eſprouveras en plorant le fait de la main du ſouverain vengeur. Preſtement que l'ange ot ces paroles dictes & proférées, il ſe diſparut, & le roy ſ'eſveilla moult penſis, ſaichant de vérité que ce n'eſtoit point ſonge, mais une droicte & perfecte viſion ; car de la grant doulceur dont il eſtoit remply, il lui ſembloit que il feuſt juſtement en paradis. Si commença maintenant à penſer à ſes faiz & à ſes péchiez, & comment par très mauvais conſeil il avoit grevé & guerroyé monſg^r Gérard, & que onques en ſa vye ne l'avoit combatu que touſjours il ne l'euſt requis de paix, & de lui faire droit & juſtice en ſa court. Adonc lui vint une très grant compunction au cueur, & une très grante repentance de ce que tant de meſchief & de doleurs lui avoit fait ſouffrir, & au povre peuple & penſa maintenant que il inviteroit, feroit inviter ou appeller au traictié de paix, tantoſt que le matin feroit venuz, comme il fit.

Comment le roy fit convenir monſgʳ Gérard pour faire la paix, du commandement de noſtre ſeigneur, par le conseil de ſes barons. CLII.

Quant ce vint au matin & que le roy fut levé, il fit preſtement venir tout ſon conſeil & ſes barons & nobles, & là moult ſagement leur recorda comme en plorant la viſion que il avoit eue de l'ange de noſtre ſeigneur, en leur priant que ſur ce ilz le voulſiſſent conſeiller ; car, diſoit-il, ma volenté eſt telle que nullement contre le vouloir de noſtre ſeigneur je ne vueil aler, mais vueulx faire paix au Duc, pour ce que plainement je me perçoy que il eſt très amé de Dieu ; auſquelles paroles ne contre deiſt homme nul, mais lui loèrent que ce il feiſt toſt & haſtivement, et que Dieu lui monſtroit & faiſoit une très grant grâce qui lui vouloit ainſi ſon fait conduire, car, diſoient-ilz, nous ne cuidons point du contraire que ſe le duc de Bourgoigne voulſit, pieçà il vous euſt deſtruit & vous & les voſtres. A ces paroles, le roy ordonna aucuns nobles & vaillans preudommes pour aller par devers Gérard, auſquelx il bailla & donna bon & ſeur ſaulf conduit pour monſgʳ Gérard ; leſquelx preudommes ſ'en vinrent en l'oft des Bourgoignons, là où ilz furent très grandement feftiez & receuz pour les bonnes nouvelles que ilz apportoient ; & tantoft que ilz eurent fait leur relacion à monfg' Gérard, il fut tant joyeulx que de la grant joye que il euft il tendit les mains vers le ciel, en louant & remerciant Dieu de fa très humble vifitacion, & lui chéoient les larmes des yeux par groffes gouctes. Si l'appareilla au plus toft & au plus honeftement qu'il peuft, & f'en vint devers le roy fans faire nulle quelconque dilacion. Quant il fut venu devant le roy, il fe gecta à genoulz devant lui, en lui priant mercy, & le roy preftement que il le vit, lui tendit la main & le prit & leva & baifa en plorant moult tendrement, en difant moult doulcement fans nul quelconque corroulx ne ire : mon très chier amy, je vous prie débonnairement que, pour l'amour de celui qui fa mort pardonna, me vueillés pardonner tous les tors, faiz & damages que je vous ay faiz ne portez ; & je vous promez de bonne foy que jamais jour de ma vye ne vous feray contrariété, mais vous prie que demourons en bonne paix, amour & concorde, en fervant Dieu pour le rappaifement des grans injures & malviolences que nous avons encouru contre fa divine magefté, en pourfuivant noftre très mauvaife guerre ; & de noftre différent foit journée prinfe, & en foit ordonné par le los & confeil de noz hommes du droit & de la court de France. Par ma foy, mon très fouverain feigneur, deift monfg' Gérard, fi en foit comme il vous plaira, car de piecà ce vous ay-je requis. Et à celle fin que point ne vous face long compte, l'iftoire dit que à celle heure toutes chofes furent entre eulx II appaifies, & tous mal talens pardonnez ; ne onques depuis n'y ot guerre,

mais feurent tout le demeurant de leur vye en paix
& en bonne amour ; & la conté de Sens pour cui
eſtoient venuz les inconvéniens deſſus ditz fut départy à chaſcung ſa part par le los & conſeil des barons de France ; & par ainſi toutes malviolences furent
du tout appaiſées, dont moult de peuples furent lyes
& joyeulx, mais touſjours furent les mauvais traitres
d'entour le roy en leur pertinacité, nonobſtant que
en ce ne mirent nul contredit, car la choſe fut faite
tellement que onques depuis ceſte dernière paix la
guerre ne ſe reſuvit, mais demourèrent en bon amour
& concorde.

Des monaſtères que monſg^r Gérard fit fonder après ces guerres, & en ſes guerres faiſant. CLIII.

Moult furent lies & joyeulx monſg^r Gérard de Roſſillon & madame Berte, ſa femme, quant ilz virent qu'ilz peurent ſervir noſtre ſeigneur en paix, & que ilz peurent donner congié à tous ſouldoyers & gens d'armes comme ilz firent ; car tout preſtement que la paix fut faicte, le roy & monſg^r Gérard donnèrent chacun en ſa partie congié à leurs gens, & s'en rala chaſcun à ſa chaſcune. Et monſg^r Gérard, pour éviter toutes rancunes qui procèdent aucunes fois des gouvernemens des ſeigneurs & de ceulx de leurs cours, ſe partit de la court du roy & ſe trahit ſur ſes terres & marches, pour mieulx & à ſon aiſe vacquer & entendre au ſervice de noſtre ſeigneur, & que mieulx il peuſt mectre à accompliſſement ce que le benoiſt ſainct eſperit avoit de pieçà enté & planté en ſon courage par ſa débonnaircté. Et ſi dit noſtre hiſtoire que de pieçà, ilz avoient eu & engendré enſemble deux enffans, ung filz & une fille ; & fut le filz nommé Tierris, & la fille fut nommée Eve ; mais ilz morurent tous deux en leurs jeuſnes jours & morurent tous deux en ignoſcence, dont le père & la mère furent moult anuyeux & dolens, & n'en eurent onques depuis nulz. Quant monsg^r Gérard & madame Berte, sa femme, virent que ilz n'aroient nul hoir, pour leurs héritaiges tenir après leur trespas, ilz se pensèrent & advisèrent que ilz seroient de nostre seigneur leur hoir, & qu'ilz y sonderoient de très belles églises, dens lesquelles pour eulx & pour leurs amis seroient faiz & exercez les divins offices & à Dieu offers en la rédempcion de leurs péchiez. Et tant furent expirés de la divine amour de Dieu, qui en ce les animoit & embrasoit, que en l'onneur des XII apostres de nostre seigneur J.-C. comme tesmoingne leur légende, ou en signe des XII nobles victoires que il avoit eues à l'encontre du roy de France, par lesquelles les avoit magnifié nostre seig^r J.-C., ilz sondèrent XII monastères très nobles ou XII églises, toutes lesquelles églises ou monastères il enrichit et munit de grace & de richesses très grandement & de ses propres aluès & biens, dont ès aucuns il mit moinnes, ès autres chanoines, es autres nonnains & de toutes manières d'ordres. Et dit l'istoire que en chacun monastère ou couvent, il mit XII personnes qui seulement seroient députez au service de nostre seigneur, & ceulx ordonnoit-il de tous les meilleurs preudommes, & de toutes les meilleures preudefemmes que il povoit trouver, ausquelx il donnoit de ses patrimoines, rentes & revenus très abundamment pour avoir leur vye temporelle & toutes leurs nécessitez, & les pourvéoit & purvéa de toutes choses que il leur convenoit, comme de calices, de livres & aornemens, de parures et de toutes autres choses quelx conques.

Le nom d'aucunes églises que monsgr Gérard & madame Berte, sa femme, fondèrent. CLIV.

Entre les XII nobles églises & monastères que fondèrent monsgr Gérard de Roussillon, duc de Bourgoigne, & madame Berte, sa femme, ilz en fondèrent II très nobles & très auctenticques, lesquelles II églises sur toutes les autres, ilz prisèrent, honorèrent & enrichirent ; & fut l'une nommée & est encoire aujourduy l'église de Verzelay, & l'autre fut l'église de Pouthières : lesquelles deux églises ilz garnirent moult noblement & richement de moult de nobles joyaulx & reliques sainctes & très dévotes, de rentes & de moult de nobles grans & beaulx privilèges, dont ceulx qui servent dens les dictes églises possèdent encore jusques aujourduy : ce scèvent bien ceulx qui repairent en la marche là où les églises sont fondées. Item, ilz en fondèrent une dens les fourbours de la cité d'Ausserre, moult riche & moult belle, & y mit des moinnes de l'ordre de sainct Benoist, mais maintenant ce sont chanoinnes, & l'appell'on l'église monsgr sainct Pierre. Jtem, une autre en la dyocèse de Soissons, là où maintenant sont chanoinnes réguliers, & l'appell'on à sainte Marie Magdaleine du monlt. Jtem, une autre en Flandre en laquelle a à préfent moinnes noirs. L'acteur : & me femble que c'eft l'églife St-Bertin qui eft fitué en la ville de St-Omer, & ce me appert par ung livret rimé, à moy délivré de par mondit très redouté feigneur le duc Phelippe, par la grâce de Dieu à préfent duc de Bourgoigne, pour qui et au commandement duquel eft cefte hiftoire compofée, nonobftant que le latin dit que le nom de cefte églife lui eft de la mémoire defglacié, & que de cefte églife furent jadiz portées deux très nobles ymages d'anges en l'églife de Pouthières, que on y garde encore aujourduy moult dévotement & très fainctement & comme chofe très faincte, non point faicte d'œuvre d'omme, mais de la vertu divine. Jtem, ung moult noble prioré que on appelle Sixte, là où monfg^r Gérard fit fon gifte la derrenière fois que il combatit le roy Charle le Chauve, comme nous avons dit deffus, & de ce dient les hiftoires que ce fut la fixième fois. Pourquoi fe aucun trœuve ou fcet là où furent faictes les autres batailles, il lui plaife les annexer à cefte œuvre ; car autre chofe ne m'en eft apparu que ce que j'en ay mis, & dit l'iftoire que Sixte eft au deffoubz de Sens. Jtem, l'églife d'Avallon & l'églife de St-Jehan d'Olivant qui fut nommez Semur, non point du vivant monfg^r Gérard. Les autres monaftères, dit l'iftoire, nous font du tout en tout incogneuz pour ce que ilz font trop de nous eflongné : & font les aucuns en la haulte Bourgoigne, les autres au réaulme de France & les autres en l'empire d'Alemaigne ; & font les aucuns deftruiz par grant ancienneté & les autres ont mué leurs noms ; & touteffois le latin en met XII en preuve, & que en l'évefchié de Sens il y en a plufeurs ;

mais pour ce que rien de certain n'en appert, l'acteur du latin a eu plus chier à foy taire d'icelles églifes nommer que dire chofe qui feuft tenue à frivole. En cefte partie, dit l'acteur compofeur de cefte hiftoire au commandement de mondit très redoubté feigneur, que au propous des fondacions des églifes que fonda monfg^r Gérard de Rouffillon, il a trouvé fur le pas de l'iftoire qui fe commence : *Girardus Burgondionum dux*, etc., comme deffus eft dit en la conféquence de l'iftoire, après autres chofes ce qui f'en fuit : *hic comes dictus Gerardus in suo dicto comitatu nervienfi fuprà plures ecclefias conftruxit VI : putà, abbatiam de Lutofa in quà inftituit abbatem fanctum Badilonem confefforem, item ecclefiam Beate Mariæ avergnenfis & illuc mifit, etc.*, c'eft-à-dire en françois, le conte nommé Gérard de Rouffillon, en fa dicte conté de Nerves ou de Burbant, fonda, édiffia & conftruit plufieurs églifes : premièrement comme l'abbaye de Leufes, en laquelle il mit ung abbé nommé fainct Badilon confeffeur. Jtem l'églife Noftre-Dame de Anthoing, & là mit-il comme aucuns dient le benoift corps monfg^r sainct Maxime, évefque. Jtem l'églife de Noftre-Dame-de-Condet, en laquelle au fervice de Dieu faire il mit des nonnains, & maintenant ce font chanoinnes. Comment la tranflation f'en eft faicte, ne m'eft encore point apparu. Jtem, l'églife de St-Pierre-de-Rebais. Jtem, l'églife de Royalcourt en laquelle il mit le benoift corps monfg^r sainct Adrien ; mais depuis longtemps après, Bauduin, le conte de Haynnault & de Flandres, le fit tranfporter au monaftère de Gérardmont, là où il git pour le préfent. Jtem, l'églife de Houtaing, en laquelle il fit mectre le corps de monfg^r fainct Quirin le martir, & plufeurs autres églifes fit-il fonder & faire, dont l'iftoire ne scet auffi les noms. Ainfi appèrent, par l'une & par l'autre hiftoires XII ou XIII églifes fondées de monfg^r Gérard de Rouffillon, nommées en la déduction d'icelles hiftoires, lefquelles tefmoignent que toutes ces églifes furent très bien fondées & richement affifes par une très vraye & très ferme dévotion, & n'y faillit rente, terre ne officine nulle que tout ne feuft fait & parfait, du temps de monfg^r Gérard & de madame Berte. Car, fe en nulle manière ilz fe feuffent apperceuz que aucunes chofes il y faulfift, ilz n'euffent jamais dormy bon fomme, tant qu'ilz l'euffent fait amender, dens lefquelx monaftères faifant & depuis, noftre feigneur fit de moult beaulx & fomptueux miracles, à l'onneur & l'exaltacion du très dévot monfg^r Gérard, duc de Bourgoigne & de madame Berte, fa femme, defquelx miracles nous vous dirons une partie, avant que nous mectons fin à noftre hiftoire.

De ung miracle que noſtre seigneur démonſtra en faiſant l'égliſe de Verzelay. CLV.

Ce nous feroit une grande fimpleffe, & auffi il nous feroit imputé à péchié fe nous penfions foubz filence ung très noble & beaul miracle que noftre feigneur J.-C. fit à Verzelay, en faifant les édifices d'icelle églife, pour démonftrer que les œuvres de monfgr Gérard & de madame Berte plaifoient à fa divine effence & magefté ; & que ce que ilz faifoient, ilz le faifoient en droicte pure foy & charité. Il eft vray, comme dit l'efcripture, que tandis que on faifoit l'édifice de celle très saincte abbaye, laquelle eft fituée en ung lieu hault & apparent, & qui faicte fut par merveilleufe eftude, & que grant multitude d'ommes feuffent mis à l'édificacion d'icelle, la très vaillant ducheffe madame Berte, par très grant dévocion & par très grant ferveur de bonne dilection, non point contente de ce que les ouvriers faifoient ou povoient faire ou que on leur faifoit faire, y voult de fon propre corps & de fes propres mains aider & peine mectre, pour la dicte œuvre plus avancer de la quelle elle défiroit la perfection ; car plufeurs fois elle fe leva entour la mynuit de fon lit au plus coiement qu'elle povoit, & laiffoit fon mary, monfgr Gérard de Roffillon, dormant, non voullant que il en fceut riens, ne d'elle ne d'autre créature ou perfonne vivant ne vouloit eftre perceue, mais feulement avec aucune de fes chamberières f'en venoit jufques au font du vaul, là où on prenoit le fablon & la matière dont on faifoit le mortier ou le cyment audit édifice faire, les pierres & les cailloux, & les portoit à fes propres efpaules fur la montaigne, en préparant l'œuvre à celle fin que les œuvriers haftaffent plus l'œuvre & que l'églife feuft pluftoft achevée ; & à ce faire lui aidoient aucunes de fes pucelles les plus ferventes, aufquelles elle deffendoit fur toute rien que à nul homme du monde n'en parlaffent ne deiffent mot, comme celle qui très grant paour avoit & merveilleufement doubtoit la louenge du monde, la faveur ou la grâce ou la lozange d'icellui, lefquelles chofes elle fentoit de nulle valeur au proffit de l'âme, bien faichant que Dieu ayme mieulx les bienfaiz que on fait à fecret que ceulx qui font faiz en publique. La quelle chofe la très faincte & dévote Berte fit par plufeurs fois, fans y quérir orgueil ne vainne gloire ne nulle quelconque avarice ; mais l'ennemy de toute bonne opéracion fit tant que le bon duc monfg^r Gérard f'en perceut & que il lui vit ce faire par plufeurs fois ; fi commença à penfer en lui mefme que ce povoit eftre que fa femme ainfi fe relevoit, & tant panfa en ce, que il entra en une manière de jaloufie, comme fouvent fcet faire humainne enfermeté, laquelle eft très doloreufe à porter & perplexe, c'eft-à-dire entrulliée de diverfes penfées ; & de ce fe mit en une telle fufpection, que de la grant paffion que il fouffroit, il ne povoit dormir, & tant que il f'afferma en lui mefme que il fauroit que c'eftoit. Dont il advint une nuyt que il faifoit le dormeur, jà foit ce que talent n'en euft, madame Berte cuidans que ainfi en feuft, fe leva & s'ordonna & à tous fes mefchinettes de fon hoftel, f'en ala au lieu où elle avoit accouftumé de faire ce que vous avez oy deffus ; & preftement qu'elle fe fut partie, monfg^r Gérard, comme tout empris d'ardeur & de foufpeçon, fe leva & veftit & f'en vint après elle en ung lieu fecret là où il fe bouta & muffa, pour advifer l'eftat de fa femme ; & ainfi comme il eftoit oudit lieu, efpiant & advifant la maniere & eftat d'elle, il la vit qu'elle chargeoit ung très grand faiz de fablon ou de mortier ; & comme elle vint au lieu là où elle tendoit à porter fon fais, monfg^r Gérard perceut une très grant nobleffe céleftienne d'anges & de nobles efpris qui la environnoient & accompagnoient, entre lefquelles glorieufes chofes, avoit ung homme tant noble & tant bel que jamais nul homme ne fe fàoulaft de le regarder, et qui tenoit la conteffe par les deux bras, & lui aydoit à porter fon faiz tellement que il fembloit que rien ne lui grevaft, & le fouftenoit & foulevoit, comme il fembloit à monfg^r Gérard, très débonnairement. Laquelle chofe véant monfg^r Gérard, comme tout confus & repentant de cefte mauvaife penfée que il avoit eue, faichant que cefte clarté & lumière procédoit de la gloire de Dieu & que c'eftoit œuvre divine, preftement fe partit du lieu là où il f'eftoit muffié, & f'en revint couchier en fon lit, comme fe de ce n'en fceuft rien ; & cefte démonftrance fit noftre feigneur Jhu-Crift, pour ofter la foufpeçon du cueur de monfg^r Gérard ; & auffi qu'il ne vouloit point fouffrir que le bien que faifoit madame Berte & fa bonne intencion lui tournaſt à aucune vilonnie ou anuy.

*Comment monſg^r Gérard pria à ſa femme mercy, pour
la penſée feneſtre que il avoit eue ſur elle.* CLVI.

Quant madame Berte euſt fait & parfait ce
que bon lui ſembla, avant que il feuſt jour,
elle ſ'en revint à ſon hoſtel en ſa chambre, à
à celle fin que elle ne feuſt perceute ne veue de nul
homme vivant. Prestement qu'elle fut rentrée en ſa
chambre, monſg^r Gérard ſe leva contre elle & lui
vint au devant & lui deiſt en telle manière : ma très
chière amye, je vous prie que il vous plaiſe moy pardonner la mauvaiſe penſée que j'ay eu à l'encontre de
vous : de laquelle parole fut moult eſbaye madame
Berte ; ſi lui demanda de quoy, & il lui racorda tout
ce que dit eſt & puis lui deiſt : par ma foy ! ma très
chière dame, j'ay veu à mes yeulx la divine grâce de
noſtre ſeigneur eſtre eſtendue ſur vous & voy bien
que j'ay eu tort, ſi vous en requiers pardon. Adonc
madame Berte, en plorant à groſſes larmes, tendit les
mains devers le ciel en rendant grâces & loanges à
N. S. J.-C. de ſa très débonnaire viſitacion, en lui
louant que ainſi lui avait pleu elle péchereſſe conforter & viſiter, par ſes benois ſuffrages ; & puis ſ'en
vint à ſon mary & le prit & baiſa, en lui priant que il

donaft paix à fon cueur, pour l'amour de noftre feigneur qui toufjours les avoit gardés, & tenfés jufques à maintenant, laquelle chofe il fit très débonnairement. Et ainfi appert que monfg' Gérard de Roffillon, duc de Bourgoigne, & madame Berte, fa femme, & devant Dieu & devant les anges eftoient dignes & très amés, & fans nul doubte auffi eftoient-ilz; car ilz fervoient & amoient Dieu entièrement & parfaittement & très dévotement de cueur, très ardent & fervent, fouvent en fa benoifte garde fe recommandoient, ne en autre chofe ne mectoient leur eftude que à acquérir le réaulme du ciel, à laquelle chofe de jour & de nuyt & à toutes heures *ilz mettoient* paine, tant en jeufnes comme en orifons, & en belles & dévotes aulmofnes que ilz faifoient aux grans & aux petiz très dévotement, confidérant la parole de Dieu mife en l'évangille difant : *Quod uni ex minimis meis feciftis michi feciftis &c.* C'eft-à-dire ce que vous ferez de biens à ceulx miens très petiz enffans, vous le me ferez. Pourquoy on doit croire fermement que toutes les églifes que monfg' Gérard & madame Berte, fa femme, *fondèrent*, pleurent très grandement à noftre feigneur ; & ce fut très bien démonftré par le miracle précédent & encore fera-il démonftré par cellui qui f'en fuit & par plufeurs autres.

Du miracle fait en faisant l'églife de Poultières.
CLVII.

Ꙭes vénérables conjous enfemble par facrement connubial, c'eft-à-dire de mariaige, c'eft affavoir monfg^r Gérard & madame Berte, très oudourans grandement par la amour de religion envers le cultivement de noftre feigneur par très grant & débonnaire affection, efchauffés d'un très grant apétit de toute leur penfée aux commandemens de J.-C., aufquelx ilz vouloient de tout leur cueur obéir ; eulx efvertuans & efforceans à effacier ou planer du tout en tout les erreurs de leur vye première, & à conquerre & à acquérir les nobles & grans louyers de la vye advenir, lefquelx ilz fentoient par infpiracion divine, commencèrent de plus en plus & de jour en jour à croiftre de vertu en vertu, & tout ainfi qu'ilz abundoient en richeffes terriennes, eftoit auffi l'arche de leur cueur fermée ou tréfour de bonne volenté ; car, comme l'efcripture tefmoigne, l'argument de vraye dilection & de bonnes œuvres eft la exibicion de l'euvre ; & pour ce que trop de biens faifoient, il appert clèrement que ilz eftoient très amés de Dieu, pour l'amour duquel ilz firent tant de domiciles & de demeures au fervice de noftre feigneur dédyés, & pour ce que noftre feigneur les amoit, il voult démonftrer évidemment la yffue de leurs œuvres, en la manière qui f'en fuit. L'iftoire dit que tandis que on faifoit le monaftére de Poulthières, laquelle églife on faifoit plus belle & plus noble des autres, & comme par droicte devife celle que mieulx en ce monde ilz amoient, & là où ilz entendoient & voulcient géfir après leur trefpas ; comme jà les édiffices appareiffent hault fur la terre, & que moult pleuffent à Dieu & à ceulx qui les véoient la grant dévocion de monfg' Gérard & de madame Berte, fa femme, voult noftre feigneur J.-C. démonftrer par une apperte & clère démonftrance. Car il advint ung jour que ces II très dévotes & très fainctes créatures, déans lesquelx la dévocion n'aloit en riens deffaillant ou amenriffant, portoient à leurs propres efpaules à ung bafton que on dit tinel, ung feaul ou une feille pleine d'eaue, pour faire deftramper le mortier ou le ciment pour les maceons ouvrer, laquelle chofe ilz faifoient par droicte obédiente humilité. Adonc l'ennemy encien de toute créature, qui toufjours pourfuyt & tente les bons creftiens de toute fa puiffance, par fon fol & mauvais malice, pour eulx deftourber de leurs bons propos, ainfi que la bonne ducheffe aloit devant & monfg' Gérard aloit derrière, il, le mauvais Sathan fe mit entre eulx II en telle manière qu'il fit trébuchier madame Berte & choir à terre ; mais la divine puiffance ne fe fit point hucher, car tantoft & fans demeure, ung ange defcendit du ciel qui preftement & fans arreft fecorut la dame, tellement qu'elle ne fut bleffiée en nulle manière, & demoura le tinel & la feille pendent en l'air tout franchement, comme teſmoignèrent pluſeurs qui le véirent plainnement ; ne onques du vaiſſel une ſeule goute d'eaue n'en reſpandit, & alors la divine grâce de noſtre ſeigneur deſcendit tellement ſur monſg^r Gérard que il veit plainnement & clèrement le benoiſt ange de gloire, qui le fais peſant ſouſtenoit, & la bonne ducheſſe ramenoit, & le tinet ſur ſon eſpaule lui remectoit. Après laquelle choſe ainſi faicte, il ſ'eſvanuyt de ſon regard en montant vers le ciel, & de ce très beaul miracle loèrent noſtre ſeigneur tous ceulx qui le virent, par une très grant dèvocion, qui par un ſi évident jugement leur avoit démonſtré ſa bonté par ſa débonnaire pitié, laquelle avoit eſté eſprouvée en la choſe devant dicte. Si ſ'en efforcèrent de tout bien faire plus que devant. Pourquoy je cuide que il n'eſt homme qui oſaſt préſumer de dire que Dieu voulſiſt ſouffrir meſcheir à telz ſainctes perſonnes, que ce ne feuſt pour leur preu, ou pour eulx approuver, à celle fin que meilleur loyer ou ſalaire en peuſſent avoir. Or fut donques ceſte égliſe de Pouthières faicte & parfaicte, à l'aide de Dieu ainſi que vous povez avoir oy & entendu.

D'un autre miracle qui advint à Monsgʳ Gérard, pour ce qu'il avoit couchié ou dormy avec une des meschines de sa court. CLVIII.

Comme, précieuse, honorable, digne, juste & léale chose est de remembrer & recorder les biens & les vertus des léaulx & léales créatures, comment Dieu les a voulu magnifier en cestuy monde par leurs grans mérites & depuis glorifier au ciel, ainsi est-il aucune fois très profitable & très salvable chose de parler & de remonstrer les péchiez de ceulx qui par ces péchiez sont décheux déans les las & palus de l'ennemy, & puis se sont relevez comme bons champions & combatans, tellement que de leur bonne conversion les anges en font feste & joye ; car en lisant telles conversions, on loue & regracie le nom de N. S., qui telle vertu a donné aux hommes, & qui ainsi efface dépièce les péchiez par doulces & dévotes prières faites à sa très doulce mère ou à ses benoits saincts ; & aussi en lisant telles choses, les péchiez cheuz & déglaciez en telles offenses, souventefois s'en esmeuvent & enhardissent de requérir & prier N. S. J.-C., qui tousjours est prest de pardonner aux vrais pénitens & à ceulx qui, par

humble confeffion, fe cognoifcent & régissent eftre
pécheurs & offenfeurs ou tranfgreffeurs des commandemens noftre feigneur ; car on doit croire véritablement qu'il n'eft fi grant péchié que Dieu, par fa divine
puiffance, ne peuft bien pardonner & du tout effacier
& planer, comme il le monftra en la perfonne de
monfg^r Gérard de Roffillon, duc de Bourgoigne,
par vrayes relations faictes par perfonnes dignes de
foy, comme tefmoigne fon hiftoire qui dit en telle
manière: Monfg^r Gérard de Roffillon, ouquel habun-
doit tout bien, par l'amoneftement du dyable lequel
ne ceffe de tempter les créatures, cheut une fois en
une très grant coulpe de charnalité ; mays, par la
grace divine & miféricorde de Dieu qui le vifita, il
en fut toft gecté, comme non vueillant que il perdeift
fa très bonne grâce, & l'efcripture tefmoigne pour
chofe toute véritable que plus eft le temps fainct ou
dévot, & la perfonne bonne & volente de faire bonne
œvre, de tant plus f'efforce l'anemy d'enfer, par fa
droicte rage, de empefcher & faire trefbucher ceulx
qui ont bon couraige. Et cecy dis-je pour ce qu'il
advint une fois que monfg^r Gérard de Roffillon, duc
& conte de Bourgoigne, avant que il fift la pénitence
septennale, là où il fut charbonnier comme deffus eft
efcript, par une nuyt de la nativité noftre feigneur,
qui eft une nuyt en laquelle les anges & les hommes
& toutes les créatures f'efjouyffent & font fefte &
folempnités, il, monfg^r Gérard eftoit en fon lit coulchié
& madame Berte, fa femme, d'autre part ; fi fut le
duc tempté du péchié de la char, c'eft à entendre de
l'aguillon de luxure, par lequel il fut tellement contrainct que fans regarder aux termes de raifon, ne à
la chofe qui eft deue en l'ordre de mariaige, c'eft de

procréation de lignye ou génération, il s'en vint à madame Berte, sa femme, pour à elle avoir compagnye & eſtaindre le vouloir dont il eſtait empris : mais la bonne ducheſſe, l'œuvre non apétant, lui refuſa & du tout en tout pour l'onneur de la bonne nuyt, ſon plaiſir à faire lui deſcorda ; mays lui, comme non puiſſant de réſiſter à la temptacion par la chaleur du vil péchié dont il eſtoit eſchauffé, deiſt & afferma que ſ'elle ne lui ſouffroit à faire ſa volenté, que il s'en iroit autre part quérir ſon aventure, pour ſon vouloir & chaloureux déſir accomplir. Adonc madame Berte, comme non cuidans que ce il deiſt fors pour ſon vouloir accomplir, lui reſpondit que elle en eſtoit très contente, & que de par Dieu il feiſt ce que bon lui ſembloit, car pour la bonne nuyt à elle n'aroit habitacion corporelle. Ainſi par l'engin de l'anemy d'enfer furent-ilz l'ung & l'autre coupables, mais l'ung plus que l'autre. Preſtement que il euſt congié de madame Berte, ſa femme, à la manière de Habraham & de Jacob qui générèrent & dormirent avec leurs ancelles, combien que les néceſſitéz ne furent point pareilles, il ne ſe hontia point de aler géſir & dormir avec une des ancelles de ſa court. Or eſcoutés que N. S. J.-C. fit pour celle oultre cuidance & quelle grant merveille il en advint. Ne demoura gaires après ce que monſg^r Gérard ſe fut départy de madame Berte, laquelle ſavoit de certain là où il eſtoit alé, que on ſonna les matines. Si ſe leva madame Berte haſtivement pour aler à l'égliſe ; ſi s'appreſta & ordonna & ſi fit dames & damoiſelles auſſy lever & ordonner pour elle accompaigner, ainſi que à ſon eſtat appartenoit ; & tantoſt que elle fut preſte, elle fit allumer torches & cierges, ſe partit de ſa chambre & ſans à perſonne révéler de fon mary, fors que elle prioit en fon cueur à noftre feigneur pour lui, f'en vint à l'églife & entra dens moult dévotement, & de là en fon oratore qui préparé lui eftoit. Preftement que elle fut entrée déans, elle fe agenoilla en priant Dieu très dévotement que, par fa débonnaire clémence & pitié, il lui pleuft garder fon mary des las à l'annemy ; & en cefte prière fut tant que les matines furent prefque dites, lefquelles matines furent tantoft commenciées après ce qu'elle fut entrée en fon oratoire, ainfi que dit eft.

*De ce mesme, & comment le sainct ange de nostre sei-
gneur s'apparut à madame Berte.* CLIX.

Monsgr Gérard de Rossillon couchié avec la meschinette comme dit est, ne tarda gaires longuement après ce que madame Berte se fut alée à l'église, que il se leva & commença à penser en son courage que il suyvra madame Berte, sa femme : & lors, par la débonnaire grâce de Dieu, se commença à soy retourner en lui-meisme, & par une très grant contrition soy repentir de son meffait. Car cellui qui regarda monsgr sainct Pierre, quant il le renia trois fois en une nuyt, le regardoit de ses yeulx de pitié & de miséricorde & tant que, par sa débonnaire doulceur & grâce, monsgr Gérard commença à trambler comme s'il eust esté assis sur une très froide glace, & moult fort & amèrement prist à plorer, que il n'est homme qui vous sceut dire ou recorder la grant habundance de larmes qui lui chéoient des yeulx ; & en ce très grant dueil là où il estoit pensoit & varioit, par l'ennemy qui le temptoit & vouloit bouter en desespouoir, qu'il n'oserait aler au service de Dieu, ne à l'église, & que point dignes n'en estoit. Mais la grâce de N. S. ce véant, comme celui qui toujours est prest de secourir à ses fidèles, lui en donna le hardement malgré l'enemy d'enfer. Si se partit en très grant crémeur & en très grant doubte, & auffi en très grant honte, comme cellui qui tout feul eftoit, fans nul quelconque eftat de prince, & f'en vint devers l'églife ; mais comme cellui auquel il fembla que point n'eftoit digne d'entrer déans, comme pécheur & tranfgreffeur de la loy de Dieu, s'ala mectre en un anglet de piliers de l'églife par dehors, là où il fut très angoiffeux en pleurs & en orifons, tant & fi longuement que on euft dit & chanté les matines jufques à la première meffe, & là eftoit-il en très grant larmes, gémiffements & pleurs, en faifant foufpirs de cueur moult profons, toufjours en genoulz, en batant fa coulpe, en criant à fon doulz créateur mercy, & en lui priant que fon miférable fourfait lui voulfift pardonner ; & cuide à mon efcient qu'il n'eft créature humainne, f'il le veift en ce point, qui pitié ne l'en preift ; & f'il eftoit en pleurs & en larmes & en orifons, auffi eftoit la conteffe madame Berte qui ne ceffoit de tout fon cueur foy efforcier à prier fon créateur que il lui voulfift fa miféricorde octroyer, & lui voulfift donner paix de cueur & de corps. Comme ils feuffent tous deux en ces grans gémiffemens, pleurs, prières & orifons, & que l'eure que on devoit dire la première meffe de mye nuyt approuchoit, madame Berte, la contesse, f'endormit comme celle qui jà eftoit toute laffée de plorer, gémir & orer, & de eftre en genoulz, & auffi comme tel eftoit le plaifir de noftre feigneur ; laquelle tantoft ainfi endormie, lui vint ung ange de la gloire du ciel, en forme d'ung jouvencel moult bel & moult plaifant & tant refplendiffent que onques en fa vye n'avoit veu plus plaifant chofe, lequel lui deift en telle manière :

*La parole de l'ange & comment madame Berte reconforta
son mary, monsg^r Gérard de Roussillon, et le mit en
l'église.* CLX.

Berte, ma très chière & bonne amye, entens ce
que te mande le benoist roy de gloire, lequel
a veu tes pleurs, tes plains & ta desserte :
lieve-toy & appertement & t'en va dire à ton seigneur
qui est là, hors de la porte de l'église, que il soit lies &
joyeux & que plus ne se desconforte, mais par très grant
fiance viengne & entre en l'église pour oyr le sainct
service & le sacrement divin, c'est à entendre des trois
messes : car tu vois que la première est sur le com-
mencier, & saiches que Dieu a prises en gré sa très
grant repentence, ses grans sanglous, ses souspirs &
ses pleurs, & tantost que il en aura fait vraie confes-
sion à bouche de prestre, lesquelx il gémira en grant
contriction, il sera absoulz parmy la pénitence que il
en fera & qui enjointe lui sera, & la divine grâce de
Dieu a oy tes mesmes prières par lesquelles tout son
péchié lui est pardonné en toutes manières quelxconques. Tantost que le benoist ange ot ce dit, il se esvau-
nuy d'elle & s'en remonta ès sains cieulx, & prestre-
ment madame Berte de la très grant joye & la conso-

lacion qu'elle avoit, s'efveilla moult fort eſbahie & eſmerveillie de la doulce viſion qu'elle avoit eue ; ſi commença ſi très fort à plorer de la grant joie qu'elle euſt, que ſa face eſtoit toute moillée de larmes qui lui chéoient de ſes yeulx, & de cueur & de corps & de bouche commença à rendre grâces & louenges à noſtre ſeigneur Jéſus-Chriſt, quant il lui avoit pleu faire telle grâce que de lui monſter la viſion de ſon benoiſt ange, par laquelle viſion elle ſavoit la ſalvacion de ſon mary devers noſtre ſeigneur, de laquelle parle l'appoſtolle en telle manière : *Salvabitur inquiens vir infidelis per mulierem fidelem,* c'eſt-à-dire que l'homme deſléal ſera ſaulvé par la léale femme. Après laquelle regraciacion ainſi faicte à noſtre ſeigneur, elle ſe leva toſt & haſtivement, & ſ'en vint devers ſon mary qu'elle trouva en pleurs & gémiſſemens comme jà vous avez oy, lequel elle priſt par la main en lui diſant qu'il ſe levaſt, comme il fit pour elle honorer, & lors madame Berte lui compta tout de point en point la viſion devant dite, & toute la manière de ſa ſalvacion. Tout preſtement que il ot ce entendu, il ſe rejecta très humblement & très révéremment, & commença de la très grant joye à plourer & à remercier noſtre ſeigneur Jéſus-Chriſt, ne il n'eſt au monde rien tantriche ou précieux que ſi grandement le peuſt avoir reſjouy, comme fit ceſte joyeuſe nouvelle que madame Berte lui apporta ; & quant il ot regracié noſtre ſeigneur Jéſus-Chriſt de ſa doulce & débonnaire viſitacion, ilz entrèrent enſemble en l'égliſe pour à Dieu rendre grâces & louenges & pour ouyr le ſainct & divin ſervice de noſtre ſeigneur; & en ce point ſe vint en l'égliſe monſg^r Gérard en louant noſtre ſeigneur, conſidérant la ſaincte eſcripture du pſalmiſte diſant : *Qui ſanat contrictos corde & alligat contrictiones eorum,* c'eſt cellui qui garit les triſtres de cueur & allige leurs contrictions ; & en oultre diſoit monſgʳ Gérard : vray père tout puissant, tu es bien cellui dont il eſt eſcript. *Elevat que cadentem de lacu miseriæ et de luto fecis,* je rellière cellui qui chiet, hors du lac de misère & de l'ordure de péchié ; car mon vray Dieu, tu m'as à ton plaiſir viſité de ta benoiſte grâce, & bien m'a monſtré, combien que point ne l'ay deſſervy, ce que dient tes divines paroles : *non longitudo temporis ſed ſincera cordis contrictio conſiliat penitentem deo &c.,* c'eſt-à-dire, que la longueur du temps ne réconcilie point le pénitent à Dieu, mais ſeulement la clère contriction laquelle eſt parfaicte par vraye ſatiſfacion. Ainſi le très dévot monſgʳ Gérard de Rouſſillon & madame Berte, ſa femme, très humblement & très dévotement recognoiſcens la grande grâce & miſéricorde que noſtre ſeigneur leur avoit démonſtré & fait, & que bien vraye eſtoit la ſaincte eſcripture du pſalmiſte diſant : *Voluntatem timentium ſe faciet & deprecacionem eorum exaudiet & ſalvos faciet eos,* c'eſt-à-dire, noſtre ſeigneur fera & accomplira la volenté de ceulx qui le crèment & doubtent, & ſi exaulcera leurs prières & les fera ſaulfs, commencèrent indéfinentement ou inceſſamment magnifier & glorifier la pitié & débonnaireté de noſtre ſeigneur, & à eulx efforcier de lui ſervir de nuyt & de jour en toutes bonnes œvres & opéracions faire, & ſon bon vouloir accomplir, tant en donner aulmoſnes comme en autres biens ; leſquelles choſes ilz priſoient & amoient mieulx à faire que nulle rien du monde, & meſmement donnoient largement de leurs biens à ceulx qu'ilz ſentoient eſtre enclins au ſervice de noſtre ſeigneur, pour laquelle chofe ilz deffervoient l'amour de Dieu & de fes benois fains. Pourquoy ne fait point accroire du contraire, veu & confidéré que ilz furent tels en leurs vivans, que maintenant leurs benoiftes âmes ne foient en la gloire de paradis régnant.

La raison apologétique, c'est-à-dire excusable, pour monsg^r Gérard de Rossillon. CLXI.

S'aucun par mauvais envye ou arrogance me vouloit opposer ou proposer ou dire à l'encontre de monsg^r Gérard de Roussillon, disant que il fut fiers, félon ou infâme & non digne de louenge ou de recommendacion, pour ce que en son temps il fit morir tant de créatures, tant par sa propre main, comme par autre main, à la cause de sa guerre, & à laquelle furent tant gastées de terres & de règnes, tant fait d'orphenins & de vefves que le nombre n'en saroit estre dit, je ne vueil miedire, pour ce que point n'avons eu du contraire de la proposicion, que vray ne soit, & que il n'y peust bien avoir encouru aucune coulpe; mais on doit savoir que en soy deffendant & en gardent son honneur & sa terre, il lui convint maint mal faire & souffrir à estre fait, pour ce que ainsi le requiert l'ordonnance de la guerre. Touteffois je respons que qui veult ou vouldra considérer le cours de la saincte escripture, il trouvera pluseurs hommes, qui par pluseurs fois mirent très grant cure à faire moult de maulx, & à dire & à procurer moult de mauvaises pensées, lesquelx par la grâce divine qui les a voulu depuis fi apenfer, que par contriction & faincte efpérance, par ferme créance & par ardent dilection de Dieu, fe font faiz vrais amis de noftre feigneur; & tant de grant biens ont depuis faiz & accompliz que ilz ont efté glorifiez & fains en la gloire de Paradis, à l'aide de Dieu qui ne veut la dempnacion de créature, mais la falvacion tant d'ommes comme de femmes, & ce vous puif-je prouver par ce qui f'en fuit:

Examples à l'approbation de monsg{r} Gérard.
CLXII.

Nous lisons de David, qui fut le droit père de patriarches après Habraham, lequel en tant de maulx faire mit son estude que il fit occir par plusieurs journées tant d'ommes que sans nombre, & en fut nommés homme de sang évidemment ; & meisme fit-il moultrir le bon & vaillant chevalier Urie, pour ce que il mesme estoit eschauffé du péchié de la char sur la femme dudit Urie, nommée Bersabée, comme on le lit plainement en la saincte escripture, tant qu'il le tint en adultère, & contre le vray commandement de Dieu : *Alterius nuptam non concupisceris*, tu ne convoiteras point la femme d'autruy, & touteffois, par la très grant contriction & repentance que il ot de son péchié, il desservit à estre nommé père de nostre seigneur Jésus-Christ, comme le tesmoigne l'évangéliste sainct Luc, là où il dit : *& dabit illi dominus deus sedem David patris ejus*. Telles estoient les paroles de l'ange à la glorieuse virge Marie annunceant la conception du vray filz de Dieu, disant ce que dit est, qui est à dire en françoys, nostre seigneur Dieu lui donra le siège de David, son père. Povoit-il avoir plus d'onneur que d'eftre nommé père de Dieu ? Et que il feuft vray amy de Dieu, il appert encore par la fainte efcripture difant : *Inveni David fervum meum fecondum cor meum &c.*, c'eft-à-dire, j'ay trouvé David mon ferviteur felon mon cueur ou ma volenté. Auffi il donna tant de beaulx dons en lèvre du fainct temple de Jhrlm (Jérufalem) que on povoit prandre exemple de tous biens en lui ; il offrit tant de biens Et fit ung tel appareil pour le temple de Dieu, que onques hommes ne vit le pareil ; lequel appareil mit le roy Salomon depuis très bien à euvre. Ainfi donc recœvre le bon Dieu de gloire les povres pécheurs qui fe vueillent à lui retourner par faincte contriction Et dévote confeffion.

Jtem encore autre example à ce propous.
CLXIII.

Regardons en après de monfg' fainct Pierre, qui trois fois & à peu de contraincte regnia noftre feigneur Jéfus-Chrift, & de fait en le regniant fe mauldeift, difant que il ne le cognoiffoit point & que des fiens nullement il n'eftoit ; laquelle chofe nous tefmoignent les fainctes Ewangilles ; & toutes fois nous favons bien de certain & ce créons nous purement & abfoluement que, fi toft que noftre feigneur l'ot regardé de fes yeulx de pitié, il commença tellement à foy repentir, & par entière contriction tellement à plourer, que par les grans larmes qui lui coulèrent des yeulx, fes joues en furent comme cavées & enfoncées ; lefquels pleurs & gémiffemens prift noftre feigneur tellement en gré que il lui pardonna fon péchié ; tellement que par la très grant amour que defpuis il euft à lui, il le fit prince des appoftres & de toute l'églife, & mefme le fit clercelier du réalme de gloire & fon propre vicaire. Jtem, monfg' fainct Paoul, qui fut fi grant perfécuteur que de tous maulx faire il eftoit preft & appareillié, tout plain de menaces & d'occifions envers les chrétiens

& difciples de Jéfus-Chrift, entre lefquelx & fur lefquelx il fit mainte perfécution ; & ne lui souffifoit mie ce qu'il povoit faire par lui feul, mais attraihoit avec lui aucungs mauvois coadjucteurs pour lui aider à accomplir fa volenté ; comme il apparut en la paffion de monfgʳ fainct Eftienne dont il gardoit les veftemens, tandis que les autres le lapidoient, & que encore il avoit à nom Saul ; mais par la grâce de noftre feigneur, il fut tellement convertiz que il fut nommé Paul, docteur de toutes gens, puiffans & renommé, & de toutes bonnes vertuz plain ; & de fait, il ot une prérogative de Dieu devant fa paffion, fe ce fut en corps ou en efperit Dieu le fcet tant feulement ; ainfi en refpond il en l'une de fes épiftres. En après regardons de la débonnaire Marie Magdalène ; chafcung fcet qu'elle fut pleine des fept péchiez mortelz, comme le tefmoigne l'ewangille, & à ce temps devant fa converfion la tenoit chafcung pour fole & mauvaife péchereffe ; néantmoins noftre feigneur Jéfus-Chrift prit tellement fes larmes en gré, fa dévocion, fa très grant ardeur de cueur & fa grant dilection, que il la fit fainne, très pure & très monde ou necte, & la honnoura ou monde devant fon trefpas, & depuis l'a tellement honnorée qu'elle règne glorieufement en la faincte glore du ciel, tellement que fon cueur eft vray temple de Jéfus-Chrift.

*Jtem encores autres examples à ces propos, dit l'iſtoire,
& de leurs œvres.* CLXIV.

Es livres de la loy tant du vielz teſtament comme du nouvel trouvons nous moult de telles examples, c'eſt aſſavoir comment pluſeurs ont eſté au commencement de leurs eages plains de vices & de péchiez & de pareilles malices, qui par la grâce de Dieu, ſe ſont en eulx-meſmes retournéz, tellement que par bonnes opéracions ilz ont recouvré nom de ſaint ou de ſainte, comme peut avoir fait le glorieux amy de Dieu, monſg^r Gérard de Rouſſillon, noſtre patron ; lequel povoit bien dire à madame Berte, ſon eſpouſe : ma très chière ſeur, combatons nous contre noz anemis, c'eſt aſſavoir la chair, le monde & le dyable, à celle fin que par la grâce de Dieu puiſſons faire noz cueurs netz & purs, tellement que ſe nous avons meſpris délectacion déans les déliz de ce monde ou par occaſion d'amaſſer grans richeſſes ou à tort ou à droit, que d'ores, mais ſoyens ſi eſveillez & apris de nous amender en ceſtui monde, là où il n'y a que amertume, comme en la mer, que nous puiſſons le réalme du ciel acquérir. Lequel par ſes bienfaiz il a deſſervy à avoir dignement, comme

le ferme port de falut & paifible auquel il a toufjours
tiré & tendu ; & combien que je me voulfiffe taire
des œvres d'onneur, de courtoifie & de pitié, de la
grant doulceur & de la grant amiftié que il monftra
& fit en fa vye pour effacier & rofter devers Dieu fon
créateur, la préfence de tous fes péchiez, fi ne cuidé-
je point que il foit nulz que bien peuft fouffir à dire
ne à compter, à penfer ou à efcripre les biens qui furent faiz, font & feront encore déans beaulx monaftères que il a fondé & fait, tant que ilz ont duré & que
ilz dureront encore, tant par les fainctes meffes déans
les dicts lieux célébrées, tant par autres prières &
dictes & chantées, comme par les belles aulmonnes
parties & données aux povres membres de Dieu qui
inceffamment y viennent & repairent de toutes pars
du monde. Pourquoy nous devons croire que il & la
bonne dame Berte ont conquis chafcung en droit foy
le falut de fon âme envers noftre feigneur, ne il n'eft
nul qui doye faire doubte que ilz ne foient en gloire,
puifque nous trouvons d'eulx fi très digne & fi très
précieufe mémoire comme de ce qui eft dit, & des
beaulx miracles que ilz firent en leur plaine vye &
depuis leur trefpas fur toutes créatures jeunes &
vielz. Si f'en doient donc moult bien taire tous félons
& mauvois cueurs plains d'envye & eftre contens par
la raifon deffus dicte. Or revenons à noftre propos,
car maintenant en eft heure.

*Du trefpas de madame Berte qui fut enfevelie à
Poultières.* CLXV.

Vous avés bien oy partie comment ces II très fainctes créatures vefcurent très faintement; les grans biens, les aulmonnes & les églifes que ilz firent, fondèrent & édiffièrent, la grant povreté & la grant abftinence que ilz firent en exil là où ilz firent une très grant pénitence, les perfécutions que le roy de France leur fit par maintes fois fouffrir & endurer. Jtem les grans victoires & prouefles que ilz firent par la grâce de Dieu, de leurs barnages, de leurs largeffes & de leurs vaffelages qui moult furent grans & fomptueulx ; & pour ce que rien ne vault le bon commencement ne le moyen fe le définement n'eft bon, vous veulx je dire comment ilz deffinèrent & comment en bien faifant toufjours jufques enfin perfévèrent. On dit communément que envis peut mal morir celui qui vit bonnement & que envis peut bien morir cellui qui vit mauvaifement, & dit on que la bonne vye atrait la bonne fin : ceci vous ay-je dit pourtant que ces II très fainctes & dévotes créatures, c'eft affavoir monfg^r Gérard & madame Berte, fa femme, qui par ung très certain figne furent à Dieu &

au monde très révérens & très digne, par l'aide
de Dieu & par fon très doulz fecours, coururent fi
les cours de cefte mortelle vye que ilz en deffervirent
le fouverain loyer, comme bons, vrais & vaillans fouldoyers & vrais labouriers en la vigne de noftre feigneur, là où ilz firent de très beaulx provins, c'eft-
à-dire de bons giés à porter fruyt, laquelle chofe
ne leur fit pas faire mauvois propous ne vain mais
bonne intencion ; & ce furent les églifes que ilz firent
& fondèrent, pour rendre à Dieu fervices aggréables
pour eulx & pour toutes créatures vivans & tref-
paffées, tant en prier en lire comme en chanter, lefquelles ilz fondèrent de leurs propres biens fans y
riens ne aucune chofe efpargner. Or advint que après
le cours de nature, il leur convint payer le tribu que
leurs prédéceffeurs avoient payé, c'eft à entendre le
tribu de la mort laquelle ne peut homme ne créature
fuyr, efchapper ne eftordre, & fut & eft vérité que
madame Berte trefpaffa de ceftui fiècle, devant monfgr
Gérard, fon efpoux, VII ans, comme le tefmoigne
l'iftoire ; laquelle dame Berte, pléne de toutes
bonnes opéracions comme d'aulmonnes & d'autres
bienfaiz, fut enfevelie en l'églife de Poultières moult
folempnellement, que elle tenoit comme fon propre
couvent, & bien monftra qu'elle avoit envers Dieu
cueur très léal & très fiable, car elle morut en très
vraye repentence, en recevant tous fes facremens
moult dévotement, en accoulant & baifant la très
fainte vraye crois de noftre feigneur, & foy recommandant à fon débonnaire créateur ; tellement fe
maintenoit & tant gracieufement que la légende dit
que nul homme du monde ne la peuft veoir que il
ne la convenoit plorer & larmier ; & la recommandoit

à Dieu fon feigneur & fes frères lefquelx elle appelloit
& tenoit pour fes amis & pères de falut, en requérant
leurs prières en fouppirs & en larmes ; & en ce point
trefpaffa, fi que les anges de noftre feigneur emportèrent fa benoifte âme déans les fains cieulx, comme
nous le povons bien croire par les fignes qui furent
veuz & démonftrez à fon trefpas, comme dit eft, &
par les beaulx miracles que depuis noftre doulz faulveur Jéfus-Chrift voult démonftrer pour fon benoift
corps trefpaffé, comme nous dirons cy après.

Comment elle fut plaincte & plourée & de sa sépulture.
CLXVI.

Halas ! quelz pleurs & quelz douleurs menoient & faifoient ceulx qui étoient préfens & mefmement ceulx de fon hoftel. Je cuide que homme vivant ne vous fauroit dire par quelles ne par quantes manières elle fut plaincte & plourée ; & bien y avoit raifon, car ilz perdoient leur bonne mère, leur bonne dame, & que peut on plus perdre que fon bon feigneur ou fa bonne dame, fans nulle doubte ren. Premièrement les povres eftoient tant defconfortéz que en leur defconfort nul recouvrier n'y avoit, car ilz perdoient celle qui très doulcement les gouvernoit, norriffoit & fecouroit en leurs néceffitez : les riches la plouroient, car elle les recevoit tant liement que mieulx on ne pourroit & plus mille fois qu'elle ne devoit ; les moyens la plaignoient, & non mie de merveille, car quant ilz avoient affaire devant fon mary ou quelque part que ce feuft, elle eftoit leur advocate & nullement ne vouloit fouffrir que on leur feift mal ne contrariété. Preftres, clercs, religieux & toutes autres manières de gens d'églife qui autour d'elle eftoient, chantoient moult honorablement en faisant son service ; mais c'estoit en plorant très piteusement, car ilz la tenoient comme leur droicte intercesseresse envers Dieu & envers les hommes. Or fut elle mise en un tombeaul de marbre ouvré par très grant artifice, moult noble & moult riche, lequel fit faire moult curieusement le bon duc monsg' Gérard, son mary, qui tant bien en fit faire que nul tort ne l'en sceuft reprandre ; car de l'abbe & des frères il lui fit faire les plus biaulx obsèques qui furent onques faiz pour prince ne princesse, & cuide que nul ne vous en sauroit dire la droicte certainneté ; & toutes fois s'elle fut très glorieusement honnorée en la terre à son enterrement, encore fut elle plus mille fois glorieusement avec les vrays esleuz de Dieu, en la glore du ciel, par les anges honnorée & solempnisée. Ainsi fina la benoite Berte, laquelle par sa benoite intercescion nous vueille impêtrer envers nostre seigneur Jésus-Christ la glore qui jamais ne finera, la quelle il nous a acquise par la effusion de son benoist sang. Maintenant nous est droit de parler de monsg' Gérard, son bon mary & espoux.

*De la mort de monsgʳ Gérard de Rossillon, & comment
il se maintint après la mort de sa femme.*

CLXVII.

Après ce que madame Berte fut trespassée de
ceſtui ſiècle ſe prouva monſgʳ Gérard, ſon
mary, ſi très bien que onques de lui ne peuſt
yſſir nul mauvois malice par quelque temptacion que
le dyable lui ſceuſt ou peuſt faire ; car il ſe tenoit
très chaſtement & très ententif en toutes bonnes
œvres comme bon chevalier, touſjours preſt de la
mort ſouffrir, comme bien ſaichant que eſchever ne
la povoit & que très prouchain en eſtoit. Si ſ'efforçoit
de Dieu ſervir de cueur & de corps, tant en jeûnes
comme en vigilles & oraiſons, par leſquelles il domp-
toit & amatiſſoit ſa chaire & la rendoit poure & necte.
Ainſi ſe maintenoit & maintint le noble duc le remenant de ſa vye, en faiſant auſſi aulmonnes pour l'a-
mour de noſtre ſeigneur, pour effacier & planer les
péchiéz treſpaſſéz : touſjours attendoit l'eure de la
mort qui homme nul n'eſpargne grant ne petit, &
pour ce auſſi comme tout plain de jours eſtoit &
moult encien, & touteſſois il eſtoit & beaul & net &
plus blanc que nulz ſignes ; mais il eſtoit moult fèble

en fa plaine vieilleffe pour les maulx de fa jeuneffe qui lui revenoient au devant, & dit l'iftoire que par la plénitude de fes jours on le povoit comparer à Habraham, & en ceft eftat de encienneté, fe tenoit pour ce temps en fa cité de Avignon pour certaines raifons & pour ce, quant il fe fentit porpris de la grant enfermité qui vient & annunce la mort, comme cellui qui bien véoit certainement que plus en ceftui monde durer ne povoit, ne les grans maulx que il fentoit longuement endurer, il fit convoquer & appeller tous les nobles barons, évefques, abbez, riches hommes que tous à ung certain jour fe comparuffent devant lui, fans nulle quelconque excufation, comme cellui qui les avoit norris & gardéz moult foigneufement & par très grant diligence ; tous lefquelx, fans nul quelconque contredit, comme très obéiffans à leur feigneur, preftement pour le confeiller & feftyer en vinrent à la journée préfice, en laquelle, comme dit l'iftoire, furent préfens évefques, abbéz, chappitres, doyens & moult de nobles prélatz, avec eulx tous les barons, chevaliers & efcuyers de nom de toute la contrée à l'environ.

Comment monsg^r Gérard requiſt à ſes barons de eſtre mené après ſon treſpas à l'égliſe de Pouthières, de lès madame Berte, ſa femme. CLXVIII.

Quant tous ces nobles hommes furent aſſemblez et venuz en la préſence de leur bon duc & que il les vit, il en fut moult joyeulx. Si les commença tous à bienvignier & à feſtyer par moult de belles & doulces paroles, par leſquelles il les reconfortoit très grandement en les enhortant touſjours de bien faire & de bien gouverner ce que noſtre ſeigneur leur avoit mis & baillé en charge, & que touſjours ilz entendiſſent au bien de paix & de juſtice ; & puis leur fit ſavoir comment ſa fin approchoit & que ſes jours eſtoient doreſmais briefz pour la très grant eage que il avoit. Si leur diſoit en telle manière : mes très chiers & très eſpéciaulx amis, voſtre très adviſée prudence ſcet bien & cognoit comment je vous ay aymé & nourri, & comment je n'euz onques vers vous nulle mauvoiſe penſée ou hainne, mais vous cuide avoir eſté large & courtois en vous ſouſtenant & tenant touſjours en paix, le plus que j'ay peu. Au moings a touſjours eſté paix & amour entre vous, & pour ce que juſques à cy je vous ay conſeillez, &

aydé à mon povoir, maintenant m'eſt beſoing que vous me conſeillez, aydés & ſecourés à ceſtui grand beſoing, & vous prie que pour tous les mérites & bienfaiz que onques je vous peuz faire ou deſſervir, que voſtre plaiſir ſoit de moy accorder la ſupplication que je vous veulz preſtement requérir & prier : car ce ſera ma darrière requeſte que je vous cuide jamais en mon vivant faire, laquelle requeſte ne vous ſera en nulle quelconque manière grevable ne déſhonneſte, mais, au plaiſir de Dieu, vous ſera très loable & proffitable & véés cy quelle elle ſera. Mes très chiers amis, je vous prie que vous m'octroyez tous enſemble ce don, c'eſt que quant je ſeray de ceſtui ſiècle treſpaſſé ouquel n'a que doleur & painne, que ce ſoit voſtre plaiſir de faire mon corps tout entier enſevelis, faire porter & enterrer en l'égliſe de Poultières, laquelle égliſe je tiens mienne & de ma poſſeſſion, de coſte ma très ſaincte eſpouſe dame Berte, ma compaigne & ma ſueur ; ſi vous prie tous très affectueuſement que de ce me vueillez ſi reſpondre que j'aye cauſe de moy plaindre de vous, car je vueil bien que vous ſachez que pour ce fis-je faire l'égliſe & l'abbaye proprement que nous y feuſſions tous II enterréz, après ceſte vie corporelle & tranſitoire.

Comment ilz lui refpondirent ; & comment il prit de tous le fairement de foy faire mener en l'églife de Poulthières. CLXIX.

Q uant ces nobles hommes eurent oye & entendue la fupplicacion de leur bon & noble feigneur, f'ilz furent dolens ce ne fait point à demander pour deux raifons : l'une eft de ce que il leur fembloit & vray eftoit que ilz perdoient leur bon gouverneur, leur deffendeur, & fi ne favoient qui après cellui leur viendroit, car nul hoir de fa chair n'avoit ; la feconde eftoit pour ce que il leur convenoit pour fa requefte accomplir être défunez de fon propre corps, duquel ilz euffent très volentiers eu la préfence en leur terre, car pour très fainct homme ilz le tenoient. Si plouroient tous moult amèrement, & à painnes des grans pleurs qu'ils faifoient lui povoient ilz refpondre ; néantmoins comme contrains par le très grant amour que ilz avoient à lui, ilz lui octroyèrent fa requefte comme vraiz obéiffans que ilz eftoient, & pour ce que point troubler auffi ne le vouloient & nullement en fon indignation chéir ne vouloient. Et quant ilz lui eurent fa requefte accordée, fi leur deift en telle manière : mes très chiers feigneurs & amis, je vous en rend grâces & mercis, & voy & perçoy clèrement que pour ma mort vous eftes tous dolens & marris, & de ce que vous m'avez tous enfemble promis, fi comme il me femble, que vous ferez porter mon corps en mon églife de Poultières vous remercié-je de tout mon cueur ; mais à celle fin que plus certain j'en foye, je vueil que cefte promeffe me foit de vous tous accordée par fairement & que tous vous me jurés en bonne foy que ainfi en fera fait. Adonc tous d'ung commun accort lui jurèrent de bonne foy à ce faire, mais ce fut très envis, car mieulx euffent amé que il feuft entre eulx demouré pour les caufes devant dites, & puis leur deift de rechief : mes très chiers amis, gardés que en ce n'ait point de faulte, car je cuide à mon efcient fi ainfi ne le faictes puifque promis l'avez par ferment, vous le comparrjés & vous & les voftres angoiffement & au grant détriment de tous voz biens. Après toutes lefquelles devifes, monfg\` Gérard de Rouffillon tous ung à ung les prift par la main, & les congia en foy recommandant à eulx & à leurs prières & oraifons ; & à tant fe départirent & f'en rala chafcun à fa chafcune, moult abofmés & efbahis de la perte de leur vaillant & débonnaire prince.

Comment monſgʳ Gérard treſpaſſa de ceſtui ſiècle, où il fut moult plains & plouré. CLXX.

Ne demoura point longtemps, après ce que les ſeigneurs devant diz ſe furent départiz de monſgʳ Gérard, que la maladie de la mort le commença ſi très fort à aſſaillir par tout le corps & par tous les membres que à peine ſe povoit-il plus ſouſtenir ne aler, & tant le travailla & angoiſſa la maladie que il le convint coucher & demourer en ſon lit, ouquel il ne receut point trop grant délit, mais y fit ung très grant labeur, car ſouvent il ſe veſtoit d'une haire ou il ſe y giſoit en cendre, comme cellui qui du tout en tout avoit renoncié & renunceoit au monde & à ſes délices ; & quant l'eure fut venue & approuchée de ſon treſpaſſement, il demanda moult ſagement & apenſéement tous ſes ſacremens, lesquelx il receut très bénignement comme vray catholique & parfaict chrétien ; & en ce faiſant monſtroit ſignes de telle pénitence, que tous ceulx qui autour de lui eſtoient à peinnes regarder ne le pouvoient, pour les gracieux & piteux maintiens que il avoit, & leur ſembloit parfaictement que ilz veiſſent une choſe très ſaincte, & ſans nulle douſte auſſi faiſoient-ilz. Aprés toutes ces chofes faictes & accomplies, en priant à Dieu & au monde mercy, en acolant la benoite croix laquelle il avoit fur fon pilz, il rendit l'âme à Dieu, fon créateur, & trefpaffa de ceftui monde tant gracieufement que il fembloit parfaictement que il dormift, & que mal ne doleur il n'euft fenty ; & comme je croy, fa benoite âme fut pourtée ou ciel avec les efleuz de Jéfus-Chrift, veu & confidéré fa belle fin, & auffi les beaulx miracles que il avoit fait en fa vye, & les bienfaiz & ceulx que vous orrés encore cy après, qui tefmoignent que on le peut & doit bien tenir pour fainct. Preftement que il fut trefpaffé, les prélaz de l'églife vinrent au lieu pour honnorer le corps, comme à lui appartenoit, & commencèrent à faire le fervice moult honorablement, tant en chanter comme en lire très dévotement ; & là venoient évefques, abbéz, doyens, chanoines, prieurs, curez, moinnes, nonnains réguliers, clercs, preftres & toutes manières d'ordres, les ungs après les autres, faire & dire vigiles & liffons, chafcung en droit foy, au mieulx & au plus dévotement que faire fe povoit ; & fe les gens d'églife y venoient, auffi faifoit tout l'autre peuple rural de tout le pays, qui là venoit foy complaindre & gémir pour la perte de leur noble duc ; ne à painnes vous fauroit on dire les pleurs, les gémiffemens & les doleurs que chafcung faifoit, car ilz avoient perdu leur vray patron & leur bon feigneur qui tous les biens du monde leur fouloit faire ; & pour ce, on ne doit point avoir de merveille fe ilz faifoient grans plainctes & grans pleurs & fans doubte auffi faifoient ilz, car l'iftoire dit que onques homme ne vit faire plus grant dueil que ces bonnes gens faifoient.

De la controverſe qui meuſt pour ſon enterrement, & comment il fut premier enterré. CLXXI.

Après ce que tous ces ſervices furent faiz & accompliz, tant honnorablement & haultement comme à tel prince appartenoit, tant de meſſes, de vigiles, comme de pſaultiers lire, & non mie ſeulement en une place, mais par toute la contrée, & que il ot eſté oings & aromatizé moult précieuſement de oudeurs aromatiques ainſi que on ſoult faire les nobles princes, une très grant altercation ſe meuſt entre les nobles, les clercs & les gens d'égliſe, d'une part, & le menu peuple, d'autre part; laquelle fut ſi grande & ſi merveilleuſe que à bien peu faillit que elle ne feuſt très périlleuſe & très dolente, & fut telle : vous avez bien oy devant comment monſg^r Gérard, ung pou devant ſa mort, avoit eu l'accord des barons du pays de porter ſon corps en l'égliſe de Poultières, pour laquelle cauſe eulx vueillans acquicter de la convenance ſ'aſſemblèrent & mirent le benoiſt corps monſg^r Gérard ſur ung charriot, pour le mener au lieu que dit eſt. Laquelle choſe venue à la cognoiſcence du peuple, & juſtement comme tous ſourſenés affuirent au devant d'eulx &

leur deffendirent que plus avant n'en feiffent, ou fi non il leur en prandroit mal : car, difoient-ilz, nous amons mieulx à morir que nous laiffons noftre vray patron porter hors de noftre terre ; & fi nous feroit une très laide & mefchant réprobacion, fe nous laiffions noftre pays defflorir d'une fi très précieufe fleur dont il eft aourné. Adonc ceulx qui du fait devant dit eftoient chargiés, c'eftoit de le mener ou faire porter à Pouthières, véans les grans périlz apparens, comme ceulx qui orent pacur que ces manières de gens, qui tous meuz eftoient & là où il n'y avoit ryme ne raifon, ne fe prinfent à eulx, f'accordèrent que plus avant n'en feroient, car ilz favoient de certain, fe plus avant f'entremectoient, que ceulx n'efpargneroient homme, tant feuft grant ne chevalier ne autre. Si le mirent en ung beaul monument, moult richement aourné & paré tel que lui appartenoit, en la maiftreffe églife de la ville là où il fut par certain efpace de temps, comme vous orrés affés toft. Ainfi faulfèrent ceux leurs fermens & le convent que ilz avoient fait à monfg^r Gérard en fon vivant, dont il leur en advint très mauvaifement, en eulx démonftrant que c'eft très mal fait de faire contre fon ferment.

Comment par le terme de VII ans ne plut en la contrée, & de la grant famine qui y fut pour la cause devant dicte. CLXXII.

Quant toutes ces chofes furent faictes & accomplies chafcung fe retrahit ; & demourèrent ceulx mefmes, qui avoient fait le ferment devant dit, affés contens que leur bon patron leur demouraft; mais pour ce ne demourèrent-ilz point quictes, car noftre feigneur leur voult faire favoir & démonftrer le grant mérite de fon vray chevalier & amy, monfg^r Gérard de Rouffillon ; & comment ilz avoient offenfé en ce que ilz avoient paffé fes dis & fes ftatutz, lefquelx à fon vivant il avoit fait & ordonnéz & que par ferment lui avoient promis, & pour ce que, à ceulx qui parjures & menteurs eftoient, leur donna Dieu ung très dur torment qui fut tel. Il advint que tantoft que monfg^r Gérard fut enterré, noftre feigneur eftoupa tellement fon ciel, fur la partie de la contrée, que en tout le terme de VII ans ne pluft une feule goute d'eaue, par laquelle peftilence, la terre fut fi ftérile & fi bruhaigne que elle portait ne rendoit quelconque fruit ; & mefmes les arbres féchoient, car nulles roufées n'avoient ne recevoient blés, avènes & tous autres biens. Pour néant on y femoit, car rien ne fructifioit, & mefmes l'aer eftoit fi corrompu que li plufeurs mouroient tant de faim comme par la corruption de l'aër, & dit l'iftoire que il morut de gens par cens & par milliers ; ne il n'eft homme qui fceuft dire ou penfer la grant calamité & povreté que ilz fouffroient ; & fi n'eftoit homme nul vivant qui y fceut ou peuft mettre remède, car ilz ne favoient la caufe pourquoy noftre feigneur les avoit pris en fon indignacion, mais il le faifoit pour ce que il leur vouloit monftrer de monfg' Gérard le mérite.

Comment ilz se mirent en orijons pour prier Dieu que il les voulsit secourir. CLXXIII.

Au derrain, après ce que ilz orent tant souffert de mal & enduré que plus n'en povoit, les évesques & les abbés qui ont nostre mère saincte Eglise à ordonner & à conduire, par espécial tous ceulx de la terre d'Avignon se assemblèrent & firent une ordonnance telle que ilz feroient une procession ; mais avant ilz auroient jeuné par le terme de trois jours, & ce dit jour très dévotement en prières & en orisons, à tous leurs reliques & sanctuaires pour obtenir leurs intercessions en chantant litanies & supplicacions, tous nuds piedz & en langes, il s'en iroient à procession, à certains lieux que ilz ordonnèrent, à celle fin que Dieu par sa débonnaireté les voulsist regarder en pitié & en miséricorde & voulsist ressraindre & appaiser sa grant ire, à celle fin que celle très grant pestilence il lui pleust à eulx oster ; laquelle chose fut ainsi commandée & aussi faicte & accomplie. Quant ce vint le jour de la procession, & que ilz estoient tous en dévocion en priant Dieu dévotement que à ce besoing les voulsit secourir, ung ange par la permission divine fut envoyé à ung reuclus qui eftoit en la cité, lequel reuclus eftoit très fainct & très dévot & grandement amé de Dieu, pour les grans abftinences que il faifoit, lequel ange lui deift en telle manière : va, deift-il, dire au peuple & à tout le clergier que Dieu leur mande par toy que ilz ont efté folz, mauvais & enragiéz, quant le commandement de leur feigneur ilz ont auffi trefpaffé, de ce qu'ilz ne l'ont voulu fouffrir eftre porté en fon églife à Poultières, ainfi que ordonné l'avoient ; & fachent tous que f'ilz ont eu grant famine, encore l'auront-ilz plus grande tant & fi longuement que ilz le détiendront : ne en bois, n'en champs, en villes ne autres part, en pais ne demouront tant que très honneftement & réveremment ilz l'auront porté au lieu de Poutières, ainfi que ordonné l'avoit & que auffi promis lui avoient. Car noftre feigneur Jéfus-Chrift veult que ainfi en foit fait, & qui, au contraire de cefte fentence ira, faichés que fans nul contredit il morra de mort fubite. Quant l'ange ot ce dit, il fe départit du faint reuclus & f'en rala dont il eftoit venu, c'eftoit de la gloire du ciel.

Comment le corps monſgʳ Gérard fut levé de terre pour reporter à Poultières, par le commandement du reuclus.
CLXXIV.

Quant l'ange ſe fut départy du reuclus, preſtement il yſſit de ſon reucluſage & ſ'en vint au lieu là où il trouva tout le peuple enſemblé qui eſtoient en grans lamentacions, pleurs & dévocions, en priant Dieu très dévotement. Si leur commença à dire toute ſa viſion angélique & le commandement de noſtre ſeigneur, & comment il les menaſſoit de pilz avoir ſ'ilz ne accompliſſoient ce qu'autreffois promis avoient à monſgʳ Gérard de Rouſſillon. Tantoſt que ilz eurent ce que dit eſt oy, comme ceulx qui très bien le créoient, car ilz le ſentoient très vray & bon preudhomme, ilz rendirent premièrement grâces & louenges à noſtre ſeigneur qui ainſi les avoit viſité ; & puis par très grant humilité, les prélas devant & le peuple après ils ſ'en vinrent à la tombe de monſgʳ Gérard & lui firent révérence & honneur comme à choſe ſaincte ; après laquelle révérence faicte moult humblement, ils firent ouvrir le monument de pierre, & lors les plus dignes mirent la main au ſarcu & le levèrent hors du monument en grans plainctes, pleurs & crémeur, & lors defcouvrirent tout le corps, à celle fin que chafcun le veift, lequel eftoit très oudorant tout entier & très plaifant à regarder, & en après le remirent & renvelopèrent en cendal très précieux, & après en ung cuir, & le remirent en fon farcu qui n'eftoit de rens empiré. Mais felon que dit ung hiftorieux, ils le mirent en une neufve chaffe, & lui firent ung très folempnel fervice toufjours environné de cierges ardens ; après toutes lefquelles chofes furent gens notables ordonnés, pour le reconduire jufques à Poultières. Si fut preftement mis fur une litière, entre deux palefrois moult bien ordonnés & richement préparez, comme à telle faincte chofe appartenoit ; mais preftement que il y fut mis, une très gracieufe pluye defcendit du ciel qui toute la terre arroufa tellement que chafcung en fut remply de toute joye. Là, venoient gens de toutes pars, qui fe enclinoient, feftioient & honnoroient, pour ce que très bien favoyent que la mifère devant dite ilz avoient fouffert pour le defplaifir que fait lui avoient. Si ly crioient mercy, & lui prioient que ce il leur pardonnaft & que fertilité leur envoyaft, comme nous devons croire que fi fit-il ; car l'iftoire dit & auffi fait la commune relacion du pays que en cel an qu'il fut départy, la terre d'Avignon habunda fi très grandement en fruict que onques on n'oyt la pareille ; car en cel an leur fut reftorée toute leur néceffité que fouffert avoient, en fi grant habundance que il fembloit que onques riens n'en euft efté ; mais au VIIe double, c'eft à entendre, que en cel an ilz recouvrèrent tous les biens qui leur avoient efté tolluz en la vindicacion de la maléfaction devant dicte par le terme de VII ans.

Comment le corps de monſgʳ Gérard de Rouſſillon fut remené en très grant honneur en l'égliſe de Poultières.

CLXXV.

Le corps de monſgʳ Gérard, ainſi que vous avez oy, mis en une très notable chaſſe & chargié ſur II paleſſroix comme en une litière, ilz ſe partirent de la cité d'Avignon, les croix, les confanons & la benoiſte eaue devant, que portoient clercs à ce ordonnéz, reveſtuz moult notablement, & pluſeurs nobles prélatz comme éveſques, abbéz & toutes manières de gens d'égliſe, qui à ce faire furent députéz & ordonnez : & eſtoient accompaignez de pluſeurs nobles barons comme chevaliers & eſcuyers moult bien & décemment ordonnez, en très bel convoy de gens d'armes & de ſouldoyers, pour icellui ſainct corps & auſſi la compagnye conduire. Et eſt aſſavoir que par toutes villes & citéz par où ilz paſſoient, les gens leur affluoient de toutes pars, & ſonnoit-on les cloches, par très grand révérence, comme à choſe ſaincte ainſi que c'eſtoit, & allumoient cierges & torches moult honnorablement, & à chaſcung giſte que ilz faiſoient touſjours mectoient leur noble jouel, c'eſt aſſavoir le corps de monſgʳ Gérard, en l'églife que ilz trouvoient la plus apparent, en laquelle & en chafcune d'icelles là où ilz fe repofoient, avant que ilz f'en partiffent, ilz faifoient faire ung très notable fervice & y donnoient moult de belles aulmofnes aux povres qui y venoient, car à ce faire ilz avoient ung homme député & ordonné ; & fi donnoient en chafcune d'icelles églifes, à leur département, ung très riche paille, c'eft à entendre aucun drap d'or comme font encore aujourduy les nobles princes en aucuns lieux à leurs réceptions. Et ainsi en ce grant honneur & révérence continuant, chevaulchèrent tant que ilz vinrent affés prez de la ville & abbaye de Poultières, comme on diroit à une journée prèz là où ilz fe repofèrent, & mirent en ung certain lieu leur glorieux & précieux corps fainct, c'eft affavoir de monfg' Gérard de Roffillon, pour & à celle fin que mieulx & plus adornéement ilz le peuffent perconduire au lieu où ilz prétendoient, c'eft affavoir à Poultières & là firent allumer torches & cierges tant révéremment que plus on ne pourroit, & puis envoyèrent leurs certains meffagés à l'abbaye de Poultières à l'abbé & au couvent, pour leur faire favoir & figniffier leur venue, à celle fin que la chofe feuft ainfi faicte que il appartenoit au cas.

*Comment le corps de monſgʳ Gérard de Rouſſillon fut
receu honorablement en l'égliſe de Poultières.*
CLXXVI.

Quant les nouvelles furent venues en l'égliſe
de Poultières, c'eſt aſſavoir à l'abbé & au
couvent, elles furent tantoſt ſceues & eſpandues par toutes places, car chaſcung en envoyoit à
ſon amy, dont il advint que tous ceulx du pays furent
ſi remplys de joye que ilz ſ'aſſembloient par grans compaignyes, & ſen venoient en menant très grans joyes
& jubilacions à l'encontre du glorieux confez, monſgʳ
Gérard de Rouſſillon, leur bon ſeigneur & leur bon
duc, duquel par moult longtemps ilz avoient déſiré
la préſence, & comme ceulx qui tant dolens avoient
eſté de ſon abſence que plus on ne pourroit dire, &
mon mye de merveilles; car en ſon vivant ſavoit eſtre
tout leur reffuge, leur confort & leur vray paſteur &
gouverneur, & que plus eſt, ilz le ſentoient ſainct
homme, car ilz ſavoient que noſtre ſeigneur Jéſus-
Chriſt faiſoit miracles évidens à ſa prière & aux ſuffrages de ſes benois mérites, & que par les remèdes
des prières d'icellui, les âmes poſſidoient du ſoulas
de ſalut, & eſtoient quictes & liges de tous péchiez;

pour laquelle caufe ilz en eftoient plus efléechiez & refjouys en toutes manières. Et ainfi en eftoient, car ilz fe mectoient en proceffions très dévotement, pour leur feigneur recevoir, lequel ilz ne recevoient point comme mort, mais comme cellui que ilz favoient eftre vivant perdurablement efpirituellement ou royaulme du ciel, & mefmement ceulx de l'églife de Verzelay, quant ilz oyrent les nouvelles qui moult leur furent belles & plaifans, joyeufes & lyes, ilz f'en vinrent à Poultières, fans arrefter ne jour ne heures, pour lui veoir mercier & regarder. Ne il n'eftoit moine, clerc ne preftre ne grant ne petit, en toute la duchié de Bourgoigne, que ne veneift par une très fervente dilection veoir leur bon patron, & fut l'affemblée fi très grande au recevoir ces glorieux jouel, que onques depuis ne devant n'eftoit point de mémoire de avoir veu fi grant, fi joyeufe, ne fi plaine de toute exaltacion. Là fe faifoient champs meflez de pleurs & de joye tant gracieufement & tant dévotement, que il fembloit parfaictement à tous ceulx qui y eftoient & qui parler en ooyent, que la gloire des fains cieulx feuft defcendue en Bourgoigne. Et ainfi, en cefte très grande jubilacion & révérence, le portèrent & mirent en l'églife de Poultières, comme ceulx qui point n'eftoient ingraz de fes bienfaiz, mais en louant & effaulfant la très doulce puiffance divine & la glorieufe miféricorde de Dieu qui ainfi leur eftoit inclinée & habandonnée, & qui leur propre père & gouverneur leur avoit ainfi rendu en fa propre demeure & manfion, & non mie de merveilles : car corporelment & fpirituellement ilz vivoient & vivent encore de fes biens tant temporelz que efpirituelz, ne il n'eft point à doubter que à toufjours pour la digne mé-

moire de lui, le lieu & la place là où il eſt & où il giſt
& auſſi tout le pays n'en doye mieulx valoir, tant
pour les belles miracles qui ſ'y font de jour en jour
par ſon interceſſion, comme nous dirons cy aprés,
comme auſſi pour les belles œvres que il fit en ſon
vivant, déans les fondacions de tant de nobles égliſes
que il fit fonder & doua tant grandement, ainſi que
jà vous avez oy en l'iſtoire précédente.

*Comment il fut renfevelis, & la faſſon de ſon ſépulcre,
& comment les livres de ſes fais & les eſcriptures furent perdues, & le terme de ſa mort, & le nom de l'acteur de ceſte œuvre.* CLXXVII.

Venu donc ainſi & apporté ce très noble prince,
qui rendoit un telle oudeur de ſuavité que
langue humaine ne le ſauroit dire ne clerc
eſcripre, en l'égliſe de Poulthières, ung très noble ſépulcre lui fut fait, comme teſmoigne l'iſtoire, de très
belles tables de marbre, moult noblement polies &
ouvrées, tant gentement & tant clères luiſans que
mieulx on ne ſauroit, & là fut-il mis & poſé & y re-
poſe encore juſques aujourduy très glorieuſement,
& ſans nul doubte, bien lui aſſiéoit ung tel noble ſépulcre & que il feuſt mis ſur très belles colonnes ; car il en
avoit à ſon vivant moult bien aourné l'égliſe, comme il
appert encore aujourduy : après lequel enſeveliſſement
lui furent faiz moult de nobles exèques ou obſèques,
tant ſolennellement que mieulx on ne pourroit, & tant
grandement que la mémoire jamais n'en fauldra. Car
a donc y furent faiz tant de nobles miracles, par les
benoiſtes mérites de monſg^r Gérard & de madame
Berte, ſa femme, qui là giſoit & y avoit jà eſté par le

terme de XVII ans devant lui, que merveilles, comme nous le devons croire fermement. Car monfg^r Gérard eftoit une vraye efcharboucle, & madame Berte eftoit une vraye gemme très précieulx luifans devant la face de noftre feigneur Jéfus-Chrift, tous lefquelx miracles & nobles faiz furent adonc mis en efcript très noblement & grandement. Mais l'iftoire dit que par aucune efpace de temps après, l'églife de Poultières fut toute arfe & deftruicte par aucuns incrédules, & auffi par autres mauvais tirans dont nous parlerons cy après ; en laquelle peftilence & arfin furent ces nobles efcriptures *perdues* & arfes, dont ce fut dommaige & pitié, car tous les plus nobles faiz, tant en armes comme en autres manières, de monfg^r Gérard furent alors perdues & habolies ; & a efté cefte préfente hiftoire retrouvée & raffemblée de plufeurs volumes & livres par grant fongne & par grant labeur d'eftude, ainfi qu'on a fait de plufeurs autres hiftoires. Et mefmement cefte préfente hiftoire, laquelle eft ainfi tiffue comme vous avés oy, a efté prife au commandement de mon très redoubté feigneur & prince, Phelippe devant nommé, en plufeurs livres & volumes, par moy, non digne de en eftre acteur ; duquel f'il vous plait favoir le nom & le furnom, vous prandréz les XV premières lectres des XV premiers capitules de ceftui préfent volume qui vous enfeigneront mifes enfemble la parole ; & fe du temps vous plaift eftre certain que monfg^r Gérard trefpaffa de ce fiècle, je vous en diray ce que j'en ay trouvé, combien que j'en ay veu plufeurs opinions, & que plufeurs chanteurs en place, plufeurs jongleurs, méneftreux & telles manières de gens en dient à leur manière, l'un de l'un, & l'autre de l'autre ; touteffois les croniques de France dient que Charles le Chauve morut en la cité de Mantue par ung fien phificien qui l'empoifonna, en l'an de grâce VIII{c} foixante-dix-neuf; & monfg{r} Gérard morut le XIe an après, & madame Berte eftoit trépaffée IX ans devant monfg{r} Gérard, & monfg{r} Gérard fut reportez d'Avignon à Poultières le VIIe an après fon trefpas, par la manière deffus dicte. Ainfi appert que monfg{r} trefpaffa de ceftui fiècle en l'an VIII{c} IIII{xx} & X, & en l'an VIII{c} IIII{xx} & XVII il fut tranflaté à Poultières, là où il gift préfentement ; duquel eft l'âme glorieufe avec les efleuz de Dieu; en la gloire de paradis, régnant avec le père le filz & le fainct efperit.

*Des miracles de monsg^r sainct Gérard de Roussillon, &
premièrement d'un paralitique qui fut sané & gary
par sa prière.* CLXXVIII.

A doubter ne fait point que monsg^r Gérard,
le glorieux confés, ou temps de sa tranflacion & devant & après, ne feift moult de
nobles miracles ; et qui trouver les pourroit, je cuide
que ce ferait une noble chofe & belle récitacion, car
cellui qu'il fit cefte noble hiftoire qui fe commence :
Gefta nobiliffimi Comitis Gerardi, ce dit que en fon
temps il a veu plufeurs créatures moult paffionnées
de plufeurs maladies, tant de fièvres que de plufeurs
autres infirmitéz, qui font venuz au fépulcre du duc
& de la duchefse devant diz, c'eft affavoir de monsg^r
Gérard & de madame Berte, lefquelx patiens, après ce
que ilz fe eftoient repoféz & que ilz avoient prins leur
réfection de fommeil corporel, ilz f'en raloient fains &
gariz, en loans & béniffans le glorieux confés, & difant
que bien eftoit digne de relacion, de recommandacion & de loange. Entre lefquelx miracles il parle de
ung & de plufeurs autres que il a fceu de fon temps
eftre advenuz, comme racordé lui fut par gens dignes
de foy & de crédence, & par lefquelx miracles il ap-

pert évidemment par tout que le dit homme, c'eſt aſſavoir monſgr Gérard, doit eſtre digne de toute loange de ſaincteté, & non mie ſans cauſe, de tous léaulx chrétiens, en lui eſſaulſant honnours, & dit ainſi : *Erat quidem indigens Pulterienſis* &c. Il fut ung paiſant nés en la ville de Poultières, lequel fut tant maleureuſement paralétique & malade d'une maladie nommée popéliſie, qu'il n'eſtoit homme vivant qui le regardaſt qu'il ne ſ'en eſpoentaſt de la doleur & de la miſère que ceſtui ſouffroit ; car les nerfs de ſes cuiſ-ſes lui furent tellement retraiz qu'elles lui joigncient aux naiges, c'eſt-à-dire aux feſſes, ou contre les rains par derrière ; ne il ne povoit aler, ne ſon corps ſouſtenir, ne mectre nulz de ſes piez contre terre, mais aloit à très grant peine et très merveilleuſe-ment ſur deux potences ſur le debout de ſes artoilz, ſi hideuſement que à peine le povoit nul regarder ſans grant contraincte de doleur, et ſe gectoit puis çà, puis là, ainſi que mieulx povoit & ſavoit ; & à très grant peine néantmoins, à quelques paine que ce feuſt, venoit-il tous les jours en l'égliſe de Poultières très dévotement & de bon cueur, & offroit ſon povre corps très ſimplement & très purement à Dieu ſon créateur, & aux nobles reliques d'icelle égliſe, en re-quérant leur benoiſte miſericorde ; & ne failloit à peine jour que il ne venist à la tombe de monſgr Gé-rard, en lui requérant ayde & confort tant dévote-ment que mieulx & plus ſavoit, & lui prioit que par ſes doulces mérites ou par ſes oriſons lui impétraſt de toutes ſes doleurs gariſon, tant en corps comme en âme ; & comme de ce faire il euſt eſté jà par moult longtemps coſtumier, noſtre ſeigneur Jéſus-Chriſt le voult viſiter de ſa benoiſte grâce, pour déclarer &

monftrer & auffi à tous faire favoir les très grans mérites de fon très chier amy, monfgʳ Gérard de Rouffillon ; car ung jour il vint à fa tombe ainfi qu'il avoit aprins, & tant que en venant, il print les cordes de l'églife, entendu après ce qu'il out fait fon orifon à Dieu & à monfgʳ fainct Girard, & les commença à tirer, ainfi que pour icelles fonner ; mais ainfi que il les tiroit, elles commencèrent à tirer contre lui tant que à la fois elles le foubftenoient très merveilleufement, & fi que elles le bleffoient en fon corps aucunement, & tant que en ce tirement & retirement, il commença très fort & très hault à crier & à dire à haulte voix en telle manière : ha ! fainct Gérard, ayde moy par ta très glorieufe prière. Et tantoft que il ot ce dit, il fentit fes ners eftendre moult doulcement, qui fe commencèrent à remplir de toutes bonnes humeurs très merveilleufement, tellement que il fe dreça tout droit fans ayde de potences, ne de baftons nulz quelconques, & de fait, il fe fentit auffi gary & auffi droit que il avoit onques en fa vye efté. Et tout foudainement & lors fes potences que il tenoit en fes mains, il les gecta par terre, & f'en vint courant à la tombe de monfgʳ Gérard, laquelle il commença très fort à embraffer, à baifier & à accouler tant humblement, & en plourant, que il n'eftoit homme qui le veift que il ne convenift plourer de parfaicte joye ; car en ce faifant il rendoit à Dieu loanges, en le recogniffant fon créateur & protecteur, par doulx mos tant gracieux que c'eftoit un droit plaifir à le oyr, véir & regarder.

Comment pluſeurs autres furent regaris de autres maladies & de telles, à la cauſe de ceſtui précédent.
                                                    CLXXIX.

Les moinnes de l'égliſe, oyans la clameur & jubilacion de ceſtui qui tant eſtoit grande que tout le monaſtère en redondiſſoit, affluirent & vinrent tout preſtement au lieu ſans actendre l'ung l'autre, mais qui venir pluſtoſt y povoit ; & quand ilz perceurent la merveilleuſe miracle que noſtre ſeigneur avoit fait en ceſtui patient, à la prière & requeſte monſg^r ſainct Gérard, leur patron & fondateur ; & lequel patient ilz avoient très bien cogneu avoir eſté tant débilité de tous membres, & maintenant ilz le véoient ſain, haitié ou gary & en très bon point, ſe ilz furent elbahys & remplys de joye, ce ne fait point à demander, car ſans faulte, ilz furent tant joyeux & tant rempliz de la benoiſte grâce de Dieu que tout preſtement, ſans autre monicion que de celle du ſainct eſperit, ilz commencèrent à chanter à plaine voye : *Te deum laudamus* & pluſeurs autres nobles chanteries & loanges, & firent tantoſt & tout preſtement ſonner les cloches de l'égliſe très haultement & au plus ſolemnellement que ilz peurent, tan-

dis que ilz chantoient, par lequel fon tant de peuple
affuoit à l'églife que c'eftoit une merveille, car chafcun venoit veoir que c'eftoit ; & quant la chofe fut
fceue & efpandue par toute la région, adonc ne
véoit-on venir de toutes pars & fentiers que peuples
qui amenoient leurs malades par diverfes manières
au lieu de Poultières, pour avoir les fuffrages du
benoift confez, monfg^r Gérard ; & quant ilz y eftoient
venuz, on leur faifoit fonner & tirer les cloches de
l'églife, dont li plufeurs tout preftement eftoient en
tirant & retirant les cordes, comme dit eft du premier, de toutes leurs langueurs & douleurs fains &
gariz ; & li plufeurs d'autres langueurs comme de
fleux de fang & d'autres maladies fe gifoient & ba-
foient la tombe de monfg^r fainct Gérard, qui là auffi
recevoient fanté corporelle ; & tant en y avoit & euft
à ce temps que onques le nombre n'en fut fceu. Mais
touteffois à ce temps, l'églife eftoit cothidiennement
fi plaine de peuple que nul ne le fauroit dire ne
efcripre, & en eftoit l'apport fi grant que c'eftoit merveille, & non mye fans caufe, car ilz tenoient pour
ung très glorieux jouel & précieux corps fainct
monfg^r Gérard, leur vray patron & feigneur ; & combien qu'il foit encore gifant en la terre, toutes fois il
eft tout notoire que on en a plufeurs relevez & mis
ou catholague des faincts, dont on n'a point tant d'approbation comme on a eu de ceftui. La caufe pourquoi il eft ainfi demouré, ce fcèvent ceulx qui la
tombe & le jouel ont pour le préfent en garde ; fi
nous en tairons à tant, & parlerons d'ung autre mi-
rafcle très évident.

De II larrons qui furent tormentez du dyable, pour avoir offensé à l'églife de Poultières.

CLXXX.

On trœve en la cronique & hiftoire devant dite, que jadis ot ung conte en la cité de Bar-sur-Aube, & f'appelloit le conte Raoul ; & pourquoy on dit Bar-sur-Aube eft pour ce que la dicte forterefſe eft fur la rivière d'Aube : lequel conte de Bar-sur-Aube, comme homme remply de tous mauvais péchié que il eftoit & toufjours preft & appareillié de mal faire, affembla ung jour une très grant multitude de larrons & de mauvais garnemens tant à pied comme à cheval, dont il eftoit fouvent accompaignyé, & à tous ceulx f'en vint à l'églife & à la ville de Poultières, en laquelle il entra très furieufement comme feroient anemis, les efpées déans les poings, criant : à la mort à tout homme, & comme tous fourfenés & hors du fens commencèrent à piller, à rober & de fait à occir & décoper les hommes & les femmes de la ville ; & comme ilz feiffent ce cruelz appareil que pilz on ne pourroit, les hommes & les femmes avec aucuns de leurs enffans f'en fuirent, entendu ceulx qui efchapper povoient, déans les tours de l'église en laquelle église auffi aucun pou de bonnes gens pourtèrent partie de leurs biens, au mieulx qu'ils pourent ; laquelle fuyte véans ces larrons & pillars furent plus animéz de mauvaiftiez que devant ; fi commencèrent preftement à pourpenfer entr'eulx que ilz affaudroient l'église & que ilz ruroient tout jus, fe ilz ne fe rendoient & mectoient en leur mercy & volenté ; & tant que ilz fe mirent tous enfemble & fe commencèrent à eulx ordonner comme pour icelle église affaillir ; & de fait vinrent jufques aux portes d'icelle église & commencèrent à férir & à frapper, pour icelles rompre & defpiécer, comme ceulx cui bien peu regardoient à raifon ne à droicture, mais comme feroient loux raviffans qui tout vouldroient en leur ventre engloutir. Adonc ceulx ainfi fourfenés, frappans & tirans à ces portes pour rompre & defpiécer, les femmes qui eftoient fur les murs & fur les tours de l'église, véans ces larrons qui ainfi f'efforçoient de les voloir du tout confondre, commencèrent à cryer à haultes voix & hauls cris, en difant les larmes aux yeux : ha ! noble Gérard de Rouffillon, noftre bon duc & gouverneur, hafte-toy de aycer ton povre peuple ; car autre remède n'y peut trouver, fe ta débonnaire pitié n'y met adrefce. Lefquelx cris & plains ainfi fait, tantoft & preftement le dyable d'enfer empoigna & preift tellement deux de ces larrons & pillards, que ilz commencèrent très horriblement à uller comme beftes enragiés, & à mordre & à prandre leurs compaignons aux dens comme pour eftrangler, pour lefquelx ainfi hors du fens & enragiés, tous les autres eurent fi très grant paour, que tous fans actendre l'ung l'autre, ilz f'en fuyrent & laiffèrent la ville paifible, & non mie feulement la ville, mais l'églife, les bonnes gens & tous leurs biens. Et lors ces bonnes gens, eulx véans ainfi au délivre par les mérites du benoift confez, monfg[r] fainct Gérard de Rouffillon, f'en vinrent à fa tombe en le loant & regraciant de fa bonne vifitacion.

Comment l'évesque de Langres fit ardoir l'abbaye de Poultières, dont il perdit sa dignité.

CLXXXI.

Jadis ot en l'églife de Langres ung évefque, nommé Regnard, lequel nom lui appartenoit très bien de droit, car il eftoit tout plain de faulfeté & de perverfité, & avoit le cueur félon & très mauvais orgueilleux, & defpiteux très hardis, & très corageux ; eftoit aigre, très malicieux & très foubtilz, & à caufe de fa prélacion & de l'onneur dont il poffédoit, il avoit grandement le cueur ellevé en orgueil ; et très fort le tenoit en celle erreur, ce que il eftoit très grant clerc & de grant lignaige ; car l'iftoire tefmoigne que il eftoit des hoirs de ceulx de Bar-sur-Seine, qui au temps de lors eftoient tenuz pour grans feigneurs & grans contes, pour laquelle caufe il eftoit plus cremuz & très redoubté. Advint une fois que lui non regardant que noftre feigneur Jéfus-Chrift exaulce les humbles & abaiffe les orgueilleux, il fut très indignés, doulans & courrouffiés oultre mefure fur l'églife de Poultières, pour la caufe de ce que la dicte églife gifoit en fon évefchié, & fe n'y povoit prandre la vifitacion, ne gifte, comme dens les autres églifes & monaftères, comme font encore aujourduy tous évefques en plufeurs lieux de leur diocèfe. Et la caufe pourquoy, c'eftoit pour ce que la dicte églife par les fondateurs d'icelle eftoit privilégiée, ne n'avoit reffort ne regart, fe non tant feulement à l'églife de Rome & à noftre fainct père le Pape ; & de ce avoit la dicte églife bulles fouffifantes & bien approuvées. Or dit l'iftoire que à ce temps, l'églife de Poultières eftoit très bien fermée de bons palis & de bons fouffez dont elle eftoit environnée & clofe, pourquoy le dit évefque penfant qu'icelle il ne pourroit prandre de force, ou cas que ceulx de la ville en feroient advertiz, faindit ung jour que il avoit très grant dévocion à aler vifiter l'églife & le lieu de Poultières, pour la dignité du lieu & pour la renommée des œvres miraculeufes qui fe faifoient de jour en jour : pour laquelle mauvaiftié mener à effect, il affembla ung jour une très grant quantité de très mauvais larrons & les fit tous armer à la couverte ; & puis f'en vint à la ville de Poultières par une manière de pourceffion, la benoifte eaue, les croix & les confanons devant, & lui & plufeurs gens d'églife reveftuz & paréz des armes de noftre feigneur Jéfus-Chrift, deffoubz armés à la couverte comme dit eft. Et quant ceulx de la ville fceurent & virent ce, cuidans que il veneift par très grant dévocion, humblement & doulcement le receurent en lui faifant tout l'onneur & la révérence que faire lui devoient, & ne fe doubtoient en riens de lui ; car en nulle manière il ne leur faifoit femblant de nulle hainne, mais venoit, comme il fembloit, en très grant humilité, & auffi autrement ils ne l'euffent point laiffé en leur ville, que premier n'y euft eu débat. Si advint que preftement que le dit Regnard fe fut lui & toute fa compagnye mis & bouté en la ville, ilz gectèrent jus fes manteaulx & tirèrent les efpées nues ; fi commencèrent à crier : ville gaignée, & férir & à frapper, à décoper & à navrer hommes & femmes, & mettre tout à mercy ; & quant ilz orent ce fait, ils pillèrent toute la ville & toute l'abbaye ; ne ilz n'y laiffèrent riens que pourter en peuffent, & finablement ilz y boutèrent le feu, par lequel feu toute l'abbaye & toute la ville fut arfe & mife en cendre, fans nulle quelconque refcouffe, & ainfi le laiffèrent.

Comment l'évefque Regnart de Langres perdit fa dignité, puis la recouvra. CLXXXII.

Ne demoura point longtemps après ce que ce mauvais Regnard out ainfi houfpillé cefte noble abbaye, dont ce fut grant damages & pitié pour plufeurs raifons : Premièrement pour fon âme qui en fût en pefchié & en péril de dampnacion ; fecondement pour la mort & deftruction du peuple ; & tiercement pour la défolacion du fainct lieu. L'abbé & le couvent d'icelle églife, qui demouréz eftoient povres & mendis, fe trairent par devers le fainct père qui pour lors régnoit en la cité de Rome, ouquel ilz fe plaindirent piteufement de la énormité de cel évefque Regnart, qui ainfi les avoit, par fon grant orgueil & prefumptuoufeté, deftruict & mis à povreté. Laquelle pitié receut le fainct père en très grant compation de cueur, en eux reconfortant, & promectant que au plaifir de noftre feigneur ce tort fait leur feroit amendé ; & pour ce, tout preftement, il manda le dit évefque de Langres, lequel après moult de altercacions ne poult ne n'ofa laiffer qu'il ne compareuft perfonnellement, là où il fut privé & expulfé par droit décret de fon bénéfice de Langres. Ne onques audit bénéfice de Langres, pour amis ne pour parens, il ne poult revenir jufques à ce que il out fatiffait à l'abbé & au couvent tous les damages que il leur avoit fait ; & dit l'iftoire que quant il fut revenu en fon pays, il ne fceuft trouver autre remède pour fon bénéfice recouvrer, fors qu'il f'en vint à l'abbé & au couvent & leur pria mercy. Si fit tant par grant humilité & par les dons que il donna à l'églife, en reftituant le damage que il avoit paravant fait, que l'abbé & le couvent par pitié & compaffion que ils eurent de fon expulfion, ilz refcripfirent à noftre fainct père le pape, en lui fuppliant que, par fa débonnaire clémence, fon plaifir feuft à lui rendre fon bénéfice : car de tous les tors fais que par avant il leur avoit fait, il les avoit grandement recouvrez & reftituez, & avec ce donné grant avoir & grans rentes. Laquelle fupplicacion receut noftre fainct père le pape très agréable, & tellement que pour la reftauration du lieu & principalement pour l'amour de Dieu, de l'abbé & des frères, il le remit en fa dignité épifcopale ; à laquelle réception reprandre, le dit évefque donna à la reftauracion d'icelle églife en perpétuel héritaige, à celle fin que à tous jours du monde en feuft mémoire, les rentes que on dit des croix de Chaftoillon & de Muxcy, lefquelles rentes leur furent confermées par belles lectres, fcellées & paffées fouffifamment, comme au cas appartenoit.

*D'un defmoniafcle qui fut trois jours hors du fens,
& puis revint en bonne fenté, par les mérites de
monfg^r fainct Gérard de Rouffillon.*

CLXXXIII.

La cronique dit que avant la deftruction devant dicte, c'eft affavoir devant ce que le dit évefque Regnart euft ars l'églife de Poultières, comme dit eft, le cloiftre d'icelle églife eftoit moult notablement fait & éffidié de très beaulx mabres ; fi fut tellement par le feu devant dit deftruict que onques depuis ne fut reffait, & dit que, en cefte deftruction, les grandes pierres, qui chéoient du hault de l'édifice de l'églife en bas, rompirent & caffèrent aucunement la tombe & le farcu de monfg^r fainct Gérard, tellement que il y avoit ung trou, qui grant temps y fut, par où on povoit bien véir le corps glorieux de monfg^r Gérard tout au plain. Et là venoient toutes manières de gens paffionnéz de aucunes maladies, en très grant révérence & dévocion, prier & requérir ce glorieux confés d'ayde & de fecours, lefquelx après ce qu'ilz avoient veu ce glorieux corps par le pertuis devant dit, & lui incliné & vénéré, ils f'en raloient en leurs lieux fains & gariz comme fe onques n'euffent fenty maulx ne doleurs, dont fouventes fois avoit telles joyes entre les peuples que il fembloit bien fouvent que la grâce de Dieu feuft defcendue en Bourgoigne ; & fans nulle doubte auffi eftoit elle. Dont il advint une fois que ung très mauvais homme, remply de tous péchiez mortelz, comme il fut fceu & prouvé depuis, non créant que ces beaulx miracles fe feiffent par les interceffions & mérites de ce benoift confès monfg^r Gérard de Rouffillon, par une préfumptuofeté orgueilleufe remplye de toute oultre cuidance, comme de telz font encore affés aujourduy, dont c'eft damages & pitié, f'en vint audit lieu de Poultières, & regarda & advifa ces bonnes gens qui f'en aloient au lieu deffus dit en très grant humilité & dévocion, regardant très crémeteufement & baifans piteufement & en plorant le devant dit tombel ou troul devant dit, dont il fe commença à mocquer & à eulx efcharnir & faire la loupe ; & quant il fe fut tant en ce point maintenu que bon lui fembla, il f'en vint au troul devant dit en difant fes mocqueries, non aiant quelconque foy du bien de Dieu & du benoift fainct, & regarda déans pour véir que c'eftoit. Mais comme il cuidaft véir le corps précieux, fa veue lui troubla & lui   foudainement, fi que il ne vit goute, & preftement le dyable fe bouta en fon corps, qui le commença très terriblement à tormenter & à travaillier, & nulz à painnes l'ofoit approucher, & bien fembloit que il feuft hors du fens, dont li plufeurs difoient que c'eftoit à bon droit & auffi eftoit-ce. Et en ce très crueux angoiffe & tourment fut il, par le terme de trois jours & de trois nuys continuellement, fans avoir une feule heure de repos. Adonc le abbé & le couvent meuz de pitié & de compaffion, comme vaillans preudommes, faichans de vérité que cefte male aventure lui venoit par fa grant innocence & folie, fe mirent par devers le glorieux confès en prières & en orifons très piteufement, & tant prièrent que noftre feigneur Jéfus-Chrift, comme il fut fceu depuis par digne & vraye relacion, à la requefte du glorieux confès monfg^r Gérard de Rouffillon, il rendit au devant dit maleureux pêcheur démoniacle fon fens & fa fenté corporelle. Si fe confeffa & recogneut fon péchié, & lors pour le très grant & beaul miracle, on fonna toutes les cloches du monaftère, comme bien appartenoit, dont le peuple de toutes pars venoit à l'églife, pour louer, regracier & recommender ce glorieux corps fainct qui toufjours eftoit preft de fecourir fon peuple.

D'un miracle fait de madame saincte Berte à une femme impotente. CLXXXIV.

Des miracles de monsg{r} sainct Gérard nous tairons pour ceste fois, car qui tous les vouldroit raconter, je cuide que la prolixité d'iceulx pourroit tourner à anuy, si vous parlerons de madame saincte Berte, sa femme, et vous raconterons ung miracle assés de nouvel avenuz en l'église de Poultières, lequel fut fait par l'ayde miraculeuse de nostre seigneur Jésus-Christ, & par les mérites & intercessions de la benoite Berte qui du dit lieu de Poultières, comme monsg{r} Gérard en estoit patron, c'est-à-dire père, aussi en estoit elle matrone, c'est-à-dire mère, à celle fin que par le racort d'ciellui miracle, le cueur des vrays fidèles de Jésus-Christ soient plus fiablement instruiz & enseignez en la saincte foy catholique. Dit donc nostre histoire que justement ou temps que Alexandre pape gouvernoit la foy catholique, & que Phelippe filz du noble Henry tenoit les règnes des Françoys, lequel Phelippe, comme dient les histoires de France, commença à régner en l'an mille XLI & que ung appellé Hubert, homme de très bonne mémoire & digne de recommandacion eſtoit abbé d'icellui monaſtère, c'eſt aſſavoir de Poultières, avoit une povre femme de ſenté corporelle, en la ville de Poultières, nommée Inguelſand, laquelle eſtoit tant débilitée de tous membres que nullement ne ſe povoit ſouſtenir ne aler ſenon à II potences, dont elle à très grant peinne ſi appuyoit & ſouſtenoit. Ceſte bonne preude femme, ainſi réduyte & ramenée à ceſte très grant infirmité & impotence, accoſtuméement & de jour en jour à quelque painne que ce feuſt, ſ'en venoit à l'égliſe & devant la tombe de la benoite Berte ſe mectoit en genoulz, en lui priant très humblement que de ſa benoite grâce lui pleuſt elle ſecourir, en la grant néceſſité qu'elle ſouffroit, & que pour elle elle vouſſit prier & eſpandre prières devant le roy de tous ſiècles, noſtre ſeigneur Jéſus-Chriſt, pour la récupéracion de ſa ſenté ; & en ceſte ordonnance & prière demouroit-elle toute jour juſques au veſpres qu'elle ſ'en raloit en ſon hoſtel ; dont il advint ung ſoir que comme elle fut revenue à ſon hoſtel moult laſſée, elle ſ'en ala ſur ſon lit pour ſoy repoſer & dormir ; mais comme elle feuſt entre dorme & veille, ne toute endormie ne toute eſveillée, une viſion lui apparut qui fut telle : il lui ſembloit qu'elle véoit ceſte noble princeſſe, dame Berte, très noblement parée de riches draps & veſtures, devant la benoiſte face de noſtre ſeigneur Jéſus-Chriſt, comme toute appareillie pour lui prier que il lui vouſſit prandre pitié de la calamité & infirmité de ceſte povre femme, mais la requeſte de la princeſſe ne vouloit noſtre ſeigneur recevoir, ſe non qu'elle euſt en ſa compagnye ſa glorieuſe mère, c'eſt aſſavoir la glorieuſe vierge Marie. Et lors véoit la bonne povre femme devant dicte, comme il lui ſembloit en ſa vision, que la bonne princesse & dame saincte Berte, s'en aloit par devers la glorieuse vierge Marie, qui fille estoit de son filz & mère de son père, en lui priant que elle deignast son benoist chier enffant prier pour la dicte povre femme, ainsi que bien elle savoit que besoing lui estoit. Adonc vit-elle la glorieuse dame & pucelle Marie, venir devant les piez de son chier enffant, en lui enclinant & priant de ce que dit est ; lequel tout prestement prenoit sa chière mère par la main, en lui accordant sa requeste, & l'asseit d'en costé lui & à sa dextre en lui honorant comme doit faire bon filz sa doulce mère, & la coronnoit royenne du ciel & de toute la court de Paradis. Après laquelle solempnité ainsi faicte, la benoiste vierge Marie glorieuse s'en vint à ceste preude femme, povre & débile de senté, comme il lui sembloit, laquelle preude femme de paour & de joye trambloit, & lui disoit la dicte vierge glorieuse en telle manière : va tost, ma mie, au sépulcre de Berte la duchesse, là où, sans cesser ne arrester, tu lui rendras grâces & loenges pour ce que, par sa prière, tu as recouvrée toute ta senté, de par mon chier enffant qui ce t'a accordé à ma requeste, par l'intercession des prières très aggréables, dame Berte, ta dame & ta princesse. O le bel & noble miracle, & bien digne de mémoire & de recommandacion, que celle qui, si longuement avoit languy piteusement & en si grant povreté, fut en ung seul moment garie tant doulcement ; car tout prestement, sans baston & sans potence & ayde quelconque, elle se leva à celle propre heure, & s'en vint, comme celle qui ne sentoit ne mal ne doleur, jusques à l'uys de l'église qui pour la nuyt estoit reffermée. Si commença à hucher & à dire à haulte voix : Ouvrés, ouvrés, vecy la povre dolente reconfortée & remife en fa fenté première. Et lors le fécrétain de l'églife qui f'en eftoit alé pour repofer, oyt ce que cefte bonne preude femme difoit. Si vint à l'uys & après ce qu'il ot anquis de fon fait, & que il ot recogneue la bonne preude femme, lui ouvrit l'uys & elle tantoft f'en ala à la tombe de la glorieufe dame Berte. Si la commença à baifer & accouler moult humblement & en grant révérence ; & là louoit elle noftre feigneur qui l'avoit deigné vifiter de fa benoifte grâce, par les mérites & interceffions de la noble princeffe, madame faincte Berte ; & lors tous les frères de l'églife, oans ces loemens & regraciemens, fe levèrent toft & haftivement & f'en vinrent devers la bonne femme que tantoft ilz recogneurent, dont après ce qu'ilz l'eurent interroguée de fon fait & que ilz en furent tous informéz, ilz firent fonner toutes les cloches de l'églife & commencèrent à chanter à haulte voix : *Te deum laudamus*, & eft affavoir que à cefte heure qui eftoit entour la minuyt f'affemblèrent tous les paroiches d'entour, & en vinrent à l'églife en très grant révérence, dont l'églife fut fi remplye que à peinne f'y povoit-on retourner de la grant preffe qui y eftoit, & là difoient tous entr'eulx : ha ! vrai Dieu ! tu foyes loé & magnifié qui ainfi as deigné vifiter ton peuple par les mérites & interceffions de tes benois fains & faintes. O glorieux & nobles corps fains, jadiz fondateurs de cefte noble églife, bien devés eftre loués & recommandéz de nous. O vray Dieu Jéfus-Chrift ! telles font voz œvres de pitié à tous ceulx qui viennent voftre grâce requérir par le moyen de voz fains elleux ; vous qui le ladre reffufcitaffes de IIII jours mort & lui commandaftes à foy lever tout vif & tout gary ; ainfi avés vous fait à cefte povre femme & donné garifon, à la requefte & prière & par fes benoiftes mérites de noftre princeffe & fondatereffe, madame faincte Berte. Pourquoy très doulx Dieu, père régnant en trinité, & trine en unité ; glorieux roy Jéfus-Chrift, nous te béniffons, louons & rendons grâces par toutes manières, & moy qui ay efté de cefte œvre acteur, comme non digne, te loue & remercie, mon très fouverain feigneur, filz de la vierge, rédempteur du lignaige humain, en toy humblement priant & fuppliant jà foit ce que pécheur foye, & non digne d'être oy, que, à mon très redoubté feigneur monfg^r Phelippe deffus dit, veuilles toufjours donner accroiffement d'onneur & de bonne renommée, & en la fin la très faincte gloire que tu as appareillié à tes vrays amis & efleuz, en laquelle tu vis & règnes ung feul Dieu avec le père & le fainct efperit. *In fecula feculorum*, Amen.

D'ung autre miracle de madame faincte Berte, dit l'acteur.   CLXXXV.

Ainsi, comme dit est, fine la vraye cronique en latin de monsgr Gérard de Rouffillon & de madame Berte, sa femme ; mais l'acteur d'ung livret rymé en romant, duquel je me suis en pluseurs pas, pour la compofition de l'iftoire avant dicte, aydié, & moy bailliée de la propre main de mondit très redoubté feigneur, dit que, en ung encien livre eftant en l'églife de Poultières, il trouva ung miracle de madame faincte Berte, dont le latin ne fait point mention, qui fut tel, comme il s'en fuit. Il fut un très vaillans preudhons jadiz en l'églife de Poultières & eftoit fecrétain d'icelle, & fervoit Dieu en dévotes orifons nuyt & jour très dévotement ; & gifoit ou mouftiers, toufjours veftu d'une haire pour fa char plus macérier & dompter, à celle fin d'efchever les temptations qui viennent aucunes fois à créatures humainnes, & jà par encienneté eftoit tout blanc. Et communément toutes les nuys, il venoit au tombel de madame faincte Berte, là où il difoit pluseurs dévotes prières & orifons ainfi que le fainct efperit lui enfeignoit & aprenoit, & s'y tenoit affés longuement & tant y ala que, une fois entre les autres, lui advint que il fentit une très délitable oudeur oultre mefure, fi que il lui fembla que il feuft tout ravis en tous délices & chofes plainnes de doulceurs ; & comme il commenceaft à plorer fes péchiez, il lui apparut une clerté merveilleufe, & telle que il lui fembloit que toute la lumière du monde feuft defcendue en la dicte églife ; laquelle clerté, comme il lui fembloit, venoit parmy les portes de l'églife qui fermées eftoient ; & comme il regardaft tout ce en plourant, très foudainement il vit une très noble compagnye de fainctes âmes tant refplandiffans, tant clères & tant reluifans que il n'eft foleil, eftèle ne lune qui y fceuft faire comparifon ; laquelle compagnye de benoites âmes il vit venir devant le grant autel de l'églife en chantant chans très mélodieux, & louoient noftre feigneur tant grandement que onques en fa vye la pareille mélodie n'avoit oy, & tout applain les véoit, ooyt & entendoit, & comme il regardaft & veift ces benoiftes âmes, qui tout le cueur lui rempliffoient de joyes habundantes, il vit après venir une dame tant noblement parée & atournée que onques en fa vye la pareille chofe n'avoit veu, ne de fes parures la exfellence ne fceut homme recorder la faceon, tant eftoit noblement & feignorieufement aournée. Si eftoit acoftée à dextre & à feneftre de deux anges tant gracieux & tant beaulx que langue ne le fauroit dire, ne main efcripre : laquelle dame vint au fervice que ces benoiftes âmes devant dictes faifoient devant le grant autel, comme dit eft ; après lefquelles loenges & chanteries faictes & dictes à l'autel, ilz fe partirent tous enfemble, la dame devant en fon appareil d'anges qui la procédoient, la menoient & adextroient, & les autres qui la fuivoient & l'en vinrent comme par manières de pourceffion au tombel madame faincte Berte, là où eftoit ce fainct preudhomme, qui a très grant painne pour la très grant clerté & refplendiffement de leur beaulté, regarder ne les povoit ; mais comme ceulx qui devant venoient le perceuffent, lui qui eftoit en corps & en âme, ilz fe retournèrent à l'encontre de la devant dicte dame moult humblement & révérement & lui demandèrent en telle manière : ha ! noble princeffe & très puiffant dame, qui eft cel homme qui là nous voit fi très apertement de fes yeulx corporelz ! Refpondit la dame, mon amy & frère, c'eft ung noftre très parfait amy & ferviteur, lequel noftre feigneur Jéfus-Chrift par fa débonnaire clémence vueille bénéir. Adonc quant ce preudhomme ot ces mos entendus, il joingnyt fes mains envers la dame & lui deift : ha ! très précieufe dame célefte, à celle fin que aucun dueil ne m'en puiffe fourdre ne venir, je vous prie, en l'onneur de Jéfus, que voftre plaifir foit de à moy dire qui vous eftes. Mon très cher amy, refpondit la dame, je fuis Berte, qui jadiz fuz ducheffe de Bourgoigne, laquelle tu fers & feftye nuyt & jour ; & lors le preudhomme ce entendens, fe leva tout preftement & f'en vint vers la dame pour lui cuidier baifier les piez, mais elle f'efvanuyt & toute la compagnye qui là eftoit. Et quant il vit ce, il commença à crier à haulte voix : ha ! glorieufe faincte Berte, vueillez à moy parler puifque je fuis en voftre eftre & là ou daignés réparer. Mais la glorieuse dame fut alée déans le ciel avec le roy de gloire, & le preudomme qui feul eftoit, fe tint jufques au jour en l'églife, & que il ot fonné les matines, & que elles furent chantées, & quant le fervice fut fait, devant tous les frères humblement & dévotement il fe confeffa, & puis leur recorda fon advifion, dont il furent tous très joyeulx ; & en ung pou de jours après, le preudons trefpaffa de cefte mortelle vye. Si fut, par les mérites & interceffions de la benoite Berte, fon âme par les benois anges portées, comme bien croire le devons, en la joye qui jamais ne finera, à laquelle nous vueille mener le père & le filz & le benoift fainct efperit, un Dieu régnant, *in fecula feculorum. Amen.*

Encore ung autre miracle que met encore l'acteur.
CLXXXVI.

Item l'acteur dudit livret dit en oultre que, ou lieu là où il trouva le miracle devant dit, il en trouva ung autre qui fut tel. Au temps de monsg{r} Gérard de Rouffillon & de madame Berte, fa femme, après ce qu'ilz eurent fondées plufeurs églifes, là où maintenant on fait moult de nobles & beaulx fervices et pour eulx & pour les trefpafféz, tout pour l'amour de noftre feigneur Jéfus-Chrift, & que très bien ilz les eurent rentées & douées, il y avoit ung reuclu ou rendu en la marche de Bourgoigne; mais le lieu où il eftoit il ne met point. Lequel reuclus, enclous en fon reuclufage, fouvent penfoit aux chofes divines, dont il lui advint une fois que, ainfi que il penfait, il fut ravis & par ung ange porté déans le ciel; lequel ange lui monftra plufeurs nobles & excellens lieux, habitacles & manfions déans le ciel; & comme il advifaft puis çà, puis là, il perceut II moult notables lis tant bien parez & aornez que mieulx on ne pourroit, & lors ce preudens reucluz f'en vint à l'ange & lui demanda de ces manfions de quoy elles fervoient: certes mon amy, deift l'ange, ce font les lieux là où feront poféz & mis glorieufement tous ceulx qui deffervent l'amour de Dieu, & ces II lis tant noblement paréz que tu vois, ce font deux lis fais de très noble & excellente glore, là où gierront glorieufement deux créatures qui font au monde, qui l'amour de noftre feigneur Jéfus-Chrift ont par leurs bienfais conqueftéz ; & font nomméz l'ung, monfg^r Gérard de Roffillon, conte & duc de Bourgoigne ; & l'autre, c'eft madame Berte, fa femme la conteffe, lefquelx deux feront là couchiez en repoz perdurable. Laquelle vifion, onques tout le vivent de monfg^r Gérard ne de madame Berte, ne révéla ; mais les céla tant qu'ilz vefquirent : & quant ilz furent trefpafféz, de cefte mortelle vye, il le révéla à toutes créatures qui oyr le vouldrent. Si fut mis en efcript, à quoy il eft venu jufques à noftre cognoifcence, & nous le devons bien croire, veu & confidéré tous leurs faiz & leurs ordonnances. Car se monfg^r Gérard ne commença point en fa jeuneffe les œvres méritoires & dont on vient à vraye perfection, toutes fois, quant il vint en éage de difcrécion, fit-il tant de biens que ceulx qui grant temps devant lui commencèrent leur pénitence à faire ; & noftre feigneur dit en l'éwangille, en parlant du père de famille qui envoya les ouvriers en fa vigne, que autant eurent ceulx qui vinrent à mydy, que ceulx qui avoient porté tout le faiz du jour. Combien que en fa vye ou profpérité ne fe doibt nulz fier, mais doibt-on toufjours avoir mémoire ce que dit *ecclefiaftes :* VII° *Mémorare noviffima & in eternum non peccabis,*c'eft-à-dire, ayes mémoire des chofes dernières & tu ne feras point péchié perdurablement. Car, comme dit monfeigneur fainct Auguftin au livre de fes méditations, *plus vi-*

tanda est sola peccati seditas quam quelibet tormentorum immanitas ; plus fait à eschever la seule ordure de péchié que nulle quelconque immanité, c'est-à-dire, grandeur de tormens. Si prierons le benoist confès, monsgr sainct Gérard de Rouffillon & madame saincte Berte, sa femme que, par leurs benoistz mérites & intercessions, il leur plaise nous empêtrer le benoist lieu de repos après ceste mortelle vye, lequel nostre seigneur Jésus-Christ a appareillié à ceulx qui accomplissent ses commandemens, c'est la benoîte gloire où il vit & règne, *cum deo & patre & spiritu sancto, unus deus, per infinita secula. Amen.*

PROSE DE St BADILON

Cy après s'enfuit une prose de sainct Badilon, par laquelle appert clèrement que monsg^r Gérard de Roussillon fonda l'église de Leuse, en laquelle gist le corps dud^t St Badilon.

RECOR te, sancte spiritus,
Immitte donum celitus
In me, tue gracie.

Ut extollam sanctum digne
Cujus opus tam insigne
Fulget hic cothidie.

Non valet mens meditari,
Nec est lingua digna fari
Ipsius preconia.

In hoc festo, clerus, gaude,
Lauda virum dignum laude,
Laudandum per omnia.

Abbas hujus ecclesie,
Vitam ducens justicie,
Condam fuit Badilo.

Ortus nobili genere,
Sanctum fecit in opere
Cuncta creans nichilo.

Burgondie dux monuit
Hunc, qui nepos fuus fuit,
Reliquias querere.

Da maria Magdalena,
Cepit que lacrimis plena
Chrifti pedes tergere.

Urbem aquenfem adiit,
Et reperyt quod petiit,
Remeans vicelicum.

Sanctum corpus fecum vexit,
Ibi corpori detexit
Sacro deus meritum.

Lutofe de reliquiis
Partem tulit cum fociis,
Reverfus eft ad propria.

Ecclefias dux fundavit
Inter quasque hanc dotavit
Ope & rerum copia.

In honore Badilonis
Qui fretus eft mortis donis
Jacens hac ecclefia.

Et nos Chrifto fupplicemus
Ut eidem conregnemus
In celefti curia.

      Amen.

BALADE FAICTE PAR L'ACTEUR

'an XIV cens accomplis
Et XLVII juftement,
Fut en jung ce traictié petis
Le XVIe jour proprement,
Par le gré & commandement
Du noble prince de valeur
Qui nommé eft de toute gent,
Phélippe de Bourgoigne feigr.

Il eft duc conte & marquis
De plufeurs terres, & régent,
Qu'il gouverne comme gentis
Et tient en paix très puiffamment.
Palatin fe monftre évident,
En gentilleffe & en honneur ;
Fleur de proueffe en lui comprent
Phélippe de Bourgoigne feigneur.

Sa bannière par tous pays
Eft cogneute très grandement,
Car par elle font enva ys
Et Turs & Sarrazins souvent :

Sa valeur, plus rade que vent,
Vole par tout en grant crémeur ;
Renommer se fait vaillemment
Phélippe de Bourgoigne seigneur.

Prince, chevalier, noble & gent
Priés Jésus, le doulx saulveur,
Qu'en tout bien ait accroissement,
Phélippe de Bourgoigne seigneur.

PIÈCES A L'APPUI

Privilegia & chartæ Vizeliacenſis Cænobii ſive Teſtamentum Geraldi Comitis.

In nomine sanctæ et individuæ Trinitatis, Patris, et filii et spiritus sancti. Incipit instrumentum seu testamentum Geraldi comitis, fundatoris monasteriorum, videlicet Pultariensis et Vizeliacensis, subsequentibus privilegiis Apostolicæ et Regalis authoritatis, ipsum testamentum confirmantibus et corroborantibus in perpetuum.

Omnibus Christi fidelibus, pietate, amore, desiderioque ferventi beatam vitam expectantibus, et in unitate Christianitatis sub obedientiâ præceptorum Dei ubique manentibus, sive his qui præsentes sunt, sive his qui futuri, atque in compage et vinculo charitatis victuri, et usque ad consummationem sæculi in ecclesiâ sanctorum sibi invicem sunt successuri. Ego Gerardus divinæ pietatis munere apud gloriosam Regalem mansuetudinem Comitis honore sublimatus, ex communi voto et desiderio dilectissimæ conjugis meæ atque amantissimæ Bertæ, eo quod nobis pariter unanimiter que Domino inspirante, complacuerit, ut de rebus nostris et possessionum nostrarum titulis perennem memoriam Domino Deo nostro, ubi laus ejus assiduè fieret, statueremus. Et quoniam largitionibus piis Dominorum et Seniorum nostrorum, qui nos liberalissimô honoribus et dignitatibus ampliaverunt, id est Imperator et Senior noster clementissimus Ludovicus, et gloriosa domina et Regina Judith, filius que ipsorum æque Senior atque Dominus noster Rex Karolus, plurima nobis possidenda curave-

---

Voyez : *Spicilegium de d'Achery* — tome 11, page 498. — Historia Vizeliacensis monasterii, liber primus.
Parisiis apud Dionysium Bechet et Ludovicum Billaine bibliopolas sub insignia Circini Aurei et S^{ti}-Augustini — MDCLIX cum privilegio regis.

runt, justissimè nobis visum est, ut eorum amore incitati locum etiam ipsum fundaremus, ubi pro gratis muneribus ipsorum esset in orationibus solemnis et jugis supplicatio, et apud Deum continua pro salute ipsorum exoratio. Non immemores etenim sumus eorum circa nos benevolentiæ ipsorum, id est, Domini Senioris Ludovici Augusti, Judith Dominæ et Reginæ, Karoli filii ipsorum similiter Domini et Senioris qui nunc superest regnans. Sed et dignam rependentes genitoribus atque parentibus honorificentiam, id est, Leuthardi, et Grimildis, atque gratissimorum Hugonis et Bavæ, amabilibus que filiis et filiabus ipsorum, sive qui jam dormierunt in Domino, sive qui adhuc vivunt, consanguinitate, affinitate et propinquitate etiam nobis junctis, id est, Leufredi et Adalardi comitum præclarissimorum, ut pro eis intercessio et assidua deprecatio fieret, et peccatorum eorum acquireretur propitiatio, et in loco ipso, quem juvante Christo fundaremus, succedentibus que temporibus esset eorum permanens recordatio.

Itaque et illorum quoque propinquorum, quibus et hereditario jure eisdem in rebus successimus, nec non et reliquorum omnium, sed et amicorum nostrorum universorum, et fidelium generaliter omnium perpetualis duraret memoria, ibique per œvum pro omnibus fieret communis oratio.

Ego igitur Gerardus, et conjux simul gratissima, piâ et fidei devotione constituimus atque construximus monasterium et habitaculum servorum Dei apto competentique loco, et ex largitione atque oblatione facultatis et rerum nostrarum, illic quicquid ad sustentationem eorumdem Deo famulantium, quidquid ad religionis cultum necessarium extat piâ ac solerti providentiâ, juxta vires quas Deus tribuit, procuravimus, mente que promptissimâ eadem ipsa quæ de manu ipsius accepimus, gratias beneficiis illius referentes, obtulimus. Fundatus igitur atque constitus est locus devotionis nostræ in honore Domini nostri Jesu-Christi, et veneratione beatissimorum Apostolorum Petri et Pauli super amnem Sequanæ præterfluentis, in agro respiciente ad villam, quam ex antiquo Pultarias nominant, in pago Laticensi in regno Burgundiæ, ut ibi venerabile orationis domicilium votis ac supplicationibus fidelium frequentetur, conversatioque cœlestis sub regulari districtione et institutione Beati Benedicti viventium, omni desiderio et ardore intimo perquiratur et expectatur. Ibique contulimus villas has : ipsam eamdemque, ubi e vicino monasterium situm est, Pultarias ; quidquid ibi ex hereditate, quidquid præcepti sui authoritate Senior noster Carolus Rex nobis ibi contulit, quidquid alio legitimo pacto ibi rebus nostris accessit, cum universis appendiis suis, et quæ ubicumque ad ipsa respicientia sunt. In pago senonico

Sextum cum omnibus ad eam respicientibus et universis appendiciis. Villam Manniscam similiter cum omnibus ad eam respicientibus et appendiciis suis. Veron etiam et Villare in supradicto pago cum omnibus rebus ad eas respicientibus et appendiciis earum. Similiter in eodem pago in villa quæ dicitur Piscatoria, quæ est sita super Hyonam fluvium, totum et ad integrum quidquid de Ildino Vassalo Dominico conquisivimus, et quid quid ad ipsam Piscatoriam aspicit, in omnibus duntaxat, in quibus ibidem nostra videtur dominatio, vel esse scitur potestas ; et quidquid ad jus nostum in pago Tricassino pertinet.

Pari etiam ordine fundavimus aliud monasterium eodem studio, eâdem devotione, ut habitaculum ancillarum Dei sub districtione regulari, et institutione beati Benedicti viventium, ibidem fieret in honore Domini nostri Jesu-Christi, in loco vel agro qui dicitur Vizeliacus, in pago Avalensi, in regno Burgundiæ ; ubi et contulimus villas has : Eamdem ipsam in qua situm sacrum et venerabile monasterium Vizeliacum, quam commutavimus cum Dominâ et gloriosâ Judith Reginâ, agente et impetrante apud piissimæ memoriæ Dominum et Seniorem nostrum Ludovicum Imperatorem, quidquid idem clementissimus Imperator ad eamdem villam respiciens sub præcepti sui confirmatione condonavit, nobis que contulit, quæ ubicumque respiciunt ad eamdem villam pertinencia, prædicto monasterio consignavimus. Villam denique Dorniciacum, Villam Cisternas, Fontanas, atque Molnitum ; vel quidquid in nominato pago Avalensi vel Tornodorensi acquisivimus, cum universis appendiciis supradictarum villarum, ubicumque vel in quocumque pago fuerint.

Totum ergo ex integro quidquid in supranominatis villis vel agris acquisivimus, et acquirere potuimus, sacratissimis locis et monasteriis condonavimus, et unanimitati atque utilitati eorum qui ibi Deo servierint in perpetuo connexuimus ; tantum nobis, dum manemus in vita carnis, usufructuario reservato ; tuitionem quoque atque defensionem monasteriorum sub nostrâ curâ habentes. Itaque quidquid præfato monasterio virorum nostrâ religiosâ oblatione collatum est, quidquid in rebus sive servitiis, vel quibuscumque speciebus, Deo inspirante, contraditum additum que fuerit, aut à quibuscumque fidelibus, quolibet unquam tempore oblatum absque ullis exterioribus obsequiis, et obsequiorum exactionibus, solis eorum stipendiis et necessariis sumptibus, qui illic Domino serviunt, jugi præsentis nostri Testamenti firmitate permaneat illibatum ; excepto quod pro benedictione annis singulis ad reverentissimam sedem beatorum Apostolorum, cui loca eadem subdidimus, Romæ offerantur B. pontificis Urbis libræ argenti duæ, et quæ ultronea voluntate charitatis atque humanitatis officio quotidiana beneficia docent exercenda ; liberi tamen ab aliis exhibitionibus monachi sub quieto servitio vivant, orationis obsequia solemniter offerentes Deo pro gloriosissimis Dominis et Senioribus nostris Ludovico Augusto et Carolo filio ejus, et præcellentis memoriæ Dominabus nostris Judith atque Hermengarde, necnon etiam et Senoris Caroli conjuge Hermentrude : Sed et præclarissimæ item recordationis genitorum genitricumque, filiorum filiarum que ipsorum, qui sive vivunt, sive dormierunt jam in Domino, pro nobis etiam filiisque et filiabus viventibus sive defunctis, cunctis que amicis nostris, omnique fidelium multitudine.

Hoc vero monasterium sive aliud supra nominatum, cum omnibus rebus ibi collatis, Beatissimis Apostolis apud Romam subdidimus, et testamentario libello dato, æternè Sanctis Pontificibus urbis illius, qui vice Apostolica annis sequentibus sedem tenuerint, ad regendum, ordinandum (non tamen ut beneficiaria potestate cuiquam dandi aut procamiandi (1) licentia) disponendumque perpetuo commisimus ; ut eorum sollicitis studiis et vigili provisione juxta nostram devotionem religio pietatis et honestatis ad gloriam Dei semper ibi excrescat, et fructus apud Deum propensior generetur. Illud præcipuè firmum volumus, ut quoties Abbas, vel Abbatissa, de præfatis monasteriis respectu divino a religione nostrâ Sanctis Apostolis contraditis, ex hac luce migraverint, congregationes ipsæ, quas venerabilibus locis Deus esse voluerit, habeant concessam sibi potestatem cum interrogatione sanctorum que virorum consilio alterum, vel alteram bonæ vitæ et boni testimonii auxilante Domino è suo consortio atque collegio electum, vel electam præficiendi, prosequente Pontificis super hac re probatione, qui sedem Apostolicam temporis tunc meruerit. Sed et rerum quantitas in suscipiendis fratribus vel sororibus semper attendatur, ne superfluo numero congregationes ipsæ, quod absit, forte gravatæ, dilabantur. Illud quoque summo opere monemus, et sub obtestatione etiam inhibemus, ne cui pietatis nostræ votum liceat in perpetuum commutare, vel præpostero ordine, irrumpenda perturbare. Quod signis, quod non credimus futurum, præsumpserit, Domini et Senioris nostri pii Regis præcepto damnatus, Domino Deo nostro dignam facti sui vicem ei reddente ex sententiâ Sancti Pontificis Urbis, ut sacrilegus, et sacrarum rerum fraudator a cœtu populi Dei extraneus, pœnam æternam, nisi resipuerit, incurrat. Sed et omnes vos Sanctissimi Patres et Episcopi, per Redemptorem nostrum deprecamur, ut huic nostræ devotionis operi

---

(1) *Procamiare*, mot de la basse latinité qui signifie changer; les italiens disent *cambiare*; c'est presque le même mot.

semper dignemini fautores et adjutores in omnibus existere : quod in fine monendum sit, piis et carissimis nostris servis dictis monasteriis tam pio studio a nobis fundatis degentibus, et piâ et vigili curâ devotionis et religionis sit, atque in omnibus se exhibeant sicut Dei ministros, nemini dantes ullam offensionem vituperandi religiosissimum et sacrum ordinem ministerii sui, ut Apostolicæ sedis Pontifex sit eis Rector, assiduus consolator et tutor quatenus corpori et membris ecclesiæ fidelissimâ charitate, et religiosissimâ obedientiâ uniti, etiam capiti totius corporis, quod est Christus, mereantur compage sociari. Hoc autem Testamentum plenâ a nobis pietate et devotione confectum, ut omni tempore irrefragabilem obtineat firmitatem, etiam manus nostræ et illustrium virorum suscriptionibus sanximus roborandum.

S. Gerardi comitis ; S. Bertæ conjugis, qui hanc oblationem Deo pro remedio animæ suæ obtulerunt, et testamento facto firmarunt, atque firmari jusserunt.

S. Evæ, filiæ ipsorum, quæ voluntatem parentum et oblationem Deo factam audiendo et firmando consensit, et consentiendo confirmarit.

S. Saunari ; S. Tenderici ; S. Bunonis ; S. Aiverti ; S. Fannel ; S. Fredeberti ; S. Baunarii ; S. Radulphi ; S. Widerici ; S. Gerardi ; S. Sigiberti ; S. Rotardi ; S. Gislemari ; S. Abbonis ; S. Gauzselini ; S. Auzgarii ; S. Ayrbaldi ; S. Optadi ; S. Bernonis ; S. Gulfarii ; S. Adolardi ; S. Athonis ; S. Odoberti ; S. Ardulfi ; S. Austorici ; S. Bercharii ; S. Amalberti ; S. Raganaudi.

Lettre de M. le Préfet de la Bibliothèque impériale & royale de Vienne (Autriche).

Monsieur le Secrétaire (1)

Vous me demandez des renseignements au sujet du Roman de Girard de Rossillon, qui est noté dans nos catalogues sous le numéro 2549. Je regrette beaucoup de ne pas me trouver en état de satisfaire parfaitement à vos désirs. Cependant, pour y répondre aussi bien que possible, je vous ferai une description plus complète que celle contenue dans les *Tabulæ codicum manuscriptorum in bibl. Palatinâ Vindob. asservatorum.* Le manuscrit en question est un volume in-folio, écrit sur vélin, à deux colonnes, orné de nombreuses miniatures, vignettes et initiales. Il a cent quatre-vingt-quatorze feuillets ; je ne compte pas six feuilles de garde provenant d'une reliure renouvelée. Le premier et le dernier feuillet sont blancs ; le second et les suivants jusqu'au sixième sont consacrés à la table des chapitres : « Cy-après sensuit la table des chapittres du livre et hystoire de monseigneur Gérard de Roussillon translaté de latin en François au commandement..... Phelippe par la grace de Dieu duc de Bourgoingne, etc... » Le reste est originairement chiffré en rouge.

En tête du sixième feuillet se trouve une grande et admirable miniature qui nous représente le puissant duc Philippe le Bon assis sur un grand siège d'honneur ; il y accepte l'hommage du livre des mains de l'auteur à genoux devant lui ; le jeune comte de Charolais, son fils unique est auprès de lui ; le duc est

---

Cette lettre, qui porte la date du 22 novembre 1878, a été adressée par M. Birk, préfet de la bibliothèque impériale et royale de Vienne, à M. de Montille, secrétaire adjoint de la Société d'Archéologie d'Histoire et de Littérature de Beaune.

entouré de plusieurs chevaliers de son ordre, du légat du pape et de quelques conseillers. Au-dessous de cette miniature commence le prologue qui forme le premier chapitre : « *Isydore, un notable docteur....* » L'auteur s'en rapporte à la source latine de son histoire, savoir : « *Gesta nobilissimi comitis Gérardi de Roussillon.* » Et continue en parlant du duc de Bourgogne qui l'a chargé d'écrire ce livre : » *desquelles duchiez et seignouries est à présent d'aulcune partie seigneur, par la grâce de Dieu et par droit de paternité, mon dessus dit très redoubté Seigneur qui est l'an de l'incarnation Notre-Seigneur-Jhu-Crist mil C.C.C.C. quarante et sept* :

Au folio 7 commence le texte : « *Comment les fais de monseigneur Girard de Roussillon sont en plusieurs lieux escrips et espars..... Et à celle fin que on ne cuide etc.....* » Au folio 183, l'auteur décèle son nom de la manière suivante: *Ceste présente histoire laquelle est ainsi tissue come vous avez ouy a esté prise au commendement de mondit très redoubté seigneur Phelippe devant dit en pluseurs livres et volumes par moy non digne den estre acteur duquel sil vous plaist savoir le nom et le surnom vous prendrez les XV premières lettres des XV premiers chappitres de cestu présent coulume qui vous enseigneront ensemble la parole proposée.* » Il en résulte : Jehan Wavqvelin.

Au folio 192 le texte finit : « *C'est la benoite gloire ou il vit et règne cum deo patre et spiritu sancto unus deus per infinita secula,* Amen. »

Après col. 2, lig. 2 : « *Cy-après s'ensuit une prose de saint Badilon par laquelle appert clèrement que monseigneur Gérard de Roussillon, fonda l'Église de Leuse la ou gist le corps saint Badilon* ». Cette prose commence : « *Precor te sancte spiritus* » et finit : « *In celesti curia.* Amen. Amen.

Enfin le tout finit au folio 193, par la ballade faite par l'acteur.

   Lan quatorze cens accompliz
   Et quarante-sept justement
   Fut en juing ce traitties petis
   Le seizième jour proprement
   Par le gré et commandement
   Du noble prince de valeur
   Qui nommé est de toute gent
   Phelippe de Bourgoigne seigneur.....

.....Prince chevalier noble et gent Priez Jhus le doulz saulveur. Quen tous biens ait accroissement Phelippe de Bourgomgne seigneur. »

Voilà la description de notre exemplaire de l'histoire de Gérard de Roussillon.

Pour vous donner une idée de l'écriture, j'ajoute le fac-simile de quelques lignes.

Il me reste, maintenant, à vous faire remarquer qu'en dehors de la table des chapitres, du texte, de la prose de St-Badilon et de la ballade de l'acteur, notre manuscrit ne porte aucune indication spéciale, annotations, dédicaces, ni autres choses semblables. Il ne porte que les trois numéros : 2549, novus 457 et 131. Le premier est le numéro de notre catalogue actuel, le second était son numéro dans une série d'accroissements de notre collection, avant d'être inséré dans l'ordre d'aujourd'hui. Dans le trésor (Schatz Kammer) de sa majesté l'empereur, d'où il était transporté en 1783, par ordre de Joseph II, dans notre bibliothèque, il a été coté très probablement du troisième des dits numéros : 131.

Nous sommes arrivés à la question de provenance. Quand est-ce qu'il passa dans le dit trésor ? Je l'ignore. Mais je puis toujours vous assurer, que notre Gérard n'est pas venu à Vienne par Marie de Bourgogne, lors de son mariage avec Maximilien d'Autriche (1). Du reste, je ne veux pas vous fatiguer avec des présomptions indécises et vagues.

En répétant que j'ai grand regret de ne savoir mieux vous servir, je vous prie, monsieur le Secrétaire, d'agréer l'expression des sentiments les plus respectueux et les plus distingués avec lesquels j'ai l'honneur d'être,

Le Préfet de la Bibliothèque I. et R.

Signé : BIRK. (2)

Cette lettre est accompagnée d'une note relative aux ornements qui décorent le manuscrit de Vienne. Voici la teneur de cette note :

Quant à ces ornements, je peux bien vous renvoyer à l'article relatif à notre manuscrit, page 44 du second volume de G. F. Vagen : « *Die vornehmsten Kunst denkmäler in Wien* », mais je vous prie d'observer que c'est une erreur grossière de l'auteur nommé que de parler d'une reliure originale et d'une reliure favorite du duc Philippe de Bourgogne.

Le volume tel qu'il est parvenu à notre bibliothèque est relié en carton recouvert de parchemin vert clair, relié sans doute pour la seconde fois, ce que l'on reconnaît à la gouttière ou plutôt aux lésions heureusement insignifiantes des marges.

---

(1) Nous ne pouvons partager cette opinion. Voir l'introduction.
(2) M. le préfet de la bibliothèque de Vienne, nous pardonnera la publication de cette lettre si intéressante. C'était pour nous le meilleur moyen de lui témoigner notre reconnaissance et notre gratitude.

*Fac-similé du manuscrit
de Gérard de Roussillon,
appartenant à la Bibliothèque impériale & royale
de Vienne.*

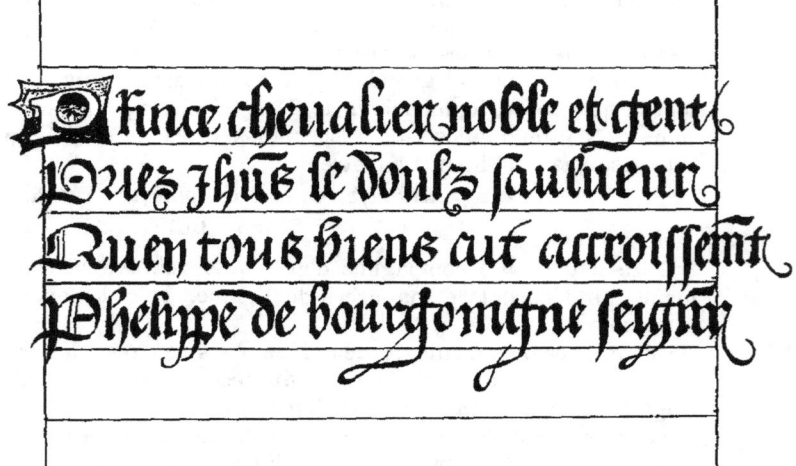

Epistola Gerardi comitis (1) ad Nicolaum papam de ditione & tuitione apostolicâ.

Domino Beatissimo et sanctissimæ Sedis Apostolico, atque peculiari patri nobis Nicolao, Gerardus misericordiâ omnipotentis Dei apud regalem clementiram comitis honore sublimatus, unà cum gratissimâ conjuge Bertâ. (2) Nos publicè notum esse volumus tam Beatitudini vestræ quam clero et omni populo Sacræ Urbis, fidelem (3) in Domino nostro Jesu-Christo devotissimam et promptissimam oblationem ex largitione facultatum nostrarum, latam enim possessionem rerum dedit nobis Dominus, propter amorem ipsius et æternum animæ nostræ remedium ; quia pariter atque unanimiter, communique voto, nobis Domino inspirante placuerit, ut exceptis illis quæ posteritati generis ac prole ser   ntur ; de rebus nostris reliquis heredem ipsum Deum, beatos que ejus apostolos Petrum et Paulum faceremus, eosque apud ipsum perpetuos intercessores constitueremus. Et quoniam auxiliante ipso, qui omnium bonarum voluntatum largitor et inspirator est omnis sancti voti ; accessit huic nostræ devotioni ut eisdem facultatem nostrarum rebus apto et convenienti loco monasteria et habitacula servorum Dei construeremus, atque illic quicquid ad sustentationem corumdem Deo famulantium et religionis cultum necessarium existit, piâ ac solerti providentiâ justa vires quas Deus tribuit procuraremus ; et ut defensionem et tuitionem ordinis et religionis suæ perennem haberent, atque devotionis nostræ fructus perpetuo mane-

---

(1) Bibliothèque Nationale à Paris — fonds latin n° 12703, folio 284, verso. — Cette pièce qui a été relevée sur le manuscrit de la Bibliothèque Nationale, se trouve aussi dans le specilegium de d'Achery.
(2) Dans le spicileg. de d'Achery, après Bertâ, on lit : *nomine*.
(3) Dans d'Achery *fidem* au lieu de *fidelem*.

ret (fol. 285, r°) sacratissimæ ac reverendissimæ urbi et loco, ubi beatorum Petri et Pauli apostolorum æterna memoria celebratur, decerneremus, subderemus, atque dominationi sanctissimi Pontificis Urbis ipsius committeremus; ut videlicet dispositionem sive statum ipsorum ecclesiasticâ pietate et firmitate idem B. Pontifex ordinaret, ita tamem ut nulli unquam ex beneficiario (dono) concederet, nisi ipsis quibus testamentariâ largitione consulentes nos ipsi concedendum esse signavimus, et inferiùs hæc eadem scriptura signabit. Implentes igitur promptissimam nostram devotionem, et plenissimum in Christo desiderium, legitimè ac testamentario donationis jure ecclesiam Dei rerum nostrarum constituentes heredem, statuimus atque fundavimus venerabilem et sacrum oblationis nostræ locum in nomine Domini nostri Jesu-Christi, et veneratione beatorum apostolorum Petri et Pauli, ut sit habitaculum Dei servorum sub regulari ordine ac professione beati Benedicti degentium, super amnem præterfluentis Sequanæ in agro respiciente ad villam quam ex antiquo Pultarias nominant, in pago Laticense, in regno Burgundiæ, et in parrochia Lingonicæ civitatis, ut ibi venerabile orationis domicilium votis ac supplicationibus fidelium frequentetur, conversatio que celestis omni desiderio et ardore intimo perquiratur et expectatur ; cuique et res nostras et facultates possessionum nostrarum, quæ de parentum benignissimâ successione, seu affectuosissimâ largitione provenerunt, vel benignissimus Rex Dominus et Senior Noster Karolus per præceptum nobis conferre dignatus est, seu etiam quæ dignâ comparatione in nostrum jus transfusa (fol. 285, v°.) sunt, Deo auxiliante et plenè devotionem nostram adimplente, legitimè scilicet ac testamentario donationis jure transposuimus ac refudimus. Hoc est agrum sive villam in pago Latiscense, ubi vicino monasterium situm est Pulturias; quicquid ibi ex parentum hereditate, quicquid precepti sui auctoritate pius Rex ibi contulit, nobisque provenit ; quicquid alio legitimo pacto ibi rebus nostris accessit, cum universis appendiciis suis et qua (1) ubicumque sunt ad ipsum respicentia. In pago Senonico Sextam cum omnibus ad eam respicientibus et universis appendiciis suis. Magnificam (2) villam similiter cum omnibus ad eam respicientibus appendiciis suis. Totum ergo, ut prætulimus, ex integro quicquid in supra nominatis villis acquisivimus et acquirere potuimus, sacratissimo loco et monasterio, servisque Dei ibi militaturis condunavimus, unanimitati et utilitati eorum 'servitura in perpetuum connexvimus ; tantum nobis dum manemus in vitâ

---

(1) Dans d'Achery il y a : quæ; au lieu de qua.
(2) Dans d'Achery, Magniscam au lieu de magnificam.

carnis usufructuario reservato, tuitionem potius ac defentionem loci ferendo. Itemque alium atque venerabilem et sacrum locum sub honore ejusdem Dei et Domini nostri Jesu-Christi, et veneratione genetricis ejus (1) beatæ Virginis Mariæ, in loco vel agro qui dicitur Vezeliacus (2), in pago Avalense, et regno Burgundiæ, atque de rebus nostris communi voto similiter ditavimus atque dotavimus. Ibique contulimus villas has, ipsam in quâ situm est sacrum et venerabile monasterium Vizeliaci, quam commutavimus cum piissimæ memoriæ Ludovico imperatore, quicquid idem clementissimus (fol. 286. r°), imperator ad eamdem villam respiciens sub præcepti sui confirmatione muniendo nobis ad vitam (3) condonavit, quæcumque respiciunt ad eamdem villam pertinentia prædicto monasterio consignavimus, villam denique Dorniciacum, villam Cisternas, villam Fontanas atque Molnitum vel quicquid in nominato pago Avalense vel Tornodorense acquisivimus cum universis appendiciis supradictarum villarum, ubicumque vel in quocumque pago fuerit. Quicquid itaque præfatis locis monasteriis ecclesiis ve contulimus, quicquid ibi nostrâ oblatione collatum est, in rebus sive in servitiis vel quibuscumque speciebus a nobis, Deo inspirante, additum fuerit, aut a quibuscumque fidelibus quolibet unquam tempore oblatum, absque ullis exterioribus obsequiis, et obsequiorum exactionibus, solis eorum stipendiis et necessariis sumptibus, qui illic Domino serviunt, jugi nostræ auctoritatis firmitate et testamenti conscriptione permanere decrevimus, usu nobis fructuario tantum dum vivimus reservato; excepto quod pro benedictione annis singulis ad reverentissimam sedem cui ipsa monasteria subdimus (4) offerantur B. Pontifici urbis ex utrisque monasteriis libræ duæ argenti; et quæ ultroneâ voluntate charitatis atque humilitatis offi·io quotidiana beneficia docent ercenda (5). Nec quislibet temerarius, seu ulla quæcumque persona inde aliud unquam præsumat affectare, aut invadendo sacram donationem minuere, aut propiario jure in usus suas illicite transferendo vendicare, sed quod respectu divino a nobis profectum est, metuens tremendum judicium sinat inconvulsum durare. Hæc itaque venerabilia servorum Dei domicilia unâ cum Deo ibi servientibus sive servituris, vobis, Beatissime Pontifex, successoribus que (fol. 286, v°)' vestris, propter reverentiam beatorum apostolorum quorum locum et vices sortiti in christi ecclesiâ tenetis, totâ ante Deum animi

---

(1) Dans d'Achery : *Ipsus* au lieu de *ejus*.
(2) *Vizeliacus* au lieu de *vezeliacus*.
(3) *Vitem* au lieu de *vitam*.
(4) *Subdidimus* au lieu de *subdimus*
(5) *Exercenda* au lieu *ercenda*.

devotione commendamus, subdimus, et ad disponendum nostri desiderii votum stabiliter per apostolatus vestri studium perpetuo committimus ; ut ex paternâ in omnibus et ecclesiasticâ pietate, misericordissimâque dispositione gubernare, tutari et defensare dignemini ; ne cuiquam contra nostrum votum beneficiario dato tradantur, nisi his qui testamentariâ scripturâ designantur, et piis successoribus vestris sub divinæ Majestatis obtestatione et futuri judicii tremendâ contemplatione, ubi ante tribunal Christi unusquisque nostrorum (1) absque dubio actus sui rationem reportabit, immobili firmitate, et canonicâ paternâque auctoritate servandum commendetis toto conamine humilitatis provoluti vestris sanctissimis vestigiis obtinere mereamur : ut videlicet de rebus nostris quos Domino plenâ devotione obtulimus, legitimo scilicet testamento perfecto, servi Dei in præfatis monasteriis a nobis constitutis (2) vel sancti monalium congregatio de vestrâ benedictione semper pendens, juxta devotionem et desiderium nostrum licite disponam, regulariterque sub suo jure per vos tutati et defensati vivant, nemini quicquam præter charitatem debentes, nulli nisi principi apostolorum, vicario que ejus in servitio obnoxii. Sed post decessum (3) nostrum (quandiu enim vita superest, eos sub nostrâ curâ cum vestrâ benedictione manere cupimus) tam illis quam omnibus quos illi divina gratia vel aggregavit vel aggregatura est, et præsens et futura Deo miserante quies et tranquillitas procuretur. Et si quando ex congregatione ipsâ, quam in venerabilibus locis (fol. 287, r°.) Deus esse voluerit, Abbas vel Abbatissa ex hac luce migraverint, congregationes ipsæ habeant concessam sibi potestatem cum interrogatione et sanctorum virorum consilio, alterum bonæ vitæ et boni testimonii vel alteram auxiliante Domino ex suo consortio atque collegio præficiendi (4), prosequente B. Pontificis qui tunc temporis Sedem apostolicam meruerit, probatione, qui vel quæ secundum regularem ordinem B. Benedicti, intus foris ve liberè qui sunt juris monasteriorum provideant et alacriter gratiam infundente Domino, impleant. Quod vero nimis timemus, quia iniquitate abundante refrixit charitas multorum, et avaritia late omnia occupavit, si post obitum nostrum quælibet persona, aut Diocœsis ipsius episcopus, cui nec ordinatio aliqua, nec dominatio loci conceditur, seu aliquis potentiorum, vel alius aliquis congregationem servorum Dei, vel ancillarum Dei, suasu maligno impulsu que cupido perturbare tentaverit, aut regularem ordinem

---

(1) Dans d'Achery : *Nostrûm* au lieu de *nostrorum*.
(2) *Constructis* au lieu de *constitutis*.
(3) Dans d'Achery : *Dicessum* au lieu de *decessum*.
(4) Dans d'Achery : *Atque collegio electum vel electam præficiendi*.

confundere, seu Abbatem vel Abbatissam aliam, quem vel quam congregatio regulariter elegerit, mutare contenderit, vel denominationes (1) illicitas monasteriis vel rebus monasteriorum a nobis stabiliter ibi contenditis (2) exercere præsumpserit, obsecramus per Deum vestram reverentissimam paternitatem, ut opem quibus que modis Beatitudo vestra ferre nove differat, piis que successoribus vestris sub divinæ Majestatis obtestatione, et futuri judicii tremendâ contemplatione, immobili firmitate et paternâ auctoritate Sanctitas vestra servandum commendet, et ipsum qui temerare tam sacram Deo donationem ausus est, sicut sacrarum rerum fraudatorem et appetitorem a communione ecclesiasticâ vestra auctoritas suspendat, et apostolica severitas (fol. 287, v°.), vel censura illico damnet, nec unquam perversissimâ suâ inflammatus avaritiâ aliquid de superscriptâ piâ nostrâ voluntate, et religiosâ propter Deum devotione, quam vobis coram Domino et sanctis apostolis ejus fidentissimé commendavimus, possit evicendo permutare. Sed continuo expertus canonicum et apostolicum dignissimum judicium, ipsis apostolis vicem iniquitatis suæ illi reddentibus, etiam multâ (4) trecentarum librarum auri, sicut in testamento insertum est, feriatur et damnetur. Insuper hoc vos, Sanctissime Pastor, successores que vestros proni et animo toti consummissi per Christum Dominum, per que Virginem matrem ejus, et per beatos apostolos Petrum et Paulum, omnesque qui suo sanguine totam Dei ecclesiam illustrant, deprecamur, ut pio et ferventi studio semper habitationibus monasteriorum vestræ Paternitati et Reverentiæ traditorum, peculiari quadam paternitate suffragium feratis, nec unquam illa quæ sub vestrâ tuitione sub spe bonâ commisimus, aut beneficiari aut procamiari patiamini ; sed et vos piè nostrum votum integrum servare, et successoribus vestris, ut ipsi pari modo servent, relinquere et mandare dignemini, benedictionibus que piis fratres et sores (5) quos vel quas sub fiduciâ vestrâ ponimus, munire et contra incursantes deffendere, et securos ad otium et quietem fructuosam reddere digné insistendo satagatis, recepturi mercedem ab illo qui sanctos suos æternâ remuneratione coronat, Jesu-Christo Domino nostro. Hanc autem epistolam voluntatis, sive testamentariam oblationem, plenâ a nobis pietate et devotione confectam, ut omni tempore irrefragabilem obtineat firmitatem, etiam manus nostræ, et illustrium virorum subscriptionibus san-

---

(1) Dans d'Achery : *dominationes*.
(2) Dans d'Achery : *contraditis*.
(3) Dans d'Achery : *evincendo*.
(4) Dans d'Achery : *mulctâ*.
(5) Dans d'Achery : *sorores*.

ximus roborandam æterna memoriâ beatissimorum apostolorum (fol. 288. r°.) Bibliothecis etiam transmisimus servandum.

S. *Gerardi* comitis. — S. *Bertæ conjugis*, qui hanc oblationem Deo pro remedio animæ suæ obtulerunt et testamento facto firmaverunt atque firmari jusserunt.

S. *Evæ*. filiæ ipsorum, quæ voluntatem parentum et oblationem Deo factam audiendo et firmando consensit et consentiendo firmavit.

Signum SAIMERI (1) ; S. THEUDERICI (2) ; S. AYVERTI ; S. DIMONIS ; S. FANUEL ; S. FREDEBERTI ; S. BAIMARI (3) ; S. RADULFI ; S. WIDERICI ; S. GERARDI ; S. SIGIBERTI ; S. ROTARDI ; S. GISLEMARI ; S. ABONIS ; S. GAUZSELINII ; S. AUZGARII ; S. AIRBALDI ; S. OPTADI ; S. BERNONIS ; S. WALFARII ; S. ADOLARDI ; S. ATHONIS ; S. ODOBERTI ; S. ARDULFI ; S. AUSTORICI ; S. BERCHARII ; S. AMALBERTI ; S. RAGANAUDI ;

Data in mense martio, anno XXIII ; regnante gloriosissimo et serenissimo Rege et domino nostro Karolo.

Ego Gilerannus clericus rogatus scripsi et suscripsi.

---

(1) Dans d'Achery : *S. Saunari*
(2) Dans d'Achery : après *S. Theuderici* : *S. Buaonis* ; mais il n'y a pas dans d'Achery : *S. Dimonis* après *S. Ayverti*.
(3) Dans d'Achery : *S. Baunari*.

De monte Latifco vel caftro ejufdem (1)

[P]ulteriense (2) autem cenobium situm est super fluvium sequanicum secus montem Latiscum quem vulgus corrupte montem Lascum nuncupat, in cujus summo vertice oppidum nobilissimum Rossellon quoddam (3) fuit, quod quidem a Wandalis olim destructum extitit. Dicitur namque idem Mons vel a laticibus fontium qui sub ipso colle exoriuntur, vel a latendo, quoniam nonnuli simplicium quedam archana dicunt in eodem monte latere, affirmant que aliquociens quedam prodigia apparere, et multos thesauros ibidem repertos fuisse, sed et mulos inibi latere, alia que pene incredibilia ferunt; que omnia utrum vera an ficta sint ipsi viderint, indeque judicare supersedeo. Similiter etiam vulgus nostrorum autumnat nemus quod eidem monti subjacet a Girardo comite glande satum fuisse, sed omnino frivolum est quum invenitur scriptum beatum Lupum Trecensem episcopum, antiquiorem valde Girardo in eodem loco solitariam vitam aliquandiu duxisse. Qualiter vero idem Latiscense oppidum a barbaris olim captum fuerit, ut pote tam arduo jugo situm, sicut seniores viri uno ore proferunt huic operculo (4) subnectere non pigebit.'Mons namque idem, uti oculis conspicitur, mirabili situ quandoque eminet, partim natura partim humana factura constructus. Si quidem et vestigia murorum et parietine maceriarum testantur patenter magnam et fortem hominum (fol. 4, r°), habitationem inibi fuisse.

. . . .
. . . .

---

(1) Extrait de la vie latine de Gérard de Roussillon, manuscrit de la Bibliothèque Nationale à Paris, n° 13090. (folio 3, v°, col. 2.)

(2) Ici comme partout, la lettre initiale n'a pas été exécutée.

(3) M. P. Meyer a cru devoir corriger *quoddam* par *quondam* (v. *Romania*, n° 26, page 196).

(4). M. P. Meyer a corrigé *operculo* par *opusculo*.

Wandali autem inde digressi in Galliam Lugdunensem, non multo post omnes fere mutuis gladiis se invicem occiderunt; rex que eorum ab hostibus suis captus, ut historie tradunt, crudelem vitam crudeli morte finivit. Oppidum autem Latiscence postea reedificatum, sed non ex valitudine quam prius, et a Girardo comite suis temporibus paterno jure possessum et propria mansione inhabitatum. Vocatur autem idem oppidum, ut premissimus, et alio nomine Rossillon, a quo Girardus co(g)nominabatur. Quedam (1) alia oppida in superiori Burgundiâ sita eodem nomine sunt nuncupata. Dicitur vero Rossillon vel quia « Ro » dicitur magister, Silla autem fuit olim quidam magister et consul Romanorum ante monarchiam imperatorum, et ab eo Rossillon putant conditum et nuncupatum; seu ab illa avicula que eodem pene nomine vulgo nuncupatur, que utique in nemore subjacenti crepitando cantitare frequenter auditur; sive quia ro(s) illum montem frequentiori infusione irrigare solet, ûn (2) collis ac jugi ipsius (fol. 4, col. 2) montis pinguior et fertilior aliis nonnullis montibus comprobatur. Secus istum montem vel oppidum cenobium situm est Pulterias, quod dicitur quasi pulverem terens, quum luctuosus (3) est locus ille et cito hyemalibus pluviis in paludem convertitur. Est autem cocus (4) amenus, aeri quidem pingui et salubri subjectus, aquis vero, pratis, arvis, vineis, silvis, satis habundans.

---

(1) M. P. Meyer a corrigé par le mot *quamquam*.
(2) La lecture paléographique de ce mot serait *unde* qui satisfait au sens du contexte mais non à la syntaxe, les mots *collis* et *jugi* étant au cas génitif régi par *ûn*. Faut-il lire *unda* ? Cette lecture ne convient pas pour la forme, et ne convient que très peu pour le fond. Le sens demanderait plutôt *humus* orthographié : *umus*, mais la lettre ne s'y prête pas complètement.
(3) *Luctuosus* est évidemment une faute. M. P. Meyer l'a corrigé par : *lutosus*.
(4) C'est là une faute bien évidente du texte, il faut corriger par *locus*

VARIANTES

VARIANTES DES MANUSCRITS DE PARIS

CHAPITRE I OU PROLOGUE

Manuscrit de Beaune	Man^t de Paris Bibl. Nat. n° 852
Lig. 4 : *l'on* ne doit.	*le saige* ne doit.
— 8 : et pour ce.	et pour ce *que*.
— 8 : dire, *lire*, recorder.	*lire* manque.
— 13 : si *firent* les anciens *gouverneurs*.	si *scèrent* les anciens *gouvernements*.
— 34 : *Lothier*.	*Lotruich*.
— 35 : *Lembourg*.	*Lembourch*.
— 39 : considérées et *veues*.	*veues* manque.
— 42 : *Wallet*.	*Valeck*.
— 45 : *En son temps*.	*en son temps* manque.
— 46 : très puissant *prince*.	*prince* manque.
— 51 : *reluit*.	*reluist*.
— 56 : *Tournerre*.	*Tounoirre*.
— 59 : *Bayonne*.	*Babionne*.
— 76 : *piteuse* et débonnaire.	*piteuse* manque.

CHAPITRE II

Titre : *escripts*.	*escrips et épars*.
Lig. 6 : *expresses*.	*esparses*.
— 16 : valet *du* charbonnier.	valet *de* charbonnier.
— 17 : *aynée*.	manque
— 21 : *Hus*.	*Huc*.
— 25 et 31 : Charles *Marchiaul*.	Charles *Martel*.
— 34 : et *Charles le Chauves Loys*.	manque.
— 37 : *utiquè*.	*ubiquè*.
— 38 : *liquido*.	*liquidè*.
— 41 : annales.	*anneles*.
— 43 : *soubz Loys son fils*.	manque.

Manuscrit de Beaune	*Man¹ de Paris Bibl. Nat. n° 852*
Lig. 55 : ainsi que on *fait* la *vye* des enciens pères, on *le list et racorde* de jour en jour de Gérard et de Berte sa femme.	ainsi que on *lit et recorde* la vie des enciens pères, on *lit et recorde* de jour en jour *les vies et fais de monseigneur* Gérard et de *madame* Berte sa femme.

CHAPITRE III

Lig. 6 : tint. fr. e. Es. e. d. l. f...	tint. fr. e. Es. *contre les annemys* d. l. f.
— 16 : lacune. (1).	*senés.*
— 29 : lacune.	*Gavelot.*
— 43 : n'a. d. p. et. d. s.	n'a. de sens. d. p. et d. s.
— 44 et suivantes : d. p. et. d. g. h. e. e. l. p. p. d. t. F. d. r. et. d'a. l. o. e.c. i. p.	*étoit très riche* et l. p. p. d. t. F. *d'avoir et de richesse.* c. i. p.
— 9 : choses prospères.	choses prospères et *cureuses.*
— 65 : roy *Françoys.*	roy de *France.*
— 66 : d. et ce m. f.	d. *XII.* m. f.
— 69 : *dont il.*	*lequel.*

CHAPITRE IV

Lig. 8 : lacune.	*Huc.*
— 31 : n. *fault.* r.	n. *lois* r.

CHAPITRE V

Lig. 6 : *Laççois.*	*La Croix.*
— 30 : lacune.	*chateux.* (cheptels.)

CHAPITRE VI

Titre et ligne 8 : *Laççois Lasçois. La croix.* (sic semper).

CHAPITRE VII

Lig. 4 : *recoeillie.*	*recueillie.*
— 14 : *ronde.*	*roide.*
— 16 : n. *soulloient.* e.	n. *soulloient estre.* e.
— 35 : c. e. t. *d'iceulx, crueulx Wandeles.*	c. e. t. *de ces tirans et ennemis de nostre foy.*

CHAPITRE VIII

Lig. 5 : un *parc.*	*porc.*
— 23 : *Charnelles.*	*cervelles.*
— 32 : au dessoubz..	manque.
— 37 : *avertiemens.*	*abbaycemens.*

(1) Toutes les lacunes qui existaient au manuscrit de Beaune ont été comblées au moyen du manuscrit de Paris.

CHAPITRE IX

Manuscrit de Beaune	Man^t de Paris B. N. n° 852
Lig. 20 : *avues*.	*manque*.
— 26 : sa *bataille*.	sa *baillie*.
— 38 : *damager*.	*dommagier*.

CHAPITRE X

Lig. 6 : lacune.	*pasteures* (patures)
— 9 : *meschief*.	*mésaise*.
— 31 : *lamier*.	*larmier*.

CHAPITRE XI

Lig. 8 : prouffit et honneur.   prouffit et honneur *à la confusion de nos ennemis*.

CHAPITRE XII

Lig. 9 : en *escourant*.	en *escriant*.
— 11 : dardes et *gondandards*.	dardes et *gondendardes*.

CHAPITRE XIII

Lig. 43 : *garites* et *barbecanes*.	*garrittes* et *barbacanes*.
— 48 : lacune.	*mâle*.

CHAPITRE XIV

Lig. 3 : *hauls*.	*bauls* (fiers).
— 5 : p. *cruelz* que *lyons*.	p. *crueulz* que *par avant*.
— 17 : *estimes*.	*estris* (1).
— 52 : *dominacion*.	*dénominacion*.

CHAPITRE XV

Lig. 17 : *accostumément*.	*Coustuméement*.
— 42 : *dalles* (2).	*delez*.
— 44 : *aournée*.	*atornée*.
— 48 : *brenchies*.	*bruères*.
— 65 : *terui*.	*trivi*.

CHAPITRE XVI

Lig. 11 : *achevées*.	*faites*.
— 18, 19, et 20 : *et estoit son...* Lombardie et Alemaigne.	manque.
— 31 : *haisneté*.	*ainsneté*.

---

(1) *Estris* signifie *querelles* et semble préférable à *estimes* du manuscrit de Beaune.
(2) Dialecte Bourguignon, signifie : à côté de.

CHAPITRE XVII

| Manuscrit de Beaune | Man¹ de Paris B. N. n° 852 |

Lig. 80 et suivantes : à mon es-   en ma foy que se. v. v. à eulx
cient se. v. v. surséir ils   soubmettre, qu'ils départi-
départiroient vos hommes.   ront vos hameurs.

CHAPITRE XVIII

Lig. 29 : *mesleray*.   *mesfray*.
— 43 : le *maindre*.   le *mainsné*.

CHAPITRE XIX

Lig. 18 : batailles *Champales*.   batailles *Champables*.

CHAPITRE XX

Lig. 37 : bien *advéré*.   bien *adrécié*.

CHAPITRE XXI

Lig. 30 : l. p. et l. m. Charles l. p. et l. m. *des femmes* Char-
et Girard...   les et Girard...
— 43 : *malviolence*.   *malivolence*.

CHAPITRE XXII

Lig. 14 et 15 : ausquels. d. d. a. manque.
c. d. l. s. r. d. l. n. pos-
sédons...
— 42 : *liege*.   *lige*.
— 49 : *débatoit*.   *débautoit*.

CHAPITRE XXIII

Lig. 8 : *enfrummant*.   *enfermant*.

CHAPITRE XXIV

Lig. 77 : *tronc*.   *tayon* (1)

CHAPITRE XXV

Titre : il manda tout son con-   il manda tout son conseil, *pour
seil...   en avoir leurs oppinians*...
Lig. 11 : J'en *cuide*.   J'en *cui*.
— 25 : S¹-Paoul. q. s. G. d. S¹- S¹-Pol. q. s. G. d. S¹-Pol.
Paou¹.

---

(1) *Tayon* signifie : *aïeul*, dans le dialecte lorrain.

| Manuscrit de Beaune | Man^t de Paris B. N. n° 852 |

Lig. 36 : mors *d'ommes* et de   mors *d'hommes* de femmes et
         femmes...   *d'enfants*...
— 48 : que mieulx en respon- que mieulx *et appoint* en res-
       dissent...   pondissent...

CHAPITRE XXVI

Lig. 29 : et Girard. n. p. h. q. a. et Girard. n. p. *l'homme d'estre*
        i. c. m...   *pendu ne.* q. a. i. c. m...

CHAPITRE XXVII

Lig. 55 : et fut le roy Charles et fut le roy Charles *piétant* de-
        devant eulx...   vant eulx...

CHAPITRE XXVIII

Lig. 7 : *aideres* de rien...   *aherderez* de rien...

CHAPITRE XXIX

Lig. 22 : Chascun s'en ala *à sa* chascun s'en ala *en son hostel*...
        chascune...
— 27 : Guy de *Montmorancy*. Guy de *Montmorency*.
— 65 : très *anyeux*.   très *dolans*.
— 73 : *entendre*.   souvenir.

CHAPITRE XXX

Lig. 39 : en louant le roy *et* en louant le roy *il blasmoit*...
        blasmant...
— 41 : tailler et *apartir*.   tailler et *partir*.

CHAPITRE XXXII

Lig. 12 : saichez en vérité ne saichez en vérité *que un bon*
        chault se de son...   *subget* ne chault se de
                                son...

CHAPITRE XXXIV

Lig. 4 : sans *pleute* arrester... sans *guaires* arrester...
— 11 : *estruier*.   *escrier*.
— 35 : Charles. l. c. e. c. c. c. manque.
        d. l. e. d...

CHAPITRE XXXV

| Man^t. de Beaune | Man^t. de Paris (852) | Man^t. de Paris (12568) |

Lig. 16 : *recouvre*.   *recouvrier*.   *recouvrir*.

CHAPITRE XXXVI

Man‍t. de Beaune   Man‍t. de Paris (852)   Man‍t. de Paris (12568)
Lig. 38 : de croire leurs-
        femmes.   manque.   de croire leurs femmes (1).

CHAPITRE XXXVII

Lig. 18 : à tous lez   manque.   manque.

CHAPITRE XXXVIII

Manuscrit de Beaune   Man‍t de Paris B. N, n° 252
Lig. 22 : et par moult de paroles   et par moult de doulces paroles... et de doulces...

CHAPITRE XXXIX

Lig. 47 : aslié.   affié (2).

CHAPITRE XLI

Lig. 8 : *ire*   air.
— 24 : *vendengement.*   vengance.
— 49 : *roidement.*   raddement. (3)

CHAPITRE XLIII

Lig. 4 : quant *il* lui *ot* dit...   quant *on* lui *eut* dit...
— 17 : *suivre.*   rampramer.

CHAPITRE XLIV

Lig. 22 : lacune.   crampir.
— 23 : *de certain.*   certainement.
— 36 : en *icelle* recevoir...   en *y* recevoir...
— 41 : lacune.   mis ses gens.

CHAPITRE XLV

Lig. 12 : lacune.   d'Achoison.
— 16 : *palis.*   bollvers.
— 49 : *communément.*   communément.
— 50 : *ravelle.*   raviaulx.

---

(1) Il faut conclure de ces variantes que P2 (mns 12568) ne dérive pas de P (mns 852). il devait donc exister un autre manuscrit qui se laisserait peut-être retrouver dans celui de Vienne. P2 ne dérive pas non plus de Beaune ; mais bien d'un original commun à P et à P2.

(2) *Affié*, du latin affidatus plus archaïque que *aslié*.

(3) *Raddement* signifie rapidement, meilleur que roidement.

CHAPITRE XLVI

Manuscrit de Beaune.   Mant de Paris B. N. n° 852
Lig. 5 : lacune.   arrouter.
— 50° : *palis*.   *bolloers*.
— 62 : et que. t. il. av. cr. l. manque.
    r. Ch. l. Ch.

CHAPITRE XLVII

Lig. 4 : *roideur*.   *raddeur*.
— 32 : *respend*.   *espersin*.
— 36 : *desbauchez*.   *débarrétez*.
Lig. 55 : *enhertirent*.   *aherdirent*.
— 80 : Perret de *Montbaron*. Perret de *Mont-Ribon*.

CHAPITRE XLVIII

Mant. de Beaune.   Mant. de Paris (852)   Mant. de Paris (12568).
Titre : *Gerbet*.   *Gerbert*. (sic semper). comme à Beaune.
Lig. 21 : lacune.   lacune.   lacune.
— 28 : *grande*.   *grandeur*.   comme à Beaune.
— 36 : Mgr *Seguin*. Mgr *Gérard*.   comme à Beaune.
— 39 : *marelle*.   *mérelle*.   comme à Beaune.

CHAPITRE XLIX

Lig. 22 : a bien *peu*
  de paroles... a bien *pou* de paroles... a bien *pou* de paro-
                                                                             les...
— 32 : *vauldra*.   *fauldra*.   *vauldra*.

CHAPITRE L

Manuscrit de Beaune.   Mant de Paris B. N. n° 852
Lig. 63 : lacune.   Gorel.
— 75 : *estoient* devers *lui*...   *estoit* devers *luy*...

CHAPITRE LI

Lig. 16 : estoient *en différent*... estoient *indifférent*...
— 26 : sain et *entier*.   sain et *laittié*.
— 30 : *lentement*.   *l'entendement*.

CHAPITRE LII

Lig. 21 : *Joigny*.   *Jougne*.

CHAPITRE LIII

Lig. 16 : *scavoit-il*...   *à peine s'il*...

CHAPITRE LIV

Manuscrit de Beaune	Man^t de Paris B. N. n° 852
Lig. 20 : *muldriers*.	*murdreurs*.
— 25 : *despressé*.	*despêchié*.

CHAPITRE LV

Titre : *chevaulx*.	*chevaliers*.
Lig. 3 : manque.	et qui si faible estoit que à peine se povoit-il mouvoir ne soustenir...
— 8 et 12 : lacune.	recept.

CHAPITRE LVII

Lig. 23 : *si venons*.	*si m'envoys*.
— 35 : *gémir*.	*géhir*. (plus arch. que gémir.)

CHAPITRE LVIII

Lig. 55 : m'ont *failly*.	m'ont *relinqui*. (relinqui. plus arch. que failly).

CHAPITRE LIX

Lig. 25 : nous *yrions*.	nous *iriesmes*.
— 51 : on *offre et fait souffrir...*	on *aurait fait souffrir...*
— 60 : *quiesce*.	manque.

CHAPITRE LX

Lig. 25 : *soudainement*.	*fondament*.
— 49 : *perfurnie*.	*perfurnir*.

CHAPITRE LXIV

Lig. 44 : venu à *some*.	venu à *soupie*.
— 45 : lacune.	air.
— 54 : *roidement*.	*raddement*.
— 60 : *dolente, chétive...*	*dolent, chétif...*

CHAPITRE LXV

Lig. 22 : *dessirée de affuleures...*	*deschirée d'affuleures...*
— 31 : *à la nuyt*.	*à mienuit*.
— 45 : d'un *coueillon* (1) affulée...	d'un *souillon* affulée...

---

(1) Ce mot est resté dans notre patois bourguignon.

CHAPITRE LXXI

Manuscrit de Beaune   *Man^t de Paris B. N. n° 852*

Lig. 38 : lors *deist* elle : mon   lors *dit* elle : *vous savez* mon très...   très...
— 66 : *taint et norry*.   *noircy*.

CHAPITRE LXXIII

Lig. 40 : *acontenance*.   *acointance*.

CHAPITRE LXXIV

Lig. 5 : *moult soudainement*.   *très fondamment*.

CHAPITRE LXXVI

Lig. 29 : *apprébendoit*.   *approvendoit*.

CHAPITRE LXXIX

Lig. 2 : lacune.   gloire et richesses.
— 18 : lacune.   avielis.
— 30 : dont *lendemain* venoit... dont *l'endemain estoit exécution*, venoit...

CHAPITRE LXXXII

Lig. 39 : *murdrier*.   *mourdrier*.

CHAPITRE LXXXV

Lig. 13 : en *perpétuité*.   en *appertive*.
— 23 : *devoit*.   *decevoit*.
— 83 : moult peu de moy...   moult peu *de conte* de moy...

CHAPITRE LXXXVI

Lig. 1 : se *fut départy*.   se *fu parti*.
— 4 : moult *aise*.   moult *joyeux*.
— 11 : *fier*.   *fel*.
— 15 : il a bien *en pensée*...   il en a bien *empensé*...
— 32 : *chaleur* de l'ire.   *eschauffeure* de l'ire.
— 34 : fineroit *si avoit il* mis jus...   fineroit *jusques à ce qu'il aroit* mis jus...
— 43 : le roi amassa.   le roi *Charle* amassa.
— 46 : p. c. *n'en assembla, feust* pour aler... p. c. *tant n'en assembla,* pour aler...

CHAPITRE LXXXVII

Lig. 5 : noncier *l'estat* du roy... noncier *le fait* du roy...
— 12 : *que* le roy...   *comment* le roy...

Manuscrit de Beaune	Man^t de Paris B. N. n° 852
Lig. 16 : avec ceulx.	avec eulx.
— 20 : amassé tous ses combatans...	amassé tout son ost et ses combatans...
— 21 : batailles chascun selon...	batailles à chascun selon...
— 27 : maintes manières.	moult de manières.
— 30 : la derrenière partie.	les darraines parties.
— 33 : la marche que maintenant...	la marche du pays que maintenant...
— 44 : de tel coraige que croiroit...	de tel coraige qu'il créoit...

CHAPITRE LXXXVIII

Lig. 9 : si l'auroit il tout destruit...	jusques à ce qu'il l'aroit tout destruit...
— 14 : fumées.	fumières.
— 28 : tel guierdon.	teil gardon.
— 35 : bruyant.	bruissant.
— 51 : ou contre deffendeist...	ou que on se deffendésist...
— 53 : mautalent.	mautalent.
— 56 : mais si faisoient ilz...	mais ce faisoient ilz...
— 46 : gens d'élite.	gens esliz.
— 62 : d. s. o. si s'aherdoient à celle...	d. s. c. et pour ilz se abordoient à cel...
— 67 : jamais ne le baniroit...	jamès l'abandonneroit...
— 68 : s'en savoit très bien garder...	s'en sceut bien garder...

CHAPITRE LXXXIX

Lig. 5 : comme vous oés...	comme vous avés oy.
— 8 : que se Mgr.	que ce Mgr.
— 15 : se faire autrement peust.	se faire se peust autrement.
— 16 : fier, despiteux, et crueux.	fel, despit et cruel.
— 34 : lui monstrons.	lui démonstrons.
— 41 : apparé à deffense.	préparé à deffence.
— 43 : j'en vueulx.	j'en vueil.
— 53 : autre piteuse dextruction.	autre pire destruction.

CHAPITRE XC

Lig. 6 : faire son oncle...	faire à son oncle...
— 14 : bien eschauffés.	bien estouffés.
— 37 : fois.	voix.
— 43 : ce roy nous peut icy surprendre...	ce roy François nous puet icy sousprendre...
— 58 : doubté.	crému.
— 61 : saint esperit...	saint esperit et dit en telle manière...

CHAPITRE XCI

Manuscrit de Beaune	*Man de Paris B. N. nº 852*
Lig. 8 : *inhonneste à* ung...	*malhonneste de* ung...
— 17 : vous ne *courés*.	vous ne *encourés*.
— 28 : vous donne *saulf allant et saulf venant et vostre honneur et vostre vie sauve*...	vous donne *saulf conduit alant et venant et vostre honneur et vie tous dis saulve*...
— 46 : lequel bien aourné moult honorablement et lui deist...	lequel *estant moult* bien aourné...moult honorablement *et saigement* et lui deist...

CHAPITRE XCII

Titre : *messagé Charle*.	messaigé Charle *le Chauve*.
Lig. 18 : très redoubté seigneur le duc.	très redoubté *sire* monseigneur le duc.
— 24 : forteresses et cités sans nulle quelconque deffiance ou tiltre de guerre...	forteresses et cités *arses et desrobées, ses hommes occis et tués, et* sans quelque deffiance *ne* tiltre de guerre...
— 36 : *amency*.	*amendris*.
— 39 : *vraye* vérité.	*juste* vérité.
— 43 : *discutée*.	*destituée*.

CHAPITRE XCIII

Lig. 3 : *du* travers.	*de* travers.
— 17 : *avant que* il feust.	*ainçois qu'il* feust.
— 34 : *au plus-tôt qu'il onques peust, se remit en son retour*...	*tantot se mist en retourner*...
— 44 : *parler*.	*dire*.
— 64 : *ourrez assez prochainement*...	*orrez* assez *tost*...

CHAPITRE XCIV

Lig. 7 : pour *ouyr*.	pour *savoir*.
— 26 : *toujours*.	*tondis*.
— 37 : *ens*.	*dedens*.
— 40 : tous presls *et garnis de vos armes*...	tous presls *de vous armer*...
— 48 : *encloux*.	*enclos*.
— 51 : *boubant*.	*beubant*.

CHAPITRE XCV

Titre : *du* conseil.	*le* conseil.
Lig. 6 : *généracion et lignye*...	*lignée*...

	Manuscrit de Beaune	Mant de Paris B. N. n° 852

Lig. 23 : que il vous aidera...　qui vous aydera...
— 31 : fermement.　seurement.
— 40 : leauxels.　loyaulx.
— 41 : en la fin du siècle.　en fin de siècle.
— 43 : tout débonnaire.　tant débonnaire.
— 44 : de y renvoyer.　de y en renvoyer.
— 48 : plus dur et plus félon plus dur et felon que devant...
　　　que autrefois...
— 52 : foursené en menassant... foursené en meneschant...

CHAPITRE XCVI

Lig.　8 : comme.　que.
— 21 : met.　remist.
— 25 : si portast.　s'apointast.
— 36 : s'emblèrent.　se emblèrent.
　　ne tenoient compte de ne n'acontoient à plainte ne à
　　plaincte ou clameur...　clameur...

CHAPITRE XCVII

Lig.　5 : lacune.　noise.
— 17 : moult serrant le pas, en moult serrés en approchant...
　　　approuchant...
— 20 : clarons et bucsines.　clairons et busines.
— 21 : de tous sens.　de tous costés,
— 37 : ils n'espargnoient...　ilz ne s'espargnoient...
— 55 : espandues.　jonchiées.
— 58 : lacune.　toueillis.
— 59 : si ne font point...　et ne fait point...

CHAPITRE XCVIII

Lig. 15 : qui mieulx povoient qui mieulx mieulx pour...
　　　pour...
— 19 : douttoient.　crémoient.
— 20 : leur donnoient que leur donnoient tant que plus...
　　　plus...
— 31 : vault fuyr...　vault bien fuir...
— 34 : de retraicte...　de retraire...
— 39 : nullement.　nul.
— 50 : ne vouloit fors tant seu- lui souffisoit seulement l'onneur...
　　　lement avoir l'onneur...
— 54 : et que.　tant que.
— 57 : despoilles.　despoires.
— 61 : Charle.　Charle le Chauve.
— 70 : prophète meisme devant psalmiste devant dit...
　　　dit...
— 73 : crèment.　creignent.
— 76 : géayant.　gaiant.
— 121 : ès devant dictes contés... dedens les dittes contés...

CHAPITRE XCIX

Manuscrit de Beaune   *Man¹ de Paris B. N. n° 852*

Titre : c. l. r. Ch. l. Ch. r. g. g.   d. l. r. Ch. l. Ch. *et monseigneur*
d. p. c. c. m. Gérard   *Gérard de Rossillon.*
de Roussillon.   r. g. g. d. *pour combattre l'un contre l'autre.*

Lig. 26 : *incontinent.*   *prestement.*
— 31 : *si prinst...*   *et prinsist...*

CHAPITRE C

Lig. 8 : il *n'auroit* point *d'es-*   il *n'aroit* point *d'audience...*
      cout...
— 25 : à *l'entrée* de sa terre...   à *l'encontre* de sa terre...
— 26 : *que il* y *mectroit le*   *avant* que il y *mist le pié...*
      pied...
— 29 : *apportées.*   *numiées.*
— 38 : *incontinant.*   *prestement.*
— 52 : les *ungs* rompoient le   les *ung se* rompoient le col...
      col...

CHAPITRE CI

Titre : s'enf. d. l. bataille *de-*   s'enf. d. l. *dite* bataille *et de-*
      vant dicte.   *moura l'onneur à*
                          Mgr *Gérard de Rossillon.*
— 10 : *le mieulx que ilz povoient*   qui *mieulx mieulx et à...*
      et à...
— 17 : *desbauché.*   *desbarrété.*
— 19 : en *leur* d. *feist...*   en *eulx.* d... *fesist...*
— 35 : et. l. n. curer et garir.   et. l. n. *il fist* curer et garir...

CHAPITRE CII

Lig. 21 : et. q. s. f. *pour le pré-*   et. q. s. f. *fortune lui estoit pour*
      sent luy estoit con-   *le présent. contraire...*
      traire...
— 34 : *Bétum... Verzelay...*   *Béthun... Vezelay...*
— 35 : pierre *pertuisée.*   pierre *pertuse.*
— 54 : le tenoit *en vye et senté...*   le tenoit *tant en vie et santé...*
— 58 : *conforté.*   *resconforté.*

CHAPITRE CIII

Lig. 11 : *Danois.*   *Dannois.*
— 26 : lettres *vehues.*   lettres *veues.*
— 38 : avec *lui* les *roys* d'Espagne...   avec *luy tant* les *rois* d'Espagne...
— 51 : armé et *bastonné.*   armé et *abastonné.*
— 59 : lacune.   assemble.
— 63 : à exécution...   à exécution *mortelle...*

CHAPITRE CIV

Manuscrit de Beaune.	Man^t de Paris B. N. n° 852
Lig. 2 : *baronnaye*.	*bernage*.
— 13 : *veulx* présentement...	*vueil bénignement* présentement...
— 15 : à l'encontre *du plus puissant*, du plus fier et du plus...	à l'encontre du plus fier et du plus.
— 24 : comme pour *les vostres honneurs*...	comme pour *vous tous*...
— 28 : au *parfait*.	au *parfaire*.
— 32 : nous *serons*...	nous *venrons*...

CHAPITRE CV

Lig. 9 : *incontinant*.	*prestement*.
— 16 : *il en peut venir autrement qu'il ne pense*...	*se troeve déceu*...
— 24 : fait *proprement*...	fait *tout* proprement...
— 42 : se de *cuer nous* le...	se de *bon cuer ne* le...
— 50 : longtemps *par les* Bourgoignons...	longtemps *ès batailles des* Bourgoignons...

CHAPITRE CVI

Lig. 6 : *que* il. s...	*ce que* il s...
— 16 : assavoir *ès près de Béton*...	assavoir *en ès prées de Béthun*...
— 19 : *tout poissamment* et tant bien...	et *tant puissament* et tant bien...
— 26 : en *boucles*.	en *bouclers*.
— 30 : q. m. o. n. p. *ne mieulx ordonnés que ilz estoient*...	q. m. o. n. p. *ordonner que ilz estoient*...
— 36 : *bruyemment*.	*braiement*.

CHAPITRE CVII

Lig. 6 : *meismes*. a. l. r. trois...	*meismement* a. l. r. *Charles* trois...
— 12 : *compaignyes*.	*compaingnie*.
— 20 : qui *scroit féru*...	qui *ferroit*...
— 27 : avons *dit dessus*...	avons *cy dessus parlé*...
— 34 : Eude le *duc* de P...	Eude le *conte* de P...
— 35 : le. m. d. B. et s. b. f. F...	le *bon*. m. d. B. et s. f. *messire* F...
— 43 : *et embatoit en poussant* et en...	*en abatant el poulsant* et en...
— 45 : quant *il s'embatoit*...	quant *elle chiet*...
— 46 : lacune.	*formisse*.
— 47 : lacune.	*envay*.

Manuscrit de Beaune   *Man^t de Paris B. N, n° 852*

Lig. 47 : l'ung des *sens*.   l'ung des *costés*...
— 50 : de *lyeue avant* que le   de *lieue ainçois* que le roy...
      roy...

CHAPITRE CVIII

Lig. 9 : *là* où se...   *lors* où se.
— 12 : *messire* Droon.   *monseigneur* Droon.
— 17 : et pour ce il...   et pour ce *prestement* il...
— 18 : *tousjours*.   *tousdis*.
— 18 : *appert*.   *approche*.
— 27 : *amanière*. d. t. o. *main-*   *accoustumé*. d. t. o. *maintenant*
      tenir. P. b. d...   P. b. d...
— 30 : *quant à sa* partie...   *tant que pour* sa partie...
— 34 : *eschac*.   *escache*.
— 40 : *fortune*.   *estraine*.
— 42 : *de*. l. p. d. F. *estoit*. s...   *en* l. p. d. F. *escheut* s...
— 50 : s'il *peust*...   s'il *eust peu*...

CHAPITRE CIX

Lig. 11 : se *frapperoit* entr'eulx..   se *tapperoit* entr'eulx...
— 34 : faisoit-*il*...   faisoit *ainsi*...
— 63 : pour *soy* tuer...   pour *son* tuer...
— 84 : lacune.   *encaye*.
— 85 : lacune.   *trepis*.

CHAPITRE CX

Lig. 7 : hors *de rive*...   fors de *son canel*...
— 8 : *s'espandoit*...   *s'espardoit*...
— 9 : à deux *lieues*. d. l. r...   à deux *costés* d. l. r...
— 30 : *despechoient*.   *despéçoient*.
— 31 : *rieus*.   *ruisseaux*.
— 34 : *qui* n'est. h. s. c...   *qu'il* n'est h. s. c...
— 47 : *crueulx cry*.   *hideux cri*.
— 56 : s. q. c. f. *escrain*. q. f...   s. q. c. f. *estrain* q. f...
— 58 : lacune.   *eshidés*.

CHAPITRE CXI

Lig. 5 : s. r. et. *revinrent*. e...   s. r. et *mirent* e...
— 10 : *rentrant* ens...   *retraiant* ens...
— 15 : *renmena*...   *renvoya*...
— 16 : vous doit *avant*...   vous doit *ainçois*...
— 66 : *desléale*.   *desloyauté*.
— 71 : *avant*.   *ainçois*.

CHAPITRE CXII

Lig. 15 : ne crainte...   ne *pour* crainte...
— 18 : *retrouver*.   *retourner*.

Manuscrit de Beaune	Mant de Paris B. N. n° 852
— 24 : *me venge*.	*les venge*.
— 53 : *tensé ne gardé*...	*censés ne gardés*...
— 72 : lacune.	*envaye*.
— 76 : manière son seigneur...	manière *à* son seigneur...
— 81 : *s'il en* mesvient...	*si lui* mesvient...

CHAPITRE CXIII

Lig. 26 : *le haste et le presse de*...	*l'aproche et le haste de*...
— 39 : *sembloit*.	*sembla*.
— 41 : *que il* eust...	*qu'il en* eust...

CHAPITRE CXIV

Lig. 7 : *audessus*.	au *desseure*.
— 8 : *reproché à laischeté*...	*reprouvé à lacheté*.
— 13 : il. t. m. ; mais si...	il. t. m. *si très grandement que chacun s'en perceora* ; mais si...
— 27 : *définer*.	*deffiner*.
— 47 : *si senés* n'eust...	*si en paix* n'eust...
— 47 : il *faisoit*.	il *feist*.

CHAPITRE CXV

Lig. 8 : *le* roy.	*votre* roy.
— 13 : *se jamais je le puis actaindre*...	*si onques je le puis attaindre*...
— 18 : de *le* bien...	de *la* bien...
— 25 : *déporterons*.	*départirons*.
— 27 : en sera *mien*...	en sera *mienne*...
— 33 : *assailly*.	*exillié*.
— 36 : il vous *plait*...	il vous *plaira*.

CHAPITRE CXVI

Titre : mande *à sa femme Berte*...	*manda à madame Berte sa femme*...
Lig. 1 : monsgr Gérard...	monsgr Gérard *de Roussillon*...
— 4 : *très grandement*...	*très débonnairement et très grandement*...
— 15 : *voulsistent* secourir *et ainsi*...	voulsissent secourir *et aidier et ainsi*...
— 28 : *conjoyer et festier*...	*conjoyr et festoyer*...
— 32 : *de bras espars*...	*de bras et de jambes espars*...
— 34 : *que le cueur du ventre lui feust saillis*...	que le cueur lui feust *failli*...
— 37 : *détordant*.	*retordant*.
— 56 : *si soudainnement*.	*si fondamment*.
— 58 : *tout couvert*...	*jonchié*...

CHAPITRE CXVII

Manuscrit de Beaune	Man^t de Paris B. N. n° 852
Lig. 34 : *rapaisée* et remise...	*racoisie* et remise...
— 38 : prier pour leurs âmes..	prier *pour eulx et* pour leurs âmes...
— 47 : comme *il fut* mort...	comme *s'il feust* mort...

CHAPITRE CXVIII

Lig. 9 : la tierce cause *si* est la crainte...	la tierce cause est la *crémeur*...
— 11 : *ardure*.	*ardoir*.
— 14 : si est *l'onneur*...	si est *le grant honneur*...

CHAPITRE CXIX

Titre : *s'en rala à sa chascune*...	*ala en son hostel*...
Lig. 4 : son *bon* seigneur...	son *mari et* seigneur...
— 11 : compaignons rois ; car ilz estoient venus...	compaignons rois *qui estoient occis et morts en la bataille*, car ils estoient venus...
— 21 : *et dame* Berte leur tante...	*à madame* Berte leur tante...
— 36 : *èsquels III sarcus*...	*dedens les quelz sarqueurs*...

CHAPITRE CXX

Lig. 19 : corps *sainct* Eusèbe...	corps *monseigneur sain* Eusèbe...
— 27 : *Verzelay*.	*Vezelay*.
— 32 : on souloit *nommer Herves*...	on souloit *dire Nerves*...

CHAPITRE CXXI

Lig. 25 : *St-Maxime*.	St *Maximien*.
— 39 : *si* pensa *incontinent que il*...	se pensa *tout prestement qu'il*...
— 57 : à *tout* sa *compaignye*...	à *toute* sa *compaignie*...

CHAPITRE CXXII

Lig. 25 : pierre *d'albatre en dehors entaillez*...	pierre d'albastre *ou de lyons entailliés*...
— 34 : elle *oignit* le chief...	elle *oindi le benoit* chief...
— 54 : *ils* étoient en très grand doute...	*le dit Badilon* estoit en très grand doute...
— 69 : quelle chose y *estoit*...	quelle chose y *avoit*...

CHAPITRE CXXIII

Manuscrit de Beaune	Man de Paris B. N. n° 852
Titre : de la Magdeleine...	de la benoite Magdelaine...
Lig. 9 : une très dolente odeur...	une très redolente odeur...
— 16 : au plus beau que il peust...	au mieulx que il peut...
— 19 : si s'asseist emprés et quant...	si s'assist emprés eulx et quant...
— 21 : en leur demandant que ilz en deissent...	en eulx demandant qu'ilz en désissent...
— 34 : en sa vye eust veu...	en sa vie n'avoit veu...
— 36 : tu as en pensée...	tu as empensé...
— 40 : et puis s'esvanuyt...	et puis cette femme s'esvanouy...
— 45 : alons en.	alons nous ent.

CHAPITRE CXXIV

Lig. 5 : Nymes.	Miurs.
— 16 : pour le mieulx et...	pour mieulx faire et...
— 24 : et quant ce vint à la nuyt...	et quant il fut noire nuit...
— 27 : et ostèrent du bouth du corps...	et les ostèrent de leur lieu...
— 46 : Verzelay.	Vézelay.
— 40 : relever leur corps saint...	lever et remettre leur corps saint...

CHAPITRE CXXV

Lig. 3 : incontinant.	prestement.
— 12 : parures.	paremens.
— 30 : moult soudainnement.	moult fondamment.
— 32 : orison.	dévocion.
— 45 : moult beaux et nobles miracles...	moult de biaux miracles et nobles...
— 50 : Verzelay.	Vézelay.
— 54 : n'eust ce fait par anticipation...	ne mist ce fait par anticipation...

CHAPITRE CXXVI

Lig. 10 : brivet.	brief.
— 20 : impétrée envers nostre seigneur...	impétrée devers nostre seigneur...
— 23 : par quelque. t...	pour quelque t...

CHAPITRE CXXVII

Lig. 14 : du roy Charles.	du roy Charles le chauve.
— 23 : il ne avoit verty ne envoyé..	il ne avoit esté ne envoyé...
— 59 : mit les Françoys dens...	mist les Françoys dedens...

CHAPITRE CXXVIII

Manuscrit de Beaune	Man‍t de Paris B. N. n° 852
Lig. 8 : *tantost*.	*prestemment*.
— 10 : *roussin*.	*roncin*.
— 11 : *si saillit incontinent* sus.	*s'il sailli tout prestemment* sus...
— 17 : c'estoit *une droicte merveilleuse* merveille...	c'estoit merveille...
— 21 : *apérit... exiliit*.	*apperiit... exiit*...
— 32 : *très* volentiers...	*moult* volentiers...
— 42 : *Palamèdes... Ganain*...	*Palamides Gauvain*.
— 51 : de *qui* on lise...	de *quoy* on lise...

CHAPITRE CXXIX

Lig. 18 : en bien peu de *temps*.   en bien peu de *terme*.
— 19 : *incontinant*.   *prestemment*.

CHAPITRE CXXX

Lig. 6 : *amanières* de telle...   *après* de telle...
— 16 : merveilleusement.   *moult* merveilleusement.
— 13 : *le mieulx qu'ilz povoient contre*...   *qui mieulx mieulx à l'encontre*...
— 21 : il *auroit* la place despêché...   il *aroit tost* la place despéchiée...
— 27 : *incontinent* firent descliquer...   *tout prestemment* firent descliquier...
— 29 : m^gr G. de R. *et* tous ses barons...   Mgr G. de R. *à* tous ses barons...
— 33 : lance et *espassus*.   lances et *espaffuys*.
— 39 : *Perrenet* de *Montrabon*.   *Pernet* de *Montraboy*.
— 41 : *avant*.   *ainçois*.
— 45 : *envers* le dit *Perrenet*...   *vers* le dit *Pernet*...
— 47 : ainsi *vengea* M. G. son b. m.   ainsi *se vengia* M. G. de R. de son. b. m.
— 53 : si *vaillement*.   si *très vaillament*.
— 57 : *Ilos*.   *Boos*.
— 58 : *Tierry le vicomte* de.   *Thièry le conte* de
— 89 : Lambert de *Salins*.   Lambert de *Salme*.

CHAPITRE CXXXI

Lig. 7 : *venger* la mort de son bon *grant père*..   *vengier* la mort de son bon *tayon*..
— 10 : *abatre* et *afouler*..   *abbatre* et *affoler*..
— 15 : *resviguerer*..   *resveillier*..
— 22 : et *tantost fit* à force d'espée et de bras..   et *tant fist* à force *de son espée et de ses bras*.
— 39 : *tollis*.   *toucillis*.
— 50 : *point* grandement..   *mie* grandement.

CHAPITRE CXXXII

Manuscrit de Beaune	Man¹ de Paris B. N. n° 852
Lig. 10 : occision.	effusion de sang.
— 31 : se met en chasse après..	se mist en la chace après..
— 32 : merveilleuse occision..	cruelle occision..
— 42 : au mieulx qu'ils pourent..	qui mieulx mieulx qu'ils pourent...
— 43 : avant que.. ils avoient bouté le feu..	ainçois que..... ils boutèrent le feu...
— 55 : à un seuch.	à un selve.
— 61 : avant que.	ainçois que.

CHAPITRE CXXXIII

Lig. 2 : destruicte	destruicte, si que onques depuis elle ne fut refaite ne estruite.
— 3 : Halas.	Hélas.
— 12 : car ils viendront tart..	que ilz venront tart..
— 32 : Ha ! la mauvaise besoigne..	Hélas ! la mauvaise besongne..
— 36 : arracher de bataille..	cachier de bataille..

CHAPITRE CXXXIV

Lig. 7 : de sa part par l'espée..	de la part l'espée...
— 32 : l'ardiesse.	le hardement.

CHAPITRE CXXXV

Lig. 8 : grand père.	tayon.
— 35 : comme il me semble et aussi fait il, au rémanent..	comme il me sambre et aussi il est vrai, au rémanent.

CHAPITRE CXXXVI

Lig. 12 : boutèrent le feu ens..	boutèrent le feu dedens..
— 15 : tumbé.	trébuchié.
— 36 : du dommaige ne me chausist..	ne m'en chaulsist..

CHAPITRE CXXXVII

Lig. 18 : lacune.	desseure.
— 32 : car je cuide que non..	manque.
— 43 : sans autre congié prandre..	sans autre chose dire ne congié prendre..
— 45 : en bien pou de temps, il se retrouva en la..	en bien peu d'eure il s'en retourna en la..

CHAPITRE CXXXVIII

	Manuscrit de Beaune	Man^t de Paris B. N. n° 852
Lig.	2 : que il lui ot raconté tout l'estat et gouvernement du roy..	que il li ot dit et raconté tout le gouvernement du roy..
—	11 : que ilz *perceurent* l'un..	que ilz *approucierent* l'un..
—	19 : *présentement*.	manque.
—	22 : *et que ja se feussent... ou de chièvres ;*	manque.
—	30 : lacune.	*se haerdoient.*

CHAPITRE CXXXIX

Titre :	du roy Charles.	du roy Charles *le Chauve.*
Lig.	8 : aussi *receuillirent* moult *roideur..*	aussi *le receuillèrent* moult *radement..*
—	20 : *eschantela.*	*esquartela.*
—	27 : *roussin.*	*ronchin.*
—	46 : *maleür estriné..*	*male estrine.*

CHAPITRE CXL

Titre :	Mgr Gérard.	Mgr Gérard *de Roussillon.*
Lig.	13 : et *envay.*	manque.
—	20 : dit *l'istoire..*	dit *notre histoire...*
—	22 : *maillet* de fer.	*maincles* de fer.
—	23 : *fumée.*	*flamme.*
—	26 : l'affaire *de son frère et de* Mgr *Boos ;* si férit..	l'affaire *des dits Bourgongnons ;* si férit..
—	29 : ne *deist.*	ne *parla.*
—	47 : *de la partie des Françoys..*	manque.
—	53 : Mgr Gérard, *le* seigneur de Vergy, de *Thil* et Mgr de Montagu..	Mgr Gérard seigneur de Vergy, *le* seigneur de *Til* et Mgr de Montagu..

CHAPITRE CXLI

Lig.	11 : *sauroit* recorder.. mais mieulx *sembloient..*	*saroit dire ne* recorder... mais *trop* mieulx *sambloient..*
—	23 : une *foule* de gens..	une *route* de gens..
—	26 : par sa propre force les François..	par sa propre force et *vaillandise* les François..

CHAPITRE CXLII

Lig.	11 : non pas la moitié..	non pas *par* la moitié..
—	17 : avec *moi veuilles..*	avec *moy trestous veuilliés..*
—	32 : en la *place..*	en la *payne..*
—	40 : avoient *mis à mort et exécution..*	avoient *occis et mis à mort..*

Manuscrit de Beaune.	Manⁱ de Paris B. N. n° 852
Lig. 48 : jamais en orres parler..	jamés en orront parler..
— 63 : que XVIII mille combatans des quelx autrefois Mᵍʳ Gérard en souloit bien assembler cent mille peu plus peu moins, dont il fut si très dolens, que il..	que XVIII ᵐ combatans ce que autrefois Mᵍʳ Gérard en soloit bien assembler C mille, dont il en fu moult bien dolent, si que il..
— 71 : plus amenris que vous..	plus amenris de puissance de gens que vous..

CHAPITRE CXLIII

Lig. 2 : Montargis tant dolent..	Montargis attendant tousjours tant dolant..
— 9 : dans.	dedens.
— 13 : lui ot fait..	li avoit fait..
— 15 : fera destruire et morir honteusement..	sera destruit et mort honteusement..
— 19 : lui pleust et ordonné..	li plaisoit et qu'il ot ordonné..
— 21 : à la voye..	en la voye..
— 27 : d'Anbeuton.	d'Aubenton.

CHAPITRE CXLIV

Lig. 4 : venir vers leurs..	venir sur leurs..
— 10 : très notables chevaliers..	très nobles chevaliers..
— 16 : comme plainnement il le povoit veoir..	comme plainnement ils le povoient veoir..
— 25 : plus animés..	plus envenimés..
— 27 : le duc Gérard..	le conte et duc Gérard..
— 38 : III lieues en sus des Françoys..	III lieues au dessus des Françoys..
— 44 : et se confioit..	et se reconfortoit..

CHAPITRE CXLV

Lig. 12 : le son des trompetes..	le bruissement des trompettes..
— 35 : le prinrent..	l'aherdierent..
— 47 : enfonça	embarra.

CHAPITRE CXLVI

Lig. 7 : épart.	essart.
— 14 : abcacher sur l'arçon..	adentir sur l'archon..
— 19 : quant le duc d'Aquitaine férit..	quant le duc d'Acquitaine vit ce, il féri..
— 23 : il lui singla..	il li embarra..

	Manuscrit de Beaune	Man^t de Paris B. N. n° 852
Lig.	25 : *d'après* Mgr Seguin..	*delès* Mgr Seguin..
—	30 : *quatre mille* combatans..	111 ^m combatans..
—	43 : qu'il ne *lui vaillit* ne *que* s'il..	qu'il ne *li valu* ne *mais* s'il...
—	57 : ilz *se fichoient*..	ilz *s'enfichoient*..

CHAPITRE CXLVII

Lig.	5 : *Badons* de Mont sainct Jehan.	*Bodons* de Mont sainct Jehan.
—	7 : *Gravoins* de *Chaigy*.	*Guingons* de *Chergy*.
—	10 : *Harlaud* de St-*Bury*.	*Hartam* de St *Bury*.
—	12 : *déans*.	*dedens*.
—	18 : s. f. *les Françoys* si *rudement reculer*..	s. f. *Franchois* si *durement reculez*
—	22 : e. s. p. q, *je cuide que qui le voir en sauroit dire, vous ne oystes ouques la pareille* ; et en ce..	e. s. p. q. merveille seroit de recorder ; et en ce..
—	33 : le sire de *Maroles*.	le sire de *Mercoles*.

CHAPITRE CXLVIII

Lig.	10 : *dans les Françoys*..	*ès François*..
—	11 : à desbaucher..	à débaquier..
—	19 : à deffuyr..	à deffouquier..
—	44 : atainneroit..	tanneroit..
—	68 : j'en y meinne..	j'en y mayne..

CHAPITRE CXLIX

Lig.	9 : la *meilleure* bonté..	la *greigneur* bonté..
—	14 : car seulement *ce n'a*..	car *tant* seulement *ce m'a*..
—	17 : de paix avoir...	de paix avoir *et concorde*..
—	18 : je *locroy* que nous le *sieuvissuiquessions* jusques en sa cité *de Paris*, et là...	je *locroy* que nous le *sieuvissimes* jusques en sa cité, et là...
—	25 : nous ne *pourions* faillir..	nous ne *povons* faillir..
—	50 : ja soit ce que ils se *combatoient*..	ja soit ce que *tous dis* ilz se *combatoient*..
—	64 : prochainement.	*prouchainement*.

CHAPITRE CL

Lig.	6 : *remis*.	manque.
—	30 : en *son resderie*..	en sa *réderie*.
—	31 : et bien *apparissoit* que..	et bien *paroit* que..

Manuscrit de Beaune   *Man¹ de Paris B. N. n° 852*

Lig. 33 : *de aucune* laide..   *d'autre* laide..
— 3ε : lacune.   *temprément.*

CHAPITRE CLI

Lig. 16 : *quem* tuetur..   *qui* tuetur..

CHAPITRE CLII

Lig. 3ε : *ne portez.*   manque.
— 40 : ne vous *feray contra-*   ne vous *seray contraire..*
riété..
— 55 : pour *cui..*   pour *qui..*
— 64 : ne se *resucit..*   ne se *resvint..*

CHAPITRE CLIII

Lig. 17 : ilz avoient *eu et en-* ils avoient *eu engenré ensem-*
gendré ensemble..   ble..
— 21 : *anuyeux.*   manque.
— 22 : depuis nulz..   depuis nulz *enfans..*
— 25 : ilz *se pensèrent..*   ils *s'appensèrent.*
— 29 : *rédempcion.*   *rémission..*
— 30 : *expirés.*   *espris.*
— 43 : *seroient* députez..   *estoient* députez.

CHAPITRE CLIV

Lig. 8 : lesquelles deux églises lesquelles deux églises, *sur*
ilz garnirent..   *toutes les autres,* ils
garnirent..
Lig. 13 : *possèdent* encore..... se *sont possesseurs* encore... ce
scèvent bien ceux qui   scèvent bien *ceux qui*
repairent..   *servent ens ès dittes*
églises et ceulx qui
repairent..
— 23 : *et me semblе* que..   *il m'est semblant* que..
— 68 : *avergnensis*   *autoginensis.*
— 80 : S¹ Pierre *de Rebais.*   S¹ Pierre *des Regnars.*
— 82 : Mgr *scinct* Adrien.   Mgr Adrien.
— 90 : XII ou XIII églises... XIII ou XIIII églises..
— 91 : *d'icelles histoires..*   *d'icelle histoire...*
— 101 : *somptueux* miracles   *sollempnelz* miracles..

CHAPITRE CLV

Lig. 2 : se nous *pensions.* s. s. se nous *passiennes.* s. s..
— 6 : de madame Berte. pl. de madame Berte *sa femme.* pl.
a. s.   a. s..
— 12 : g. m. *d'ommes..*   g. m. *d'ouvriers..*
— 17 : *ou que on leur faisoit* manque.
faire...

Manuscrit de Beaune	Man^t de Paris B. N. n° 852

Lig. 24 : ne *d'elle*. n. d. c..   ne *de luy*. n. d. c..
— 26 : avec *aucunes* de ses   avec *une* de ses *chambrières*..
 chamberières.
— 33 : les plus *ferventes*..   les plus *secrètes*..
— 51 : *entrulliée*.   *entoillie*..
— 58 : a. t. s. *meschinettes* de   à. t. s. *meschines* de son *hos-*
 son *hostel*..   *teil*..
— 60 : *et prestement qu'elle se*   manque.
 fut partie..
— 69 : très grant noblesse   très grant clarté et noblesse..

CHAPITRE CLVI

Lig. 2 : *avant que il feust* jour..   *ainçois qu'il fust* jour...
— 4 : *ne veue*..   manque.
— 30 : *vivant*...   manque.
— 34 : *de cueur très ardent*   manque.
 et fervent..

CHAPITRE CLVII

Lig. 1 : *les* vénérables *conjous*..   *ses* vénérables *conjoins*..
— 19 : *la* exhibicion... *trop de*   *le* exhibicion... *tant de biens*..
 bien..
— 37 : *dèans les quelx la dé-*   manque.
 vocion n'aloit en riens
 deffaillant ou ameu-
 rissant..
— 41 : les *maçons* ouvrer..   les *machons* ouvrer..
— 42 : *obédiente* humilité...   *obédience de* humilité...
— 53 : *et sans arrest*....   manque.
Lig. 55 : le tinel *et* la seille..   le tinel *en* la seille..
— 59 : *descendit*..   *s'estendi*..
— 65 : *ramenoit*.,   *relevoit*..
— 72 : *la quelle avoit*...... *en la*   manque.
 chose devant dicte..

CHAPITRE CLVIII

Lig. 9 : *palus*   manque.
— 22 : *Offenseurs ou trans-*   manque.
 gresseurs des com-
 mandements de nostre
 seigneur..
— 64 : son *vouloir et chalou-*   son désir..
 reux désir..
— 81 : les *matines*..   les matines, *pour faire le ser-*
   vice de Dieu..
— 87 : s'. a. l. e. *dens moult.*   s'. a. l. e. *entra*. d. en son ora-
 d. *et de là* en son ora-   toire. q. p. l. e. elle
 toire. q. p. l. e. *preste-*   se mist à genoulz en
 ment que elle fut entrée   priant...
 dèans, elle se *age-*
 noilla en priant..

Manuscrit de Beaune	Mant de Paris B. N. n° 852
Lig. 94 : l. q. m. f. t. c. a. c. q. f. e. e. s. o. a. q. d. e..	manque.

CHAPITRE CLIX

Lig. 5 : *suyzra*..	*sieuvercit*..

CHAPITRE CLX

Lig. 4 : lièvc *toy* et apperte- ment..	lièvc *toi tost* et appertement..
— 7 : pour oyr le *saint* service et *le sacrement* divin *c'est à entendre des trois messes. c. t. v. z*..	pour oyr le service divin des 111 messes. c. t. v. q.
— 13 : les *quelx* il *gémira*. e. g. *contriction*..	les *quelz* il *géhira*. e. g. *contricion*..
— 30 : manque	*et aussi de ce que elle avoit acquis celle grace*..
— 41 : il se *rejecta* très humblement *et très révéremment*..	il se regetta *à genoulz* très humblement..
— 51 : se *vint*.	se *tint*.
— 77 : indésineutement.	manque.

CHAPITRE CLXI

Lig. 8 : gastées de terres et de *règnes*, t. f..	gastées de terres et depuis, t. f.
— 23 : *par contriction* et *saincte espérance*..	et *pour contricion* et *ferme créance*..
— 27 : q. n. v. l. d. d. c. m. l. s. t. d'o. c. d. f..	manque.

CHAPITRE CLXII

Lig. 6 : *meisme*	*mesmement*..

CHAPITRE CLXIII

Lig. 27 : *clercelier*.	*clacelier*.
— 38 : l'evvangille..	la *sainte* evvangille..
— 23 : *sainne*, *très* pure et très *monde ou necte*..	*sainte* et pure *et notte*..

CHAPITRE CLXIV

Lig. 15 : *déans* les déliz..	*en és* deliz..
— 16 : apris. d. n. a..	espris. d. n. a..

| *Manuscrit de Beaune* | *Man¹ de Paris B. N. n° 852* |

Lig. 19 : là où il n'y a que amer-   manque.
          tume, comme en la
          mer..
— 20 : *realme* du *ciel*..   *royaulme* du *paradis*.

CHAPITRE CLXV

Lig. 38 : ne *peut* homme ne créa-   ne *puet* homme ne créature
          ture fuyr...   *nulle* fuyr..
— 21 : q. p... et. p. s. t. d. s..   manque.
— 35 : sans y riens *ne* aucune   sans y riens aucune chose es-
          chose espargner..   *pargnier*..
— 54 : *que il ne la convenoit*   qu'il ne l'y *convenist plourer*, et
          plorer et larmier, et la   la recommandoit *elle*
          recommandoit à Dieu..   à Dieu..
— 59 : *déans* les sains cieulx..   *ensès* sains cieulx..

CHAPITRE CLXVI

Lig. 2 : *faisoient*...   manque.
— 10 : q. e. l. *desconfort* nul   q. e. l. *confort n'avoit* nul re-
          recouvrier *n'y avoit*..   couvrier..

CHAPITRE CLXVII

Titre : après *la mort* de sa fem-   après *le trépas de madame Berte*
         me..   sa femme..
Lig. 13 : *et maintint*.   manque.
— 13 : le remenant de sa vie..   le remain de sa vie..
— 15 : *p. c. et pl. l. p. t. r*...   manque.
— 29 : *ne. les. gr. m. q. i. s.*   manque.
          l. c...
— 31 : abbés, riches hom-   abbés *et aultres* riches hom-
          mes...   mes..
— 38 : *préfice*.   *préfichiée*.

CHAPITRE CLXVIII

Lig. 4 : *à bienvignier* et *à fes-*   à bien *congnier* et *festéier*..
          tier..
— 8 : *tousjours* ilz *entendis-*   *tous dis* ilz *attendissent*...
          sent..
— 30 : *n. q. d. et p*...   manque.
— 39 : que j'aye cause..   que *je n'aye* cause..

CHAPITRE CLXIX

Lig. 9 : *désunez*.   *dénuez*.
— 18 : *et n. e. s. i. c. n. r*..   manque.
— 37 : *angoissement*.   *amèrement*.
— 40 : les *congia*..   les *commanda* à Dieu..

CHAPITRE CLXXI

Manuscrit de Beaune	Mant de Paris B. N. n° 852
Lig. 6 : esté oings et aromati-zé..	esté énoint et aromatisié..
— 20 : et justement.	tout prestement.
— 32 : q. t. ri. e. et l. o. i. n'y. a. r. n. r.	manque.
— 44 : faire contre s. s...	faire à l'encontre de s. s..

CHAPITRE CLXXII

Lig. 12 : pour ce que, à ceulx... pour ce, comme à ceulx... leur
leur donna Dieu..   donna Nostre Seigneur..

CHAPITRE CLXXIII

Lig. 42 : c'estoit de la gloire du   en la gloire du ciel..
ciel..

CHAPITRE CLXXIV

Lig. 1 : quant l'ange se fut dé- quant l'angèle se fut parti...
party...
— 38 : festioient et honno- festoioient et honnouroient..
roient...
— 47 : on oyt la pareille... on ne vit le pareil...
— 48 : car en cel an... car en ce seul an..

CHAPITRE CLXXV

Lig. 20 : jouel (joyau)   juel.
— 24 : t. notable service... t. noble service..

CHAPITRE CLXXVI

Lig. 7 : menant joyes..   manque.
— 11 : comme ceulx... non mie manque.
de merveilles...
— 13 : savoit estre.. ce avoit esté..
— 26 : r. du ciel.. r. du paradis..
— 28 : joyeuses et lyes.. joyeuses et lies..
Lig. 31 : lui veoir mercier.. le veoir et merchier..
— 56 : belles miracles... dignes et miracles...
— 60 : qu'il fit fonder, et d. t. que il fist fonda. et. d. t. g.
g. ainsi que ja v. a. comme. v. a. o...
o...

CHAPITRE CLXXVII

Lig. 10 : bien lui assieoit.. bien lui affréoit..
— 15 : et t. j. q. l. m. j. n. f... manque.

567

Manuscrit de Beaune	Man^t de Paris B. N. n° 852
Lig. 19 : et g. a. j. e. p. l. t. d. XVII. a. d. l...	manque.
Lig. 32 : lacune.	perdues.
— 38 : ainsi. q. a. f. d. p. a. h. c. m. c. p. h. l. c. a. t. e. v. a. o..	manque.
— 47 : la parole..	la parole préposée..
— 50 : pl. op. et q. pl. ch. en. pl...	manque.
— 52 : en dient à leur manière. l'un de l'un...	qui disoient l'un de l'un..
— 63 : régnant avec l. p. l. f. et l. s. e.	manque.

CHAPITRE CLXXVIII

Titre : qui fut sané et gary par s. p.	qui fut gari à. s. p.
— 15 : garis.	haitiez.
— 15 : et disant. q. b. c. d. r. d. r. et d. l..	manque.
— 18 : de ung et de pluseurs autres.	de ung et conséquanment de pluseurs autres.
— 21 : le dit homme c'est assavoir...	manque.
— 24 : leaulx chrétiens..	loyaulx crestiens..
— 31 : qu'elles lui joignoient aux naiges c'est-à-dire aux fesses..	qu'elles li joindoient aux fesses...
— 34 : ne mettre n. d. s. p. c. t...	manque.
— 45 : et ne sailloit à peine jour que il ne venist...	et ne failloit jour qu'il ne venist...
— 53 : pour déclarer m. et a. f. s. à tous les très grans mérites...	pour démontrer à tous le très grant mérite...
— 37 : si hideusement. q. a. l. p. n. r. s. g. c. d. d...	manque.
Lig. 56 : ainsi qu'il avoit aprins...	ainsi que il avoit apris..
— 72 : il se sentit. a. g. et. a. d. q. i. a. o. c. s. v. e. e. t. s. e. l. s. p. q. i. t. c. s. m. il les gecta par terre.	il se sentit sain et haitié et lors il getta ses potences par terre..
— 82 : et regarder.	manque.

CHAPITRE CLXXIX

Lig. 3 : redondissoit.	retentissoit.
— 5 : mais. q. v. p. y. p..	manque.
— 7 : à la pr..... benoite. g. d. Dieu.	manque.

Manuscrit de Beaune	Man.t de Paris B. N. n° 852
Lig. 25 : *de toutes pars et sentiers...*	*de tous les lès...*
— 26 : *leurs malades.*	*leurs malades de diverses maladies.*
— 31 : *dont li pluseurs estoient sains et garis...*	*dont pluseurs estoient prestement sanés et garis..*
— 34 : *comme de fleux de sang et d'autres maladies...*	*comme de fruchon, de fleux de sang et d'autres maladies decentraines..*
— 43 : *et précieux corps sainct M.r G. l. v. p...*	*précieux corps le benoit confès sainct G. l. v. p..*

CHAPITRE CLXXX

Lig. 24 : *c. a. p. entre eulx ilz assaudroient...* — *c. a. p. que ils assauldroient..*
— 29 : *et se commencèrent.* — *et commancièrent.*
— 32 : *comme ceux. q. b. p... leur ventre engloutir..* — manque.
— 43 : *ton povre peuple... s. t. d. p. n. m. adresce..* — *ton bon peuple... s. t. d. p. n. m. remède...*
— 45 : *le d. d'e. empoigna et prit. t. d.* — *le d. d'e. enhertit. t. d*

CHAPITRE CLXXXI

Lig. 7 : *il fut très indignés, doulans et courroussiés oultre mesure sur...* — *il fut oultre mesure courroucié et dolant sur...*
— 28 : *l'église de Poultières..* — *la ville de Poulthières..*
— 35 : *pour la dignité du lieu..* — manque.

CHAPITRE CLXXXII

Lig. 13 : *présumptuoseté.* — manque.

CHAPITRE CLXXXIII

Lig. 8 : *qui chéoient.* — *qui trébuchoient.*
— 15 : *en très grand révérence et dévocion prier et requérir ce. g. c..* — *en très grand dévocion prier c. g. c..*

Ici il manque un folio au manuscrit de Paris. — le folio suivant du manuscrit de Paris commence par la troisième ligne du 184.me chapitre du manuscrit de Beaune.

CHAPITRE CLXXXIV

Manuscrit de Beaune	Man¹ de Paris B. N. n° 852
Lig. 29 : *ramenée*.	*retournée*.
— 43 : entre *dorme* et *veille*..	entre *dormir* et *veillier*..
— 43 : *ne toute endormie ne t. ess...*	manque.
— 56 : *qui fille estoit. d. s. f. et. m. d. s. p.*	manque.
— 67 : *et de toute la court du paradis..*	manque.
— 70 : *povre ne debile de senté. c. i. l. s...*	manque.
— 87 : estoit *refermée*. si commença à *hucher*..	estoit *fermée*. si commença à *hurter*..
— 100 : *loemens*.	*loenges*.
— 121 : *gari*.	*haitié*.
— 126 : et *trine* en unité..	et *trinité* en unité..
— 127 : *nous. t. b. louons et rendons grâces p. t..*	n. t. b. *et regracions* p. t...

CHAPITRE CLXXXV

Lig. 12 : et estoit *secretain*..	et estoit *soubsecretain*..
— 13 : sa char *plus macérier et dompter*...	sa char *matter*..
— 13 : *créatures humaines*..	manque.
— 23 : *et choses pl. de. douleurs*.	manque.
— 24 : il *commenceast à plorer*.	il *pensast à plourer*.
— 37 : *mélodie*.	*loenge*.
— 39 : *veist ces benoites...joyes habundantes*..	manque.
— 43 : *de ses parures... seignorieusement aournée*...	manque.
— 50 : *faictes et dicte à l'autel*...	manque.
— 56 : q. a. t. g. p. p. l. t. g. c. et r. d. l. b. r. n. l. p. ; *mais comme*..	q. a. t. g. p. *les povoit regarder pour leur très grand resplendissement*; mais comme...

CHAPITRE CLXXXVI

Lig. 32 : l. q. v. o. *tout le vivent de Mgr*..	l. q. v. o. *le reculus du vivant de Mgr*...
— 34 : *mais. l. c. t. qu'ilz vesquirent*..	manque.
— 41 : *et dont on vient à vraye perfection*...	manque.

L'histoire se termine par Amen.

Après ce mot Amen, on lit au manuscrit de Paris : *cy fine la cronique de Mgr Gérard de Roussillon*. Cette dernière *phrase* manque au manuscrit de Beaune.

PROSE DE St-BADILON

Manuscrit de Beaune	*Man^t de Paris B. N. n° 852*
Lig. 8 : est.	manque.
— 15 : condam.	quondam.
— 18 : *nichilo*.	*nichillo*.
— 20 : hunc qui nepos..	hunc *ergo* qui nepos..
— 22 : da..	de..
— 27 : *vicelicum*.	*vicelium*.
— 33 : est.	manque.
— 35 : i. q. *que* hunc dotavit..	i. q. hunc *ergo* dotavit..
— 38 : *fretus*.	*fertur*.

BALLADE

Lig. 3 : fut en *jung* ce traictié petis..	fut en *jongs* traictié petit..
— 7 : *nommé*.	*nommés*.
— 9 : duc, conte..	ducs, contes....
— 13 : se monstre..	démonstre.
— 17 : bannière.	banière.
— 18 : cogneute.	cognute.
— 20 : sarazins.	sarasins.

Le reste manque au manuscrit de Paris.

GLOSSAIRE

GLOSSAIRE [1]

A.	à, de, par, an, pour, avec, selon, suivant, après.
ABERGER, HÉBERGER.	loger.
ABUSION	tromperie, illusion.
ACCOSTUMER	accoutumer, fréquenter.
ACOISER, ACCOISER.	rendre coi, apaiser, calmer.
ACTAINDRE	atteindre, approcher, accomplir, convaincre.
ACTEMPÉRER	tempérer, modérer, régler.
ACTEUR.	auteur, qui a fait.
ACUBE, AUCUBE.	tente, lit, gîte.
ACUES, AGUES.	aigües, *d'acutus*.
ADEXTRER	être ou mettre à la droite, instruire, accompagner, rendre adroit.
ADONC	(adont, adonques), alors.
ADRECIER.	rendre droit, rectifier, diriger, frapper.
ADVENUES	aventures, avenue, arrivée.
AFFAIRE	façon de faire, état, combat, choses.
AFFIERT	(d'afférir), appartient, convient, concerne.
AFFIN.	afin, totalement, (quelquefois allié, voisin).
AFFOULER	blesser, estropier, (venir en foule).
AFFUIR.	s'enfuir, avoir recours, accourir.
AFFULEURES	d'affubler; manteau, vêtement, coiffure.

---

[1] Un certain nombre de mots en vieux français auraient peut être dû trouver place dans ce glossaire; on les a négligés pour abréger, parceque leur sens se devinait assez, d'après les expressions qui les accompagnaient: comme *cuer* pour *cœur*, *sueur* pour *sœur*, etc., et, par contre, on a introduit dans ce lexique des expressions qui, quoique encore très-françaises, avaient jadis un sens différent de celui qu'elles ont ordinairement de nos jours. Dailleurs, notre glossaire n'a pas la prétention d'être absolument complet.

AGAIT	aguet, embuscade, lieu d'où l'on guette.
AHERDER, AHERDIE. . . .	adhérer, s'appliquer à, saisir au corps.
AINS, AINÇOIS.	avant, auparavant, de plus, plus tôt.
AINSNÉ.	aîné, antérieur, supérieur.
AIR.	allure, équipage, force, colère, conduite.
ALIGIER	alléger, soulager, diminuer.
ALUE.	aloue, aleu, héritage — sorte de basane.
AMENDER.	réparer, profiter, hériter, s'améliorer.
AMENRIR	amoindrir, mutiler, ralentir.
AMMONESTER.	admonester, avertir, conseiller, annoncer.
ANAP.	hanap, coupe a boire.
ANEMITÉ, ANEMI	inimitié, ennemi.
ANGLET	angle, coin.
ANICHELER.	annihiler, anéantir.
ANUYEUX.	nuisible, importun, souffrant, chagrin, inquiet, d'annui, ennui.
ANXELLE, ANCELLE. . . .	femme, servante, *d'ancilla*.
AOURNÉ.	pour adourné; orné, habillé, apprêter.
APRENDRE, APPENDRE . .	dépendre, appartenir, pendre.
APENSER, APENSÉEMENT. .	réfléchir, méditer avec réflexion.
APERT, APERTISES. . . .	il est évident; action d'éclat.
APPAREILLER.	préparer, disposer, habiller.
APPATIR, APATIR.	obliger à payer une contribution.
APPENDANCES.	dépendances, appartenances.
APPLAIN, A PLAIN.	complètement, en détail.
ARDOIR, ARDURE	brûler, incendie.
ARGU.	blâme, divination, perplexité, volonté, vue.
AROUTER.	se mettre en route pour.
ARROY	appareil, train, équipage, contraire de désarroi.
ASSAVOIR.	savoir, sagement, c'est à savoir.
ASSEMBLER.	réunir, attaquer, combattre.
ASSOUAIGIR.	soulager, calmer, applaudir.
ATAINE, ATAINER	querelle, fâcher, irriter, ennuyer.
A TANT.	alors, ainsi, là, à ce point.
A TOUT.	totalement, avec tout, malgré tout, en outre, alors.
ATTRAIRE.	attirer, appeler, faire venir à soi.
AUCTORITÉ	autorité, avantage, supériorité, prérogative, authenticité, axiôme, maximes.
AVALÉE.	(d'aval) abaissée, pendante.
BAILLIE.	*puissance*, (1) exercice d'un droit, puissance d'un privilège, santé.
BARONAGE	corps de noblesse, seigneurie, train...

---

(1) Les mots en italique que l'on trouve dans le corps du glossaire, sont ceux que l'on a *supposé* donner l'explication cherchée, mais que ne confirment pas les autres dictionnaires ou glossaires. Certains mots latins ont aussi été mis en italiques.

Baston.	arme, autorité, fût de lance, échalas.
Batailles	combat, armée, corps de troupes, centre de l'armée.
Baudement.	bravement, hardiment, joyeusement.
Baveurs, baveries.	bavards, hableurs — sornettes, moqueries.
Bée.	moquerie, risée, désir.
Besoigne, besoingner	ouvrage, combat, aventures, meubles, hardes, besoin... faire une besogne.
Beubans	parure, luxe, somptuosité, vanité.
Bruhaigne.	stérile.
Bresiller	rompre, briser, brûler.
Brèves, brivet.	lettres brèves, brefs, écrits, mandements.
Bruyant	qui bruit, de bruire, retentir, crier, hurler, — fanfaron.
Bruyment	le tapage en résultant — bruissement.
Bucsines	clairons ou trompettes.
Caroles	danses en rond, chansons — balustrade, courroies.
Captivoison	captivité, chartre, prison.
Cavillacion	ruse, artifice, subtilité.
Celle	maison, hermitage, case, siége, selle.
Certain	fixe, constant, assuré, instruit.
Chaloir, chaille.	importer, se soucier, il ne m'en chaut...
Chalongier, calengier	réclamer, revendiquer, contester, accuser.
Champale	en rase campagne (bataille rangée).
Champion.	combattant pour sa querelle ou pour celle d'un autre.
Chapeler.	combattre, frapper avec l'épée.
Chartre	prison, maladie, chartes, enchantements.
Chastiller, chatiller.	chatouiller, agacer.
Chastoyer, chastoy.	châtier, maltraiter, avertir, exhorter, — peine, châtiment, tourment, réprimande.
Cheoir, chéir	tomber, échoir, arriver, descendre — cheut, chéoient, chéant, etc..
Cher, charrote	char, charrette.
Chetis	chétif, mauvais, faible, malingre.
Chevance	fortune, biens, argent, domaines, bijoux, chance.
Chière	chère, visage, mine, démonstration, festins, divertissements.
Chosir	choisir, voir, reconnaître...
Clamer, claimer.	nommer, appeler, crier.
Comparer, compairer	payer, acheter, mériter, regarder, découvrir, comparaître.
Compassion.	*composition (compassement)*.
Confés, confez.	confesseur, confessé.
Congié.	congé, permission, adieu, exclusion, révérence.

Conjous	*conjoints (conjuges)*.
Contralyer	contrarier, chagriner.
Contre.	près, vis-à-vis, entre, au-delà, environ, au-devant, avec, pour, au lieu de, au contraire.
Contremont	en haut, en remontant, en amont.
Convenir.	convenir, faire venir, appeler en justice.
Convent	convention, promesse, condition, disposition, *couvent*.
Convine, convive	contenance, disposition, projet.
Cop	coup.
Cordelle	corde, intrigue, volonté, attirer à sa cordelle, attirer à soi, mettre de son parti.
Corée, courée.	intestins, entrailles, boyaux.
Corte, coite.	coite, hâte (nous irons à coite d'éperons à gand — Froissart).
Coueillon	*cotillon*, guenille.
Coulon, colon.	pigeon, mâle de la colombe.
Coulpe.	faute.
Couraige, courage. . . .	courage, dignité, rang, condition.
Courailles.	corée, intestins, entrailles.
Cremeteusement	avec crainte, terriblement.
Cremir, cremer, cremeur	crainte, redouter, crainte.
Crosler	crouler, remuer, branler, trembler.
Crudelité, cruelté . . .	cruauté (de *crudelitas*).
Crueulement.	crueusement, crueux, cruellement, cruel.
Cui.	à qui, auquel.
Cuider.	penser, croire.
Damages, damaige. . . .	dommage.
Dardes, dards.	javelots, poignards, épées courtes, flèches.
Débouter	repousser, chasser.
Deffaulte.	insuffisance, disette, ce qui manque.
Défiance.	défi.
Degetter	chasser, agiter, tourmenter.
Déglacier, deglachier .	glisser, tomber (de glachier, glisser)— déglanier, détruire.
Delectable.	délectable, agréable.
Delegier, delégier . . .	légèrement, facilement.
Déles, delit	délices, plaisir.
Demourances	habitations.
Dépalat, dépallat. . . .	de *dépalare*, rendre manifeste, découvrir — délimiter.
Départir.	partager, faire la part, s'en aller.
Desbareter	dissoudre, mettre en désordre, affliger, décourager.
Desclicquer.	détendre, débander, sonner.
Deshérité	dépouillé, privé de son héritage.
Desloyer	délier, désunir, séparer.
Despiécer, depiécer. . .	mettre en pièces, dépecer.
Despiteux	fâché, irrité — despiter, mépriser, dédaigner.

Despressé	déprendre, tirer de la presse.
Desroy	désarroi, désordre, attaque.
Desservir	mériter, récompenser.
Dessirer, dessir	déchirer, démolir.
Destour	détour.
Destourbier	détourner, empêcher, — dérangement, obstacle.
Désuné	*dépouillé* (dessounier : décharger, libérer).
Deuil	chagrin, pompe funèbre, désolation.
Discipline	correction, réprimande, science, calamité.
Diviser	borner, partager, deviser.
Donray	donnerai.
Doubter	douter, redouter, craindre, soupçonner.
Draps d'armeure	*harnais*.
Ducteur	conducteur, directeur.
Duis	habile, expérimenté — Leçon.
Eaige	âge.
Embatir, embastre	s'ébattre, engager, courir.
Embeuvrer, embreuver	embreuver, imbiber, pénétré.
Embler	enlever, prendre, voler, échapper, frauder.
Embouler, esbouler	embrouiller — éventrer, arracher les entrailles.
Emparlé	qui parle aisément.
Emprise	entreprise.
Enchas	combat, rencontre.
Enchaussit	n'importerait pas.
Encloux, enclous	inclus, enfermé, enclos.
Encombrier	encombre, embarras, empêchement.
Encrouer	accrocher, pendre au croc (escroer: déchirer).
Endorme veille	entre sommeil et veille.
Engigner, enginer	séduire, tromper (d'engin, machine, ruse).
Engresser	assaillir, attaquer, (*ingravare*).
Engrigner	courroucer.
Enhertir	*entraîner, saisir*, (être enhert: adhérer, consentir).
Enhort, enhorter	exhortation, conseil — exhorter, suggérer.
Ens	dans, dedans.
Entalenté	résolu à, disposé à.
Ententis	attentif, intentionné.
Entoiller, entouiller	embarrasser.
Entretenir	tenir, effectuer, se tenir l'un et l'autre.
Entrullier	*embrouillé*, entroublé.
Envaye	attaque, invasion, assaut, choc.
Envis	malgré soi, contre son gré *(involens)* — ou tour à tour, *invicem*.
Epart, espart	éclair, éclaircissement, (d'espartir : éparpiller, répandre).

ESBANOYER.	se réjouir, s'amuser.
ESCHAC, ESCHAS.	— échec — homme de rien, parcimonieux (eschars, lésineux).
ESCHARNIR.	blâmer, railler, se moquer, rire.
ESCHELLES	escadrons, bataillons.
ESCHEVER.	éviter.
ESCHEUTE	échue.
ESCORCHE	écorce.
ESCRAIN	coffre, cassette (voir estrain).
ESCOUT, ESCOUS.	entente (d'escouter) — secoué.
ESLAIS.	élans.
ESLÉÉCHIER.	rendre gai, joyeux.
ESLONGNER.	éloigner, écarter.
ESMAYER.	esmoyer, être en peine.
ESPASSUS.	*coup d'épée.*
ESPIES	espions.
ESPIET	épieu, sorte d'arme.
ESSANNER	mettre hors de sens.
ESSILLER, ESSILLANT	détruire, ravager — détruisant, ravageant.
ESTORDRE	extorquer, enlever (s'estordre, se dégager).
ESTOUPER	fermer, boucher.
ESTOUR.	choc, combat.
ESTRAIN, ESTRINE.	paille, chaume.
ESTRANGUANT	étranglant, suffocant.
ESTRUYER.	remuer (estrier : suivre de près. Estriver : quereller, combattre. Estroer : trouer, percer).
EXAMINER	éprouver.
EXART, ESSART.	ravage, destruction, défrichement.
FAILLIR, FAULDRA	manquer, manquera, faillira.
FAIRE LA LOUPE OU LA LIPPE.	se moquer. (de lippe : grosse lèvre).
FAIS	fardeau, faisceau.
FAMILLEUSES, FAMEILLEUSES	qui a grande faim.
FAMIS	id. id. famisé, affamé.
FAUDER.	faire du charbon.
FAULSARS.	faussaires.
FAULSER	fausser, altérer.
FELLÉ	enfiellé, félin — fel, félon — cruel. félonie, colère.
FÉRIR	frapper.
FESTIER, FESTOYER.	faire fête, régaler.
FINER	finir, trouver, terminer.
FOL Y BÉE	*fol oui bien;* follet sot.(bée veut dire sot).
FONDANT.	détruisant, renversent (de *fundere*, répandre, disperser).
FORSANNÉ	forcené, hors du sens.
FOUISSE, FUISSON.	foison.
FOURFAIRE, FORFAIRE.	offenser, nuire, commettre un forfait. (fourfait).

Fourthaire	séduire, suborner, tirer dehors.
Fuire	fuir.
Fuison	foison, abondance.
Gaige	gage.
Gaignage, gaignaige	gain, profit, butin.
Garent, garant	se mettre à garent, se garer, se mettre en sûreté.
Garir	guérir.
Geayant	géant.
Gemme	pierre précieuse.
Gengleurs	farceurs, bateleurs, jongleurs.
Giron	cercle, centre, milieu, pan d'habit relevé.
Gloux	gourmand, débauché, garnement.
Gondandards	*sorte d'arme.*
Gouliars	goinfres, ivrognes.
Greigneur	plus considérable.
Grever, grevance	faire grief — causer du chagrin, de l'ennui.
Griement	grièvement.
Guierdon	récompense, salaire.
Haicot	*agile* (haligre, allègre, gai).
Hayoit, heir	haïssait, haïr.
Hidde	*hideur,* frayeur, épouvante.
Hocquerie, hocquelerie	tromperie, querelle, chicane, grognerie.
Horde pour orde	féminin d'ord : sale, vilain, puant.
Hostel	maison, famille, troupes.
Hucher, huchier	appeler à haute voix.
Huées	cris (espace pour entendre un cri) bruit, réputation.
Humanité	virilité, force.
Humilité	humilité, bonté, clémence.
Il	lui.
Illec	ici, là.
Incliner, encliner	saluer avec respect.
Iré, ireusement	irrité — en colère.
Issir	sortir.
Ja	déjà.
Ja soit, jaçoit que	bien que.
Jenisarmes	guisarmes, sorte d'armes.
Joint, joins	près, proche, engagé, affecté.
Jonquer, joucquer	jucher, percher, demeurer.
Jouel	joyau.
Ju (faire)	secourir, aider de *jubare*—ju, jeu, joie.
Jus	en bas, dessous.
Laid, lait	outrage.
Laidangier	outrager, injurier.
Lairons	laisserons.
Lais	laïcs.
Lanier	lent, paresseux, lâche.
Léal, léalté	loyal, loyauté.
Léesche, léesse	liesse, joie, gaîté.

Leis	large, lé (d'étoffe ou de tapisserie).
Lez	près de, au bord.
Lie, liement	joyeux, joyeusement, en liesse.
Liège, lige	vassal, sans reserve, libéré.
Lignye, lignée	génération, famille, descendance.
Lisson	leçon.
Lippe, loupe	grosse lèvre inférieure, moue.
Lobeurs, lobes	moqueurs, trompeurs, moqueries, tromperies.
Loigné	éloigné, séparé, banni.
Los, loux	consentement, approbation, gloire, héritage.
Louer, loer	être d'avis, conseiller, persuader, être permis.
Louyer	loyer, récompense, présent.
Luxine	*farines de graines sauvages* (luzet: sorte de vesces).
Ly	lui, icellui.
Mailler	frapper d'une massue.
Maindre, mainsné	moindre, moins âgé, mineur, puiné.
Mains	moins.
Maintenir (se)	se tenir en état, tenir son rang, sa dignité, se conduire.
Mais (tousjours)	à toujours — rien.
Maisgnye, maisnye	famille, maison, domesticité.
Maisière	*masure*.
Maleureté	mauvaiseté, misère.
Mal talent	mauvaise volonté.
Maltôtes	impôts, tributs.
Malviolence	malveillance.
Marce, marche	frontière, limite, confin.
Marez	marais.
Marrelle	ruse, instrument en fer.
Meffaire, meffaite	malfaire, faire du mal à, faire grief — mauvaise action.
Mentir	dire faux, renier, trahir.
Merveilleux	hautain, insolent, épouvanté, surpris.
Meschance, meschant	mauvaise chance, malheur, accident — qui éprouve une mâle chance.
Mescheir, mescheoir	tomber mal, échouer, arriver malheur.
Meschief	accident, dommage.
Meschine	jeune fille, servante — féminin de meschin, serviteur, valet.
Mesprendre	malprendre, se tromper, mépriser.
Mestier	besoin, office, emploi.
Meu, mu	participe passé de mouvoir.
Mie	particule renforçant la négation.
Moleste	inquiétude, embarras, opposition.
Mouffle	mitaine, gant.
Moult	beaucoup, très, plusieurs.
Moustier	monastère.
Moyen	médiateur, entremetteur, intermédiaire.

Moye-part.	*ma part* — mien, mienne.
Mu.	muet.
Muer.	changer.
Muser.	regarder fixement, voir, saluer, méditer.
Musser, mucier	cacher.
Nagaires	naguère, récemment.
Naiges.	fesses.
Navré.	blessé.
Nès, neis	même, et même, excepté, quand même.
Nice	sot, niais, imbécile.
Non mie	double négation.
Norry.	nourri, pénétré.
Nulle riens.	double négation.
Oans, oir, oy	oyant, ouir, oui du verbe ouir, entendre.
Occir, occiant, occision.	tuer, tuant, tuerie ; d'occir, tuer.
Onques.	jamais.
Orde, ord.	sale, vilaine, vilain, puante, puant.
Ordonnéement.	d'une façon régulière, en bon ordre.
Oré	laid, affreux, — orce, ours.
Ores.	maintenant, à présent.
Orphenin.	orphelin.
Orrez	ouirez, entendrez.
Ost	armée, expédition, camp, hôtel.
Ot	eut, du verbe avoir.
Ou	pour au, à le.
Oultrepasse, outréement	d'une façon outrée, exagérée.
Otrecuidement.	d'une manière outrecuidante, avec présomption ou témérité.
Paille.	étoffe, manteau, pallium.
Palis, palice	pieux, palissade.
Pallus, palus.	marais.
Paour.	peur, épouvante.
Parçonnier	co-héritier, associé, co-partageant.
Parlier	parleur, parolier.
Parties	parti, côté, pays.
Partir.	confiner, partager, donner part.
Pars.	*partagé, parti* (parti, troupeau.)
Pener	tourmenter, punir, châtier, peiner.
Perdurablement.	à durer toujours.
Pérent, pérer.	paraissent, apparaissent — paraître, apparaître.
Perriens.	*pierriers.*
Pers.	pairs — bleu, livide, noirâtre.
Pesive	pesante, à charge.
Pestelis.	de pesteler, briser, casser, écraser.
Pie, pis	pis, adverbe, plus mal — poitrine.
Pieça	depuis longtemps, naguères.
Pièce	espace de temps.
Pierres d'arc.	*sorte de projectile en pierre.*
Plain pied.	de niveau, situation, possession.
Plais.	plaid, plaidoirie, procédure.

PLAISANT.	*paisant, paysan (sans l)*.
PLANER.	effacer, défalquer, polir.
PLAYÉ.	blessé, qui a une plaie.
PLEUTÉ.	abondance, plénitude, fertilité.
POINS, POINDRE.	piqués, piquer, blesser avec une arme pointue.
POISER.	peser, être à charge.
POPELISIE.	pour apopelisie, apoplexie.
PORCHAS, PROCHAS.	effort, soin, travail (de pourchasser).
PORPENSER.	méditer, réfléchir.
PORPOS, PROPOS.	discours, proposition.
PORRÉE.	purée, légumes à faire la soupe.
POSTE (A SA).	à sa dévotion, à sa disposition.
POU.	peu de chose, peu.
POULSIS.	poussis, choc, combat.
POURSUIR.	poursuivre.
POVOIR.	pouvoir.
PRESTEMENT.	promptement.
PRESTY, PESTRY.	pétri.
PREU.	profit, bien, avantage.
PREUDHOMME.	homme prudent, sage.
PRIMERAINNE.	première.
PRINS.	pris.
PRISIÉ.	prisé, apprécié.
PRIVÉ.	familier, ami.
PUISSANCE, POISSANCE.	pouvoir, autorité, domination.
QUANQUE (QUANCE).	quand, lorsque, (comme si).
QUICTE ET LIÈGE.	tout à fait libéré.
RABIS.	enragé, loups ravissants.
RAMPROMMIER, RAMPONNIER.	railler, se moquer, défier.
RANDON.	violence.
RAVELLE.	*badine* ou se révolte, se rebelle. (reveller, se révolter) revel — badinage, révéler, faire fête.
REBOUTER.	rejeter, refuser.
RECOEILLIE.	gens qui se recueillent pour s'abriter, lieu d'abri.
RECORDER.	parler, conter, raconter.
RECORE, RESCOUS.	sauver, secourir, secouru, délivré.
RECOUVRE.	ressource, récupération (de recouvrer) remède, dédommagement.
REFRAINDRE.	refréner, réprimer.
REGIPPER.	regimber.
RÉGIR, REGEIR.	avouer, confesser, déclarer.
RELIGION.	ordres religieux.
REMENANT, REMANANT.	restant, surplus.
RENDU (RECLUS).	moine, frère convers, ermite.
RENGRESSER.	réassaillir, attaquer de nouveau.
REPAIRER.	fréquenter, retourner, revenir.
REPROVIER.	réprouver.
RESCOUX.	secouru, délivré, de rescoudre ou rescouer.

Resléechier.	causer de la joie.
Respend.	abatis. (de répandre.)
Ribault.	débauché, homme de rien, valet d'armée, troupe légère.
Rieus	ruisseaux.
Rober.	dérober.
Roster	ôter de nouveau, enlever.
Rué. (se rua)	ruer, jeter avec impétuosité, renverser (*se rua — s'en ira*).
Ruis	ru, ruisseaux.
Sa	pour se, si.
Sané.	guéri.
Sangloux	sanglot.
Sarcu	cercueil, sarcophage.
Sauldra, saillira.	sortira.
Saulf	qui est sauvé,- épargné.
Se	si.
Senés	sené *(sensé)*.
Se non.	si, non.
S'ensi	si ainsi est que.
Serveuse	servile.
Servise	service funèbre ou religieux.
Seuch	souche, tronc d'arbre.
Si	oui.
Sievi.	suivi.
Sommier	bête de somme.
Songner, songnier	soigner, aider, fournir.
Souesve	suave, doux.
Souhaider	souhaiter, désirer.
Soulas.	soulagement, aide, compagnie.
Souloir (seult)	avoir coutume, il est coutume.
Soumiron.	*sommet rond*, sommeron, sommeton, sommet.
Sourdre.	s'élever hors de terre.
Soutilité.	subtilité.
Soyèrent, seyèrent.	(de seyer, couper les blés), cueillir, scier.
Suigre, suir	suivre, poursuivre.
Taint, teint	tenu, touché (de tangere) (pâle).
Taiser.	taire.
Targe	bouclier, épée.
Taster.	tâter, toucher, essayer.
Tenser.	défendre, protéger, garantir.
Tenson	dispute, querelle, procès.
Terme.	temps, période, durée, échéance.
Thourel.	taureau.
Tierch, tiers	troisième.
Tinel	bâton à porter des sceaux (tine).
Tistre.	tisser, faire de la toile (un tissu) — donner du fil à retordre —
Tollir, tolir	enlever, ôter.
Tombissement	bruit, fracas.
Tour.	mouvement, machine, ruse, subtilité.

TOURNIER	*si longtemps que le ciel tournerait.*
TRABUCHIER, TRÉBUCHIER	renverser, détruire, ruiner.
TRAIRE	tirer (de *trahere*).
TREMEUR	tremblement (tremor).
TRÈS, TRETZ	tentes, pavillons, voile.
TRESTOUT	tout absolument.
TREUVER	trouver.
TROUSSER	charger, mettre en paquet.
TRUANT	mendiant, coquin, imposteur.
TRULLIER	pressurer, trouiller.
TUISARMES	espèce d'armes (tuisse, soldat).
UNG	un.
ULLER	hurler.
VÉANS, VEÏR, VEOIR, VEU.	voyant, voir, vu.
VERTY	tourner, changer (de vertere).
VESLA	voyez-là, voilà.
VESVE	veuve.
VICTORIEN	victorieux.
VISITACION	visitation, visite, inspection.
VOES (CHARNELLES)	*débris humains.*
VOIR, VRAI	certain, pure vérité.
VOISER	aller.
VOLVERS	probablement : enceinte, fossés, fortification (de *volvere* envelopper).
VOULDRE, VOULSIST	vouloir, voulut.
VRAIS	véridiques.

BEAUNE. — IMPRIMERIE ED. BATAULT-MOROT.

www.ingramcontent.com/pod-product-compliance
Lightning Source LLC
Chambersburg PA
CBHW051319230426
43668CB00010B/1074